U0590967

中国特色城镇化研究中心教育部人文社会科学重点研究基地重大项目——《教育培训和市民化对城市外来务工人员犯罪行为影响的实证研究》（编号：13JJD19003）资助

农民工教育
培训收益研究

NONGMINGONG

JIAOYU PEIXUN SHOUYI YANJIU

崔玉平/著

黑龙江人民出版社

图书在版编目（CIP）数据

农民工教育培训收益研究／崔玉平著.—哈尔滨：
黑龙江人民出版社,2019.8
ISBN 978 - 7 - 207 - 11827 - 1

Ⅰ.①农…　Ⅱ.①崔…　Ⅲ.①民工—职业教育—经济
分析—中国　Ⅳ.①D422.63

中国版本图书馆 CIP 数据核字（2019）第 054640 号

责任编辑：李　珊
责任校对：张志坚
封面设计：佟玉玉

农民工教育培训收益研究

崔玉平　著

出版发行　黑龙江人民出版社
　　　　　　地址　哈尔滨市南岗区宣庆小区 1 号楼（150008）
　　　　　　网址　www.hljrmcbs.com
印　　刷　哈尔滨圣铂印刷有限公司
开　　本　787×1092　1/16
印　　张　20.25
字　　数　370 千字
版次印次　2019 年 8 月第 1 版　　2019 年 8 月第 1 次印刷
书　　号　ISBN 978 - 7 - 207 - 11827 - 1
定　　价　60.00 元

版权所有　侵权必究　　　　　举报电话:(0451)82308054
法律顾问:北京市大成律师事务所哈尔滨分所律师赵学利、赵景波

前　言

　　本书基于教育培训全收益的视角,利用苏州大市范围内农民工调查数据,实证检验农民工教育和培训的经济收益率及其对收入分配的影响;通过分析教育培训与市民化、犯罪倾向性的关系,论证农民工教育培训非货币收益的存在,其内容大致分为如下四个部分。

　　第一部分为总论,由第一、二、三章构成。第一章"绪论",首先分析提升我国农民工人力资本水平及其投资收益率的现实困境和必要性,提出通过教育、培训和干中学等主要途径获得和积累更多人力资本是提升收益的最重要途径;其次界定核心概念,阐明研究目的和意义,设计研究框架,确定研究方法;最后提炼出本书的主要贡献。第二章"文献综述"对农民工教育培训、农民工市民化、农民工犯罪、教育培训与农民工收入的关系、教育培训与农民工市民化及犯罪行为关系等方面的研究成果做出文献综述。第三章"理论基础与政策依据",详细介绍了人力资本理论、人口迁移理论、市民化与城市融合理论、农民工犯罪相关理论以及农民工教育培训与市民化的有关政策与举措。

　　第二部分为农民工教育与培训的经济收益率检验,即货币收益的验证,由第五章"教育培训对农民工收入的影响"构成。在实地考察和问卷调查苏州大市范围内农民工教育培训和收入状况的基础上,基于扩展的明瑟收入方程分析了教育培训对其收入水平的影响,重新估算和检验了农民工教育培训经济收益率,证实了教育培训可以增加农民工个人货币收益的论断。

　　第三部分研究农民工教育培训非货币收益,内容包括教育培训对农民工市民化、犯罪倾向性的影响效应,共由第四、六、七、八、九章构成。第四章"农民工教育培训与市民化的调查分析”，通过探索性因子分析和验证性因子分析构建了“农民工市民化水平评价指标体系”，依据调查数据依次对农民工的教育培训和市民化状况进行统计分析；第六章“教育培训对农民工市民化的影响”，进一步分析了教育培训对农民工市民化的积极正效应，证明通过教育培训提升农民工人力资本水平和文明程度，进而以非市场方式显著提高市民化水平，能够为农民工本人和社会带来非货币收益。本书在第七、八章分别对未犯罪农民工和已犯罪农民工的犯罪倾向性及其与教育培训的关系进行经验实证分析。第七章“农民工犯罪倾向性的调查分析”，采用因子分析法对农民工犯罪倾向量表进行质量鉴定，主要针对未犯罪农民工的犯罪倾向性状况做统计分析，同时也比较分析了未犯罪和已犯罪两类农民工的教育培训情况；第八章“教育培训对农民工犯罪倾向性的影响”，进一步分析教育培训对两类农民工的犯罪倾向性的影响，证明通过教育培训提升农民工人力资本水平有效抑制犯罪倾向性，进而以非正式社会控制手段预防犯罪，可以为农民工本人和社会带来非货币收益；第九章“教育培训、市民化与农民工犯罪倾向性的关系”，采用基于结构方程模型的中介效应分析法，探讨了教育培训对农民工犯罪倾向性的影响及其作用机制，同时使用 Bootstrap 法检验了市民化在教育培训对犯罪倾向性作用过程中的中介作用，深入证明教育培训提升农民工人力资本和文化资本水平，直接或间接抑制其犯罪倾向性，从而带来更广泛的非货币性回报和社会价值。

第四部分为第十章“政策建议与研究展望”。基于实证分析结果，提出建立一套适合农民工生存和发展的“‘长线’教育＋‘短线’培训”体系的政策建议，指出在样本调查和数据收集、模型参数估计方法以及扩展农民工教育培训的非货币收益范围等方面的不足和未来研究方向。

目　　录

第一章　绪　　论

第一节　研究背景

农民工是我国工业化、城镇化进程中出现的一支特殊劳动大军。新中国成立之初,我国实行农业人口自由迁移的政策,由此产生了大量农民进城工作和定居的社会现象。1958 年,《中华人民共和国户口登记条例》将我国公民分为"农业户口"居民和"非农业户口"居民两种类型,并严格限制农业人口向城市迁移,由此我国城乡分割的二元体制开始形成并逐步固化。改革开放后,家庭联产责任承包制使我国的农业生产力获得一定程度解放,富余的农业劳动力纷纷涌入乡镇企业,形成了"离土不离乡"的农业劳动力转移现象。20 世纪 80 年代中后期开始,东部沿海地区率先进入了快速发展时期,外资与先进技术的大量引入带动了区域工业的蓬勃发展,大中小型企业对劳动力的需求急剧增长,因此"允许农业人口在不改变户籍身份以及城市供给制度的前提下进城务工"成为满足企业用工需求的暂时之策。1997 年,国务院第 87 号文件《全民所有制企业招聘农民合同制工人的规定》第一次以政府文件的形式将这些外出务工的农村富余劳动力简称为"农民工"。一直以来,农民工总体规模不断扩大、数量持续增长(见图 1 - 1)。截至 2017 年,国家统计局国民经济和社会发展统计公报数据显示,全国农民工总量为 28 652 万人,比上年增长 1.7%,其中:外出农民工达 17 185 万人,增长 1.5%;本地农民工11 467万人,增长 2.0%。随着新型城镇化进程的推进,进城农民工的生存与发展状况成为政府官员、学者和城市公民关注的对象,针对农民工群体的研究已经成为学术界热点话题之一。

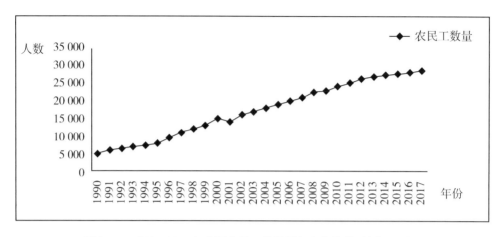

图 1 - 1　1990—2017 年中国农民工的数量与变化趋势(单位:万人)

资料来源:1990—2007 年的数据参考了景晓芬(2014)《空间隔离与外来人口的城市融入》中的估计值,其中,原始数据来自历年《中国统计年鉴》《中国人口统计年鉴》、历次《中国人口普查资料》、国家有关部门发布的相关统计数据和已有的研究成果,但因为这期间没有专门针对农民工进行的数据收集,因而在统计口径上存在差异,农民工数量也只是大概的估算,可能与实际情况有所出入,但在缺乏农民工数据的情况下,这样的估算不失为可行之策。2008—2017 年的数据均源于国家统计局农村司公布的历年农民工监测调查报告。

　　农民工对我国城市建设和经济发展的贡献已得到广泛认同。在非正规部门中,农民工大多从事城市中脏、险、累、苦的体力型工作,他们用自己的辛勤劳动为城市建设,特别是城市居民生活品质的提升贡献力量;在正规部门中,农民工往往作为初级产业工人的主体,从事初级技能型工作,很少从事高级技能型和智能型工作,他们以廉价的劳动力为中国制造业在国际市场上赢得了比较优势和竞争力,为"中国制造"和"中国奇迹"的铸就做出了巨大贡献。但是在不断推进的城市化过程和国家经济持续发展中,尤其是在实现"中国奇迹"之后,我国经济发展自 2014 年开始步入"新常态",即三个方面的新常态:(1)增长速度的新常态——从高速增长向中高速增长转变;(2)增长结构的新常态——经济结构不断优化升级;(3)增长动力的新常态——从要素驱动、投资驱动向创新驱动转变。① 这一经济发展趋势及其背后所蕴藏的一般规律意味着,人力资本在我国经济增长中的作用将日益重要,也就对劳动力人力资本的存量与质量提出了新的时代要求。然而,农民工群

---

① 新华网. 习近平首次系统阐述"新常态"[EB/OL]. [2014 - 11 - 09]. http://news. xinhuanet. com/world/2014 - 11/ 09/c_1113175964. htm.

体正是我国城市新型劳动大军的重要组成部分,如何提升农民工人力资本及其投资收益,尤为关键,这种收益不仅包括货币性回报,还包括非货币性的个人收益和社会价值等。无论是出于收入增长目标还是以终生发展为导向,农民工不再停留于自身文化水平的提升,而是更加重视如何通过教育、培训和干中学等途径提升现在和未来的经济收入和人生价值。

然而,现实情况表明农民工的人力资本及其投资收益尚不明确,甚至表现出不乐观的趋势。在人力资本积累方面,尽管农民工越来越意识到教育培训的必要性,政府在投入、供给方面也越来越重视,但实际上农民工不论在早期受教育程度上,还是后期培训上,并未得到充分满足或有效供给。不可否认的是,改革开放后教育发展对我国人口人力资本提高的效果显而易见,尤其是流动人口的平均受教育程度迅速提高。根据历年人口普查数据估算,流动人口平均受教育年限从 1982 年的 5.58 年增加到 2010 年的 9.36 年,在 28 年内增加了 3.78 年。其他来源的数据也支持这一结论,国家卫计委实施的 2015 年流动人口动态监测数据显示,流动人口平均受教育年限为 9.3 年,其中"80 后"流动人口平均受教育年限为 9.8 年,与 2013 年的统计结果(流动人口平均受教育年限为 9.2 年,"80 后"流动人口平均受教育年限为 9.6 年)相比,中国流动人口整体受教育程度有所提高,而且 1980 年以后出生的流动人口的平均受教育年限高于 1980 年以前出生的流动人口。这其中就包括本研究所关注的农民工群体,他们当中整体受教育年限也有所提高,而且年轻一代比父辈享受了"更好"的正规学校教育。国家统计局发布的《2017 年农民工监测调查报告》显示,2017 年全国农民工总量的 50.5% 为 1980 年及以后出生的新生代农民工;在外出农民工中,大专及以上文化程度的占 13.5%,比上年提高 1.6 个百分点;本地农民工中,这一比例为 7.4%,比上年提高 0.3 个百分点。然而,外出农民工比本地农民工具有更高文化水平的发展态势,很大程度上只是迎合了城市经济社会发展对劳动力质量不断提升的客观要求,其结果是为城市培养了大量廉价的产业工人。可见,年轻一代农民工虽然有着较父辈更长的受教育年限,但并未从本质上改变教育禀赋不足的问题。年轻一代农民工群体依然较低的早期人力资本存量将成为阻碍其初次就业和终生发展的"瓶颈",影响着市民化进程,更不用说老一代农民工了。近年来,我国政府和有关决策部门已经看到农民工教育培训的重要性,由此也越来越重视农民工教育和培训的投入与供给,有关工作在全国范围内铺开,农民工培训问题已逐渐成为学界关注热点之一。但是,理论界关于农民工教育培训,目前不管是在概念使用上,还是内容研究上,都更多侧重于"培训"单方面,严格意义上说,还不是完整的农民工教育培训。本研究认为一套完整的农民工教育培训体系应是早期正规学校教育和后续一系列相关培训或继续教育的有机统一,在此基础上清晰地把握农民工教育培训情况,并通过研究检验其收益,就显得十分有意义。

在人力资本经济收益率方面,农民工人力资本在劳动力市场中的货币回报较低。目前,多数研究都得出农民工教育年限回报率低于城镇居民高于农村居民的结论(任远、陈春林,2010[①];毕先进、刘林平,2014[②];王静、武舜臣,2015[③])。偏低的教育回报率不仅意味着缩小城乡居民收入差距的目标仍然任重道远,而且也可能挫伤农村居民和农民工对其自身以及子女的早期人力资本投资积极性,例如,近年来许多农村孩子放弃高考而选择上技校或直接进城打工等现象屡见不鲜,导致"读书无用论""寒门难出贵子"等说法在不发达地区广为盛行。究其原因,已有学者认为这就是劳动力市场对人力资本的配置缺乏效率,或称"人力资本失灵"(李培林、张翼,2003[④])。当然,这些问题仍然启发我们进一步思考,是早期正规教育对个体收入的促增作用被低估了?还是后期相关培训对增加就业机会和提高工资收入的作用更大?这就需要综合考虑教育培训因素,在此基础上分析教育培训对农民工收入的影响,并比较教育和培训两方面的经济收益率,才能对此做出解答。

此外,马歇尔提出,人力资本投资除了能够增加收入之外,还可能带来其他方面的收益。许多研究试图度量这些非货币收益,例如,Lleras – Muney(2005)实证研究了教育与寿命之间的关系,发现每增加一年受教育年限会使人们在 35 岁时的预期寿命提高 1.7 年。[⑤] 教育投资所带来的非货币收益的表现形式十分多样,如,促进自身健康及家人健康、降低生育率和缩小家庭规模、减少婴儿死亡、减少贫困、降低犯罪率、节约公共福利支出和监狱成本、促进环境可持续发展、增进公民幸福和增加社会资本、推动创新和研究成果的使用等;再如,教育通过影响法治、民主、人权及政治稳定等制度的发展而产生正的外部性。但是,往往由于受到数据、技术等限制,人力资本理论还不能很清晰地解释教育与这些非货币收益之间的因果性

① 任远、陈春林. 农民工收入的人力资本回报与加强对农民工的教育培训研究[J]. 复旦学报:社会科学版, 2010(6):114 – 121.
② 毕先进, 刘林平. 农民工的教育收益率上升了吗?——基于 2006、2008、2010 年珠三角农民工问卷调查的分析[J]. 人口与发展, 2014,20(5):52 – 60.
③ 王静, 武舜臣. 教育回报率的职业差异与新生代农民工职业流动——基于 2010 年流动人口动态监测数据分析[J]. 教育与经济, 2015(6):61 – 68.
④ 李培林, 张翼. 走出生活逆境的阴影——失业下岗职工再就业中的"人力资本失灵"研究[J]. 中国社会科学, 2003(5):86 – 101, 207.
⑤ Lleras-Muney, A.. the Relationship between Education and Adult Mortality in the United States[J]. Review of Economic Studies, 2005,72(1):189 – 221.

逻辑关系,尽管如此,这些领域的研究仍在继续,事实证据也不断丰富。事实上,教育培训收益远不止货币性经济收益,同时还存在非货币收益,对于农民工群体而言亦不例外,只不过农民工群体有其特殊性。从农民工所处的实际环境和自身特征来看,一方面,农民工市民化已经成为当前中国城市发展的重要内容;另一方面,农民工犯罪频发,也是亟须解决的问题,在调整农民工相关政策的同时,预防和控制进城务工人员犯罪又成为城市工作的另一项重要任务。因此,从促进市民化和减少犯罪可能性这两个方面,实证检验城市农民工教育培训的非货币收益就显得十分有意义了。下面分别阐释市民化、犯罪倾向性与农民工教育培训关系的研究背景。

一、教育培训与农民工市民化关系的研究背景

农民工虽然在空间上由农村进入城市,在职业上由农业转入非农业,而在制度身份、福利待遇、行为特征、文化认同和情感归属等多方面,仍然属于城市人和农村人之间的"两栖人",并未真正享受与户籍制度相挂钩的那部分城市公共服务,也尚未具备城市合格公民素质。解决这一问题的根本举措就是实现城市农民工的市民化。2010 年国务院发布中央一号文件要求采取针对性措施,着力解决农民工市民化问题;2014 年国务院发布的中央一号文件,还特别强调"促进有能力在城镇合法稳定就业和生活的常住人口有序实现市民化"。可以说,市民化不仅关系到农民工的切身利益,更是关乎国计民生、社会稳定的重大问题,因此,解决农民工市民化问题已经成为政府和决策部门的重要课题。可是短时间内不可能直接给予所有农民工市民身份和待遇,况且,新型城镇化已不再单纯强调土地、户籍等制度和技术层面的城镇化,而是更加关注人的城镇化,如果城市农民工在人力资本、文化资本、社会资本以及公民核心素养等方面缺乏积累和提升,将导致其观念、技能和素养严重滞后于现代城市社会发展的需要,即便他们获得了非农户籍,也不是合格市民,有可能成为城市"贫民窟"的聚集者和"建设者",若能寻找到制度障碍之外其他关键因素,尤其是教育培训因素,从此方向精准发力,利用教育培训提升农民工市民化水平,使其拥有更多的资本积累,具备合格城市人的素养,将是一条可行之路。从这一角度上看,农民工的教育培训与其市民化之间的关系既是政府和决策部门需要重视的政治议题,也应当成为学术界热切关注的研究课题。然而,由于教育培训对农民工市民化的作用无法或者难以货币化,有限的相关研究成果也只是证明了一个"常识",即在市民化的众多影响因素中,农民工的教育或培训因素会对其市民化产生重要影响。但是,几乎没有可信的证据证明农民工的教育和培训分别与其整体市民化水平及其各个维度之间存在因果效应。很显然,有必要用事实检验教育培训对农民工市民化的积极作用。

二、教育培训与农民工犯罪倾向性关系的研究背景

工业化和城市化导致大量人口流动是绝大多数发展中国家必须经历的阶段,然而,城乡发展差距吸引大量农村剩余劳动力涌入城市的现象既带来正效应,也增加社会风险。一方面,大量城市外来务工人员(以农民工为主)在城市建设和社会经济发展过程中做出巨大贡献;另一方面,如此庞大的外来人口也由此给城市社会带来前所未有的压力,造成社会秩序混乱、刑事案件大幅上升等负面问题。城市外来人口中农民工群体是主体,也最为典型。首先,农民工由传统的农业社会和农业生产方式转入现代社会和现代工业生产方式,城市社会风尚多元,先进的与腐朽的生活方式并存、人际关系相对淡薄,传统的乡村宗法与伦理道德约束大大减弱,社会价值观念和行为准则的巨大变化导致剧烈的心理变化和严重的文化冲突,为农民工越轨、失范甚至违法犯罪提供了条件和机会;其次,一心想要融入城市社会,却因自身素质和户籍限制等原因难以在城市立足的农民工群体,尤其是心怀"城市梦"的年轻一代农民工,他们在城市生活中的长期劣势地位,更易引起其自卑与不满的悲观情绪,导致心理失衡,从而引发越轨与犯罪;再次,农民工群体的自身素质和工资收入水平普遍较低,从而降低了其准备和实施犯罪的机会成本,增加了从事犯罪活动的可能性。预期农民工犯罪将成为影响城市社会安全与发展的重要因素,尤其处在我国经济转型发展和新型城镇化推进的新阶段,它既是严峻的社会问题,也是一种经济问题。一系列统计数据反映了农民工与犯罪的潜在关联性,据对全国人民法院生效刑事判决统计,2002 年农民工犯罪约占所有刑事案件总数的11.9%,2009 年则约占到 42.9%(王志强、王岩,2011[1]);再如,以北京市为例,农民工犯罪在总案件数中的比例从 1994 年的 44% 上升到 2006 年的 72%(张荆,2011[2]);又比如,以苏州市为例,1995—2004 年在苏州警方抓获的刑事作案人员当中,外来人口所占比例逐年增长,平均占 70% 左右(薛啸,2005[3])。另外,据北京致诚农民工法律援助与研究中心、中国政法大学刑事法律援助研究中心 2012 年共同发布的《农民工刑事案件研究报告》指出,流动人口犯罪比例已占到全国各

---

① 王志强,王岩. 犯罪与"城市梦":农民工犯罪问题实证研究[J]. 法学杂志,2011(s1):266−272.
② 张荆. 影响中国犯罪率攀升的六大关系研究[J]. 中国人民公安大学学报:社会科学版,2011,27(5):1−10.
③ 薛啸. 苏州市城市化过程中外来人口犯罪现状及治理对策研究[D]. 中国农业大学硕士学位论文,2005.

地犯罪总数的 70% 以上,且农民工犯罪占比很大,针对他们的个人特征统计显示,(1)在年龄分布上,18 ~ 49 岁农民工是犯罪主要年龄段,而 18 ~ 29 岁年龄段所占比例最高;(2)在受教育程度上,农民工犯罪嫌疑人或被告人受教育程度普遍不高,初中以下文化水平的人高达 70% ;(3)在犯罪类型上,农民工犯罪以侵害公民人身权利的故意伤害罪最多(占 25%),其次为侵犯财产的诈骗罪(占14.3%),再次为扰乱社会管理秩序罪的寻衅滋事、妨害公务(两类共占20.2%)。导致农民工犯罪的原因很多,而结合农民工罪犯的个人特征来看,发现他们受教育程度普遍偏低,那么,低人力资本存量是否会加剧犯罪行为选择倾向或犯罪行为实施倾向? 已有研究关注了教育与犯罪的关系,认为教育可以减少犯罪的主要原因有五个方面。(1)教育(以及在职培训)可以提高劳动者的技能和合法工资率,从而增加犯罪行为的机会成本(Lochner,2004[1]);(2)在受教育过程中,学校具有社会化的功能,可以让人们成为更好的公民并善待他人,因此教育会降低犯罪的精神收益,让人们放弃有利可图的犯罪机会(Lochner,2004[2]);(3)人们接受教育的时间还同期挤占了他们可用于从事犯罪活动的时间(Witte and Tauchen,1994[3]);(4)教育也会影响风险偏好,使人们更加厌恶风险,从而减少犯罪的可能性(Lochner,2004[4]);(5)通过教育等方式来提高人们的素质,从而利用人们的自我约束能力来防止刑事犯罪(吴一平、芮萌,2010[5])。可以说,这些研究方法和结论都具有较高可靠性,但是大多都只关注人力资本中教育因素与"犯罪率"(或"犯罪类型"再或"犯罪危害程度")的关系,缺少对"犯罪倾向"的关注,在教育培训对农民工犯罪倾向性影响方面缺乏系统研究。实际上,犯罪倾向性既是犯罪行为之因,也是犯罪行为之辅,防患于未然极为重要。因此,有必要实证研究农民工犯罪倾向性构成,通过分析教育培训对其影响,从而揭示依靠教育培训提高人力资本水平在降低农民工犯罪倾向性、预防阻止犯罪和极大减少社会成本方面的收益和价值。

---

[1]　Lochner, L.. Education, Work, and Crime: a Human capital approach[J]. International Economic Review, 2004, 45(3): 811 – 843.

[2]　Lochner, L.. Education, Work, and Crime: a Human capital approach[J]. International Economic Review, 2004, 45(3): 811 – 843.

[3]　Witte, A. D., Tauchen, H.. Work and Crime: an Exploration Using Panel Data[G]. NBER Working Paper No. 4794. 1994.

[4]　Lochner, L.. Education, Work, and Crime: a Human capital approach[J]. International Economic Review, 2004, 45(3): 811 – 843.

[5]　吴一平,芮萌. 收入分配不平等与犯罪率[J]. 经济学:季刊,2010,10(1): 291 – 310.

第二节 核心概念

一、农民工

"农民工"是伴随中国城镇化进程产生的一个特有词汇,可以溯源至1983年,张雨林教授首次提出"农民工"一词,并于1984年在中国社会科学院《社会学通讯》上发表的一篇文章中首次使用"农民工"称谓,随后被社会各界广泛引用,甚至形成了不尽相同的称谓,如:"民工""流动民工""城市外来人口""乡城流动人口""进城务工人员""农村外出劳动力""农村转移劳动力""农村剩余劳动力",等等,举不胜举。总体上,初期研究成果未超出社会学的范围,至多只是把农民工理解为小城镇与乡镇企业发展中一种比较特殊的社会劳动现象,即农民身份的劳动者从事非农产业的劳动。加入世贸组织以来东南沿海地区出现由"民工潮"到所谓"民工荒"的现象变化,引起中央政府的高度重视,2006年《国务院关于解决"农民工"问题的若干意见》再一次把"农民工"概念写入中央政府具有行政法规效力的文件,由此再次引发了学术界对农民工问题的高度关注与研究兴趣。与这种学术走向相联系,这一时期关于农民工问题的研究文献骤增,涉及面也愈加广泛。直至党的十八大,提出"要加快改革户籍制度,有序推进农业转移人口市民化",此后,社会各界纷纷用"农业转移人口"替代了"农民工"这一称谓。虽然二者的准确含义并不完全相同,例如"农业转移人口"称谓更好地消除了身份歧视,反映了未来这一群体的发展趋势,但实质上,构成这二者的主体人群是一致的。另外,兼顾以往学术研究的连贯性,本书行文中继续统一使用"农民工"这一称谓,其构成主体就是当前的农业转移人口,因此并不影响整体研究结果。不过,在引用或叙述他人研究成果时,仍保留了原文用词。

何谓"农民工"?其定义及内涵,学者们仁者见仁、智者见智,至今尚未达成一致共识。当前主流观点认为,农民工是指户籍仍保留在农村,进入城市务工和在当地或异地从事非农产业劳动6个月及以上的劳动者,包括本地农民工和外出农民工。有大量研究从不同视角来诠释其义,如:王春光(2005)从户籍、劳动关系和产业三个方面进行界定,认为农民工是指拥有农业户口但被雇佣去从事非农产业活动的农村人口;[①]王小

---

① 王春光. 农民工:一个正在崛起的新工人阶层[J]. 学习与探索,2005(1):38-43.

和、张艳(2006)从户籍、职业、产业三个方面进行界定,认为农民工是指那些户口仍在农村,但已完全或基本脱离传统农业生产经营活动,主要依靠在城镇各类所有制企业打工或从事其他服务行业为生的人群;[①]李培林、李炜(2007)从户籍、产业和工资三个方面进行界定,认为农民工是具有农业户籍身份,从事第二、第三产业劳动的工资收入者;[②]詹玲(2008)则从户籍、土地、职业和劳动关系(工资)四个方面进行界定,认为农民工是中国社会经济转型时期的特殊概念,是指户籍身份是农民、有承包土地,但主要从事非农产业、以工资为主要收入来源的人员。[③] 纵观上述释义,不难发现其视角和条件主要集中在户籍、土地、职业、产业、劳动关系以及工资等方面,其中最为一致的是户籍和职业方面,即拥有农村户籍、从事非农职业,而在其他方面或多或少存在交叉或重合。

依据已有观点,作者认为应该综合以下三个层面对“农民工”进行理解和界定:一是空间位置,即他们由农村进入城市,发生空间转移,属于农村转移人口;二是制度身份,即他们在户籍上还是农业户口,属于农民身份;三是职业身份,即他们从事非农职业,主要收入也来源于非农经济活动。农民工概念的界定,对本研究调查对象的确定和有效样本的筛选起到了关键作用。

本研究所提到的“农民工”既包括第一代农民工(又称老一代农民工;他们出生于20世纪50—60年代,并于80—90年代初进入城市),也包括第二代农民工(他们出生于20世纪70—80年代,并于20世纪90年代—21世纪初进入城市)和第三代农民工(20世纪90年代及以后出生的农民工),鉴于调查对象涉及各个年龄层次,下文将不做单群体分析。

二、农民工教育培训

关于“教育培训”的定义有很多,具有代表性的有 McGehee W. 和 Thanyer P.(1961)的观点。他们认为教育和培训是不可分割的统一体,其中,教育是教化培养个体的通用知识和能力、专业知识和技能以及环境适应力等,对人的能力开发具有长期效应;培训是培养训练个体解决问题的能力(包括了解工作常识、提高工作技能、改善工作态度和提高归属感),以尽快胜任特定职务或执行其所从事的一切活动,包括工作和生活。[④] 国内也有人从名词词源和其实际内容角度阐释,教育和培

---

① 王小和、张艳. 农民工进城就业状况分析与对策探讨[J]. 农村经济, 2006(2):37 – 38.
② 李培林、李炜. 农民工在中国转型中的经济地位和社会态度[J]. 社会学研究, 2007(6):1 – 17.
③ 詹玲. 农民工概念的理性思考[J]. 北方经济, 2008(17):70 – 71.
④ McGehee W., Thanyer P.. Training in Business and Industry[M]. NewYork:Wiley, 1961:77 – 78.

训有共同点,即总目标都是为了提高人的素质、教人育人,但两者也有更多不同之处,主要体现在接受对象、时间阶段、内容和方式等方面。①

对农民工教育培训问题的研究,学者们一般很少以概念为起点,大多以人力资本理论或农民工教育培训实践为中心,直接定性或定量研究农民工教育培训的现状、问题及对策,而且这方面的研究也多侧重于培训,以职业培训和技能培训最为典型,往往忽视了培训只是农民工教育的一个部分或者一种方式。如何界定"农民工教育培训"? 迄今尚未真正形成系统、权威的论断。实际上,农民工的教育培训不但包括对转移到城市、进入城市劳动力市场的农民工的各种培训,也包括过去接受过的正规学历教育和成人教育等,因为受教育水平在很大程度上不仅决定了农民工现有的基本文化素质和职业技术能力,而且还影响到他们今后的人力资本积累。因此,教育培训是"长线教育"和"短线培训"的有机整体,在此基础上,本书尝试将农民工教育培训分为两个层次:一是正规学校教育,主要包括农民工早期接受的学历教育和后天补偿性教育,体现了"昨天"的农民工教育培训;二是多种培训,包括引导性培训、职业技能培训等在内的一切职前、在职及为职业迁移而开展的培训项目和活动,体现了"今天"的农民工教育培训。

三、教育培训的货币收益与非货币收益

早期教育经济学者更倾向于讨论教育的经济收益,认为教育投资是一种增加个人货币收入和促进国家经济增长的人力资本投资,通过教育投资可以带来可观的货币收益和可直接货币化的收益,往往忽视了非货币收益。因而,无论是学生、家庭还是政策制定者,通常都会对教育的非货币收益知之甚少,从而导致严重的教育服务供求关系失衡。实质上,教育投资带来的非货币收益,不仅包括可以间接折算为货币价值的可间接货币化的收益,而且包括巨大的不可以间接货币化的收益。当众多学者从科际整合的视角研究教育的非经济收益与社会价值时,教育培训收益的研究范畴逐渐拓展到教育的非货币化收益方面。在教育非货币收益得到认可的同时,研究者们基于不同方面论证了教育间接收益的存在,例如,Mingat and Tan(1996)详述了教育成本和收益的分类(见表1-1)②。可见,通过教育可以在诸如经济增长、技术革新、社会融合、犯罪减少、人口迁移以及个人发展与收入提升等多方面带来经济和非经济的收益。

---

① 张卫. 教育与培训概念的梳理[J]. 国际关系学院学报, 2004(5): 77 - 80.
② Alain Mingat, Jee-Peng Tan. The Full Social Returns to Education: Estimates Based on Countries' Economic Growth Performance[A]. Human Capital Development HCD Working Paper, 1996.

表1-1 教育的成本和收益及其对个人和社会的影响

	个人	社会
成本 （COSTS）	C1. 直接成本 （包括学费）	C3. 公共补贴 （成本回收净额和调整税收公共支出可能造成的无谓损失）
	C2. 隐性机会成本 （包括收入和其他生产方面的损失）	B3. 劳动者生产力的溢出效应 （教育促进其同事劳动生产力提高）
收益 （BENEFITS）	B1. 提高市场效率 （反映在收入上和其他工作产出）	B4. 技术革新 （例如，在科学、医疗、工业以及其他领域内因发现、适应和使用新知识而产生了技术革新）
	B2. 私人的非市场收益 （例如，获得更好的健康、增加了享受休闲的能力、提高了找工作的效率以及其他更多个人选择机会等）	B5. 社会的非市场收益 （例如，获得更好的社会公平、更有凝聚力的社会、更强的国家意识、较慢的人口增长，以及减轻环境压力、降低传染病风险、减少犯罪等）

资料来源：根据 Mingat 和 Tan（1996）的论文《The Full Social Returns to Education：Estimates Based on Countries' Economic Growth Performance》翻译后绘制。

注：成本包括 C1、C2、C3；收益包括 B1、B2、B3、B4、B5。

正因为教育对受教育者个人和社会产生的影响，不仅体现在市场化层面的经济价值上，还体现在非市场化层面。由教育带来的对受教育者自身、家庭成员乃至社会各方面产生除经济价值以外的无法或难以直接用市场流通货币来衡量的积极影响，统称为"教育的非货币收益（non-monetary benefits of education）"[1]。究其研究起源，最先为国外研究者们所重视，Haveman 和 Wolfe（1984）首次将教育的非市场效应（non-market effects）分离出来，在考虑了价格指数及通货膨胀因素后，估计教育的市场收益和非市场收益大致相等，并得出了"教育的市场收益实际仅占其全部收益的一半"的研究结论；[2]Mcmahon（1984）在对全美大学生进行调研后，进一步论证了高等教育非货币收益的重要性，计算得出自由职业者的非货币收益率最高，达到 19%，管理人员、医生、律师的非货币收益率分别为 14%、13%、12%；[3]

① Luis E. Vila. The Non-monetary Benefits of Education[J]. European Journal of Education,2000,35（1）：21-32.

② Haveman R. H., Wolfe B. L.. Schooling and Economic Well-Being：the Role of Non-market Effects[J]. Journal of Human Resources, 1984,19（3）：377-407.

③ Mcmahon W. W.. Why Families Invest in Education[A]. The Collection and Analysis of Economic and Consumer Behavior Data：Essays in Memory of Robert Ferber[C]. Illinois：University of Illinois Press, 1984：75-91.

McMahon(2006)还对教育的收益进行了分类和总结,认为教育总收益包括私人市场收益、私人非市场收益以及社会收益(见图1-2)。尔后,学者们纷纷从民主化、人权、政治稳定、预期寿命、减少不平等和贫困、降低犯罪、环境保护、幸福感和社会资本、技术扩散等不同方面对此进行了深入研究(Meer and Wielers,1996[①];Lleras-Muney,2005[②];Mcmahon,2002[③]、2006[④]、2010[⑤];Luis E. Vila,2000[⑥];Lochner,2004[⑦];Helliwell,2005[⑧];Dziechciarz-Duda and Król,2013[⑨])。

直接收益 ☐   间接收益 ▨

A-1.对收入和经济增长的市场收益 直接影响	B-1.对收入和经济增长的间接影响 间接影响
A-2.私人非市场收益 直接影响	B-2.对私人非市场收益的间接影响 间接影响
A-3.社会非市场收益（公共物品） 直接影响	B-3.对社会非市场收益的间接影响 间接影响

图1-2　教育的总收益

资料来源:根据 Mcmahon, W. W. (2006)的论文《Education Finance Policy: Financing the non-market and social benefits》翻译后绘制。其中,A-1 部分所示为教育的直接私人市场收益,A-2 部分所示为教育的私人非市场收益,A-3 部分所示为教育的直接社会外部收益,B-1、B-2、B-3 共同构成教育的间接收益,分别对应的是社会市场收益、私人非市场收益、社会非市场收益。A-3 和 B-1、B-2、B-3 共同构成教育外部性的总和。

---

① Meer P. V. D., Wielers R.. Educational Credential and Trust in the Labor Market[J]. Kyklos, 1996,49(1): 29-46.

② Lleras-Muney, A.. the Relationship between Education and Adult Mortality in the United States[J]. Review of Economic Studies, 2005,72(1): 189-221.

③ Mcmahon, W. W.. Education and Development: Measuring the Social Benefits[M]. New York: Oxford University Press, 2002.

④ Mcmahon, W. W.. Education Finance Policy: Financing the Non-market and Social Benefits[J]. Journal of Education Finance, 2006,32(2):264-284.

⑤ Mcmahon, W. W.. The External Benefits of Education[J]. International Encyclopedia of Education, 2010: 260-271.

⑥ Luis E. Vila. The Non-monetary Benefits of Education[J]. European Journal of Education,2000,35(1): 21-32.

⑦ Lochner, L.. Education, Work, and Crime: a Human capital approach[J]. International Economic Review, 2004, 45(3): 811-843.

⑧ Helliwell, J.. Well Being, Social Capital, and Public Policy: What's New[G]. NBER Working Paper No. W11807, New York: National Bureau of Economic Research, 2005.

⑨ Dziechciarz-Duda,M., Król, A.. On Non-monetary Benefits of Tertiary Education[J]. Econometrics no, 2013,3(41): 78-94.

　　教育的非货币收益概念及内涵被引入中国后,国内也有一些学者对其进行了理论和实证研究。在理论研究方面,学界一致认为教育收益应该包括货币收益和非货币收益,教育关系到更广的经济和社会收益,这不仅包括收入和经济增长,还包括健康促进、寿命延长、认知能力提升、犯罪减少、人口转移、贫困减少、环境保护和其他多种非货币性产出,所有这些影响或效应都可以溯源到教育上,同时呼吁加大教育非货币收益研究力度(李锋亮、雷虹,2007[①];张秋山、付鸿彦,2011[②];许长青,2015[③];费文会,2016[④])。在实证研究方面,学者们曾尝试从不同方面证明教育非货币收益的存在,如崔玉平(2010)依据法院提供的犯罪人统计数据,通过实证分析教育对犯罪程度的负效应,证明了教育投资可以获得非货币化收益;[⑤]李锋亮、李拉(2011)通过对随子女迁移到北京居住的老年人进行访谈调研,结果发现高等教育能够带来显著的非货币化收益和家庭成员的溢出效益。[⑥]

　　相比以往研究,本书关注的重点是教育培训收益问题,包括教育培训的货币收益与非货币收益。基于已有的研究文献,认为教育培训对接受教育培训者个体、他人和社会产生的影响,不仅体现在能带来收入和经济增长方面的经济收益——“教育培训的货币收益”,而且其对接受教育培训者自身、周围的人及环境乃至社会都产生了除经济收益之外的积极影响,从收益性质的角度可以称之为“教育培训的非货币收益”,既包括教育培训对个人的健康改善和幸福增加、工作迁移、向上流动、享受休闲的能力以及做出多种个人选择的效率方面的影响,也包括通过教育培训减缓人口增长、缩小社会分层差距以及减少犯罪率、促进社会融合、提高社会民主与政治稳定、巩固国家凝聚力、减少环境压力等积极影响。如表1-2所示。

---

① 李锋亮,雷虹.论教育的非货币化收益和溢出效益[J].清华大学教育研究,2007,28(6):65-69,94.

② 张秋山,付鸿彦.教育的非货币化收益研究评述[J].前沿,2011(24):223-226.

③ 许长青.教育投资的外溢效应及其内在化[J].教育学术月刊,2015(3):40-47.

④ 费文会.教育非货币化收益研究的起源及发展[J].教育学术月刊,2016(3):17-21,70.

⑤ 崔玉平.教育投资的非货币化收益——基于教育对犯罪程度的效应分析[J].教育与经济,2010(2):24-30.

⑥ 李锋亮,李拉.高等教育非货币化收益与溢出效益的实证分析[J].清华大学教育研究,2011,32(1):89-93.

表1-2　教育培训的货币收益与非货币收益

	直接的/个人的	间接的/社会的
货币收益	促进个体收入增长及经济生产能力发展	促进反映家庭、组织、公司、社会影响的经济产出
非货币收益	改善个体的健康和幸福、迁移、向上流动及其他方面的非货币产出	促进社会融合、增加社会福利、缩小社会分层差距、减少犯罪及其他溢出效应

注:本表参考了经济合作与发展组织(2000)的提法。

在上述"教育培训货币收益与非货币收益"概念界定的基础上,本书以农民工群体作为研究对象,作为农民工教育培训收益的核心构成部分必然包括收入增加、市民化水平提升和犯罪行为减少等方面,因此可以从工资收入方面估计农民工教育培训货币收益率,从市民化水平提升和犯罪倾向性抑制等方面证明其非货币收益的存在,从而较为准确地评估农民工教育培训的货币收益和非货币收益,以期比较全面地认识农民工教育培训的价值。

四、农民工市民化

目前,学术界已对农民工市民化概念的内涵和外延进行了比较系统研究,大致有三类主流观点。

第一类称之为"过程观",持该观点的学者都认为农民工市民化是农民工向市民转变的一个过程,其中以郑杭生、王桂新、魏后凯等人为代表。郑杭生(2005)认为市民化是指作为一种职业的"农民"(farmer或cultivator)和作为一种社会身份的"农民"(peasant)在向"市民"(citizen)转变的过程中,发展出相应的能力,学习并获得市民的基本资格、适应城市并具备一个城市市民基本素质的全过程,在这个过程中,农民将实现自身在生活方式、思维方式、生存方式和身份认同等方面的现代性转变。[①] 王桂新等(2008)认为农民工市民化是指迁居城市的农民工在城市社会环境中逐步向城市居民转变的过程,它是中国特有城市化发展过程的后期阶段,也是一个关键阶段。[②] 魏后凯等(2013)认为农业转移人口市民化不单纯是将农业户口改为城镇户口,而是从农村转移到城镇的人口在经历城乡迁移和职业转变的同时,获得城镇永久居住身份、平等享受城镇居民各项社会福利和政治权利,最终成

---

① 郑杭生. 农民市民化:当代中国社会学的重要研究主题[J]. 甘肃社会科学,2005(4):4-8.
② 王桂新,沈建法,刘建波. 中国城市农民工市民化研究——以上海市为例[J]. 人口与发展,2008,14(1):3-23.

为城镇居民并完全融入城镇社会的过程。①

第二类称之为"结果观"，即把农民工市民化视作是一种实现结果。赵立新 (2006)认为农民工市民化的最终结果是农民工实现了身份的转变、地域的转换、产业的转移和思想观念的转化。② 程建林(2009)认为农民工市民化的结果不但包括身份、地位、权利实现市民化，而且包括实现自身素质、思想观念和行为方式的市民化。③ 胡杰成(2010)认为农民工市民化首先是制度市民化、经济市民化，最后是社会与文化市民化。④

第三类称之为"综合观"，此观点认为农民工市民化既是一个过程，也是一种结果。刘传江(2006)认为农民工市民化是指离农务工经商的农民工克服各种障碍最终逐渐转变为市民的现象；另外，目前农民工在城市的生存状态呈现明显的边缘化特征，在工作性质、居住分布、社会地位、经济地位、社会心态、继承性以及家庭模式等方面都仍然和真正的市民之间存在很大差别，所以农民工市民化也可以理解为农民工不断摆脱边缘状态，逐渐实现走进和融入城市主流社会的目标，从这个层面看，农民工市民化既是过程也是结果。⑤ 此后，徐建玲(2008)在上述基础上，进一步阐释了农民工市民化的两种内涵，第一种含义是从结果的角度定义，是指农民工市民化的程度或状态，即离农务工经商的农民工逐渐克服各种障碍并最终转变为市民的现象，它包括农民工职业、社会身份、自身素质以及意识行为市民化四个层面的含义；第二种是从过程的角度定义，是指农民工市民化的趋势或过程，具体包括农民工从农村退出、城市进入以及城市融合三个环节。⑥

梳理已有研究成果，可以发现，无论基于何种观点来界定农民工市民化，其本质都离不开职业和社会身份的城乡分离，并获得当地市民所享有的公共服务和社会权利，而且内涵具有多维性和复杂性，这一点与国外"移民社会融合"的构念十分相似，包含了多个维度(经济性融入、社会—文化性融入、政治性融入等)。⑦ 可以说，完整的农民工市民化必然紧紧围绕这四个方面的核心内容：一是实现空间位置的转移，由农村向城镇转移；二是实现制度身份的转变，由农业户籍向城镇户籍转变；三是实现社会职业的转变，由非正规或次属劳动力市场上的农民工向正规或首属劳动力市场上的非农产业工人转变；四是实现生活方式、社会心理以及价值观

① 魏后凯,苏红键.中国农业转移人口市民化进程研究[J].中国人口科学,2013(5):21-29,126.
② 赵立新.城市农民工市民化问题研究[J].人口学刊,2006(4):32-34.
③ 程建林.第二代农民工市民化研究[D].武汉大学博士学位论文,2009.
④ 胡杰成.农民工市民化问题研究[J].兰州学刊,2010(8):91-95.
⑤ 刘传江.中国农民工市民化研究[J].理论月刊,2006(10):5-12.
⑥ 徐建玲.农民工市民化进程度量:理论探讨与实证分析[J].农业经济问题,2008(9):65-70.
⑦ 梁波,王海英.国外移民社会融入研究综述[J].甘肃行政学院学报,2010(2):18-27.

念上的转变,具体可分为个体层面、制度层面、经济层面、社会层面以及文化心理层面等。基于此,笔者认为当前的农民工市民化是指由农村转移到城镇的农民工群体或个人获得与当地城镇居民均等的身份地位,在教育、医疗、社保等方面享有与同类城镇居民相同的公共服务和社会权利,并在生活方式、社会心理及价值观念等层面真正融入城镇社会环境的过程与结果。从这层含义来看,农民工市民化更是动态过程与静态结果的有机整合,前者是农民工群体或个人将要或者正在进行市民化的一个过程,后者是指农民工群体或个人已经实现某种程度的市民化事实,如果说整个过程强调"化",最终结果则强调"市民"与"城市人"。

五、犯罪和农民工犯罪倾向性

(一)犯罪

所谓犯罪,则必须符合我国《刑法》关于犯罪的规定,必须具备以下特征:第一,犯罪是危害社会的行为。行为对社会的危害性,是犯罪最本质的特征。第二,犯罪是触犯刑律的行为。也就是说危害社会的行为必须同时是触犯《刑法》规定的行为,才构成犯罪。第三,犯罪必须是应受刑罚处罚的行为,只有应受刑罚处罚的危害社会的行为,才被认为是犯罪。上述特征是确定任何一种犯罪必须具备的缺一不可的条件。《刑法》同时还规定,情节显著轻微、危害不大的,不认为是犯罪。

(二)犯罪倾向性

"倾向性"是一个心理学名词,它是心理的一个重要组成部分,它体现了个体心理活动的动力性和选择性,是心理活动中最活跃的因素,它包括需要、动力、兴趣、信念、价值观和自我意识等等。犯罪倾向性这一名词,以往文献中没有明显提及,根据"犯罪"及"倾向性"的定义,可以将其定义为个体触犯刑律的动力性和选择性,主要与个体的价值观及自我意识有关。普通心理学认为,人有三种基本心理活动认知、情感、意志。[①] 认知是指人们获得知识或应用知识的过程,或信息加工的过程,是情绪、情感过程和意志过程的基础,包括感觉、知觉、记忆、思维、想象和语言等。情感是指人们对客观事物是否符合自身需要的态度的主观体验,分为道德感、理智感和美感,其中亲情不在其中。意志是指人们自觉地确定目标,有意识地支配、调节行为,通过克服困难以实现预定目标的心理过程。参考犯罪心理学中对犯罪心理结构的分析,认为犯罪人的个性特征应包括动机特征、人生观特征两大

---

① 昭兰. 普通心理学[M]. 北京大学出版社,1994.

类。其中,动机特征包括贪财、发泄情感、满足性欲、游乐、显示自我、好奇与冒险等方面,人生观特征包含人生观是腐朽颓废的、沉溺于生理需求的满足、悲观厌世、绝望等方面。[①]

(三)农民工犯罪倾向性

很多在城市犯罪的农民工,在家乡是遵纪守法、厚道老实、守本分的农村人,进入城市后的犯罪行为往往令亲朋乡邻难以置信。显然这种犯罪,并非从农村流动到城市的继续犯罪,而是原本的守法者在生存条件和活动空间发生改变后所滋生出的犯罪。也就是说,在劳务输入地而非在输出地的犯罪与犯罪主体的农民工身份没有必然联系。因此,对于我国农民工犯罪现象的研究,或许重点不应放在农民工的身份上,更应当关注在劳务输入地即城市犯罪的各种致罪因素上。[②] 因此,本书将农民工犯罪的概念界定为农民工在城市务工期间发生的违法犯罪行为。

在广泛阅读文献并梳理研究成果之后,发现两大理论基础值得借鉴。一是犯罪动机结构理论。本书使用的自编《农民工犯罪倾向性量表》主要参考《外来务工人员犯罪动机结构的实证研究——以苏州为例》一文。[③] 该文基于苏州市看守所的504名犯罪(嫌疑)人调研数据,经过探索性因子分析和验证性因子分析,得出了认知失调、情感失协、犯罪后果评价三个维度。其中犯罪后果评价是针对已犯罪人群,不适用未犯罪农民工的犯罪倾向性研究,故删除。在犯罪结构理论中,对量表有参考意义的维度是认知失调和情感失协。二是犯罪人员人格特征理论。这一部分的量表题项主要参考了《犯罪人员人格特征问卷的编制及研究》。[④] 该文通过对犯罪人员的实证调研,总结出了自我控制、社交、责任心和价值观四个维度,对农民工犯罪倾向性量表维度设计具有参考意义。基于以上基础理论,首先从认知、情感和意志三个一级维度出发,具体设计了包括价值观不正、责任心缺失、社交障碍、嗜好不良、自控力不强、守法意识薄弱六个维度,在后续的研究中缩减为四个维度。

---

① 张保平. 犯罪心理学[M]. 北京:中共中央党校出版社,2004.
② 员智凯,孙祥麟. 城市化进程中农民工犯罪率趋高的社会学透视[J]. 西北大学学报:哲学社会科学版,2010,40(6):148-153.
③ 王平荣,赵永乐. 外来务工人员犯罪动机结构的实证研究——以苏州为例[J]. 社会科学家,2010(12):89-91.
④ 周新静. 犯罪人员人格特征问卷的编制及研究[D]. 南京师范大学硕士学位论文,2007.

第三节　意义与价值

一、目的

农民工教育培训是解决农民工问题、推进新型城镇化、实现城乡一体化发展的有效手段和途径,高质量的教育和培训能够为农民工群体带来可观的个人收益,为社会带来价值和效益。因此,本书在文献查阅、理论寻找和数据收集的基础上,在教育培训货币收益和非货币收益的视域下,对农民工教育培训与其工资收入、市民化、犯罪倾向性之间的关联性和因果性联系进行分析。首先,将分别以城市普通未犯罪农民工和已犯罪在服刑的农民工为调查对象,通过问卷调查和深度访谈,获取农民工样本人口统计学特征、教育培训、市民化状况以及犯罪倾向性等方面的自陈数据。其次,对各阶段获取的数据资料进行描述统计分析、推断性统计分析和计量分析,通过估算农民工教育培训经济收益率来检验其货币收益,通过分析教育培训对农民工市民化和犯罪倾向性的影响来证明非货币收益的存在,同时重点关注教育培训因素和市民化水平各自及联合对农民工犯罪倾向性的影响,进一步揭示其发生作用的内在机制和机理。最后,基于实证研究结果和结论,提出发展农民工教育培训事业的政策建议,用以丰富教育培训及其收益理论,并指导农民工教育培训实践。

二、意义与价值

本书立足于教育培训货币收益和非货币收益两个层面,实证研究农民工教育培训对其收入、市民化以及犯罪倾向性等方面的影响,并围绕收益问题探讨如何通过发展教育和培训来帮助城市农民工积累人力资本、顺利融入城市社会、共享中国经济社会转型发展的新成果。因而,基于教育培训收益的视角,研究农民工问题是一项具有重要理论价值和实践意义的课题。

（一）理论意义

第一,再检验教育培训收益,进一步验证西方人力资本理论的基本假设,深入认识和理解农民工教育培训的货币收益和非货币收益。首先,通过量化分析农民工受教育程度和培训经历与其工资收入的关系,证明蕴含于农民工身上的人力资本存量对个人经济收益的重要作用;同时,关注教育和培训各自及其协同对人力资本投资回报的贡献,对于再检验教育培训的经济收益率具有重要参考价值。其次,进一步将教育培训的非货币收益分离出来,实证分析农民工教育培训对其市民化水平以及犯罪倾向性的影响,从而估计收入之外的非货币收益,可以从更深层面上弥补以往人力资本理论"重视货币收益及可货币化收益,忽视非货币收益"的缺陷。

第二,丰富农民工教育培训理论。当前我国农民工教育培训工作任重而道远,在实践环节上仍然缺乏成熟理论指导。一方面是因为发达国家没有真正意义上的"农民工"说法,也就没有现成的直接理论成果可参考借鉴;另一方面是因为国内农民工教育培训起步较晚,理论研究还相对薄弱。本书将系统调查分析农民工教育培训现状,更加重视研究教育与培训有机结合的价值、早期正规学历教育与后期职场培训对人力资本积累与盘活的价值,有望丰富和发展我国农民工教育培训理论。同时,教育培训收益及其影响因素的研究成果,丰富了农民工人力资本投资收益、农民工社会融合与市民化、农民工犯罪预防与治理等方面的理论内容。

第三,拓宽农民工问题研究视域,拓展教育经济学研究范畴。伴随中国长期的城市化发展,农民工在城市中的问题日渐凸显,引起国家有关决策部门及学术界的广泛重视,有关农民工的研究成果不胜枚举。这些研究从人口学、社会学、经济学、管理学以及教育学等多学科视角出发,但是在教育经济学界,农民工问题尤其是教育培训收益的研究相对不足。一方面,教育经济学的一个重要研究领域是教育投入与产出的关系,其中包括了教育培训投资与劳动力市场绩效以及个人非货币收益之间的关系,需要不断更新经验证据,检验这些核心观点;另一方面,教育经济学也需要以理论指导实践,关注并探索研究教育培训事业发展的现实问题。因此,从教育经济学学科发展视角出发,系统研究农民工教育培训对农民工收入、市民化以及犯罪倾向性等方面的影响,有望进一步拓宽学科研究视野。

(二)实践价值

第一,从现实层面为社会各界了解农民工教育培训现状及其收益问题提供更为准确的认识,从而为制定农村教育政策和农民工培训政策乃至农民工犯罪人矫正教育规划等提供参考依据。教育和培训是人力资本积累的重要途径和手段,而人力资本在经济增长中的贡献率和投资回报率都远远大于物质资本,开发利用人口质量红利,依靠创新驱动,已成为新时代我国经济增长方式转变的最突出特征之一。农民工作为我国城市建设和发展过程中不可或缺的主力军,也是经济转型发展的一股重要力量,如何将用于提升农民工人力资本存量、提高农民工劳动力质量和劳动生产率的教育培训落到实处,自然是国家政府和公民密切关注的问题之一。特别是农民工培训工作,自 2003 年正式启动以来,培训成效并不乐观,政策执行"落地生根"往往更是举步维艰。从我国农民工培训发展现状来看,经常会出现培训主体供需不足、培训内容有效供给缺乏、培训管理不科学(戴烽,2010[①])等具体问题。如何构建切实可行、科学有效的农民工培训体系,用以指导培训实践,真正满足农民工自身和社会整体发展需要,从而提升农民工人力资本和文化资本,帮助他们更好地适应和融入城市,获得生活幸福感和安全感,必然是当务之急。正是在已有理论成果和经验总结的基础上,依据调查研究得出的结果和结论,有针对性地提出政策建议,为改革发展农民工教育和培训事业提供可靠依据。

第二,通过教育培训有效提升农民工收入和市民化水平,使得农民工的城市融入和人力资本提升并存,有利于推进我国社会经济转型发展和新型城镇化建设。一方面,当前中国特色社会主义建设进入新时代,新形势、新变化对社会经济发展提出新要求,对劳动力的数量和质量提出了新期盼,而教育和培训是实现劳动力性质转变和收入倍增的重要驱动力;另一方面,新型城镇化建设不再仅仅强调"以土地为核心",而是更加关注"以人为核心",农民工市民化将是新型城镇化建设的重点和难点之一,尽管制度障碍躲不开、绕不过,但是积极寻找其他关键力量来助推农民工市民化进程,尤其是通过教育和培训提升农民工自身质量未尝不是一条行之有效的路径。农民工教育和培训的协调发展必将进入新的发展阶段。

第三,分析研究农民工群体的犯罪倾向性构成及其与教育培训关系,有助于找到预警和抑制农民工犯罪的有效途径,对推进新型城镇化进程、提升未来市民素质和生活质量有深远意义。现阶段农民工群体仍然文化素质普遍低、劳动力数量相对丰富而质量不足、收入不稳定、社会地位低下,绝大部分还没有成为正式市民,没有享受与市民同样的公共福利与待遇,多项不利因素促成他们成为当前城市犯罪案件的主要制造者。一方面,有关城市管理部门应严厉打击惩戒违法犯罪行为,维护城市社会安全和持续稳定;另一方面,伴随不断推进的新型城镇化进程,政府管理部门也有责任和义务解决农民工城市适应和融入问题。因此,从农民工教育培训和市民化角度出发,探索如何通过抑制农民工犯罪倾向来预防犯罪的有效途径,可以为城市管理部门提供有益启示和决策参考。

(三)主要创新点

一是研究视角的创新。本书将教育培训收益视角引入农民工工资收入、市民

---

① 戴烽. 农民工人力资本培训评估[M]. 北京:社会科学文献出版社,2010.

化及犯罪倾向性等问题的研究中,同时货币收益和非货币收益的耦合深化了对农民工教育培训全收益的认识和理解,具有创新性。从严格意义上说,目前国外并没有农民工问题,尽管国内已有大量文献对中国特有的农民工现象进行了广泛研究,这些研究涉及多学科、多视角,但是单独立足于教育经济学,以教育培训收益为视角进行的研究,十分有限。以当前农民工问题中的首要问题——收入提升以及相对突出的"市民化"和"犯罪"等现实问题为切入点,全面考察农民工教育培训并研究此方面的收益问题,这与以往单纯研究农民工人力资本投资收益率或某一个方面的具体问题均有所不同,预期可以弥补这些研究的不足。

二是研究路径和研究方法的创新。本书使用四个阶段子课题实地调研数据展开实证分析,尽可能保证数据真实性和代表性,在此基础上依次分析教育培训对农民工收入的影响,教育培训对农民工市民化的影响,教育培训对农民工犯罪倾向性的影响,教育培训、市民化与犯罪倾向性的关系,从而较为全面地估计或证明农民工教育培训收益。具体而言,(1)在检验农民工教育培训货币收益时,根据研究需要对经典明瑟收入方程进行扩展,通过加入教育和培训的交互作用项、以学历层次代替受教育年限等,较为系统地分析了农民工教育和培训经济收益率及各自对个人收入水平的影响,不再是单方面估算教育回报率或者培训收益率,这在很大程度上丰富了以往的研究成果。(2)在农民工市民化方面,综合运用探索性因子分析和基于结构方程模型的验证性因子分析来构建农民工市民化水平评价指标体系,与以往多局限于几何平均数法、等权重法或层次分析法的研究方法不同,同时研究重点关注教育和培训因素对农民工市民化水平影响的方向及大小。(3)在农民工犯罪倾向性方面,综合探索性因子分析和验证性因子分析来检验农民工犯罪倾向性的维度构成,同时区分未犯罪农民工和已犯罪不同人群,分样本研究两类农民工群体的教育培训对各自犯罪倾向性的影响。以往绝大多数有关教育(培训)影响犯罪方面的研究侧重于"犯罪率"或"犯罪程度"抑或"犯罪类型",而很少关注"犯罪倾向"。实际上,从管理的 Smart 原则来讲,犯罪事前控制在某种程度上应优于事后控制,防患于未然会极大减少社会成本并提高各方收益。因此,本书关注犯罪倾向并采用定量分析法对其进行实证研究,同时重点关注教育和培训因素对农民工犯罪倾向性影响的方向和大小,可以说是一次有益尝试。(4)教育培训和市民化对农民工犯罪的协同影响的研究成果,国内外很少,本书基于教育培训和市民化可以联合抑制农民工犯罪的理论假设和经验观察,对三者之间的因果效应进行多元统计分析,同时检验市民化在"教育培训影响犯罪倾向性"中的中介作用。这方面的研究成果有望填补当前相关研究领域的空白。

第四节　研究框架与研究方法

一、研究框架

(一)总体框架和结构

在调查分析农民工教育培训情况、收入状况、市民化水平和犯罪倾向性的基础上,分别实证分析教育培训对农民工收入的影响,教育培训对农民工市民化和犯罪倾向性的影响以及三者之间的关系,从而证明农民工教育培训同时存在货币收益和非货币收益。由于本研究涉及多个具体研究问题,针对每个研究问题,需要收集相应数据资料,因此,基于研究目的和目标,将课题总目标分解为四个子目标,对应设计了四个阶段的子课题,分别是《子课题一:教育培训对农民工收入和市民化水平影响的实证研究》《子课题二:教育培训对城市未犯罪农民工犯罪倾向性影响的实证研究》《子课题三:教育培训对已犯罪农民工犯罪倾向性影响的实证研究》《子课题四:教育培训、市民化与农民工犯罪倾向性的关系研究》。基于课题研究目标与内容,本书总体框架和结构如图 1-3 所示。

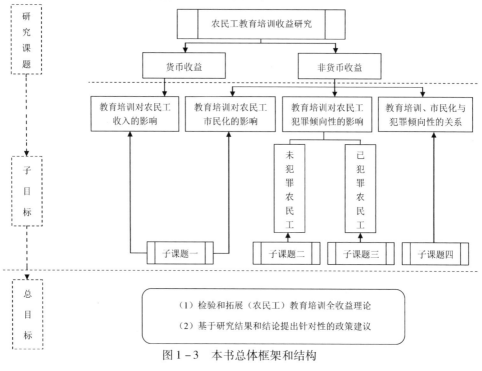

图 1-3　本书总体框架和结构

（二）研究思路和技术路线

遵循"提出问题——理论探讨——实证分析——回答问题"的基本思路,本书构建了农民工教育培训收益的一般分析框架,分别从教育培训的货币收益和非货币收益两方面检验农民工教育培训收益,运用四个阶段的子课题实地调研数据,实证分析农民工教育培训对收入、市民化以及犯罪倾向性的影响,证明可以通过加强教育培训来提高农民工的市民化水平和抑制犯罪倾向性,进而获得更高的非货币收益和社会价值。图1-4呈现了本书的研究思路和技术路线。

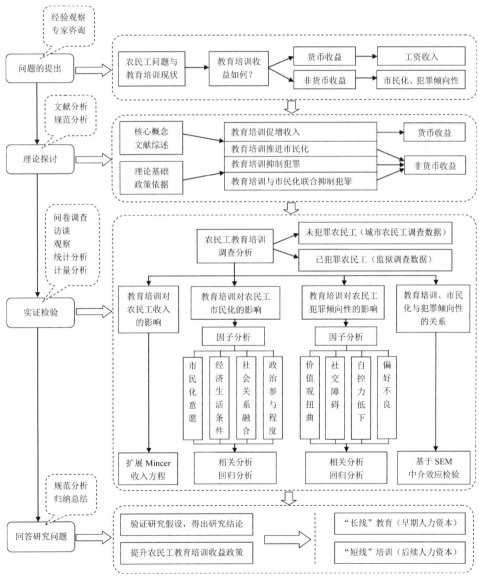

图1-4 本书研究思路和技术路线图

二、研究方法

从教育学、经济学、管理学、统计学、社会学以及人口学等多学科整合视角出发,根据研究对象特点和研究内容需要,选择合适的研究方法。总体上,将定性研究与定量研究相结合、宏观分析与微观阐释相结合,具体方法如下:

(一)文献分析法

搜集与分析相关研究文献是开展科学研究的前提和必要工作。首先,搜集并仔细研读相关文献资料,同时查阅大量相关书籍、杂志和报刊,捕捉有效信息,对其进行整理、鉴别、归纳,初步建立一个文献资料数据库。然后,通过文献分析、再梳理和总结归纳,并结合专家建议,对已有研究有一个比较全面而系统的了解。最后,对已有相关研究进行回顾和评述。本书文献分析内容主要包括:国外流动劳动力及移民教育培训研究、国内农民工教育培训研究、国外移民社会融合研究、国内农民工市民化研究、国际移民犯罪问题研究、国内农民工犯罪问题研究、国外移民教育回报率研究、国内教育培训与农民工收入关系研究、国外教育培训与移民社会关系研究、国内教育培训与农民工市民化关系研究、国内外教育与犯罪关系研究以及农民工市民化与犯罪关系的研究等。通过文献分析,可以把握核心概念的内涵与思想渊源;掌握国内外有价值的研究成果,为研究农民工教育培训对个人收入、市民化及犯罪行为的影响等问题,提供理论基础、研究思路和方法借鉴;可以结合中国经济社会转型背景下的农民工群体特征,提出中国版本的研究方案。同时,尝试发现当前研究领域中的不足或盲点,进一步明确研究方向和目标,找到理论支撑和研究起点,构建实证研究框架。

(二)经验实证研究法

经验实证研究离不开对反映现实状况的资料、数据、行为、事件的收集与分析,本书涉及的实证分析方法主要包括问卷调查法、访谈法、观察法和计量分析法。

1.问卷调查法

通过科学地设计调查问卷,抽取一定数量调查对象如实回答问卷提出的问题,运用统计方法处理与分析调查数据,进而得出反映实际情况的结论的方法,称之为问卷调查法。在各个阶段的子课题下均设计一份调查问卷(见后文附录),具体构成与质量鉴定,将在正文详细阐释。通过问卷调查法对农民工的人口学特征、教育培训情况、市民化水平以及犯罪倾向性等相关信息进行调查和数据收集。其中,对未犯罪农民工,课题组成员在整个苏州大市地区分三个时间段采取非随机抽样调查的判断抽样法进行大范围调查,获取研究所需数据;对已犯罪农民工,课题组成员深入苏州市和南京市三所监狱,对服刑罪犯进行现场问卷调查并回收问卷。

2. 访谈法

通过设计科学规范有效的访谈问题,采用面对面的访谈或是利用网络工具,对有关研究内容进行调查追问的方法,称之为访谈法。首先,为更好地设计问卷题目和选项,在查阅文献的基础上,课题组在前期问卷试测过程中还对部分农民工进行开放式访谈。其次,在问卷调查之后,选择不同性别、年龄和职业类型的农民工进行结构化或半结构化访谈,尤其需要针对普遍回答不够明确的题项进行访谈。通过访谈法可以获得比较深入、生动的资料,有助于分析部分调查结果产生的深层次原因。

3. 观察法

对调查对象的语言、动作、外表及其所处环境等方面进行观察和记录的方法,称之为观察法。由于监狱服刑罪犯处在非社会化的特殊环境下,他们往往与现实社会脱节,对他们进行必要观察可以辅助甄别调查对象提供信息的可靠程度,从而保证所获数据的可靠性。

4. 统计与计量分析法

基于收集的资料数据,使用计量经济学方法实证检验相关研究假设。根据研究需要具体采用探索性因子分析和验证性因子分析提取市民化意愿、经济生活条件、社会关系融合、政治参与程度等方面的农民工市民化水平因子,以及价值观扭曲、社交障碍、自控力低下、偏好不良等方面的农民工犯罪倾向性因子;采用独立样本 t 检验和单因素方差分析法检验农民工市民化与犯罪倾向性在教育培训变量以及其他人口统计学变量上的差异;运用多元线性回归模型、最优尺度回归等微观计量方法分析教育培训对农民工收入、市民化以及犯罪倾向性的影响;基于结构方程模型检验了市民化在教育培训与犯罪倾向性之间所带来的中介效应。使用 SPSS、AMOS、STATA 等统计软件处理分析相关数据。

第二章　文献综述

本章主要对已有的相关研究成果进行回顾和评述,明确本书是在何种意义上构建一般分析框架。在此基础上,提出本书的立足点和研究视角,明确研究的努力方向。

第一节　农民工教育培训的有关研究

一、国外流动劳动力及移民教育培训实践研究

从发达国家的发展历程来看,虽然也经历了从农业社会到工业社会的转变,但是它们并不存在真正意义上的"农民工"现象,所以也并不存在真正意义上的农民工教育培训问题研究。但是国外发达国家有大量的短暂以及长久失业者、低素质劳动力群体,这类群体的教育培训经验可以为我国农民工教育培训实践提供很好的启示。例如,早在1962年,美国联邦政府为应对国内劳动力市场对产业部门劳动力供给相对不足以及低技能或无技能劳动者相对过剩的矛盾状况,制定《人力发展与培训法》(Manpower Development and Training Act,MDTA),并制订一系列劳动力教育培训计划,主要通过机构培训计划、在职培训计划、实验与实证项目提供教育培训,这项计划旨在通过继续教育与再培训来提高劳动者的人力资本存量和价值,使他们更好地适应劳动力市场变化和寻求自身发展,其中规定家庭年收入少于1 200美元的农户,其家庭成员被认为属于失业者之列,因而有优先选择或被推荐接受培训的资格。[①] 随后,美国还通过普及教育来提高农村居民的平均受教育水

---

① Herbert, Hill. Employment, Manpower Training and the Black Worker[J]. the Journal of Negro Education, 1969,38(3):204−217.

平,到 1970 年,农村与城市居民的平均受教育年限差距缩小到 0.1 年。[①] 2005 年,美国还出台了一个"快速就业计划",此计划是在失业人员无法继续生活的情况下对具有高需求的失业工人进行再就业培训。这个培训计划提倡社区、企业、政府等部门独立进行项目规划来开展培训。[②] 又如,Lange 和 Thomas 对德国"职业创造计划"的研究发现,如果 1992 年在德国东部没有对这个劳动力市场实行积极救援政策,那么失业率就会比往年增加 38% 以上。这个计划将退休人员、失业人员、新就业人员都纳入其中,而参与什么样的培训由个人决定。[③] 另有学者从资金投入的角度来分析,在对荷兰劳动力市场的调查报告中指出荷兰现在的劳动力市场已经运行得很好,因为受雇佣的劳动者和劳动参与率都高于经济合作与发展组织的要求。而其取得效果的原因是荷兰在就业培训上不仅从精神上鼓励受社会援助的失业者以及老一点的工人要不断加强自己的求职需求,而且还要求政府以及权威机构要给予他们税收支持,使得财政系统服务更加人性化。[④] 加拿大实行对传统工作岗位的工人进行再培训,政府愿意花十万美元来支持这个项目,这个项目的实施使得很多工人摆脱永久失业的危险境地,而且这个项目还提供培训后的就业咨询服务。[⑤] 2009 年 7 月,美国劳动局提供了 98 193 美元给罗德岛用于帮助参加政府劳动与培训部门主导的学徒帮带项目。[⑥] 从上述资料中可以发现,几个发达国家对流动劳动力(包括农村转移劳动力)的教育培训立足于实际,并且政府部门能为弱势群体提供后续生活的基本保障,缓解他们的生活压力以支持他们参加再就业培训,并且在选择参与过程中鼓励他们发挥主观能动性。然而,我国当前经济社会发展步入新时代,城市农民工素质偏低、技术技能不足等问题仍十分突出,这对教育和培训提出新要求,因此,发达国家流动劳动力教育培训的成功经验能为我们提供有益参考。

此外,发达国家长期以来形成各自独具特色的移民教育理论和政策,也对中国农民工的城市融入性教育和培训产生重要借鉴意义。[⑦] 例如,美国培训与开发协会将就业能力分为基本胜任能力、沟通能力、适应能力、影响能力和群体效果;英国

① 李少元. 国外农村劳动力转移教育培训的经验借鉴[J]. 比较教育研究,2005,26(7):63-67.

② US Fed . Life after Unemployment, Training Programs to Help Build New Lives. Washington D C: US Fed News Service, including US State News. Feb,2010:28-29.

③ Lange, Thomas. Wakeing up reality : The labor market in Eastern Germany. Bradford:Journal of European Industrial Training,1993.

④ Anonymous. Coping with Labor Shortages:How to Bring Outsiders Back to the Labor Market [M]. Pairs: OECD Economic Survey , 2008:13-14.

⑤ Daly, John . Cross - training [J]. Toronto :Maclean's, 1994(107):24.

⑥ Andy Smith, BRIEF:R.I. Gets Federal Grant to Help Unemployed Washington: McClatchy - Tribune Business News, 2009:63-65.

⑦ 谢建设. 风险社会视野下的农民工融入性教育[M]. 北京:社会科学文献出版社,2012.

教育与就业部把就业能力界定为获得和保持工作的能力;德国公民教育模式排除差异,由于强调德国不是一个移民国家,因此对于移民和当地公民的教育采用双重策略;法国的共和教育模式以同化为理念,要求移民学习法语和法国文化、知识;澳大利亚教育主管当局认为学校应该通过开设补习班等方式帮助移民子女接受正规教育,联邦国会还确立了移民教育法案;加拿大政府制订了就业培训计划,旨在帮助新移民增加工作技能和经验以方便日后求职等。

二、国内农民工教育培训研究

在"中国学术期刊网全文数据库(CNKI)"中以"农民工"并含"教育培训"或者"农业转移人口"并含"教育培训"为主题检索词,结果发现:我国有关农民工教育培训的研究成果不论是数量还是质量,都呈现先快速上升后下降的整体趋势,尤其在2012年前后已达到顶峰。通过梳理大量研究成果,可知目前研究主题及内容主要集中在以下四个方面。

(一)农民工教育培训的重要性和必要性

在农民工问题研究的前期,已有学者阐述了农民工教育培训的重要性和必要性,大致可分为宏观和微观两个层面。(1)从宏观层面而言,农民工教育培训的必要性和迫切性是由经济社会发展所决定,这方面最早的研究出现在20世纪90年代初期。徐本仁(1994)分析了"民工潮"的社会原因和民工的生存状况,认为民工整体文化水平低下已不能满足当时劳动密集型产业进一步发展的客观需要;[1]刘立宏(2004)认为提升劳动者受教育水平可以加快社会财富增长速度,因此加快社会经济发展客观要求强化农民工教育培训;[2]崔玉平、崔达美(2014)从经济学的研究视角论述了开展进城务工人员教育培训工作的重大意义,认为加强对进城务工人员的教育培训有利于拉动城镇经济快速发展、加快新农村建设、推进新型城镇化建设、产生外部效益。[3] (2)从微观层面而言,农民工教育培训源于农民工自身发展需要。蔡昉(2005)根据第五次全国人口普查抽样数据揭示了外来劳动力素质较城市当地劳动力素质低的根源在于农村与城市人力资本水平的巨大差距,因此政府在公平分配教育资源时,更要注重农民工培训工作,创造条件提高农民工受教育

---

① 徐本仁. 民工潮向农村成人教育提出了新课题[J]. 中国成人教育, 1994(12):14-15.

② 刘立宏. 从强化农民工教育培训入手加速农村人力资源开发[J]. 辽宁行政学院学报, 2004,6(4):118-120.

③ 崔玉平,崔达美. 进城务工人员教育培训的经济意义[J]. 集美大学学报:教育科学版, 2014,15(2):54-59.

水平和就业技能;①刘长海、杜时忠(2009)对珠海和东莞两市农民工进行的调查表明,初中及以下学历的农民工自身有着旺盛的学习需求和强烈的教育期望;②潘素芳等人(2010)还从个人权益的角度阐述了农民工教育培训的重要性和必要性,认为农民工的基本经济权益、政治权利、社会保障权益以及受教育权利等合法权益的缺失,导致他们始终处于弱势地位;③刘珺(2011)也从权益的视角进行了论述,建议完善新生代农民工教育培训网络,保证他们教育培训权的实现。④

(二)农民工教育培训的状况及其原因

早有学者敏锐地观察到教育培训与农村剩余劳动力转移之间的紧密关系,但在实践过程中,农民工教育培训不甚理想。目前学界大多通过实践观察和调查分析得出"农民工教育培训意愿较高,但实际参与比例较低,教育培训存在供需不匹配等情况"⑤⑥⑦的结论,并且多从认识不足、机制不健全、经费难解决、内容不科学、方法不准确等方面探讨其原因。已有研究指出政府和农民工自身都存在认识不到位的问题⑧,还有研究进一步补充了企业缺乏关于农民工人力资本投资具有长效性的认识。⑨ 张晔林、应瑞瑶(2008)认为当前的农民工的培训机制已严重制约了农民工教育培训发展。⑩ 高存艳(2004)通过对上海和江苏116名民工的调查,发现农民工教育培训困境除了费用方面,主要还表现在培训内容脱离实际、针对性不强、地方性特点不突出、培训时间和地点不合理等多方面。⑪ 戴烽(2010)在其论著中,基于培训评估的视角更为系统地总结了我国农民工的培训发展状况,认为培训效果欠佳的主要原因在于农民工培训供需双方双向不足、农民工培训内容有效供给缺乏、农民工培训管理不科学等。⑫ 可见,农民工教育培训现状仍令人担忧,不论是起因于哪一个方面,还是哪几个方面的共同作用,都值得深刻反思和进一步研究。

(三)农民工教育培训对策探讨

要使农民工教育培训工作走上健康有序、良性循环的轨道,就必须理论联系实

---

① 蔡昉. 劳动力市场变化趋势与农民工培训的迫切性[J]. 中国职业技术教育, 2005(32):17-20.
② 刘长海, 杜时忠. 转型期低学历农民工教育需求与供给调查报告[J]. 教育与经济, 2009(1):15-18.
③ 潘素芳, 吴文华, 石瑾. 农民工教育的现状及对策[J]. 中国劳动关系学院学报, 2010,24(1):49-51.
④ 刘珺. 包容视角下的新生代农民工信息权益保护[J]. 情报资料工作, 2011(4):41-44.
⑤ 韩云鹏. 新生代农民工教育培训状况及对策思考[J]. 职教论坛, 2010(31):27-29.
⑥ 陈浩, 杨晓军. 农民工就业培训调查分析[J]. 人口学刊, 2009(2):27-32.
⑦ 和震, 李晨. 破解新生代农民工高培训意愿与低培训率的困局——从人力资本特征和企业培训角度分析[J]. 教育研究, 2013(2):105-110.
⑧ 马桂萍. 农民工培训的制约因素及突破思路[J]. 高等农业教育, 2004(11):88-91.
⑨ 唐蹿. 新生代农民工教育培训问题探析[J]. 成人教育, 2011(1):59-62.
⑩ 张晔林, 应瑞瑶. 农民工培训机制探讨[J]. 经济纵横, 2008(7):48-50.
⑪ 高存艳. 农民工培训模式应"短、平、快"[J]. 职教论坛, 2004(16):32-34.
⑫ 戴烽. 农民工人力资本培训评估[M]. 北京:社会科学文献出版社, 2010:3-5.

际,探索农民工教育培训的现实路径和对策。目前已有诸多学者进行了系统研究。张晔林、应瑞瑶(2008)提出联合"动力机制""投入机制""运行机制"和"评估机制",通过各机制相互配合、相互作用,优化农民工培训目标实现路径;① 杨晓军、陈浩(2008)以人力资本投资理论为基础,构建了农民工就业培训的投资决策模型;② 岳青、赖培林(2009)根据人力资本理论、厂商理论和相关分析方法,建立了农民工教育培训行为参与主体的目标函数与制约因素的分析模型;③ 冯飞龙(2014)则认为农民工教育培训是一项系统工程,需要政府联合社会各界共同努力;袁庆林、陈毅辉(2012)按照培训主体的不同,归纳出六种农民工培训模式,包括农民工自发培训模式、政府主导的公共职业培训模式、职业院校主导的培训模式、企业主导的培训模式、民办公助"富平模式"以及农民工多元化培训模式;④ 朱冬梅、黎赞(2014)以我国欠发达地区为例,提出农民工教育培训的"订单"模式、"培训券"模式、"富平"模式以及"双转移"模式。⑤ 更有学者积极借鉴国外成功经验,从政府作为、法制建设、模式与内容创新等层面寻求对策,探索符合中国国情的农民工教育培训新路径(李少元,2005⑥;寿玉婷,2007⑦;卢巧玲,2007⑧;张利萍等,2008⑨;王春林,2011⑩;张运红、冯增俊,2014⑪;龚向哲,2016⑫;贾建锋等,2016⑬)。

(四)农民工教育培训的效果与趋势

我国农民工教育培训效果和发展趋势的研究已取得不少有价值的成果。一方面,一些研究者就农民工教育培训效果开展经验实证研究,大多以人力资本为中心,通过量化研究探讨了农民工教育培训投资的经济回报(见下文第四节的详细评述);但也有研究指出,现有的职业培训发展已严重滞后于新生代农民工发展需求,因此认为农民工教育培训今后应强调与时俱进、遵循教育发展规律,由教育部统

---

① 张晔林,应瑞瑶.农民工培训机制探讨[J].经济纵横,2008(7):48-50.

② 杨晓军,陈浩.农民工就业培训的投资决策模型及其实证分析[J].中国人口科学,2008(6):63-68.

③ 岳青,赖培林.农民工教育培训的相关目标函数分析[J].农村经济,2011(10):107-110.

④ 袁庆林,陈毅辉.试论我国新生代农民工多元培训模式的构建与完善[J].农业经济,2012(3):104-106.

⑤ 朱冬梅,黎赞.发达地区农民工教育培训模式的经验借鉴[J].开发研究,2014(4):104-106.

⑥ 李少元.国外农村劳动力转移教育培训的经验借鉴[J].比较教育研究,2005(7):63-67.

⑦ 寿玉婷.美国人力发展培训计划及其对我国农民工教育培训的启示[J].2007,34(8):76-80.

⑧ 卢巧玲.国外农民教育培训的经验与启示[J].成人教育,2007(7):94-96.

⑨ 张利萍,邸敏学,燕晓飞.国外劳动力流动与教育互动及其启示——以英国、美国和德国为例[J].理论探索,2008(1):91-94.

⑩ 王春林.发达国家农民工教育培训政策的探析[J].湖北社会科学,2011(3):44-47.

⑪ 张运红,冯增俊.美国移民社会融合的教育实践模式探讨[J].比较教育研究,2014(3):50-54.

⑫ 龚向哲.国际经验借鉴视域下我国失地农民就业政策探究[J].农业经济,2016(7):72-73.

⑬ 贾建锋,闫佳祺,孙新波.发达国家城镇化进程中农民职业教育培训对中国的经验借鉴与政策启示[J].现代教育管理,2016(5):27-33.

管、授权企业和各行业协会组织培训机构共同推进。① 另一方面,还有学者就农民工教育培训效果研究本身进行批判反思,认为已有研究不可避免地存在一些问题:一是缺乏从综合角度考察影响农民工教育培训效果的各方面因素,这不利于真实揭示影响其效果的个人因素、社会环境因素、教育培训系统因素;二是对农民工教育培训效果影响因素的认定缺乏严格因子分析结果的支持;三是不少就农民工教育培训发展趋势的研究多流于文字层面、泛泛而谈。②

纵观已有研究,国内学术界对农民工教育培训研究的广度和深度都在逐渐加强。但是现有研究成果大多探讨农民工教育培训与其收入水平之间的关系,而对教育培训促进农民工市民化、教育培训抑制农民工犯罪等方面的研究明显不足,尤其实证研究更是少之又少。

第二节　农民工市民化的有关研究

一、国外移民社会融合研究

国外关于外来人口社会适应、融入或同化等问题的研究大多集中在外来移民身上,其中以美国移民研究(包括第一代移民和第二代移民)最为典型。梳理相关文献发现,关于移民社会融合或移民同化的研究颇多,其理论基础主要源自西方国家,有三种代表性理论观点,即"融合论(assimilation)""多元文化论(pluralism or multiculturalism)"和"区隔融合论(segmented assimilation)"③。以 Gordon(1964)为代表的融合理论强调外来人口或外来移民对迁入地主流文化的认同和对自己原来所持有文化习俗及价值观的摒弃,是一种单向度的融入,这种观点在讨论或评价移民的社会融入时,总是以迁入地当地居民为参照,移民接近迁入地居民的程度越高,则认为他们的社会融入程度越高。"多元文化论(Portes 等人,1980④;Feuer,1991⑤)"则认为外来人口或外来移民的社会融合是一种双向过程,外来人口或外

---

① 江游,孙友然,张新岭. 试论"90 后"农民工职业培训的创新之路——基于江苏省的实证研究[J]. 湖南社会科学,2014(1):31–32.

② 戴烽. 农民工人力资本培训评估[M]. 北京:社会科学文献出版社,2010:3–5.

③ 杨菊华. 从隔离、选择融入到融合:流动人口社会融入问题的理论思考[J]. 人口研究,2009,33(1):17–29.

④ Portes A., Parker RN, Cobas JA. Assimilation or Consciousness:Perceptions of U. S. Society among Recent Latin American Immigrants to the United States[J]. Social Forces,1980,59(1):200–224.

⑤ Feuer LS. From Pluralism to Multiculturalism[J]. Society,1991,29(1):19–22.

来移民不一定要放弃自己的原有特质以顺从或适应迁入地主流文化,整个社会融入过程实际上是迁出地和迁入地双方的交流互动,彼此都发生改变,相互接纳、相互适应,最后实现双方融合。这种观点持有者认为在外来人口或外来移民的融入过程中,不应该以牺牲他们的文化多元性为代价,而更应该持一种文化平等的理念。"区隔融合论(Portes and Zhou,1993[①];Portes,2005[②])"与前两者最大的区别就是将外来人口或外来移民不再看成一个同质的整体,这一理论主要建立在美国第二代移民社会融合研究成果的基础上,具体表现为三种不同的模式:一是融合于主流社会,它最具有经典社会融合理论的特征,指的是第二代移民在第一代移民奋斗所奠定的经济和社会基础上,进一步提升经济社会地位,最后融入主流社会;二是融合于城市贫困文化,它主要表现为一种被动和无奈,由于缺乏各种资源导致在迁入地陷入困境或沦为社会下层,难以向上流动;三是选择性融合,它更多地具有多元文化特征,在某些方面融入主流社会的同时,一定程度上保留了原有的文化习俗和价值观,可以总结为经济和社会上的融入但同时保留文化独立。

上述三种移民社会融合或同化理论源于不同的时代背景,"融合论"产生于移民初期,主要用于解释第一代移民进入迁入地后的融入情况,由于这一时期移民的迁移动机大都是为了摆脱原有的环境身份、寻求更好的生活环境或政治避难等,迁出地相对于迁入地、以前的身份相对于新身份属于劣势或弱势,因而从移民本身来说,他们从内心也大都持单项融入的心理,它成为此后对社会适应或融合等相关研究贡献最大的理论之一,在现有的大量研究中,许多学者依然持这种观点。实际上,中国农民工由农村向城市(或城镇)迁移与美国第一代移民在很多地方有相似之处,因而"融合论"也成为中国城市外来人口问题研究借鉴和应用最多的理论。"多元文化"主要产生于思想争论和政治主张,对实证研究的指导作用明显低于"融合论",在实际概念操作化上也没有发展出一些较好或较完善的测量指标,而它的影响主要涉及政府政策制定和实施等方面,即从上层决策和理念层面强调保护弱势群体的文化习俗特征。"区隔融合论"的产生则反映了第二代移民产生内部分化的现实,从本质上来看,它并没有超出"融合论"和"多元文化论"的概括,只是将这两种理论分别应用于不同的移民群体。实际上,中国城市外来人口在经过第一代农民工的奋斗后,在新生代农民工身上也体现出一定的区隔融合特质。

---

① Portes A. , Zhou M. . The New Second Generation: Segmented Assimilation and its Variants[J]. Annals of the American Academy of Political and Social Science, 1993,530(1):74 - 96.

② Portes A. . Segmented Assimilation on the Ground: the New Second Generation in Early Adulthood[J]. Ethnic and Racial Studies, 2005,28(6):1000 - 1040.

二、国内农民工市民化研究

与国外关注外来移民的社会融合不完全相同,国内对于农民工市民化问题的研究,一方面与社会融合有关,广泛应用"融合论"研究中国城市农民工市民化现象;另一方面,国内的研究基于城乡二元制度分割的特殊国情,提出了一些更为具体的假设,因此变得更加多元。目前,关于农民工市民化的研究文献已取得了许多卓有成效的结果,大致从概念界定与现状分析、测量与评价、障碍及影响因素、实现途径与发展趋势4个方面开展了一系列研究,这些研究成果为本书提供了强有力的理论基础和经验支持。

(一)农民工市民化概念界定与现状分析

"农民工市民化"作为本书的核心概念之一,此方面的研究回顾及评述已在第一章概念界定中阐释。

另有大量研究表明,目前我国农民工群体的城市适应能力仍较低,基本处于一种"半城市化"或"不完全城市化",甚至是一种"虚城市化"状态,这种市民化状态已成为中国现代化进程和新型城镇化发展的巨大"瓶颈"。例如,王春光(2006)揭示了农民工在城市化进程中存在着突出的"半城市化"现象,具体表现为非正规就业和发展能力弱化、居住边缘化和生活"孤岛化"、社会认同"内卷化"。[1] 陈丰(2007)从享受城市文明、满足人需求的角度指出,在我国城市化进程中,进城务工的农民工群体游离在城市边缘、职业与社会身份相分离、城市认同感和归属感缺失,表明他们未能真正融入城市,而是呈现一种"虚城市化"现象。[2] 刘传江、程建林(2008)把农民工群体划分为第一代农民工和第二代农民工,认为第二代农民工强烈的市民化意愿使其成为急需市民化且易于市民化的群体,通过问卷调查数据对第二代农民工市民化现状进行了分析,发现他们处于中市民化阶段。[3] 随后,也有学者认为当前农民工市民化现象已发生一定变化。进入 21 世纪以来,我国农村转移劳动力或农民工群体内部呈现显著分化,农民工的生存状态也呈现出由"被边缘化"到"自边缘化"的新特点,一方面是在城市被"经济吸纳、社会排斥",另一方面既无法脱离农村又与农村社区渐行渐远。[4] 魏后凯等(2013)利用数据分析展现了农民工 2012 年在公共服务、经济生活、文化素质、政治权利四大方面的基本情

---

① 王春光. 农村流动人口的"半城市化"问题研究[J]. 社会学研究, 2006(5): 107－122.
② 陈丰. 从"虚城市化"到市民化:农民工市民化的现实路径[J]. 社会科学, 2007(2): 110－120.
③ 刘传江, 程建林. 第二代农民工市民化:现状分析与进程测度[J]. 人口研究, 2008,32(5): 48－57.
④ 刘传江. 迁徙条件、生存状态与农民工市民化的现实进路[J]. 改革, 2013(4): 83－90.

况,结果表明农民工市民化总体进程止步不前。[①]

以上研究可谓相当丰富,但大多数是通过案例观察和现象描述进行定性研究,缺少定量分析和比较研究,在城市农民工市民化发展规律、地区差异和进化趋势等方面研究不够深入。

(二)农民工市民化的测量与评价

关于农民工市民化的测量与评价仍是当今中国城市农民工问题研究中较少涉及的新课题,已有一些学者对此进行了定量研究(如表2-1所列)。其中,刘传江等(2008)首先采用几何平均数法,仅就农民工市民化的内涵进行讨论,初步测算了武汉市农民工群体的市民化进程,得出第一代农民工和第二代农民工的市民化指数分别为31.30%、50.23%。此后,刘传江等(2009)又进一步从生存职业、社会身份、自身素质、意识行为4个方面,采用层次分析法测算出武汉市第一代农民工和第二代农民工的市民化程度分别为42.03%、45.53%。王桂新等(2008)采用综合指标法,从居住条件、经济生活、社会适应、政治参与和心理认同5个维度测得上海市农民工总体已达到54%的市民化水平。周密等(2012)采用需求可识别的Biprobit模型,综合市民需求和市民供给两方面,测算出沈阳、余姚两地区的新生代农民工平均市民化程度为73%。在此基础上,不少研究者(见表2-1)还从不同角度构建了农民工市民化综合评价指标体系,并进一步改进和完善了上述测量方法。总体上看,以往学界关于城市农民工市民化测量与评价的研究已取得一定进展,但应如何测评市民化水平或程度,学界就此尚未达成共识,现有研究不足表现:(1)在指标体系构建方面,或者过于单一,无法反映市民化多向度特征,或者存在重叠,混淆了各指标之间的层级或因果关系;(2)在指标合成方法上多局限于几何平均数法、综合指标法及层次分析法,尚未检索到基于因子分析法和结构方程模型的系统性研究。

表2-1 国内定量研究农民工市民化水平的代表性成果

作者及年份	样本量	地区	方法	指标体系	市民化水平
刘传江、程建林(2008)	436	武汉市	几何平均数法	外部制度因素、农民工群体、农民工个体	第一代农民工:31.30% 第二代农民工:50.23%
徐建玲(2008)	436	武汉市	几何平均数法	农民工市民化意愿、农民工市民化能力	55.37%

[①] 魏后凯,苏红键,李凤桃. 农民工市民化现状报告[J]. 中国经济周刊,2014(5):30-31.

续表

作者及年份	样本量	地区	方法	指标体系	市民化水平
王桂新、沈建法等(2008)	1 026	上海市	综合指标法	居住条件、经济生活、社会关系、政治参与、心理认同	54%
刘传江、程建林等(2009)	436	武汉市	层次分析法	生存职业、社会身份、自身素质、意识行为	第一代农民工:42.03% 第二代农民工:45.53%
张斐(2011)	1 595	全国	综合指标法	经济因素、社会因素、心理因素	新生代农民工:45%
任娟娟(2012)	381	西安市	综合指标法	经济生活、政治参与、社会交往、文化心理	新生代农民工:40%
周密(2012)	583	沈阳余姚	Biprobit模型	市民需求、市民供给	新生代农民工:73%
沈映春、王泽强等(2013)	491	北京市	综合指标法	居住条件、经济条件、社会融入、政治参与、心理适应	48.2%
赖作莲、王建康等(2015)	649	陕西省6市	层次分析法	居住条件、经济状况、职业发展、社会关系、基本权利、心理认同	西安:40.49%；咸阳:44.20%；渭南:43.17%；宝鸡:41.84%；汉中:48.09%
鲁强、徐翔(2016)	386	全国	双三重螺旋模型	市民化能力、意愿、承受能力、制度、法律、环境	50.2%
辛宝英(2016)	6 150	全国	层次分析法	文化融合、经济地位、社会适应、心理认同	46.98%
程名望、乔茜等(2017)	1 184	上海市	综合指标法	基本素质、经济状况、社会接纳、心理认知	新生代农民工:52.38% 老一代农民工:51.40%

资料来源:作者根据所引用论文、著作等进行整理和归纳所得。

已有研究对设计农民工市民化评价指标体系具有重要参考意义,如早期学者提出市民化意愿和市民化能力两个维度。本书正是在此基础上进行设计,意愿和能力二者共同作用,缺少其一都不能全面揭示农民工市民化的基本内涵和本质属性,但认为如此处理尚存在能力测量维度相对不充分的缺陷。因此,本书从市民化意愿和市民化能力两个一级维度出发,参考王桂新等人的研究成果,设计了市民化意愿、经济生活条件、社会关系融合、政治参与程度四个维度,采用因子分析和结构方程模型进行实证检验。

(三)农民工市民化的现实障碍及影响因素

关于农民工市民化障碍及影响因素的研究,大致可以分为制度政策性障碍、社会环境性障碍、经济性障碍和主体性障碍等。具体来看:(1)学界基本一致认同,制度政策是制约农民工市民化的首要因素。李培林(1996)指出户籍身份的不确定性阻碍了流动民工社会地位的改变。① 李强(2003)认为处于社会底层的中国城市农民工的上升渠道受到户籍制度的阻碍。② 黄锟(2009)还区分了传统户籍制度和改革不彻底的户籍制度,他认为传统户籍制度是形成农民工现象的直接制约根源,而改革不彻底的户籍制度不仅降低了农民工市民化的意愿和能力,提高了市民化门槛和成本,而且人为地造成了农民工和城市居民的对立,形成了不利于农民工市民化的社会环境,成为阻碍农民工市民化进程的制度瓶颈。③ 刘传江、程建林(2009)提出农民工市民化受到双重"户籍墙"的制约,其中,由农民转变为农民工需穿越的户籍制度称作"显性户籍墙",由农民工转变为市民需穿越的户籍制度称作"隐性户籍墙",后者构成了农民工市民化的主要障碍。④ 此后,刘传江、董延芳(2011)进一步看到了二元户籍制度及其衍生的二元劳动力市场、二元社会保障等其他相关制度安排是农民工市民化受阻的根本原因。⑤ (2)农民工市民化也面临着诸多社会环境性障碍,主要来自城市政府、城市居民以及农民工自身社会资本匮乏等方面。张国胜(2007)认为中国城市农民工目前在城市融入方面呈现出针对农民工的制度异化、经济限制、生活隔离与心理排斥,这些都会阻碍社会融合;⑥ 郁建兴、阳盛益(2008)再次强调,城市政府社会管理与公共服务体系的严重滞后以及普遍的社会排斥导致了农民工市民化进程滞缓。⑦ (3)农民工市民化面临的经济性

① 李培林. 流动民工的社会网络和社会地位[J]. 社会学研究, 1996(4): 42-52.
② 李强. 影响中国城乡流动人口的推力与拉力因素分析[J]. 中国社会科学, 2003(1): 125-136.
③ 黄锟. 深化户籍制度改革与农民工市民化[J]. 城市发展研究, 2009,16(2): 97-104.
④ 刘传江,程建林. 双重"户籍墙"对农民工市民化的影响[J]. 经济学家, 2009(10): 66-72.
⑤ 刘传江,董延芳. 农民工市民化障碍解析[J]. 人民论坛, 2011(26): 42-43.
⑥ 张国胜. 农民工市民化的城市融入机制研究[J]. 江西财经大学学报, 2007(2): 42-46.
⑦ 郁建兴,阳盛益. 城市政府在农民工市民化进程中的作用[J]. 学习与探索, 2008(1): 87-91.

障碍,突出表现为巨大的社会成本。随着国内学界对农民工市民化研究的不断深入,一些学者也开始关注到市民化的成本问题,他们普遍认为,目前农民工市民化进程缓慢,表面上是认识偏见、制度障碍、政策障碍及农民工自身素质低下等,但究其根本还是在于破解这些障碍需要支付的高额社会成本(张国胜,2009[①];张国胜,2013[②];单菁菁,2015[③];冯虹等,2017[④])。(4)影响农民工市民化的制约因素还有来自农民工自身的主体性障碍,大致表现在三个方面:一是人力资本障碍,主流观点认为农民工自身文化素质不高、职业技能缺乏,因此,人力资本存量较低和积累不足自然成为制约其市民化进程的重要障碍(吕莉敏、马建富,2012[⑤];林娣,2104[⑥];郑爱翔等,2016[⑦])。二是社会资本障碍,农民工的边缘性地位与其社会资本的占有和使用具有高度相关性,社会资本缺失是农民工市民化进程受阻,进而引发一系列社会问题的主要原因之一(刘传江、周玲,2004[⑧];赵立新,2006[⑨]);社会资本是决定新生代农民工市民化能力的关键因素(林娣,2014[⑩])。三是文化资本障碍,农民工与市民在文化资本分配起点上的不公平致使其长期处在城市边缘地位(王小红,2006[⑪]);当前农民工群体的文化资本普遍不足,将直接阻碍他们融入城市主流社会(刘辉武,2007[⑫];胡洪彬,2012[⑬])。

　　总体来看,上述研究虽然从经济学、人口学、社会学、管理学及政治学等多角度、多视界展开,但基于教育经济学视角或多学科交叉融合方法,研究进城农民工的教育培训、市民化及其对犯罪倾向性影响的成果仍显不足,下文第四节将做详细分析。

　　(四)农民工市民化的实现途径与发展趋势

　　针对目前国内农民工市民化存在的问题及障碍,学界提出了大量探索性的对

---

　　① 张国胜. 基于社会成本考虑的农民工市民化:一个转轨中发展大国的视角与政策选择[J]. 中国软科学,2009(4):56-69.

　　② 张国胜,陈瑛. 社会成本、分摊机制与我国农民工市民化——基于政治经济学的分析框架[J]. 经济学家,2013(1):77-84.

　　③ 单菁菁. 农民工市民化的成本及其分担机制研究[J]. 学海,2015(1):177-184.

　　④ 冯虹,赵一凡,艾小青. 首都农民工市民化的成本测算研究[J]. 国家行政学院学报,2017(3):82-86.

　　⑤ 吕莉敏,马建富. 基于人力资本理论的新生代农民工培训[J]. 中国职业技术教育,2012(24):54-57,62.

　　⑥ 林娣. 新生代农民工市民化的人力资本困境[J]. 东北师大学报:哲学社会科学版,2014(2):215-217.

　　⑦ 郑爱翔,吴兆明,刘轩. 农村转移劳动力市民化进程中职业能力提升策略研究[J]. 教育发展研究,2016(7):45-51.

　　⑧ 刘传江,周玲. 社会资本与农民工的城市融合[J]. 人口研究,2004(5):12-18.

　　⑨ 赵立新. 城市农民工市民化问题研究[J]. 人口学刊,2006(4):40-45.

　　⑩ 林娣. 新生代农民工市民化的社会资本困境与出路[J]. 社会科学战线,2014(6):179-182.

　　⑪ 王小红. 农村转移人员文化资本的生成与提高——布迪厄文化资本再生产理论透视[J]. 外国教育研究,2006(7):12-14.

　　⑫ 刘辉武. 文化资本与农民工的城市融入[J]. 农村经济,2007(1):122-125.

　　⑬ 胡洪彬. 文化资本与社会资本:农民工融入城市的双重变量[J]. 浙江树人大学学报:人文社会科学版,2012(4):99-104.

策建议及实现途径。概括而言,目前学界普遍认为可以通过三种路径实现市民化目标。(1)改革阻碍农民工市民化的制度、体制和机制。如陆学艺、黄泰岩、李强及刘传江等诸多学者纷纷提出,要彻底打破城乡分割的二元体制,通过户籍制度改革为农民工进城提供一个良好的制度环境。也有学者提出要重点围绕农民工在农村退出、城市进入、城市融入三个环节上进行制度改革和创新(马桂萍、王芳,2008[①];刘传江,2013[②])。此后,随着研究不断深入,学界越来越意识到加快市民化进程还需要深化一系列配套改革,如张国胜(2007)呼吁必须改革户籍制度、社会保障制度、流动人口管理制度,整合城乡就业市场,构建城市安居工程,消除社会歧视等;[③]国务院发展研究中心课题组(2011)提出要加快推进农民工就业、公共住房、社会保障以及子女义务教育等公共服务制度改革,形成农民工与市民一致享有的城市公共服务制度体系;[④]杨云善(2014)认为必须构建一套包括经济融合、政治融合、文化融合、社会融合和制度融合的体制机制来促进农民工市民化;[⑤]齐红倩、席旭文(2016)认为单一的户籍制度改革并非破解市民化困境的良药,因此,破解市民化"水平低、速度慢"困境的关键在于要按照"经济市民化"和"人的市民化"的逻辑分解市民化进程[即"农民→农业转移人口(农民工)→经济市民化→人的市民化→市民"],并依据不同次序进行多重制度安排,从而渐进实现市民化。[⑥] (2)提升农民工群体的素质和能力,即将政府、社会、企业、市场等外部"赋能"与农民工自身内部"增能"相结合,全面加强农民工实现市民化的素质与能力建设。其重点主要包括如何提升农民工人力资本水平和质量、增加农民工的物质资本或财力资本、培育和积累农民工的社会资本、投资和形成农民工的文化资本以及权力资本等(刘传江、周玲,2004[⑦];王竹林,2010[⑧];周密等,2012[⑨];胡洪彬,2012[⑩];刘传江,2013[⑪];

① 马桂萍,王芳.促进农民工市民化制度安排探析[J].辽宁师范大学学报:社会科学版,2008(6):14-16.
② 刘传江.迁徙条件、生存状态与农民工市民化的现实进路[J].改革,2013(4):83-90.
③ 张国胜.农民工市民化的城市融入机制研究[J].江西财经大学学报,2007(2):42-46.
④ 国务院发展研究中心课题组.农民工市民化进程的总体态势与战略取向[J].改革,2011(5):5-29.
⑤ 杨云善.建立农业转移人口市民化促进机制研究[J].河南社会科学,2014(2):109-113.
⑥ 齐红倩,席旭文.分类市民化:破解农业转移人口市民化困境的关键[J].经济学家,2016(6):66-75.
⑦ 刘传江,周玲.社会资本与农民工的城市融合[J].人口研究,2004(5):12-18.
⑧ 王竹林.农民工市民化的资本困境及其缓解出路[J].农业经济问题,2010,31(2):28-32.
⑨ 周密,张广胜,黄利.人力资本、社会资本与市民化抑制[J].中国人口·资源与环境,2012,22(7):136-139.
⑩ 胡洪彬.文化资本与社会资本:农民工融入城市的双重变量[J].浙江树人大学学报:人文社会科学版,2012(4):99-104.
⑪ 刘传江.迁徙条件、生存状态与农民工市民化的现实进路[J].改革,2013(4):83-90.

林娣,2014①;王竹林、范维,2015②;李练军,2015③)。(3)构建农民工市民化成本分担机制。已有学者基于成本分担的视角,提出加快建立政府、企业、个人和市场等多位一体的农民工市民化成本分担机制,并明确各自应该担负的主要责任(张国胜,2009④;单菁菁,2015⑤;冯虹等,2017⑥)。可见,已有研究在路径设计和对策提出方面,或是偏重于宏观结构的制度变迁,而忽略了变迁中农民工自身的能动性实践;或是偏重于农民工自身的资本积累和社会适应,而忽略了个体适应所需要的整体环境和宏观结构背景。因此,在政策建议和路径选择上往往出现微观与宏观、个体与整体、行动与结构之间断裂等问题。

毋庸置疑,上述大量农民工市民化研究为后续研究和市民化实践提供了理论和方法指导。鉴于此,近年来已有研究开始关注农民工市民化的研究趋势和发展前景。如,欧阳力胜(2013)以新型城镇化为背景分析了农民工市民化的发展前景,认为中国快速发展的工业化和城镇化将为农民工就业提供广阔的发展空间,劳动力市场供求新变化和国民收入倍增计划为进一步提高农民工工资性收入创造了条件,统筹城乡发展战略和区域协调发展战略为农民工就近转移提供了新机遇,户籍制度改革和基本公共服务均等化建设为实现农民工市民化带来新机遇;但是,随着经济发展方式的转变、产业结构的优化调整,未来中国就业增长的最大潜力在于服务业和高新技术产业,农民工供求的结构性矛盾将更加突出,这对农民工的职业教育和技能培训提出了更高要求。⑦ 李国平等(2016)从研究内容出发,认为我国未来市民化研究亟须明确新形势下户籍制度改革的制约效应,构建一套更为完整、统一的市民化成本核算体系,细化新政策条件下的成本分担机制和多元化投融资渠道。⑧ 单菁菁(2014)希望今后农民工市民化研究应当多学科交叉、多视角结合,系统研究经济社会发展变化对农民工文化、教育、就业等多方面的影响,并以此为基

① 林娣. 新生代农民工市民化的社会资本困境与出路[J]. 社会科学战线,2014(6):179-182.
② 王竹林,范维. 人力资本视角下农民工市民化能力形成机理及提升路径[J]. 西北农林科技大学学报:社会科学版,2015(2):51-55.
③ 李练军. 新生代农民工融入中小城镇的市民化能力研究——基于人力资本、社会资本与制度因素的考察[J]. 农业经济问题,2015(9):46-53.
④ 张国胜. 基于社会成本考虑的农民工市民化:一个转轨中发展大国的视角与政策选择[J]. 中国软科学,2009(4):56-69.
⑤ 单菁菁. 农民工市民化的成本及其分担机制研究[J]. 学海,2015(1):177-184.
⑥ 冯虹,赵一凡,艾小青. 首都农民工市民化的成本测算研究[J]. 国家行政学院学报,2017(3):82-86.
⑦ 欧阳力胜. 新型城镇化进程中农民工市民化研究[D]. 财政部财政科学研究所博士学位论文,2013.
⑧ 李国平,孙铁山,刘浩. 新型城镇化发展中的农业转移人口市民化相关研究及其展望[J]. 人口与发展,2016,22(3):71-78.

础全面梳理和评估当前各领域与农民工密切相关的制度安排,进一步提出有针对性、前瞻性和可操作性的对策建议。[①] 这些理论观点为本书立足新视角研究新动态提供了有益启示。

第三节 农民工犯罪问题的有关研究

一、国际移民犯罪问题研究

"国际移民"与国内农民工的概念不同,二者所处的社会、经济和文化背景也有极大差异。但是,国际、国内移民在流入地的弱势地位和法律环境等方面存在许多相似性,他们都面临许多类似的困难(Roberts,1997)。[②] 因此,国际移民犯罪理论和学术观点对我国农民工犯罪问题研究具有重要借鉴意义。关于犯罪的相关理论及典型流派观点将在第三章详细阐释。

就美国移民犯罪研究而言,早期较为流行的观点认为,移民会增加犯罪或导致更高的犯罪率(Shaw and McKay,1942[③];Bankston,1998[④])。但是,随着研究的不断积累和深入,越来越多关于移民问题的城市社会学研究成果表明,区域与区际一体化发展时代,大量移民可能对城市发展产生积极有利影响,同时减少社会问题(如城市劳务供给不足),包括犯罪率在内(Lee et al.,2001[⑤];Portes and Mooney,2002[⑥];Wadsworth,2010[⑦])。Reid 等(2005)使用 2000 年美国人口普查数据和2000 年犯罪报告数据,以大都市外来移民作为样本,实证分析了这类群体对犯罪率在宏观层面上的影响,在控制了人口和经济特征后,研究结果发现外来移民并没

———————————

① 单菁菁. 农民工市民化研究综述:回顾、评析与展望[J]. 城市发展研究,2014,21(1):18－21.

② Roberts K.. China's 'Tidal Wave' of Migrant Labor:What Can We Learn from Mexican Undocumented Migration to the United States[J]. International Migration Review,1997,31(2):249－293.

③ Shaw C. R., McKay H. D.. Juvenile Delinquency in Urban Areas[M]. Chicago:University of Chicago Press,1942.

④ Bankston C. L. Youth Gangs and the New Second Generation:A Review Essay[J]. Aggression and Violent Behavior,1998(3):35－45.

⑤ Lee M. T., Martinez Jr. R., Rosenfeld R.. Does Immigration Increase Homicide Negative Evidence from Three Border Cities[J]. The Sociological Qurarely,2001(42):559－580.

⑥ Portes A., Mooney M.. Social Capital and Community Development[J]. Russel Sage,New York,2002:303－329.

⑦ Wadsworth T.. Is Immigration Responsible for the Crime Drop An Assessment of the Influence of Immigration on Changes in Violent Crime Between 1990 and 2000[J]. Social Science Quarterly,2010,91(2):531－553.

有增加犯罪率,而且大都市地区移民在某些方面还会降低犯罪率。① Macdonald 和 Saunders(2012)通过控制年龄和性别等变量发现,在外国出生的移民要比在本国出生的本土居民更少实施犯罪,没有证据证明移民与犯罪增长之间存在相关性。② 美国司法研究所的评论认为,近一个世纪以来,对移民与犯罪的研究发现,移民总是比本地人表现出更低的犯罪率。③ 另外,美国布法罗大学社会学副教授罗伯特·阿德尔曼(Robert Adelman)团队的一项研究报告再次表明,移民与犯罪率增长之间并无确切联系,甚至移民还可以降低犯罪率。该研究报告搜集的资料时间和地域跨度均很大,收集的证据与其他相关实验均未证明"移民越多犯罪率越高"这一推测,反而显示,整体上,移民数量较多的大都市地区,攻击事件的发生概率并未提高,抢劫、盗窃等犯罪率甚至更低,因此移民对美国的经济和社会具有积极意义(Adelman et al.,2017④)。相反地,也有研究指出,德国的移民群体在违法方面却要比本地人有更高的报告率,这些现象也出现在第二代移民、第三代移民当中。⑤ 西班牙裔移民调查研究也得到相似结论。⑥ 与欧洲移民问题形成鲜明对比,美国多数移民拥有极强的上进心,这也成为美国移民例外论的一种解释。同时,移民准入门槛的提升、移民坚定的自我选择、正式的社会控制、自身的进步与发展、种族企业提供广阔的就业机会以及稳定的家庭结构,成为解释美国移民保持较低犯罪率的深层次原因之一(Portes,2012⑦;Kubrin and Ishizawa,2012⑧)。

总之,国际移民犯罪问题属于复杂研究范畴,移民和犯罪之间存在何种关系?移民犯罪取决于何种因素?不同国家、不同社会环境和不同时代背景都会导致答案不同。综上所述,对于研究中国农民工犯罪问题,在借鉴国际移民犯罪研究成果

① Reid L. W., Weiss H. E., Adelman R. M., etc. The Immigration – Crime Relation: Evidence across US Metropolitan Areas[J]. Social Science Research, 2005,34(4):757 – 780.

② Macdonald J., Saunders J.. Are Immigrant Youth Less Violent Specifying the Reasons and Mechanisms[J]. The Annals of the American Academy of Political and Social Science, 2012,641(1):125 – 147.

③ Kubrin C. E., Ishizawa H.. Why Some Immigrant Neighborhoods Are Safer than Others: Divergent Finding from Los Angeles and Chicago[J]. The Annals of the American of Political and Social Science, 2012,641(1):148 – 173.

④ Adelman R., Reid L. W., Markle G. & Jaret C.. Urban Crime Rates and the Changing Face of Immigration: Evidence across Four Decades[J]. Journal of Ethnicity in Criminal Justice, 2017,15(1):52 – 77.

⑤ Ousey G. C., Kubrin C. E.. Exploring the Connection between Immigration and Violent Crime Rates in U. S. Cities, 1980—2000[J]. Social Problems, 2009,56(3):447 – 473.

⑥ Macdonald J., Saunders J.. Are Immigrant Youth Less Violent Specifying the Reasons and Mechanisms[J]. The Annals of the American Academy of Political and Social Science, 2012,641(1):125 – 147.

⑦ Portes A.. Tensions that Make a Difference: Institutions Interests, and the Immigrant Drivel[J]. Sociological Forum, 2012,27(3):563 – 578.

⑧ Kubrin C. E., Ishizawa H.. Why Some Immigrant Neighborhoods Are Safer than Others: Divergent Finding from Los Angeles and Chicago[J]. The Annals of the American of Political and Social Science, 2012,641(1):148 – 173.

的同时,特别需要结合本国具体国情,制定相关公共政策也需要建立在事实与证据的基础上。

二、国内农民工犯罪问题研究

国内学者研究农民工犯罪问题的重点在于城市第一代和第二代农民工及其子女的犯罪行为类型、特点、成因、影响因素、预防措施和公共治理政策等方面,运用犯罪社会学理论剖析了农民工的犯罪特点、犯罪原因,提出了具有启发性的政策建议和治理途径。

例如,麻国安(2000)采用相对剥夺理论来解释早期流动人口(主要为第一代农民工)的犯罪原因,其理论框架为:社会流动性→不平等→相对剥夺感→犯罪。[1] 许多研究都发现,第二代农民工的犯罪与第一代农民工的犯罪有一定差别,且呈现出自己的特点。吴鹏森(2008)认为,第二代农民工犯罪具有胆子大、手段狠、预谋少、非侵财性犯罪多等特征。[2] 林彭、余飞(2008)认为,新生代外来务工人员的犯罪特征可以归纳为团伙犯罪明显、犯罪暴力倾向凸出、犯罪动机简单、侵财目的显著、犯罪年龄低龄化、冲动性犯罪突出、多系初次犯罪、犯罪类型多样化8个具体特征。[3] 关于农民工犯罪的原因分析,不同学科专业学者给出不同分析。第一种分析从社会学角度出发。俞德鹏等(1999)较早地提出,城乡二元社会结构是产生城市外来民工犯罪现象的一个重要原因。[4] 吴鹏森(2009)进一步指出第二代农民工犯罪的主要原因在于个人与其社会结构的解体,而社会化机制缺损和社会参照群体的转换是第二代农民工犯罪率高于第一代农民工犯罪率的根本原因。[5] 第二种分析基于文化学视角。唐欢庆(2007)认为,新生代外来务工人员犯罪率上升的最重要原因在于无法获得城市文化认同,有必要通过文化善治的方法来强化新生代外来务工人员的主体竞争力、弱化外来歧视的冲击力、营造社区文化的亲和力以及增强法制规范的调和力,最终消减社会阶层冲突,保障社会正常运行。[6] 王立志(2009)借助文化冲突理论,沿用"打工文化与城中村原住民食利文化之冲突→边

---

① 麻国安. 中国的流动人口与犯罪[M]. 北京:中国方正出版社, 2000:131 - 165.

② 吴鹏森. "第二代农民工犯罪":概念辨析与解释模型[J]. 山东警察学院学报, 2009, 20(4):98 - 102.

③ 林彭,余飞,张东霞. "新生代外来务工人员"犯罪问题研究[J]. 中国青年研究, 2008 (2):29 - 34.

④ 俞德鹏,陈智慧,王海军. 城乡二元社会结构与城市外来民工犯罪[J]. 浙江社会科学, 1999(2):47 - 51.

⑤ 吴鹏森. "第二代农民工犯罪":概念辨析与解释模型[J]. 山东警察学院学报, 2009, 20(4):98 - 102.

⑥ 唐欢庆. 论新生代外来务工人员犯罪的文化善治[J]. 中国青年研究, 2007 (5):42 - 45.

缘人及文化焦虑的出现→选择犯罪"分析路径对广州市城中村农民工犯罪原因做出了详细解释。① 第三种分析立足于犯罪心理学视域。孙璐(2008)认为相对剥夺感强、对城市缺乏归属感、受排斥及封闭心理等构成了新生代农民工犯罪的重要心理原因。② 陆时莉(2011)归纳了新生代农民工犯罪的三种心理:一是偏见和歧视所带来的自卑和仇视心理;二是城市归属感和心理归属感的缺失导致逆反心理和对立情绪加剧;三是相对剥夺感的强烈体验而导致心理严重失衡。③ 可见,农民工犯罪心理具有一定共性,若通过观察总结并给予及时教育和行为矫正,或许能在某在程度上防范由于这类心理而产生的违法犯罪行为。

当然,随着研究不断深入,此方面的经验实证研究也逐渐增多。如陈雄鹰等(2015)基于2013年7个城市从业农民工的调查数据,建立 Logistic 回归模型,重点分析了农民工在就业机会不平等、工资待遇不平等以及就业歧视等方面的感知对农民工冲突行为意愿的影响,结果显示,就业歧视感知对农民工冲突行为意愿的影响最大,且容易引发他们极端、违规或犯罪等高风险冲突行为;工资待遇不平等感知对农民工冲突行为意愿也有显著影响,而且农民工较强的从众心理和"搭便车"心理,导致他们在没有工资待遇不平等感知的情况下,反而有较强参与群体性事件的意愿;农民工就业机会不平等感知下的冲突行为意愿具有明显的代际差异,表现为老一代农民工倾向于选择隐忍、含蓄的低风险冲突行为,而新生代农民工则会选择自杀、报复、闹事、刑事犯罪等高风险的冲突行为。④ 金诚(2017)通过对浙江省4所监狱服刑罪犯的抽样调查发现,外出农民工罪犯占比最高,其暴力犯罪率高于其他身份群体的犯罪率;新生代农民工暴力犯罪率高于老一代农民工的平均犯罪率,但在暴力犯罪程度和累犯罪率方面与老一代农民工罪犯、其他身份群体相比并无明显差异;另外,教育、家庭及收入与犯罪呈显著相关,打工动机及价值观与犯罪高度关联,歧视对犯罪的影响较为复杂,留守儿童经历缓解暴力犯罪程度,社会融入度对犯罪有显著影响。⑤

综上所述,近十年来,学术界围绕城市外来务工人员犯罪现象,尤其是犯罪原因(如社会保障缺乏、教育培训不足、社会适应能力低下、自身素质不高、社会融入困难和市民化进程缓慢等)进行了大量研究,开启了城市外来务工人员子女

① 王立志. 塞林文化冲突理论的分析与使用——以广州城中村农民工犯罪为视角[J]. 法学论坛, 2009,24(2):82-87.
② 孙璐. 当前新生代农民工犯罪原因及防控[J]. 法治与社会, 2008(5):93,111.
③ 陆时莉. 新生代农民工犯罪心理分析及预防对策[J]. 社会科学战线, 2011(7):277-278.
④ 陈雄鹰,汪晞宇,冯虹. 农民工的就业不平等感知对其冲突行为意愿的影响研究——基于全国7个城市的调研数据[J]. 人口与经济, 2015(6):22-31.
⑤ 金诚. 新生代农民工犯罪群体与代际差异研究[J]. 社会科学战线, 2017(7):216-228.

或第二代外来务工人员犯罪问题的研究与探索,并取得了一些成果。但是,大多数研究都是以简单统计分析加上西方犯罪社会学理论本土化分析为主,存在着研究不够深入、学理性不强、规范的经验实证研究不足等问题。未来农民工犯罪问题研究有待在实证研究基础上提升其科学性,在影响因素研究基础上着眼于治理对策的有效性评价,需要正确处理农民工犯罪共性研究与新生代农民工犯罪个性研究之间的关系。

此外,仍有一些问题尚待进一步研究。已有研究侧重于剖析农民工犯罪的特征、原因及治理对策,对农民工犯罪倾向的关注则较少,事实上,犯罪倾向与犯罪行为之间具有密切关系,犯罪倾向在很大程度上就是犯罪行为发生的内心起因和支配力量,[①]因此,尝试研究农民工犯罪倾向性可以更清晰地评估农民工产生犯罪行为的可能性,找到早期预警并截断犯罪行为的途径;农民工教育培训与犯罪倾向性之间关系的研究仍十分匮乏,而且有无犯罪事实的农民工可能在犯罪倾向性上存在一定差异,出于预防未犯罪农民工发生违法犯罪行为和控制已犯罪农民工再犯的目的,针对不同类型的农民工采取不同的教育与培训措施,必然极具重要意义。

第四节　教育培训与农民工收入、市民化及犯罪关系的研究

一、教育培训与农民工收入关系的研究

(一)国外移民教育回报率研究

国外关于移民教育培训回报率的研究并不少见,Blundell 等人已较早对有关教育和培训回报率的研究文献进行了非技术性评述,回顾并总结了教育和培训对个人收入的真正因果效应,收集了大量证据表明教育对经济增长的贡献;[②]也有诸多研究者对此做过经验实证研究(Psacharopoulos,1989[③];Friedberg,2000[④];Bratsberg

①　陈和华. "犯罪心理"的心理学解读[J]. 青少年犯罪问题, 2015(5): 35 - 44.

②　Blundell, R., Dearden, L., Meghir, C., Sianesi, B. Human Capital Investment: the Returns from Education andTraining to the Individual, the Firm and the Economy[J]. Fiscal Studies, 1999,20(1):1 - 23.

③　Psacharopoulos, G. Time Trends of the Returns to Education: Cross - National Evidence[J]. Economics of Education Review, 1989,8(3):225 - 231.

④　Friedberg, R. M.. You Can't Take It With You Immigrant Assimilation and the Portability of Human Capital[J]. Journal of Labor Economics, 2000(18):221 - 251.

and Ragan,2002[①];Parasnis 等,2008[②];Kanas 和 van Tubergen,2009[③];Tong,2010[④];Gao and Smyth,2015[⑤]),但得到的研究结果往往喜忧参半。Akresh(2007)使用美国新移民调查数据对移民教育培训回报率展开研究,发现正规教育对个人收益增加具有温和的正向效应,而职业培训却没有积极的影响。[⑥] Sarit Cohen - Goldner 和 Zvi Eckstein(2010)使用横断面调查数据,构建一个培训和就业的动态离散选择模型,旨在衡量个人和社会从政府为来自苏联的以色列女性移民提供高技能培训的项目中得到的收益,结果发现培训大大增加了就业率,同时,反事实的政策模拟也显示社会的可持续收益源于培训项目的快速增加。[⑦] Banerjee 和 Verma(2012)通过分析加拿大移民的纵向调查数据发现,之前有工作经验的成年移民在参加与工作有关的培训研讨会之后能更快获得更高的工资收入,但是正在接受高等教育的移民在收益增长速度上低于那些已接受过高等教育的成年移民;同时,预测正在接受高等教育的新移民未来可能会找到收入更高的好工作。[⑧] Lisa Kaida(2013)使用与 Banerjee 等人相同的 LSIC 数据进一步研究,只是焦点在于研究已完成 6 ~ 24 个月教育培训项目的移民经济收益,这就排除了还在教育培训计划内的移民情况,以"参与正规教育""与工作相关的培训"作为两个独立变量,以"性别""年龄""地区来源""家庭特征""签证类别"以及"所在城市"等作为控制变量,采用 Probit 模型和二元倾向加权的方法进行实证研究,主要得到两个研究结论:一是语言和技能培训有利于贫困移民脱离贫困;二是东道国的有利于低收入移民增加收入。[⑨] 鉴于

① Bratsberg. B. , Ragan. J. F. J. . The Impact of Host - country Schooling on Earnings: a Study of Male Immigrants in the United States[J]. Journal of Human Resources, 2002(37):63 - 105.

② Parasnis. J. ,Fausten. D. , Cheo. R. . Do Australian Qualifications Help the Effect of Host Country Qualification on Migrant Participation and Unemployment[J]. Economic Record,2008(84):131 - 140.

③ Kanas. A. , van Tubergen. F. . the Impact of Origin and Host Country Schooling on the Economic Performance of Immigrants[J]. Social Forces, 2009(88):893 - 915.

④ Tong. Y. . Place of Education, Gender Disparity, and Assimilation of immigrant Scientists and Engineers Earnings[J]. Social Science Research, 2010(39):610 - 626.

⑤ Gao, W. , Smyth, R. Education Expansion and Returns to Schooling in Urban China, 2001 - 2010: Evidence from Three Waves of the China Urban Labor Survey[J]. Journal of the Asia Paciffic Economy, 2015,20(2):178 - 201.

⑥ Akresh,I. R. . U. S. Immigrants' Labor Market Adjustment: Additional Human Capital Investment and Earnings Growth[J]. Demography, 2007(44):865 - 881.

⑦ Sarit Cohen - Goldner, Zvi Eckstein. Estimating the Return to Training and Occupational Experience: the Case of Female Immigrants[J]. Journal of Econometrics, 2010(156):86 - 105.

⑧ Banerjee,R. , Verma. A. . Post - migration Education among New Immigrants in Canada[J]. Journal of International Migration and Integration, 2012(13):59 - 82.

⑨ Lisa Kaida. Do Host Country Education and Language Training Help Recent Immigrants Exit Poverty[J]. Social Science Research, 2013(42):726 - 741.

这些研究结果来自不同国家、不同时期,甚至不同人群的利益诉求,加之全面数据获取上的困难,不可避免造成了教育和培训回报估计的偏差,因此还需要进一步评估移民教育培训与私人收益之间的稳健关系。

(二)国内教育培训与农民工收入关系研究

人力资本投资与收入之间的关系是学界长盛不衰的研究热点之一,其中教育对收入的影响也成为国内研究者关注的重点课题。目前,国内学界常借用明瑟收入函数或者基于精确法的内部收益率来衡量教育的个人回报率,研究者们普遍采用最小二乘法(OLS)、两阶段估计法(2SLS)、工具变量法(IV)、匹配法(the Matching Estimator)、固定效应法(the Fixed Effects Estimator)、分位数回归(Quantile Regression)等方法计量教育收益率,其中,最小二乘法因其易于操作和便于比较,依然为多数研究者所用。我国关于教育私人收益率的研究多以全国居民、城镇居民或农村居民为研究对象,其中,使用中国城乡混合样本估计全国教育收益率的研究表明,全国教育收益率先快速上升,然后出现稳中带降趋势,而且城镇地区较农村地区更为突出(邓峰、丁小浩,2013[1])。对中国城镇居民教育收益率的研究表明:20 世纪 90 年代至 21 世纪初,我国城镇个人教育收益率呈上升趋势(李实、丁赛,2003[2];陈晓宇等,2003[3];Zhang Junsen 等,2005[4]);但也有研究认为,21 世纪以来我国城镇教育收益率并没有延续以往快速上升的趋势,而是逐渐趋于平稳,甚至出现某种下降迹象(丁小浩等,2012[5])。对中国农村居民的研究发现:我国农村教育个人回报率自 20 世纪 80 年代以来一直处于世界平均水平以下,而且教育个人回报率显现"马太效应",它与收入水平呈现正相关关系;[6]90 年代以来,我国农村地区教育收益率基本呈持续上升趋势(Tsang,1999[7];国务院发展研究中心农村经济研究部,2007[8]);也有研究指出,农村人口的教育个人回报率明显低于城镇居民,

① 邓峰,丁小浩. 中国教育收益率的长期变动趋势分析[J]. 统计研究,2013,30(7):39-47.
② 李实,丁赛. 中国城镇教育收益率的长期变动趋势[J]. 中国社会科学,2003(6):58-72.
③ 陈晓宇,陈良焜,夏晨. 20 世纪 90 年代中国城镇教育收益率的变化与启示[J]. 北京大学教育评论,2003,1(2):65-72.
④ J Zhang, Y Zhao. et al. Economic Returns to Schooling in Urban China,1988 to 2001[J]. Journal of Comparative Economics,2005,33(4):730-752.
⑤ 丁小浩,于洪霞,余秋梅. 中国城镇居民各级教育收益率及其变化研究:2002—2009 年[J]. 北京大学教育评论,2012,10(3):73-84.
⑥ 孙志军. 中国教育个人收益率研究:一个文献综述及其政策含义[J]. 中国人口科学,2004(5):65-72.
⑦ MC Tsang. Education and Earnings in Rural China[J]. Education Economics,1999,7(2):167-187.
⑧ 国务院发展研究中心农村经济研究部《公共财政支持义务教育问题研究》课题组. 中国农村教育收益率的实证研究[J]. 农业技术经济,2007(4):4-10.

最低值甚至低于1%[1][2][3]，而且这一差距随着时间推移呈逐步扩大趋势，最大差距可达7个百分点以上。[4] 然而，单纯的城镇教育收益率或农村教育收益率研究成果都无法很好地反映处在城市居民和农村人口之间的农民工群体的教育收益率现状。已有的多数研究认为教育对农民工收入具有积极的正向作用。不过，在教育回报率估计值上尚存在较大差异，有的估计值低于4%（侯风云，2004[5]；刘万霞，2011[6]），也有估计值介于4%～10%之间（王德文等，2008[7]；罗忠勇，2010[8]；毕先进、刘林平，2014[9]），还有估计值大于或远大于10%（张杨珩，2007[10]；郭冬梅等，2014[11]）。

学校教育的结束并不意味着人力资本投资的终结，脱产或在职培训是人力资本投资的又一重要途径和方式，也越来越为人们所关注。目前，研究们普遍采用回归分析法（OLS）、自然实验法（Natural Experiment）、倾向分匹配法（Propensity Score Matching）等经验研究方法研究培训收入效应，研究结果支持了人力资本理论的基本观点，即培训对个人收入具有显著的正向作用（李湘萍等，2007[12]）。但在不同的社会经济环境下，因培训对象不同，培训的收入效应也会不同。以接受培训的城市农民工群体为研究对象，研究培训的收入效应，有研究结果显示，职业培训能够有效促进农民工收入增加（张世伟等，2010[13]；李实、杨修娜，2015[14]）；王德文等（2010）进一步比较了简单培训、短期培训和正规培训对农村迁移劳动力的影响，发

① 诸建芳、王伯庆. 中国人力资本投资的个人收益率研究[J]. 经济研究，1995(12):55-63.
② 姚先国、张海峰. 中国教育回报率估计及其城乡差异分析——以浙江、广东、湖南、安徽等省的调查数据为基础[J]. 财经论丛，2004(06):1-7.
③ 杨金风、史江涛. 外出劳动力工资及收入决定的实证分析——基于山西省的调查[J]. 中国农业大学学报:社会科学版，2005(04):20-25.
④ 李春伶. 文化水平如何影响人们的经济收入——对目前教育的经济收益率的考察[J]. 社会学研究，2003(03):64-76.
⑤ 侯风云. 中国农村人力资本收益率研究[J]. 经济研究，2004(12):75-84.
⑥ 刘万霞. 我国农民工教育收益率的实证研究——职业教育对农民收入的影响分析[J]. 农业技术经济，2011(5):25-32.
⑦ 王德文、蔡昉、张国庆. 农村迁移劳动力就业与工资决定:教育与培训的重要性[J]. 经济学:季刊，2008,7(4):1131-1148.
⑧ 罗忠勇. 农民工教育投资的个人收益率研究——基于珠三角农民工的实证调查[J]. 教育与经济，2010(1):27-33.
⑨ 毕先进、刘林平. 农民工的教育收益率上升了吗?——基于2006、2008、2010年珠三角农民工问卷调查的分析[J]. 人口与发展，2014,20(5):52-60.
⑩ 张杨珩. 进城农民工人力资本对其非农收入的影响——基于江苏省南京市外来农民工的调查[J]. 农村经济，2007(8):57-60.
⑪ 郭冬梅、胡毅、林建浩. 我国正规就业者的教育收益率[J]. 统计研究，2014,31(8):19-23.
⑫ 李湘萍、郝克明. 企业在职培训对员工收入增长、职业发展的影响[J]. 北京大学教育评论，2007,5(1):150-160.
⑬ 张世伟、王广慧. 培训对农民工收入的影响[J]. 人口与经济，2010(1):34-38.
⑭ 李实、杨修娜. 我国农民工培训效果分析[J]. 北京师范大学学报:社会科学版，2015(6):35-47.

现简单培训、短期培训和正规培训对农村迁移劳动力再流动都有显著作用,但简单培训对其工资收入作用不显著,而短期培训和正规培训则有重要决定作用;[①]可是,也有一些研究结果显示,职业培训对农民工收入提高的作用并不显著(王海港等,2009[②];周世军等,2016[③])。由此可见,关于培训能否增加农民工个体收入的假说仍需要再检验。

总体来看,关于人力资本投资收益率的研究成果可谓相当丰富,而以农民工群体作为研究对象,考察其人力资本投资收益率的研究则相对少一些,且大多为单独估算教育回报率或者培训收益率,对教育和培训经济收益及各自对收入分配影响的研究略显不足;由于时间推移、抽样偏差以及计量方法的不同,导致部分研究结论之间尚存在矛盾性差异。因此,有必要利用微观城市农民工调查数据,测算农民工人力资本投资收益率,再检验教育和培训对农民工收入的影响,为提高当地农民工非农收入、开发劳动力质量红利和制定转型期城市人力资源开发政策提供决策参考。

二、教育培训与农民工市民化关系的研究

(一)国外教育培训与移民社会融合关系研究

以移民教育培训与社会融合关系为主题的独立研究很少见,不过,也有学者对此做一定程度的探讨。例如,一份早期的研究报告(Christian Dustmann,1996),使用德国社会委员会(Socio – Economic Panel,SOEP)的第一波移民统计数据,运用Probit 模型估计了移民集成融合(包括经济同化和社会同化)的决定因素,结果显示,移民集成融合由多种因素共同决定,这些因素也是构成移民获得经济成就的重要因素,包括教育培训、居住年限、语言能力等。[④] 这份研究虽然未直接估算教育培训对移民社会融合的影响大小,但在多维因素分析中看到了教育培训的重要作用,为后来研究奠定了基础、锁定了问题域。瑞士学者 Slobodan Djajic(2003)也认可移民同化是一个复杂的多维过程,但是不论经历怎样的过程、遵循什么样的程序,其根本目标都是使移民最终能与本地居民拥有相似的经济收入、人力资本、职业地位、消费能力、居住环境、社会习俗、价值观念和态度、语言熟练程度、家庭关系

---

① D W Wang, F Cai, G Q Zhang. Employment and Wage Determination of Rural Migrant Workers: The Role of Education and Training[J]. Social Sciences in China, 2010(3): 123 – 145.

② 王海港、黄少安、李琴,等. 职业技能培训对农村居民非农收入的影响[J]. 经济研究, 2009(9):128 – 139.

③ 周世军,刘丽萍,卞家涛. 职业培训增加农民工收入了吗? ——来自皖籍农民工访谈调查证据[J]. 教育与经济, 2016(1):20 – 26.

④ Christian Dustmann. the Social Assimilation of Immigrants[J]. Journal of Population Economics, 1996(9):37 – 54.

和生育能力、子女教育等,在此基础上论证了第二代移民人力资本与移民同化之间存在相互依存的关系。一方面,移民同化对移民自身及其子女的人力资本具有积极的正向效应,而人力资本通过教育成就来表征;另一方面,通过参与教育逐步追加人力资本,也有助于加快移民同化进程,因此设计科学的移民同化政策极为必要,尤其对年轻且有意愿长久留在东道国的外国移民来说,提供较高水平的教育与培训是实现同化的主要措施之一。[①] Freddy Siahaan 等人(2014)认为,依靠教育水平提升来积累人力资本是形成劳动力市场贡献率的主要因素,他们利用美国1997年青年纵向追踪调查(NLSY97)的微观数据,实证分析了移民子女在社会融入过程中的教育成就差异并调查了代际之间的教育模式,研究发现,移民子女的教育成就决定了他们对东道国的经济贡献程度,且将成为经济社会流动的重要因素,而移民子女的教育成就主要依赖其父母对子女的教育投资力度和孩子自身的英语技能训练。[②] 这一研究结果在很大程度上支持了先前的乐观主义同化理论(定居→适应→完全同化),[③]且研究对象从以往的移民转向移民子女,更具有拓展性和预见性。随着经济发展,移民现象也越来越普遍,学界对于移民相关问题的关注度从未减少,甚至已有学者提取影响移民社会融合的"教育培训"因子,如 Alan Barrett 等(2013)认为,长远来看,移民教育培训是决定劳动力市场成功的一个至关重要因素;[④]Nu ria Rodr guez – Planas 等(2014)指出,较低的职业技能和资质、有限的受教育水平严重阻碍了移民职业的向上流动,但是有趣的是中等专业学历并没有给移民实现工资和职业同化带来明显优势。[⑤]

显然,国内"农民工"与国外的"移民"在经济、社会和文化等方面不一样,但不可否认,在迁入地处于弱势地位这一点上是相同的,他们在适应城市社会融合过程中面临着许多类似困难。因此,评述和总结国外移民社会适应或融合及其影响因素(包括教育和培训在内)的研究成果,对我国研究教育培训对农民工市民化的影响无疑具有借鉴作用。当前国内已有研究者从西方发达国家的移民教育和职业培训政策中获得启示,认为国外移民教育培训助力移民群体社会融合的成功实践,对

① Slobodan Djajic. Assimilation of Immigrants: Implications for Human Capital Accumulation of the Second Generation[J]. Journal of Population Economics, 2003(16):831 – 845.

② Freddy Siahaan, Daniel Y. Lee, David E. Kalist. Educational Attainment of Children of Immigrants:Evidence from the National Longitudinal Survey of Youth[J]. Economics of Education Review, 2014(38):1 – 8.

③ Sauvy, Alfred. General Theory of Population[M]. New York: Basic Book, Inc, 1966.

④ Alan Barrett, Séamus McGuinness, Martin O'Brien, Philip O'Connell. Immigrants and Employer – provided Training[J]. J Labor Res, 2013(34):52 – 78.

⑤ Nuria Rodr guez – Planas, Miguel A ngel Alcobendas, Raquel Vegas. Wage and Occupational Assimilation by Skill Level: Recent Evidence for Spain[J]. N. Rodrguez – Planas et al., 2014(8):161 –181.

我国农民工市民化具有重要借鉴意义,主要包括将农民工教育培训上升到国家战略高度,建立系统完整的农民工教育培训体系,确立和完善农民工教育培训相关法律、法规,充分利用远程教育培训平台及公共资源推动市民化进程等。①②

(二)国内教育培训与农民工市民化关系研究

目前国内关于农民工市民化与教育培训关系的研究主要集中在以下两个方面。

第一,研究农民工市民化的影响因素,在不同程度上涉及农民工教育培训因素。梅建明(2006)通过对武汉市农民工的调查研究,证实了年纪较轻、文化程度较高、收入水平较高的进城农民工在城市就业和生活上表现非常自信,且更倾向于在城市定居。③ 王桂新等(2010)以上海为例,发现农民工市民化受到年龄、婚姻状况、受教育水平、城市居住时间、是否参加过职业培训等个人因素和户籍制度、社会经济以及区域环境等宏观因素的综合影响。④ 张洪霞(2014)选取全国范围大样本数据进行实证研究,结果表明,农民工的性别、受教育水平、月收入水平、工作时间、遇到困难时求助人数、主要社交对象和社区参与情况等变量都对其市民化产生显著影响。⑤ 崔宁(2014)利用2013年全国范围内新生代农民工问卷调查数据,采用Logistic回归模型对我国新生代农民工市民化的影响因素进行分析,发现新生代农民工的人力资本和社会资本对其市民化产生重要影响,其中,受教育程度越高,其市民化的可能性就越大;与城市人交往越密切、参与社区活动越频繁,具备融入城市成为新市民的条件就越多。⑥ 陈延、金晓彤(2014)从人力资本、社会资本、心理资本三个维度实证分析了新生代农民工市民化意愿的影响因素,其中,人力资本维度中是否参加过培训、培训次数、拥有的技能数以及技术等级四个变量对新生代农民工市民化意愿具有显著影响,而学历水平没有通过显著性检验。⑦ 进一步梳理相关研究,不难发现,农民工市民化影响因素呈多维度,学界已达成共识。

① 杨梦颖,关凤利. 职业培训在美国移民融入中的作用及启示[J]. 职业技术教育,2016,37(28):68-74.
② 关利平,孟宪生. 加拿大移民职业教育政策对促进我国农业转移人口市民化的启示[J]. 职业技术教育,2016,37(28):75-79.
③ 梅建明. 进城农民工的"农民市民化"意愿考察——对武汉市782名进城务工农民的调查分析[J]. 华中师范大学学报:人文社会科学版,2006(6):10-17.
④ 王桂新,陈冠春,魏星. 城市农民工市民化意愿影响因素考察——以上海市为例[J]. 人口与发展,2010,16(2):2-11.
⑤ 张洪霞. 新生代农民工市民化的影响因素研究——基于全国797位农民工的实证调查[J]. 调研世界,2014(1):26-30.
⑥ 崔宁. 新生代农民工市民化进程及影响因素研究[J]. 调研世界,2014,41(9):26-30.
⑦ 陈延,金晓彤. 新生代农民工市民化意愿影响因素的实证研究——基于人力资本、社会资本和心理资本的考察[J]. 西北人口,2014(4):105-111.

第二,研究教育培训对农民工市民化的影响或者农民工市民化反作用于教育培训意愿。有些研究者着重分析教育培训对农民工市民化的重要作用,涵盖了学理分析和实证研究两个方面。(1)从学理角度分析教育培训对农民工市民化的影响。如卢建中、谢沅芹(2009)认为影响我国农民工向市民转变的主要障碍是制度政策和自身素质,其中素质是内因,制度是外因,而内因是关键,起决定性作用,由此指出农民工教育培训在市民化过程中扮演"关键、核心"之角色;①赵洪波等在肯定教育培训对于提高农民工市民化能力具有重要作用的基础上,分别进一步探讨了成人教育、继续教育以及职业教育在提高农民工职业分层中的特殊价值和促进市民化转化中的巨大作用;②③④杨云善(2012)也认为农民工市民化进程不畅,除了受阻于客观的制度障碍,还受制于主观的市民化能力不足,这体现在农民工工资收入低和受教育程度低等主要方面,因此必须通过统筹农民工教育培训改革来提高他们的素质和能力,继续破除现有体制机制障碍,为农民工市民化开启便利之门;⑤持有相同观点的还有曹艳春等(2013),⑥他们都强调农民工教育培训的重要性,只是分析的视角不同而已。此后,王竹林、范维(2015)运用人力资本理论更为系统地阐释了农民工市民化能力的内涵,分析了人力资本与农民工职业能力形成之间的作用机理,并提出通过教育培训制度设计、机制完善、模式选择等路径创新以提升农民工市民化能力的对策建议。⑦ 概言之,已有文献大多以农民工市民化存在人力资本障碍为逻辑起点,研究农民工人力资本(以教育、培训为根本)对其市民化能力的重要作用,基本形成"农民工教育和培训→人力资本积累→市民化能力提升→新市民转化"的运作机理(见图2-1),这为本书研究教育培训对农民工市民化的影响效应提供了坚实的理论积累。(2)基于经验实证研究分析教育培训对农民工市民化的影响,但是相对于学理分析而言,目前关于此方面的实证研究不足。在"中国学术期刊网全文数据库(CNKI)"中选择以"教育培训"并含"市民化"为篇名检索词,当来源类别项选择"全部期刊",时间项选择"不限"至"2018年"时,累计检索到12条结果;当来

---

① 卢建中,谢沅芹. 教育培训促进农民工市民化研究[J]. 现代农业,2009(11):65-66.
② 赵洪波,王虹,黄晓利. 成人教育与当代中国社会阶层流动——兼议成人教育在促进农民工市民化转化中的作用[J]. 中国成人教育,2008(13):7-8.
③ 赵洪波,吴岚,黄晓利. 社会流动视角下继续教育的特殊价值——兼议继续教育在促进农民工市民化转化中的作用[J]. 继续教育,2008(8):54-56.
④ 吴岚,赵洪波,黄晓利. 职业教育在农民工市民化转化中的作用[J]. 职业教育研究,2008(11):16-17.
⑤ 杨云善. 农民工市民化能力不足及其提升对策[J]. 河南社会科学,2012,20(5):58-60.
⑥ 曹艳春,王建云,戴建兵. 社会排斥视角下的农民工教育培训分析[J]. 江苏大学学报:社会科学版,2013,15(5):78-83.
⑦ 王竹林,范维. 人力资本视角下农民工市民化能力形成机理及提升路径. 西北农林科技大学学报:社会科学版,2015(2):51-55.

源类别项选择"SCI 来源期刊""EI 来源期刊""核心期刊""CSSCI"时,累计检索到3 条结果,其中仅有一篇属于与主题高度相关的实证研究文献,即陈旭峰等在 2011年发表于《职教论坛》的论文《教育培训对农民工市民化影响的实证研究》。该研究使用北京大学社会学系与中共泗水县委合作完成的"流动人口与小城镇发展研究项目"课题组的调查数据,分析了教育培训对农民工市民化的影响,研究发现,教育培训在农民工经济、社会和文化三个层面的市民化过程中有着十分重要的影响。[①] 尽管该研究首次实证分析了教育培训对农民工市民化的影响,但是该文并没有采用计量经济学方法验证教育培训对农民工市民化影响的方向,也没有估计这种影响效应的大小,仅就农民工经济层面的市民化、社会层面的市民化和文化层面的市民化做简单描述性统计和卡方检验,不足以深入揭示农民工教育培训的重要作用,更无法证明其非货币化收益的存在。另外,还发现一篇比较接近主题的实证研究文献,即卢小君等在 2017 年发表于《调研世界》的论文《农民工培训现状及对城市定居意愿的影响研究——以大连市调查为例》,仅分析了农民工培训主体、培训费用、培训次数和培训内容(职业技术培训)等对其城市定居意愿的影响,[②]并没有测量城市农民工的市民化水平,也没有比较教育和培训各自对农民工市民化的影响。然而,若不能全面评估农民工教育培训的非货币化收益,从长远来看,必然导致对农民工教育培训价值的认识偏差。反过来,也有为数不多的文献表明农民工市民化作用于教育培训意愿。例如,佟相阳、陈旭峰(2014)还通过建立 Logistic 回归模型实证分析了市民化水平对农民工教育培训意愿的影响,结果表明:最能解释农民工教育培训意愿差异的是社会资本层面的市民化水平,其次是文化资本层面的市民化水平,解释能力最弱的是经济资本层面的市民化水平。[③] 需要重新思考的问题是,究竟是教育培训提升了农民工的市民化水平? 还是有强烈市民化倾向的农民工个人更愿意接受教育培训以帮助自身更好地实现市民化? 基于已有研究成果,尤其是大量理论分析,依据原因在前、结果在后的常理来判断,前者更有说服力,在具体实证检验过程中,会采用不同模型函数形式,分别建立不包括教育和培训变量以及包括教育和培训变量的模型,进行多次估计以考验模型的稳健性。

---

① 陈旭峰,田志峰,钱民辉. 教育培训对农民工市民化影响的实证研究[J]. 职教论坛,2011(30):34 -39.

② 卢小君,张宁. 农民工培训现状及对城市定居意愿的影响研究——以大连市调查为例[J]. 调研世界,2017(4):35 -40.

③ 佟相阳,陈旭峰. 市民化水平对农民工教育培训意愿影响的实证研究[J]. 职教论坛,2014(3):50 -53.

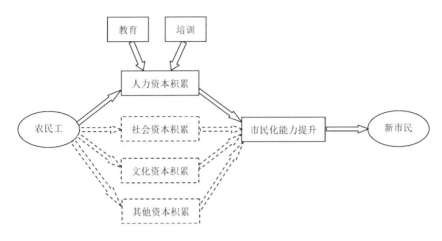

图 2 - 1　教育培训与农民工市民化之间的作用机理

资料来源:参见马欣悦等(2015)的论文《新型城镇化视域下新生代农民工市民化的职业教育培训策略》,并结合已有相关研究文献的理论逻辑绘制此图(图中的社会资本、文化资本及其他资本并非本书研究重点,因此统一以虚线表示)。

三、教育与犯罪关系的研究

由于没有检索到明确研究教育培训与犯罪关系的文献,国内外与主题相关的绝大多数研究都侧重于分析教育与犯罪之间的关系,往往忽视了对"培训"因素的关注与研究。这里,仅对已有研究成果进行文献综述,试图总结教育对犯罪产生抑制效应的内在机理,同时为培训作用研究拓宽范畴。因为,从广义上讲,培训又是教育的一种,只是内容上更加侧重于职业常识与准备、职业心理、职业技能与技巧,二者本质上是不可分割的统一体。

(一)国外教育与犯罪关系研究

关于教育与犯罪之间的关系,国外已有一定数量的理论阐释教育可能会影响犯罪的原因与机制。其中,意大利刑事古典学派创始人贝卡里亚在其著作《论犯罪与刑罚》中提出了"完善的教育"这一理念,[①]首次阐释教育在抑制犯罪中所起的作用,这一理论成为后世研究者研究教育与犯罪关系的有力理论支撑。美国著名的经济学教授 Richard B. Freeman 的实证研究结果表明,受教育程度与犯罪存在紧密相关,即使控制教育对犯罪率的市场效应之后,教育与地区犯罪率之间仍然存在

---

① 切萨雷·贝卡里亚. 论犯罪与刑罚[M]. 黄风, 译. 北京:中国法制出版社, 2010.

显著负相关关系。① Witte 和 Tauchen 在探讨就业与犯罪关系的同时,也发现工作和上学都会显著降低犯罪参与的可能性,其中上学会通过教育时间的延长客观上减少人们犯罪的时间,能够产生对犯罪的"隔离效应"②。Lochner(2004)采用美国劳动统计局 1997 年全国青年人跟踪调查的微观数据,运用人力资本投资模型开展实证研究,发现教育对财产型犯罪和暴力型犯罪都存在稳健的负相关,但是,受教育水平对不同类型犯罪的影响存在差异,街头犯罪一般受其影响较大,而白领犯罪则不明显。一个人所拥有的人力资本会影响其收入,不同年龄阶段、不同教育程度都影响了人所拥有的人力资本,并影响人的犯罪决定。Lance Lochner 和 EnricoMotetti(2004)选择法定义务教育年限作为控制变量,将学校教育作为内生变量来研究教育水平对犯罪率的影响,结论认为,除了教育通过影响工资水平、犯罪机会成本,进而对犯罪发挥抑制作用之外,教育可以改变人的偏好,使得他们变得更有耐性并逐渐风险厌恶,这些都可以有效减轻犯罪倾向。他们分别采用了三组不同来源的犯罪数据进行回归,结果具有稳健性,不论何种犯罪行为都随着教育水平的上升而呈现下降趋势。同时,发现教育投入的社会回报率远远高于个人回报率,数据表明,高中毕业率每上升 1% ,美国由于犯罪导致的损失将减少 14 亿美元。这笔庞大损失的减少足以促使政府减低高中辍学率。③ Mocan, Billups and Overland (2005)进一步分析了异质性人力资本,即认为人们拥有合法和犯罪两种人力资本,这影响了他们在合法和非法部门获取收入,在以上假设下,构建了一个犯罪动态模型,分析了异质性人力资本条件下的动态最优行为。Buonanno 和 Leonida(2009)利用意大利 1980—1995 年间 20 个地区面板数据(有效数据 304 个),采用计量经济学的方法,证明了即使控制了教育对犯罪率的市场效应后,地区高中学历的比例与地区犯罪率之间存在显著负相关,但是高等学历人口比例则对犯罪率没有发挥显著效应。④ 瑞典学者 V. Ceccato 和 L. Dolmen 采用地理信息系统和空间统计与计量分析技术,对瑞典城市区、偏远乡村和容易到达城市的乡村三类不同区域的侵财型和暴力型犯罪的空间变动模式和空间效应做出空间探索性和空间验证性分析,利用犯罪率解释模型及其参数估计结果,对影响犯罪率变动的主要因素和空间自相关性做出了分析。

---

① Freeman, R. B.. Why Do So Many Young American Men Commit Crimes and What Might We Do about It [J]. Journal of Economic Perspectives, 1996,10(1): 25 – 42.

② Witte, A. D., Tauchen, H.. Work and Crime: An Exploration Using Panel Data[G]. NBER Working Paper No 4797, 1994.

③ 魏建,王晓文.中国农民工财产犯罪的影响因素分析:1987—2008[J].山东经济,2010(6):48 – 53.

④ 崔玉平.教育投资的非货币化收益——基于教育对犯罪程度的效应分析[J].教育与经济, 2010 (2): 24 – 30.

（二）国内教育与犯罪关系研究

国内有学者基于调查统计数据和案例分析,对教育与犯罪的关系进行了实证研究。例如,林彭、余飞(2008)通过对上海市市属各监狱在押的"新生代外来务工人员"罪犯的抽样调查,分析了这个特殊群体在性别与年龄、受教育程度、婚姻、社会经历、外出动因、就业、认同与归属等方面的社会特征,归纳出他们具有"团伙犯罪明显""犯罪动机简单""犯罪年龄低龄化"等若干犯罪特征。① 陈屹立(2008)的实证研究比较深入和全面。② 他首先利用全国时间序列数据对影响犯罪率的因素做出研究,发现收入分配不平等程度或城乡收入差距、城市化程度、农村贫困发生率、城镇失业率对犯罪率有显著正向影响,只有初中生升学率提高这一反映全国教育水平的指标对犯罪率上升有显著反向抑制作用,但是,分类犯罪率研究显示,初中生升学率对财产型犯罪率没有显著影响,对暴力型犯罪率有显著反向作用;随后,还利用 19 个省域 1995—2004 年的有关面板数据,采用固定效应变截距回归模型,用省域批捕率作为犯罪率的代理变量,用作模型的被解释变量,研究发现,初中生升学率对全国犯罪率的省际差异影响不显著,但对东部地区省际犯罪率有显著反向影响。崔玉平(2010)根据法院提供的犯罪人统计数据,运用最优尺度回归和逻辑斯蒂回归技术,通过对犯罪人群受教育程度与处罚程度之间显著负相关关系的深入分析,揭示了教育对降低犯罪程度具有积极作用。③ 陈刚、李树(2011)以中国 2000—2008 年的地区数据为样本,研究发现,总体的教育扩张显著降低了中国的犯罪率,这主要受益于小学、初中和高中教育,且其犯罪预防效应随着教育层次的提高而递增;而大学教育不仅未能降低中国的犯罪率,反而还显著促使诈骗一类高技能型犯罪的发生。④

另外,关于教育对犯罪行为影响的作用机制,也有学者做了探究。杜雄柏(2007)提出,现代社会的学校教育对预防犯罪来说,其积极作用已得到人们的广泛认同,以至于有人认为只有它才是预防犯罪的最重要的或者说最主要的措施或途径;在解释教育减少和抑制犯罪的内在机理方面,崔玉平(2010)总结发现教育一般通过如下三个途径制约犯罪行为的发生:一是教育投资通过人力资本积累,提高劳动生产率,增加了受教育者个人的合法工作收益,接受了更高程度教育的人一般都

---

① 林彭,余飞,张东霞."新生代外来务工人员"犯罪问题研究[J].中国青年研究,2008(2):29-34.
② 陈屹立.中国犯罪率的实证研究:基于 1978—2005 年的计量分析[D].山东大学博士学位论文,2008.
③ 崔玉平.教育投资的非货币化收益——基于教育对犯罪程度的效应分析[J].教育与经济,2010(2):24-30.
④ 陈刚,李树.教育对犯罪率的影响研究[J].中国人口科学,2011(3):102-110.

有更高工作收入,这样就增加了犯罪行为的机会成本,这属于教育对犯罪的市场效应;二是教育通过晓之以理、动之以情、导之以行、教化、规训与熏陶,使个体树立了正确的个人价值观,养成了主流社会给予积极评价的行为习惯与偏好,从而增强了个体对犯罪的厌恶感和"免疫力",依靠这种培育人功能和社会化功能,教育减少和抑制了犯罪行为的发生或继续实施,这属于教育对犯罪的非市场效应;三是从入学率这一角度来看,教育可以减少青少年犯罪,因为如果大批青少年不在学校而流落于社会,就会使青少年犯罪的概率大大增加。[①] 陈刚、李树(2011)归纳现有研究文献认为,教育减少犯罪的渠道可能有以下四种:一是教育提高了人们的人力资本和合法工资收益,进而提高了准备和实施犯罪的机会成本及犯罪分子被关押的机会成本(Lochner,2004);二是接受教育还相应地挤出了人们可用于从事犯罪活动的时间资源(C. Witte 等,1994),这可被视作是教育的"隔离效应";三是教育提高了人们的道德标准,增加了犯罪的心理成本(C. Fajnzylber 等,2002);四是教育还改变了人们的时间偏好和风险厌恶程度,进而提高了人们赋予的在犯罪后所受到的惩罚的权重(Lochner,2010)。[②] 王玉梁(2014)对中国 1978 年以来的犯罪率变化情况进行分析,表明教育水平的提升会显著影响中国犯罪率,提升初中生升学率能够有效降低犯罪率。[③] 张丽等(2014)指出以往关于教育扩展对犯罪参与影响的理论及经验研究需要审慎判断,因此,他们以平均受教育年限和教育投入作为衡量教育扩展的指标,以中国 1996—2012 年的时间序列数据为基础,考察并检验了教育扩展对不同类型犯罪的影响,结果发现,教育扩展对青少年犯罪有显著的"隔离"抑制效果,与暴力犯罪呈"倒 U"关系;高等教育投入在抑制侵财犯罪方面的作用并不显著;教育扩展的积累只有达到一定程度之后,才更有利于犯罪参与的抑制。[④]

从已有文献来看,国内外多数研究都认为教育(培训)在降低犯罪发生、减少犯罪社会危害性方面,起到了有效抑制作用,但是缺乏对完整的教育培训("长线教育"+"短线培训")与农民工群体犯罪行为之间关系的系统性研究。实际上,农民工在城市生活中的劣势地位,极易引起自卑与不满的悲观情绪,导致心理失衡,从而引发犯罪,影响社会稳定与城市安全。因此,上述关于教育(培训)

---

① 崔玉平.教育投资的非货币化收益——基于教育对犯罪程度的效应分析[J].教育与经济,2010(2):24 - 30.
② 陈刚,李树.教育对犯罪率的影响研究[J]. 中国人口科学, 2011(3):102 - 110.
③ 王玉梁. 教育、收入差距对犯罪率的影响:以中国为例[J]. 经营管理者, 2014(6):128 - 129.
④ 张丽, 吕康银, 王文静. 实证检验教育扩展对犯罪参与的影响[J]. 教育科学, 2014,30(4):17 - 21.

与犯罪关系的回顾将有助于农民工教育培训与犯罪问题研究的开展。

四、农民工市民化与犯罪关系的研究

在"中国学术期刊网全文数据库(CNKI)"中以"主题"或"篇名"为检索条件，以"市民化"并含"犯罪"为检索词，只检索到两篇与本书研究主题有关的文献，分别是 2013 年发表于《中共郑州市党校学报》的学术论文《新生代农民工市民化进程中的犯罪治理对策》①、2014 年发表于《阅江学刊》的学术论文《市民化对新生代农民工犯罪的抑制效应分析》②。前者较为笼统地指出，新生代农民工在缓慢而艰难的市民化进程中，加之自身、文化、教育、社会等方面的因素，导致他们成为公认的犯罪群体。尽管该文没有明确分析农民工市民化与犯罪之间的关系，但是已经较早地指出农民工市民化进程与犯罪之间具有某种相关关系；后者基于农民工市民化的价值论，从文献内容分析的视角探讨了市民化抑制新生代农民工犯罪的内在机理，并得出通过提升市民化水平可以显著抑制新生代农民工犯罪的判断。原文具体分析过程如下(有适当删改)：

(一)文献内容分析

研究样本来源于中国知网期刊数据库，检索条件定义为"篇名"中含有"新生代农民工"或"新生代进城务工人员"并且含有"犯罪"字样的学术论文，时间不限，期刊来源不限，删去不深度涉及犯罪问题的文献，共获得有关论文 68 篇。从每年发表论文分布来看，学界对城市农民工犯罪问题，从 2000 年就已经开始调查研究，但是，对于新生代进城务工人员犯罪问题的研究始于 2007 年，2011年达到研究峰值。整体看来，这些研究都以新生代农民工或城市外来务工人员的犯罪现象和犯罪行为为研究对象，从社会学、犯罪学、教育学、心理学和管理学等学科视角出发，对城市外来人口，特别是 20 世纪 80 年代末出生的城市新生代农民工犯罪现象展开研究。有些基于调查数据和公检法部门的统计资料开展实证研究；有些运用相关理论，如文化冲突理论、相对剥夺理论、社会解体理论、资源配置不公平理论等展开思辨研究；也有些以管理学为研究视角，运用公共管理理论，提出了预防此类犯罪的对策。总之，对新生代农民工犯罪问题研究文献大多对导致犯罪的原因探索相对比较全面，也给出了抑制城市农民工犯罪的若干策略或对策。

---

① 武向朋. 新生代农民工市民化进程中的犯罪治理对策[J]. 中共郑州市委党校学报，2013(5)：71 - 73.

② 崔玉平，董筱文. 市民化对新生代农民工犯罪的抑制效应分析[J]. 阅江学刊，2014(2)：38 - 44.

以检索到的 68 篇文献为内容分析对象,基于这些研究成果,总结提炼出来新生代农民工犯罪的原因。剔除 14 篇未阐述犯罪原因的文献,将剩余 54 篇文献提出的新生代农民工犯罪原因一一列出并整理归类,再根据研究目的将原因分解为一级、二级和三级,然后,分类统计各层次原因在文献中出现的频次及其所占的百分比,并将统计结果呈现在下表中。

表 2-3　新生代农民工犯罪原因研究的统计结果

一级	二级	三级	篇次	百分比（%）	合计百分比(%)
内因	人力资本水平	受教育水平低下、市民化能力低	17	14.3	14.3
	法律意识	法律意识淡薄	9	7.6	7.6
	心理特征	物质需要动机偏高	8	6.7	24.4
		盲目从众以获得归属感	7	5.9	
		相对剥夺感强烈	14	11.8	
	社会交往	社会关系纽带松散或断裂	7	5.9	5.9
外因	社会制度	就业不平等、收入差距过大	9	7.6	16.8
		户籍制度限制	11	9.2	
	社会文化	城市排斥、文化歧视、融入困难	19	16.0	16.0
	社会保障	社会救济不足	8	6.7	15.1
		社会权益保障缺乏	10	8.4	

目前研究文献提出新生代农民工犯罪原因,大致可以分为内因和外因两大类,而且内因与外因的提及频次大体相当。新生代农民工受教育水平低下、法律意识淡薄导致社会地位不高,经济实力不强,且知法守法意识薄弱;而户籍制度限制,社会无法提供平等的就业机会,收入过低,生活压力过大,社会救济和权益保障体系均不够完善,最终导致部分新生代农民工走上了违法犯罪的道路。统计数据显示,用于描述"第三级"原因的语句,如"城市排斥、文化歧视和融入困难""受教育水平低下、市民化能力低"和"相对剥夺感强烈"等被提及频率最高,换句话说,学者们已经认识到了"城市排斥与歧视及融入困难"、人力资本和社会关系资本存量太低、强烈的"相对剥夺感"等因素对导致新生代农民工走上犯罪道路有着巨大影响,而这些恰恰是反映市民化水平低的因素,由此可以推论,提升市民化水平,可以显著抑制新生代农民工犯罪行为发生。

（二）市民化对新生代农民工犯罪产生抑制作用的机理

1982 年,朱迪斯·布劳和彼得·布劳夫妇在《不平等的代价:都市结构与暴力犯罪》一文中,提出了"相对剥夺理论",认为贫富悬殊造成的相对剥夺感和社会不公感,会导致愤怒情绪和犯罪行为。[①] 麻国安首先采用相对剥夺理论来解释早期流动人口(主要是第一代进城农民工)的犯罪原因,其理论框架为"社会流动性→不平等→相对剥夺感→犯罪"[②]。不少学者沿用该理论解释了市民化与犯罪的内在关系,论证了二代农民工市民化程度增加,消减相对剥夺感,增强成为新市民的动机和迫切感、责任感,进而抑制城市二代农民工犯罪行为的发生。

1.参照群体选择失当

"相对剥夺感"的产生,主要源于对参照群体的选择。在市民化过程中,农民工的参照群体往往是"市民",这原本无碍,但是,如果选择的是在收入及社会地位方面极大领先社会平均线的群体作为参照,就可能将自己的处境和收入差距归因于社会的不公平,由此出现绝望情绪,心理失衡加剧,产生仇视社会的心理。不良情绪不能得到及时有效的疏导,就可能引发弱势群体对社会的强烈不满,而发泄的最直接方式是以暴力手段获取金钱,这也就是该群体财产型和暴力型犯罪占极大比例的原因。

2.社会关系纽带断裂

在城市化过程中,市场化流动削弱了对个人行为进行社会控制的传统机制,人与人之间的关系在城市化生活中往往是单向度的。在社区关系中,社区生活有名无实,人们面临各种各样的精神和物质压力,无暇顾及邻里;即使在家庭关系中,父母因忙于事业无法对子女尽责照料。传统的社会化控制机制在快速城市化和市场交易中遭到毁灭性损害,再加上急功近利的工作与生活方式,使人们不能及时理性调适和控制自己的行为,从而导致违法犯罪行为频发。

3.收入差距过大

基尼系数(Gini Coefficient)为意大利经济学家基尼于 1922 年提出的用于测定收入分配差异程度的统计指标。按照国际一般标准,基尼系数达到 0.4,表示收入差距较大,当基尼系数达到 0.6,则表示收入差距悬殊。国家统计公布的统计数据显示,2003 年基尼系数为 0.479、2006 年为 0.487、2008 年为 0.491、2009 年为 0.490、2012 年为 0.474。在过去十年中,基尼系数虽有逐步扩大而后又略有缩小

[①] 吴宗宪.西方犯罪学史:第 3 卷[M].北京:中国人民公安大学出版社,2010:1056.

[②] 麻国安.中国的流动人口与犯罪[M].北京:中国方正出版社,2000.

的走势,但都超过国际公认的临界点。2012 年,中国城镇居民人均可支配收入为24 565 元,而农村居民人均纯收入为 7 917 元,前者是后者的 3.1 倍。① 相关研究表明,在我国现代化的过程中,基尼系数的成长和犯罪的增长成正相关。② 收入差距过大,低收入群体人数扩大,同时既增加了低收入群体对高收入群体实施犯罪的收益,又降低了低收入群体实施犯罪的风险和机会成本,尤其是增强了城市农民工群体的被剥夺感。

4. 社会不公与歧视

对于新生代农民工的社会排斥主要包括经济歧视、制度歧视和心理歧视。在经济权利方面,农民工不能同市民获得同等的就业权利,工作以"临时工"为主,环境恶劣,工资水平低,无稳定的"五险一金"保障;在社会权益方面,户籍制度阻碍,使得农民工常常享受不到"市民"应享受的公共服务,无能力购买城市住房,居住条件恶劣,生活成本大大增加;社会舆论上,"农民工"似乎是低人一等的称谓,农民工对城市建设所做出的贡献没有得到应有的评价,这种敬而远之的心理歧视给农民工带来的伤害是潜移默化的。社会的隔离以及群体分化的固化,使处于相对劣势地位的农民工极少获得城市社会资源,产生强烈的不满足感与被剥夺感。当这种情绪累积到一定程度,一旦遇到任何"导火索",潜在的因为没有获得同等市民待遇而形成的不良心理,很可能就转化为犯罪动机,进而实施犯罪。

除此之外,目前几乎没有可以直接借鉴的研究文献。但是,尽可能搜集比较靠近主题的研究,例如,"农民工城市融合/融入与犯罪""农民工社会融合/融入与犯罪""农民工社会认同与犯罪"等,或许同样能为市民化与犯罪关系的研究提供有益启示。梳理、归纳分类这类研究文献,发现大多都认为,社会(或城市)融合、融入或认同度对犯罪具有影响。石长慧(2012)考察流动少年(是指幼年时期即随父母来到城市的未成年农民工子女)的社会化,阐明农民工子女对城市社会融入情况,指出"处于文化同化和社会排斥间的矛盾冲突中,流动少年很可能会体验到社会失范,从而产生越轨和犯罪行为,给社会稳定带来隐患,这是值得我们警醒和注意的"③。这一观点在很大程度上,启发了社会和学术研究者多视角关注农民工子女城市融入问题,也为今后研究农民工及其子女的城市融入与犯罪关系指明一定方向。鞠丽华、刘琪(2013)相对较早地以社会认同理论为研究基础,分析了新生代

---

① 人民网. 我国首度公布基尼系数 2012 年为 0.474[EB/OL]. [2013 - 01 - 19]. http://sn. people. com. cn/n/2013/0119/c340887 - 18045022. html.

② 曹立群,周愫娴. 犯罪学理论与实证[M]. 北京:群众出版社,2007:232.

③ 石长慧. 文化适应与社会排斥——流动少年的城市融入研究[J]. 青年研究,2012(4):57 - 68,95.

进城务工人员社会认同的新特征及其与犯罪之间的关系,认为社会身份的不确定性、社会比较的劣势以及社会认同中小群体的存在,构成了新生代进城务工人员社会认同过程的主要特点,而这种社会认同问题与他们中一部分人走上犯罪道路有着密切关系,由此提出预防新生代进城务工人员犯罪的根本方法,即只有从权利保障、文化建设、组织归属三个方面真正实现市民化,新生代进城务工人员在社会身份上才能形成准确定位而获得城市归属感,在社会比较过程中才会感受到公平公正而减弱相对剥夺感,在社会认同上才能打破狭隘的"三缘"(地缘、乡缘、血缘)划分而减少拉帮结派现象,从而从根本上达到预防和减少这一群体犯罪的目的。① 换句话说,该研究认为市民化对新生代农民工犯罪起到预防和抑制作用。杨玲丽、吴鹏森(2014)以某市三所监狱的 1 123 个农民工罪犯为问卷调查对象,依据调查数据,量化分析了新生代农民工的城市融入经历对犯罪的影响,结果表明,新生代农民工的城市融入水平并不高,一方面很难真正融入城市社会,另一方面回乡意愿却普遍较弱,在内外因作用下极易走上犯罪道路。② 金诚(2015)也明确指出社会融入度对新生代农民工犯罪具有显著影响,建议努力实现基本公共服务均等、加强技能培训、提高薪酬待遇、促进新生代农民工向上流动、鼓励举家迁移、为新生代农民工最终在城市落脚创造便利条件,③2017 年他再次以浙江省若干所监狱的服刑罪犯为调查样本,实证检验了新生代农民工社会融合与犯罪的关系,结果表明社会融入度对犯罪有显著影响,农民工的社会融入度越高,其犯罪率和累犯率越低。④

依据上述文献梳理归纳、内容分析和理论推导,可以得出基本判断,即为农民工市民化在制度和文化方面创造有利条件、培养农民工市民素质和市民化能力,有利于通过非市场手段抑制农民工违法犯罪行为。本书第九章以此为逻辑起点,实证分析农民工市民化对其犯罪倾向性的影响。

① 鞠丽华,刘琪. 社会认同理论视角下的新生代进城务工人员犯罪问题研究[J]. 中国人民公安大学学报:社会科学版, 2013,29(4):105-109.
② 杨玲丽,吴鹏森. 新生代农民工城市融入与犯罪的实证研究——基于某市三所监狱的调查数据分析[J]. 社会科学战线, 2014(11):198-206.
③ 金诚. 新生代农民工犯罪问题研究[M]. 北京:人民出版社, 2015.
④ 金诚. 新生代农民工犯罪群体与代际差异研究[J]. 社会科学战线, 2017(7):216-228.

第三章 理论基础与政策依据

前文界定了与本书有关的核心概念,并对相关研究文献进行了综述,已初步阐述了部分理论和学术观点。为了后续更好地开展经验实证研究,需要构建完整的理论框架。因此,本章将重点分析本书课题研究的理论基础,补充说明我国农民工教育培训与市民化研究的政策依据。

第一节 人力资本理论

人力资本理论最早起源于经济学研究。1906 年美国经济学家费雪(Fisher)发表的《资本的性质与收入》一书中首次提到"人力资本"概念,并将其纳入经济学的研究范畴中,为人力资本概念的完整界定奠定了基础,但由于当时视域的限制,这一概念并未得到主流经济学界的认可。

通常而言,公认的人力资本理论的构建者是 1979 年诺贝尔经济学奖获得者舒尔茨(Thodore W. Schults)。1960 年他在美国经济协会年会上做了题为《人力资本投资》的演说,阐述了许多此前无法用传统经济理论解释的经济增长问题,明确提出人力资本是当今时代促进国民经济增长的最重要原因,认为"人口质量和知识投资在很大程度上决定了人类未来的前景"。他一方面全面阐释了人力资本的含义、形成途径及其"知识效应",揭示了人力资本和经济增长之间的密切关系及教育投资的经济价值;另一方面还计量分析了教育对经济增长的贡献,认为人力资本是社会进步的决定性因素。[1] 可以说,舒尔茨从宏观上系统地证明了教育投资所形成

---

[1] 舒尔茨. 论人力资本投资[M]. 吴珠华,译. 北京:商务印书馆,1990.

的人力资本对一国经济发展的重要贡献。另一位经济学家贝克尔(Becker, G. S.)从教育与个人收益关系出发,研究教育的经济价值,证明教育投资能够带来个人收入的增加,可以改变贫困者的收入水平,[①]这从微观个体角度补充了舒尔茨理论。至此,人力资本理论成为教育投资收益研究的理论基石。

当然,人力资本理论还认为,学校教育结束并不意味着人力资本投资终结,脱产或在职培训、迁移和健康方面的支出都属于人力资本投资,都可以提高个体劳动生产率和收入水平,延长收益回报的时间。贝克尔强调,正规学校教育和在职培训是人力资本形成的根本途径,在他的开创性著作《人力资本》中,首先探讨的就是在职培训的收入效应,表明在正规教育发展不能及时解决劳动力质量低下的问题时,加强成本较低的培训是解燃眉之急的重要手段,尤其在职培训同样是人力资本投资的方式,同样能够带来一定收益。[②] 明瑟(Mincer, J.)首次建立了个人收入与其接受培训量之间相互关系的计量模型,设计了教育收益率估计模型,实证分析了教育和培训与个人收入及其变化之间的关系,全面揭示了教育对个人收入所起的重要作用,并对在职培训进行了实证研究,发展了在职培训成本及收益的估计模型,为进一步开展在职培训与收入关系方面的实证研究,提供了基础范式。[③] 其著名的“明瑟收入方程”至今仍被理论界广泛运用和扩展。可见,人力资本理论不仅是正规学历教育经济价值研究的理论基础,也是各种培训投资收益研究的理论基础。

第二节　人口迁移理论

一、宏观层次的二元结构理论

从 20 世纪 50 年代起,西方发展经济学对农村人口城市化和农业剩余劳动力非农化问题展开了卓有成效的研究,产生了大量经典理论。其中以刘易斯—费景汉—拉尼斯模型和托达罗的新古典迁移理论模型最为著名。

(一)刘易斯—费景汉—拉尼斯模型

1. 刘易斯模型

1954 年,美国著名发展经济学家刘易斯(Lewis, A.)在《劳动无限供给条件下

① 加里·S. 贝克尔. 人力资本[M]. 梁小民,译. 北京大学出版社, 1987.
② Becker, G. S.. Human Capital[M]. Chicago: University of Chicago Press, 1964.
③ Mincer, J.. "On the Job Training: Costs, Returns, and Some Implications"[J]. Journal of Political Economy, 1962(70): 50 - 79.

的经济发展》一文中提出了发展中国家劳动力转移的二元经济模型。他认为,发展中国家经济存在两个部门:一个是自给经济的传统农业部门,另一个是以现代工业为主的资本主义部门。① 一国的经济发展依赖于现代工业部门的扩张,而现代工业部门的扩张又需要不断吸收农业部门的廉价劳动力,这就促使农村劳动力发生转移,即假定工业部门将生产中获得的利润全部用于投资,形成了新的资本积累,随着生产的扩张会进一步吸引农村人口向城市转移。这一过程将一直持续到农村剩余劳动力消失为止,属于发展中国家经济发展的第一个阶段。一旦农村剩余劳动力转移完毕,劳动生产率和收入水平会提高,在这种情况下,工业部门再想雇佣更多农村劳动力,必须支付更高工资与农业部门竞争,这将促使农业部门也逐渐实现现代化,即实现二元经济向一元经济的转变,可以称为发展中国家经济发展的第二个阶段。可见,刘易斯将现代工业部门视为经济发展的主导力量,但忽视了现代工业部门在技术传递和溢出过程中存在资本聚集或外逃倾向、城市实际存在失业问题,也忽视农业部门的重要性,这些都使得刘易斯模型的实用性遭受质疑。但不管如何评论,这一模型第一次从宏观层面上科学地阐释了劳动力转移的动力机制和传导过程,为后来相关研究奠定了理论基础。

2. 费景汉—拉尼斯模型及其修正

针对众多学者对刘易斯模型的质疑和批评,费景汉和拉尼斯(Fei and Ranis)于1961年对该模型做出改进,并提出"农业剩余"的概念。② 他们强调农业劳动生产率的重要性,指出农业生产率提高而带来的农业劳动力剩余,是农业劳动力持续向城市工业部门转移的先决条件,并明确把农业剩余劳动力的流动过程分为三个阶段:第一阶段为劳动力边际生产率为零的无限供给阶段;第二阶段为农业劳动力边际生产率大于零但小于制度性工资的阶段;第三个阶段为农业劳动力边际生产率大于制度性工资的阶段。在第一和第二阶段,经济中都存在隐性失业和就业不足的问题,但经济发展的关键在第二阶段,在工业化进程不断推进的同时,农业生产率提高,导致农业剩余增加,促进农业劳动力流向现代工业部门,进一步推进经济发展;而在第三阶段,出现农业部门和工业部门相互争夺劳动力的现象。可见,费景汉—拉尼斯模型是从动态视角研究农业和工业均衡发展的二元经济结构理论。后来,刘易斯本人也认可此观点,通过修正后的二元经济模型被称为"刘易斯—费景汉—拉尼斯模型"。

① 阿密·刘易斯(W. Arthur Lewis). 经济增长理论[M]. 北京:商务印书馆,1983.
② Gustav Ranis, John C. H. Fei. A theory of Economic Development[J]. the American Economic Review, 1961, 51(4): 533–565.

（二）托达罗模型

20 世纪 60—70 年代，许多发展中国家城市失业问题已经十分突出，但仍然有大量农村人口从农村迁往城市。修正后的刘易斯—费景汉—拉尼斯模型尽管扩大了适用性，已从宏观上部分解释农村剩余劳动力转移的基本现象及其规律，但由于忽视了城市工业部门存在失业问题，因此，无法有效解释农业人口迁入与城市劳动力失业并存的现象，这使得众多发展经济学家开始反思和批判该模型，其中以美国发展经济学家托达罗（Todaro，M. P.）的人口流动模型最为典型。[1] 1969 年，托达罗尝试利用农村剩余劳动力转移城市所获"期望收益"的大小来说明这一现象，指出农村剩余劳动力是否迁往城市取决于城乡预期收益的差别，而这种预期收益差别又取决于城乡实际收入差别以及在城市获得就业的概率。当城乡实际收入差别不变时，在城市就业概率越大，城乡预期收入差别也越大，农民则会做出迁移决策。另外，在托达罗看来，较低的城市就业率或较高的城市失业率都会对农村剩余劳动力持续流向城市产生消极的负面影响，尽管如此，但随着农民进城滞留时间的延长，获得工作的概率也会增大，因此，即使城市存在相当严重的失业问题，农民仍然不断涌入城市。基于此，托达罗建议，政府应当改变"重工业、轻农业"的经济发展战略，加大资金投入力度，用于改善农业生产条件和农村生活环境，从根本上提高农业劳动者的实际收入水平。后来的学者们还从城市劳动力市场的作用、工资率水平、就业与失业概率以及农村发展政策对迁移的影响等方面对托达罗模型进行了实证研究，在不同程度上证明了模型的有效性。可以看出，自托达罗模型问世以来，经济学界对该模型以及相关问题进行了深入思考与研究，这对我国农村劳动力转移和农民工市民化等问题研究具有重要的理论启示。

总之，托达罗模型为劳动力转移和城市失业问题提供了符合逻辑的解释，因而该模型得以广泛运用，为实证研究发展中国家的有关问题提供了理论框架。但是，托达罗模型也存在缺陷，比如，假定准备迁移的人群类型总是风险厌恶型，只考虑迁移成本而忽视生活成本，无法有效解释特定制度环境下的劳动力就业选择现象，因此，应该创造性发展该模型，使之对地区实际现象更有解释力。

二、微观层次的人口迁移理论

（一）古典人口迁移理论

古典经济学的创始人威廉·配第（William Petty）最早揭示了人口流动的动因，

[1] Todaro，M. P.. A Model of Labor Migrant and Urban Unemployment in Less Development Countries[J]. American Economic Review，1969，59(1):138-148.

他认为,比较经济利益的存在,会促使劳动力从农业部门向工业部门和商业部门流动。而雷文斯坦(E. G. Ravensteln)则最早从人口学的角度研究了人口迁移及其原因,并对人口迁移规律进行了开创性研究,提出了那个时代人口迁移的六个准则:一是有关人口迁移的距离,人们能迁移到他力所能及的地方;二是有关人口迁移的时间,有短期和长期之分;三是人口迁移总会遇到不同的阻碍;四是农村人口比城市人口更容易迁移;五是女性人口更倾向于短期迁移,男性人口迁移长、短期兼而有之;六是迁移有利于制造业和商业发展。①

唐纳德·博格(D. J. Bogue)在雷文斯坦"人口迁移规律"的基础上提出了著名的"迁移推—拉理论"。该理论认为,人口转移是由人口迁出地的"推力"和人口迁入地的"拉力"共同作用的结果。在人口迁出地,"推力"发挥主导作用,其中产生推力的主要因素包括农业生产成本上涨、农村人口过剩导致的失业和就业不足、自然资源枯竭、收入水平较低等;同时,在人口迁入地也存在发挥"拉力"作用的若干因素,如较多的就业机会、较高的工资收入、良好的教育水平、完善的基础设施和便捷的交通条件等;迁移者会对迁出地的消极因素和迁入地的积极因素进行对比,通过评估迁入后可能带来的收益增量来做出是否迁移的决定。

李(E. Lee)在雷文斯坦和博格研究的基础上进一步丰富和发展了迁移决定因素理论,他认为人口迁移规律表现在三个方面:一是人口迁移数量的假定;二是迁入流和逆迁流;三是迁移有较强的选择性。同时还提出影响人口迁移的四因素:一是与迁出地相关的因素;二是与迁入地相关的因素;三是迁移过程的中间障碍因素;四是迁移者个体因素。至此,李在人口迁移的微观层面做出了巨大贡献,但他的研究结果和结论仍然建立在前人经验观察的基础上,缺乏科学推断和实证检验,因而这一时期的人口迁移理论尚存在历史局限性。

(二)人力资本理论中的人口迁移

农村剩余劳动力转移实际上是一种人力资本投资行为。1960年,美国经济学家舒尔茨(Schultz)以一篇题为《论人力资本投资》的著名演讲开创了人力资本理论研究的新领域,他把对人力资本投资具体概括为接受正规教育的投资、获取技能的投资、保证良好健康状况的投资,以及为获取较高收入而进行的迁移投资、科研投资五个方面,其中明确指出劳动力迁移将作为劳动者个人和家庭为了追求更大的经济效益和更好的生活条件,通过劳动力迁移抓住不断变化的就业机会而进行的一种人力资本投资。尔后,斯加斯塔(Sjaastad,1962)进一步将迁移置于人力资

---

① 盛来运. 国外劳动力迁移理论的发展[J]. 统计研究,2005,(8):72 - 73.

本投资理论中。他认为人们的迁移决策主要取决于迁移预期收益和迁移成本的比较,当迁移的净收益大于零时,人们就会做出迁移决策。同时还指出,迁移距离对人口迁移具有很大影响,年轻劳动力的迁移可能性大于年长劳动力,素质较高劳动力的迁移可能性大于素质较低劳动力等。

我国学者对中国农民工市民化与人力资本关系的研究在不断深入。王竹林(2008)将适用于农民工市民化的人力资本概念界定为是指通过教育、培训、健康获得以及劳动力迁移等方面投资而形成的凝结在农民工身上的各种能力的总和,将其分解为三个组成部分:一是农业向非农职业转化的能力,二是获得稳定工作和收入的生存能力,三是实现身份转换与城市融合的发展能力,据此理论分析了人力资本对农民工的促进效应。[①] 欧阳力胜(2013)进一步提出农民工的人力资本积累主要是在基础教育的基础上通过实践式积累和教育式积累来实现,而且这种人力资本积累和投入质量越高,农民工的非农就业能力和市民化能力就越强。[②] 可见,以教育和培训为突破口,加大对农民工人力资本投资,以提高农民工人力资本水平,促进其市民化水平提升,是一条行之有效的途径。

(三)新劳动力迁移理论

斯塔克(Stark,1985;2002)等学者在新古典迁移理论的基础上,融合舒尔茨的"成本—收益理论"(劳动力迁移是一项可增加一国资本存量和加速经济发展的人力资本投资活动),提出并命名了"新劳动力迁移经济学",其核心观点是迁移决策并不取决于个人单方面因素,而是由与劳动力有密切关联的家庭或家族共同决定,同时考虑家庭预期收入最大化和家庭收入风险最小化。[③] 与传统迁移理论明显不同的是,新劳动力迁移理论不再把人口迁移简单地看作是一种个人行为,而是一种有内在联系的家庭(或集体)决策。同时,新劳动力迁移理论还主张受教育程度越高的劳动力,在相同条件下的迁移概率则越大。虽然受教育程度越高的劳动者家庭,其迁移成本越大,但是受教育程度高低不同的两类劳动者,其迁移后收入差距依然远大于二者迁移成本的差距。可见,该理论从家庭及教育层次上考察了人口迁移的影响因素,在一定程度上取得了突破性进展,这也启示我们在研究中国城市农民工市民化问题时,还应考虑家庭和自身受教育程度等方面因素。

---

① 王竹林. 城市化进程中农民工市民化研究[D]. 西北农林科技大学博士学位论文,2008.

② 欧阳力胜. 新型城镇化进程中农民工市民化研究[D]. 财政部财政科学研究所博士学位论文,2013.

③ O. Stark, DE Bloom. The New Economics of Labor Migration[J]. American Economic Review,1985,75(2):173-178.

(四)二元劳动力市场理论

与传统人口迁移理论和新劳动力迁移理论不同,二元劳动力市场理论假定人口迁移的动机来自城市经济的二元结构及其内生的劳动力需求。该理论认为在城市或发达国家的经济中存在两种不同的劳动力市场:一种是主要劳动力市场,属于正规部门,该市场的工资待遇和福利政策都相对较好,要求雇员具有相应的受教育经历、技术能力等;另一种是次要劳动力市场,属于非正规部门,发展前景不佳,而且工资待遇和条件都比较差。同时,这两个部门内生的劳动力市场需求也不尽相同。一般而言,主要劳动力市场(正规部门)主要属于人力资本相对较高的本地城市居民,而次要劳动力市场(非正规部门)由于条件相对较差,对本地居民并没有吸引力,这就导致劳动力供给长期不足,需要外地迁移劳动力来填补迁入地劳动力的结构性空缺,从而形成了所谓的迁移动机。

(五)年龄—迁移率模型

劳动力迁移理论和人力资本理论认为,年龄越小、受教育水平越高的人群往往更倾向于迁移。与之不同的是,20世纪70年代,美国人口学家罗杰斯(Rogers,1978)根据欧美国家人口普查数据进行了实证分析,并由此提出"年龄—迁移率"理论模型。[①]这一模型也被称为罗氏理论,它从年龄角度考察迁移概率,画出典型的罗杰斯曲线,该曲线由不受年龄影响的常数成分、前劳动力成分(0~14岁)、劳动力成分(15~64岁)、后劳动力成分(65岁及以上)四个相对独立的部分组成;揭示了人口年龄与迁移率之间的一般关系,即:迁移率往往在幼儿阶段较高,到初等义务教育阶段下降较快,但在该阶段结束之后又快速上升,直到20~30岁青年阶段达到顶峰,之后缓慢下降,到50~60岁退休年龄阶段,又出现一个小的迁移高峰。

第三节　市民化与城市融合理论

一、我国农民工市民化的两阶段迁移理论

改革开放以来,国内一些学者曾尝试把人口迁移理论应用于中国城镇化和人口迁移的研究中,而且已有研究成果较好地解释了中国农村人口持续流向城市的现象,揭示了农民向农民工转变的动力机理。但是,这些理论却不能直接构成中国城市农

---

① A. Rogers. Model Migration Schedules: An Application Using Data for the Soviet Union[J]. Canadian Studies in Population, 1978(5):85 – 98.

民工市民化的理论框架,因为它们均无法解释关于"中国农民迁居到城市成为农民工以后,为什么不能成为真正意义上的城市居民而依然只是户籍统计上的农村人口"的疑问。后来国内许多学者结合中国国情,对此进行了反思和总结,其中以刘传江的"两步转移理论"和王桂新等人的"农民工市民化理论"最具有代表性。

发展经济学的经典理论在关注发展中国家城乡人口转移现象时,提出了"农村人口城市化(Urbanization of Rural Population)"和"农业剩余劳动力非农化(Deagriculturalization of Surplus Agricultural Laborers)"两个核心命题,其考察对象虽然分别是农村人口和农业剩余劳动力,但在绝大多数市场经济国家中,这两个进程同时进行,本质上合二为一,称之为"一步转移理论"。但是,在中国城乡二元制度下出现的城乡人口转移现象并不是简单地从农民到市民或工人的地域转移和职业转换,而是呈现出独特的人口转移特点,因此"一步转移理论"不能有效地解释中国城乡人口转移所面临的理论困境。刘传江(2006)将这种"中国路径"式的农村人口城市化过程分割为两个子阶段:第一阶段从农民(农业剩余劳动力)到城市农民工的过程,已无障碍;第二阶段从城市农民工到城市产业工人和合格市民的过程,依然举步维艰。他从理论层面明确界定"农民工市民化",基于我国城乡人口转移"农民→农民工→市民"的"中国路径",提出用"农民非农化理论+农民工市民化理论"的"两步转移理论"取代传统的"一步转移理论",并在此基础上阐释了农民工市民化的具体内涵:一是职业由次属的、非正规劳动力市场上的农民工转变为首属的、正规劳动力市场上的非农产业工人,二是社会身份由农民转变为市民,三是自身素质进一步提高和实现市民化,四是意识形态、生活方式和行为方式实现城市化等。[①]

王桂新等人(2005)将二元制度户籍下的农村人口城市化过程分为三个阶段:第一阶段为集中化阶段(又称为形式或空间城市化阶段),即农村人口从农村迁出,集中向城市迁移,完成由农村走向城市、由分散到聚集的空间转移过程;第二阶段为常住化阶段(又称作过渡城市化阶段),即农村人口常住城市,在城市工作和生活,但仍属于迁出地的户籍人口;第三阶段为市民化阶段,即常住农民工试图获得迁居城市所在地户籍,并争取在就业、教育、医疗以及社会保障等方面获得与城市居民同等待遇,真正实现由农民向城市居民的质变。[②] 而在这三个阶段中,城市农民工市民化无疑属于市民化阶段,而常住化阶段实际上亦属于市民化阶段,因此,也可以把中国农村人口城市化过程概括为集中化和市民化两个阶段,进而他们在刘传江的"两步转移理论"基础上,构建农民工市民化进程评价指标体系,提出

① 刘传江. 中国农民工市民化研究[J]. 理论月刊, 2006(10):5-12.
② 王桂新, 等. 迁移与发展——中国改革开放以来的实证[M]. 北京:科学出版社, 2005.

了"农民工市民化理论",即在农民转化为农民工的基础上进一步向市民的转变。①

二、农民工城市融合的相关理论

国际社会融合理论对我国研究城市农民工问题有重要的借鉴意义,当前农民工社会融合研究证实了其参考价值。② 只是国内关于社会融合的研究起步较晚,且大都集中于外来人口或农民工在城市的融合方面。当前,国内学界对农民工城市融合的研究内容愈加丰富,研究视角愈加多元,已经形成四种主流理论,即社会认同理论、社会比较理论、社会角色理论和文化适应理论。

(一)社会认同理论

社会认同理论(social identity theory)是 1997 年塔杰夫和特纳基于群体与自我互动基础上提出的用于解释群体与自我关系的学说,认为社会认同是由类化、认同和比较三个基本历程组成,首先个体通过范畴化、概念化将自己归属到一个特定的群体,在群体成员身份的基础上形成一种认同。社会认同源于个体对群体的共同价值和情感重要性的认同,一方面,个体在社会生活中对某种社会类型的成员形成相应的确定认识,另一方面,由于认同感产生,个体把这种类型的典型特征归于自己。农民工城市融合问题正是在社会急剧转型的背景下发生的,农民工进城后参照和融入的群体发生了变化,便会出现"认同危机"。国内学者纷纷引入社会认同理论来解释农民工城市融合问题,认为农民工来到城市,职业身份已改变,成为城市产业工人,但户籍身份仍属于农民,于是他们出现了认同危机,没有形成对城市的认同,或已对城市生活形成高度认同后,但仍得不到城市体制或身份制度的认同,从而影响到农民工城市融合的进程。城市第二代农民工大多出生于农村、成长于城市或出生于城市、成长于城市,他们在价值取向、受教育程度、生活方式、家庭经济条件等方面明显不同于第一代,他们接受积极的激进的竞争观,不认同乡村生活,以城市同辈为参照系,但是,由于城市内隐或外显的排斥和不接纳,使其没有建立起来完整的城市认同感和归属感,乡村的远离和城市的隔离,使其缺乏安居感,成为心理上的"无根的漂泊者"。如何做到以"人"为核心,促进农民工群体更好地融入城市,增加其积极向上的认同与归属感,仍将是农民工市民化进程中亟待解决的问题。

(二)社会比较理论

美国社会心理学家利昂·费斯廷格(Leon Festinger)于 1954 年提出社会比较

---

① 王桂新,沈建法,刘建波. 中国城市农民工市民化研究——以上海为例[J]. 人口与发展,2008,14(1):3 – 23.
② 悦中山,李树苗,费尔德曼. 农民工的社会融合研究:现状、影响因素与后果[M]. 北京:社会科学文献出版社,2012.

理论(social comparison theory),该理论认为人体内存在一种评价自己观点和能力的驱力,把自己的观点和能力与他人进行比较的过程,即为社会比较。社会比较理论发展至今,学界已对其达成一致共识,认为社会比较就是把自己的处境和地位(能力、观点、身体状况等)与他人进行比较的过程。总体上,社会比较可分为三种类型:(1)平行比较,是指与自己相似的人进行比较来评价自我的一些特征,进而相应调整自己的行为。(2)上行比较,是指与比自己等级高的人进行比较,一方面通过比较找到自己和他人的差距,鞭策自己进步;另一方面,由于和等级高的人进行比较,自己极易产生自卑感和消极的自我评价,导致偏见乃至产生相对剥夺感。(3)下行比较,是指当个体遭遇逆境时,往往倾向于与比自己处境差的人进行比较,以此来维持其自尊和幸福感、形成自我优越感,当然也可能对"下级"形成歧视。将社会比较理论引入农民工城市融合研究中,是因为农民工的生活空间中同样面临不同的参照人群(包括农民工群体自身、城市居民、乡村农民)。基于该理论,已有不少研究者认为,促进农民工城市融合须从三方面着手:首先应对城乡二元格局影响下的相关制度进行改革,如取消户籍制度、完善保障制度、改革用工制度、健全劳动力市场制度等;其次要增加农民工人力资本投入,提高农民工素质和技能水平,促进农民工再社会化进程;最后还要增加农民工与市民的互动机会,促进市民群体与农民工群体边界的渗透性和开放性,增加群际接触与交流的频次,让市民理解、包容、接纳新生代农民工,即未来的新市民,让新生代农民工学习城市文化及行为规范,同时把其纳入城市社区管理中,从而促进农民工城市融合的进程。

(三)社会角色理论

社会角色理论(social role theory)认为人的成长是一个角色扮演的过程,同时也是一个逐步融入社会、适应社会,最终成为社会人的过程。人在社会中的角色按照形态划分,可分为期望角色、领悟角色及实践角色。其中,期望角色是指社会对某一角色所期望的行为模式,是个人"应该怎样"的社会规范;领悟角色是指个体对所扮演角色行为模式的理解;实践角色是指个体根据自己的理解在执行角色规范的过程中所表现出的实际行为。实际生活中,几种形态并非完全一致,可能产生角色冲突,因为个体在社会中并非只有一个角色,因而就有了"角色束"。角色束是指个体扮演的所有单一角色捆绑在一起,形成一个集合。在多种角色作用下会出现三种情况:一是角色内化,即扮演者对角色期望的同化而将其纳入自己认知结构的过程;二是角色共识,即角色伙伴双方对特定角色有着相同认知,因此在互动过程中就容易达成共识和默契;三是角色冲突,即角色伙伴无法完成角色共识或个体对过多期望难以应付时而产生的角色间冲突或角色内冲突。运用社会角色理论解释农民工城市融合问题,认为农民工进入城市后却没能融入城市的原因,一种是由于各种外在因素导致农民工角色的边缘化;另一种是由于农民工自身原因而导致的角色滞后。总之,社会角色理论认为,农民工的实践角色与其身份出现了不相符状态,或者农民工没有及时适应新的角色期望,从而影响了农民工城市融合的进程。

(四)文化适应理论

文化适应理论(acculturation)是当今跨文化心理学研究中最重要的领域之一。文化适应概念最早由美国民族心理学家罗伯特·雷德菲尔德、拉尔夫·林顿以及梅尔维尔·赫斯科维茨等人共同提出,他们把文化适应定义为:"由个体组成,且具有不同文化的两个群体之间,发生持续直接的文化接触,导致一方或双方原有文化模式发生变化的过程。"可见,文化适应理论注重解释两种不同文化相遇之后的种种变化。我国学者试图借用文化适应理论来解释城市化进程中出现的农民工问题,认为农民工的城市融合是城乡两种文化的碰撞过程,面对文化冲突,农民工有两种选择:一是改变原有的思想观念和行为方式,学会主动适应城市工作和生活,在各方面真正与城市融为一体;二是打破以血缘及地缘为基础的社交网络,虽然该网络降低了外出风险和交易成本,成为农民工社会交流和情感寄托的主要方式,但不可避免导致了农民工文化的同质性、交往的内卷性、生活方式的趋同性,成为农民工市民化过程中的消极因素。可见,从文化适应理论视角来看,农民工进城后必然面临农村文化和城市文化的相互碰撞,要想达到城市融合状态,必须摆脱以往农村亚文化的影响,主动适应城市主流文化,而不是与后者相冲突,以至于形成边缘文化。只有如此,在"异质文化"的冲击过程中不断调试,才有可能从真正意义上实现农民工的城市适应与融入。可以说,农民工市民化过程中的城市适应与融入也是从文化冲突到文化适应的转化过程。

第四节　农民工犯罪相关理论

一、犯罪社会学理论

从历史形成时期上划分,犯罪社会学主要的理论学说可分为两大阶段,即形成于 19 世纪后半叶的早期犯罪社会学理论和形成于 20 世纪初期至中期的现代犯罪社会学理论。

(一)早期犯罪社会学理论

1. 犯罪原因三元论

犯罪人类学派的创立者及主要代表人物之一的切萨雷·龙勃罗梭(Baron Raffaele)的观点是犯罪原因一元论——"天生犯罪人论",他的学生菲利(Enrico Ferri)也认同犯罪与人的生物遗传有密切关系的观点,并且认为自然因素和社会因素同样是致罪因素。菲利的这种学说被称为"犯罪原因三元论":其一,关于犯罪的人类学因素,包括生物因素、生理因素、心理因素等方面。生物学状况有年龄、性别、种族等因素,此外,犯罪人多表现为颅骨等主要器官与相貌异常、感觉与反应能力异常、智力与情感异常等;其二,关于犯罪的自然因素,包括地形、季节、气候等人们生活的物质环境。犯罪的自然因素可以概括为时空因素,一般来说,犯罪的形成是犯罪人在一定时间、场所内与被害人的结合;其三,关于犯罪的社会因素,包括经济、政治、文化、教育、宗教、人口密度、法律制度等社会环境。他的犯罪原因三元论扩大了有关犯罪的研究范围,将研究的领域从人类学因素扩展到自然和社会,把犯罪看成是一种自然和社会因素相互作用的产物,这是他对当时犯罪学研究的最重要的贡献之一。同时,他的学说和思想对现代犯罪学也有很大的借鉴价值。总之,菲利第一次较严密地论证了犯罪行为并不是一种源于犯罪人单方面的现象,而是一系列因素相互作用的结果。由此,奠定了为后世所承袭的"犯罪多因理论"。这对城市农民工犯罪行为研究具有重要启示。

2. 犯罪原因二元论

基于对龙勃罗梭"天生犯罪人论"的批判,同时又综合了菲利犯罪原因三元论的观点。李斯特(Franz Von Liszt)认为,自然因素不是独立因素,应当归属于社会因素,因此犯罪是由社会环境因素和个人因素共同造成的。社会因素是指犯罪人周围的环境,尤其是经济环境。个人因素主要是指个人性格原因,既有先天的性格因素,即生来如此,又有后天的性格因素,即由于生理发育或者生存命运所致。李斯特强调,犯罪的社会因素与个人因素不能等量齐观,社会原因是主要因素,对人的行为起了决定性的作用。李斯特的观点被称为犯罪原因二元论。可以说,菲利的犯罪原因三元论与李斯特的犯罪原因二元论并无实质差别,因为在李斯特看来,环境与社会是一元的,并认为社会原因起决定作用,这实际上已接近犯罪原因的真理,但李斯特没有进一步论证二元之间的关系。

(二)现代犯罪社会学理论

1. 社会结构理论

社会结构理论(social structure theories)认为,社会是分层次的,不同层次的人享有的政治、经济和社会权利不同。不同层次的社会结构与社会中存在的犯罪现象有关,许多犯罪都是由不合理的社会结构引致的。该理论指出,处于被剥夺状态的下层阶级,在社会结构中所处的不利社会经济地位是产生犯罪的主要原因。社会结构理论包含文化越轨理论、紧张理论、亚文化理论和社会病态学理论等分支学说,但整体上都反对犯罪原因的心理失衡、生理遗传,藐视社会控制、自由意志或者其他个体因素理论。可见,社会结构理论对犯罪原因的解释具有片面性,不具有普遍适用性,其缺陷明显。

2. 社会化过程理论

社会化过程理论(social process theories)认为,人际互动影响犯罪,社会化经历是犯罪的主要因素,犯罪是人的社会化以及个人与各种社会化机构之间在社会化过程中的相互作用的结果。与社会结构理论不同,社会化过程理论认为所有人,不管其种族、阶级、性别如何,均有违反犯罪的可能,例如,个人如果经历了较差的社会化过程,比如家庭不和睦、同伴交往不良、教育环境不好等,都有可能走上违法犯罪的道路。该理论包括社会学习理论、社会控制理论、社会反映理论(标签理论)、整合理论四个分支学说。

3. 社会冲突理论

社会冲突理论(social conflict theories)认为,犯罪是社会冲突的产物,冲突有多种多样,比如政治权利、经济利益、文化和社会阶级等方面的冲突。冲突理论可以分为阶级冲突和文化冲突。阶级冲突论认为,资本主义制度是资本主义社会犯罪的根源,社会财富分配不均、资本主义竞争与工业化增加犯罪机会,经济衰退、刑事司法制度的影响也是资本主义社会犯罪产生的具体原因。

(三)其他代表性理论

切萨雷·贝卡利亚(Cesare Beccaria),是学术界公认的犯罪学鼻祖,是刑罚论的功利主义开端,在其著作《论犯罪与刑罚》(1764 年)中,从人道主义立场出发,从犯罪人自身的角度,利用功利主义的思想阐释了犯罪的目的与动机、刑罚的必要性、威慑效应及罪罚相对称思想。他认为,"为了不使刑罚成为某人或某些人对其他公民施加的暴行,从本质上来说,刑罚应该是公开的、及时的、必需的,以既定条件下尽量轻微的、同犯罪相对称的并由法律规定的"①;犯罪和人类其他行为一样,也是自身追求效益最大化的一种功利性行为。贝卡利亚提出了研究法律的根本伦理原则,即实现"最大多数人分享最大幸福";贝卡利亚从惩罚的必然性与及时性

---

① 贝卡里亚. 论犯罪与刑罚[M]. 黄风,译. 北京:中国法制出版社,2005:133.

的角度阐述了惩罚的威慑效应理论("威慑"即通过威胁使对手屈从于自己的意愿);定罪量刑应在"尽量符合犯罪的本性"的基础上,把犯罪对社会的危害作为衡量犯罪的真正标尺。

杰里米·边沁(Jeremy Bentham),是与贝卡利亚同时代的英国著名功利主义哲学家、经济学家,同时也是古典犯罪学派的代表人物,他进一步推进了功利主义的刑罚论。边沁认为,人具有计算利弊得失的天性,如果不是受惩罚之恐惧的约束,人(无论男女)都有犯罪的可能性,在权衡犯罪对自己的利弊得失之后,人人都有决定犯罪还是不犯罪的自由意志;刑罚并不应该是遏制犯罪的最主要措施,就惩罚本身来说是一种恶,只有惩罚达到了惩戒教育犯罪分子的时候,惩罚才成为一种善。

贝克尔是第一个将经济学引入犯罪学领域,从经济学的角度对犯罪行为进行解释的学者。贝克尔认为,犯罪与其他行为一样,是一种理性行为,其目的都是为了追求自身利益最大化,当某人从事违法行为的预期效用超过将时间及另外的资源用于从事其他活动带来的效用时,此人便会从事违法活动,由此,一些人成为罪犯,不在于他们的基本动机与别人有什么不同,而在于他们的利益同成本之间的比较存在差异。[①] 当某个人从违法犯罪行为中获得的预期净收益比将时间和精力投入到其他活动中所获得的净收益多,那么这个人便会从事违法犯罪活动。此外,贝克尔使用严格的经济模型深入分析了最优刑罚问题,又在偏好稳定、市场均衡、效用最大化假设下,以严谨的数理模型重新表述了威慑理论,复兴了刑罚威慑的理论研究,并引发了大量理论和实证研究,使威慑理论更加丰满,成为法经济学在刑法研究领域中的最突出贡献。[②]

二、犯罪抑制论

(一)犯罪遏制理论

遏制理论是当代西方犯罪学中最有影响的理论之一,几乎所有重要的犯罪学著作在论述犯罪学理论时,都要提到遏制理论。美国当代著名犯罪学家雷克利斯(Walter C. Reckless)主张用社会控制的强弱来解释犯罪行为产生的原因,并吸收了关于犯罪原因的心理学观点和社会学观点的优点,在1961年发表的《少年犯罪

---

① 加里·贝克尔. 人类行为的经济分析[M]. 王业宇,陈琪,译.上海三联书店、上海人民出版社,1995:63.
② 魏建,宋艳锴. 刑罚威慑理论:过去,现在和未来——刑罚的经济学分析[J]. 学习与探索,2008(4):193-197.

与犯罪的一般新理论》一文中,首次提出了犯罪遏制理论(containment theory)。他认为,犯罪是个人内在的控制能力和社会中存在外部控制因素缺乏的结果,是对推动和引诱个人进行犯罪的驱力和拉力缺乏遏制而引起的。为了介绍此理论,他引入了四个基本概念:外部压力或拉力(outer pressure or pull)、外部遏制(external containment)、内部推力(inner push)、内部遏制(inner containment)。其中,(1)外部压力或拉力包括歧视、贫困、冲突和倾轧、诱惑、外部束缚、在社会结构中缺乏获得成功的途径,以及负面的朋辈影响、社会风气等。(2)外部遏制主要体现为社会的规范和法律。完善的外在遏制,能对个人设定一种有效限制。(3)内部推力是指推动个人进行活动的身体或心理力量,包括驱力、动机、敌意、自卑等。这些内部推力会使人失去理性、丧失判断是非的能力。(4)内部遏制主要由自我的成分组成,包括自我控制、良好的自我形象和超越自我概念、较高的挫折耐受力、高度的责任感、降低紧张的合理化技巧等。当这些内部遏制力量较强时,便可以有效阻止个人犯罪。

雷克利斯认为,外部压力或拉力、内部推力促使人发生越轨和犯罪行为;而外部遏制、内部遏制则阻止、中和、抵抗个人发生越轨和犯罪行为。当外部压力或拉力和内部推力小于外部遏制和内部遏制力时,个人就不会产生越轨和犯罪行为。实践证明,犯罪遏制理论是一种可适用于治疗犯罪人和有效适用于犯罪预防的可操作性理论。① 相比较而言,在中国特殊国情下,该理论对农民工犯罪、城市流动少年犯罪的适用性可能不及社会控制理论和自我控制理论强。

(二)社会控制理论

美国当代著名社会学家、犯罪学家特拉维斯·赫希(Travis Hirschi)认为,人与动物的行为在一定程度上无异,都具有犯罪倾向,随后在其1969年出版的代表作《青少年犯罪原因》中最先提出了社会控制理论(social control theory)。该理论着重从微观角度分析个人的犯罪原因,认为青少年犯罪是个体与社会纽带关系松散或者破裂的结果。个人会受其内在的动物本能驱使,实施犯罪行为,除非有其他因素的阻止。个体的犯罪行为取决于社会控制因素作用的强弱。这种社会控制就是社会联系,诸如个人与父母、亲朋好友、老师、同事、雇主等的关系。青少年如果与社会建立了密切的社会联系便不会轻易犯罪,反之,如果青少年与社会联系微弱,稍有犯罪动机便会导致犯罪发生。社会联系由四个"社会键"组成:依恋(attachment)、承诺(commitment)、参与(involvement)、信念(belief)。其中,(1)依恋是指

---

① 吴宗宪. 西方犯罪学史[M]. 北京:警官教育出版社,1997.

个人与他人或者群体的依恋关系。在这种依恋关系中,青少年对父母、老师和朋友的依恋关系是三种最重要的感情联系,尤其与父母的依恋关系最为重要。当个人对这些对象的依附程度较高时,就会受彼此共有的规范所约束,而且良好的依恋关系对违法犯罪具有良好的免疫力。(2)承诺是指个人在日常生活中愿意为答应做的事情付出努力和承担责任。当个人的承诺程度较高时,他们犯罪的机会便会减少,因为他们已考虑到违法犯罪行为可能带来的不利后果。(3)参与是指个人对违法行为在时间、精力等方面的投入。由于个人的时间和精力有限,当他们投入于非违法行为的时间较多时,便没有多余时间和精力去感知诱惑,也就会较少地去考虑和从事违法犯罪活动。(4)信念是指社会公民共同分享的价值观念及法律道德标准。拥有信念和信仰,能强化个人的自我控制力,并对违法犯罪行为产生抵制力。

赫希的社会控制理论作为 20 世纪后半期最有影响力的犯罪学理论之一,也是实用主义犯罪学三大理论(社会控制理论、差别交往理论、紧张理论)之一,受到了学者们的普遍认可,具有重要的理论价值和实践意义。尽管该理论是近代一种侧重于研究青少年犯罪问题的犯罪学理论,但也同样适用于成年人犯罪。从另一个角度来看,该理论也能用来开展犯罪防控。[①] 实际上,控制犯罪最好的办法并不是改造犯罪,而是采取实际措施来控制人们尤其是具有强烈犯罪倾向的人实施犯罪的能力。将该理论框架引入农民工犯罪问题研究中,可以从农民工自身的社会因素(例如教育程度、职业技能培训等)和流动人口监控方面来加强社会控制。

(三)自我控制理论

高佛森和赫希(Gottfredson and Tirschi)于 1990 年在《犯罪的一般理论》中提出了自我控制理论(self - control theory),认为“低自我控制”是导致所有犯罪的根本原因。其基本假设是,人在本质上都有追求个人利益而忽略他人利益的倾向,都存在犯罪的潜质和可能;犯罪行为的出现是由于个人内在的犯罪潜质被激发所造成的,使人远离犯罪的力量是对长远利益的考虑。该理论认为,犯罪是刺激的、冒险的,同时也是令人兴奋的,犯罪行为的产生是偶然的、一刹那的,并非一个理性决策过程,特别是青少年犯罪;与高自我控制的个人相比,低自我控制的人更具有冲动性、情绪性、冒险、简单化倾向、目光短浅以及不善言辞等特征,他们更容易被短期利益迷惑,产生越轨行为和犯罪行为;无论是财产犯罪(或破坏公物)还是暴力犯罪,都与低自我控制和犯罪机会密切相关,低自我控制可以对所有的犯罪行为进行

---

① 刘可道. 赫希的社会控制理论与青少年犯罪——武汉“12·1”银行特大爆炸案的犯罪学思考[J]. 青少年犯罪问题, 2013(3): 117 - 119.

解释;自我控制是解释犯罪的唯一个体变量,其他因素都通过自我控制发挥作用,但是低自我控制并非与生俱来,主要是由于在儿童社会化的过程中造成的不良影响。[①] 可见,自我控制理论对自我控制作用过于强调,难免遭受众多质疑,使自己陷入近乎孤立的境地。尽管如此,不得不承认,自我控制理论是青少年犯罪研究领域影响巨大的理论流派之一,它促进了关于青少年犯罪的家庭教育研究。这无疑为今后研究城市流动青少年(城市农民工的未成年子女)犯罪问题提供了理论指导。

三、农民工犯罪原因的理论解释

(一)文化冲突理论

1938年,索尔斯坦·塞林(Thorsten Sellin)出版了《文化冲突与犯罪》,并成为其代表作之一,主要用于解释移民犯罪的原因,他对文化冲突论进行了较为系统的说明和论述。文化冲突理论认为,社会行为规范和个人人格源自文化环境。法律所制定的行为规范是被当作主流文化。当主流文化生成的行为规范与异质文化相互冲突时,便会产生犯罪。文化冲突主要有两种形式,包括原发性文化冲突和继发性文化冲突。塞林结合美国移民社会自身的特点,通过收集所得的大量关于移民犯罪的实证数据,对当时的美国移民社会现状进行了具体分析,指出移民是文化冲突最具代表的群体,这既包括不同地区间的人口流动,也包括城市周边区域之间的人口流动。[②] 此后,他还得出结论,即当在某地区长期生活中的成员移居到另一地区时,其原先具有的文化准则往往与迁移地的文化价值观念相互抵牾,这一冲突的结果就可能导致犯罪的发生,并认为移民犯罪的主要原因在于:第一,新旧文化的行为规范之间的冲突;第二,从乡村迁移到城市;第三,从组织良好的同质社会迁移到无组织的异质社会。[③]

随着犯罪文化学研究的深入和对中国本土犯罪问题的重视,我国学者将源自塞林的文化冲突理论进行了合理的中国化,并发展出新的文化冲突论。这种新的文化冲突论根植于我国当代社会转型的特定背景,日渐多元的社会酝酿了大量矛盾和混乱,造成了文化危机,催生出各种犯罪亚文化,形成了犯罪亚文化与社会主流文化的冲突。新的文化冲突论主张犯罪是主文化与亚文化之间冲突的产物,表

---

① Gottfrdson M. R. , Tirschi T. . A General Theory of Crime[M]. Stanford: Stanford University Press, 1990.
② Sellin T. . Culture Conflict and Crime[J]. American Journal of Sociology, 1938,44(1):97 – 103.
③ 布罗尼斯拉夫·马林诺夫斯基,索尔斯坦·塞林. 犯罪:社会与文化[M]. 许章润,么志龙,译. 广西师范大学出版社. 2003.

现为犯罪亚文化通过犯罪等社会越轨行为违背、破坏主文化及其所要求的社会秩序,主文化通过法律等手段否定、制裁由犯罪亚文化催生的犯罪等社会越轨行为。① 单勇(2009)认为,在犯罪类型上,该理论对分析诸如农民工犯罪等处于各种犯罪亚文化影响下的犯罪亚群体所实施的犯罪是较为合适的,为农民工犯罪研究提供了以下三条主要分析路径:一是该理论将对农民工亚群体的研究作为探究农民工犯罪的理论前提,注重考察中国社会转型场景下农民工亚群体的基本属性、生存状况和生活方式;二是将对农民工犯罪亚文化的界定作为探究农民工犯罪深层次文化原因的切入点,并在中国当代各阶层之间的交互纠葛中,厘清农民工犯罪亚文化的深层本质;三是将对农民工犯罪亚文化与主文化之对立和矛盾的把握,作为探究农民工犯罪深层文化原因的关键,并以文化冲突解读农民工犯罪诸多乱象背后所隐藏的犯罪规律。② 因此,从塞林的文化冲突理论发展到中国化的新文化冲突论,对农民工的研究无疑具有重要借鉴价值,当前有关农民工犯罪研究结果证实了这一理论的解释力。

(二)相对剥夺理论

相对剥夺感的概念最先是由斯托弗(Samuel A. Stouffer)等人在军事社会学发端之作《美国士兵》(The American Soldier)中提出的,斯托弗对第二次世界大战期间士兵的士气和晋升关系进行了研究,结果发现,士兵是根据在他们周围的人进行对比的结果来评价自己在生活中所处的位置,而不是依据绝对的客观标准进行评价。如果与参照群体相较的结果是自己处于较低地位,他们就会产生相对剥夺感。③ 相对剥夺理论认为当人们将自己与某参照群体相比较并发现自己处于劣势时,就会产生被剥削的感觉。这种剥削是相对而言的,因为人们决不会选定某一绝对的或永恒的参照物进行比较,而是随时处在变化之中,这个变化的参照物可以是其他群体或个人,也可以是自己的过去,这种相对剥夺感会影响个人或群体的态度和行为,并且造成不良后果,还有可能引起集体暴力行动,甚至革命。1961 年,R. K. 默顿(Robert King Merton)在《社会理论和社会结构》(Social Theory and Social Structure)一书中,对相对剥夺加以系统阐述并发展为一种关于参考群体的行为理论。默顿认为,当个人将自己的处境与其参照群体中的人相比较并发现自己处于劣势时,就会觉得自己受到了剥夺,这种剥夺是相对的,因为人们不是与某一绝对

---

① 单勇, 侯银萍. 犯罪的文化冲突理论——基于中国转型社会的分析[J]. 法制与社会发展, 2008(2):44 - 51.
② 单勇. 农民工犯罪的文化冲突论[J]. 国家检察官学院学报, 2009,17(4):115 - 122.
③ 中国社会科学院文献情报中心. 社会科学新辞典[M]. 重庆出版社,1988:984.

的或永恒的标准相比,而是与某一变量相比,这个变量可以是其他人、其他群体,也可以是自己的过去,有时即使本身的处境已有所改善,但如果改善的程度低于其他参照群体的改善程度,相对剥夺感也会产生。①

以相对剥夺感为理论基础,国外已有大量实证研究文献都表明相对剥夺感与冲突行为甚至犯罪两变量之间存在正向关系(Wright et al. ,1990②;Baron,2004③;Ostby et al. ,2009④;Sun et al. ,2011⑤)。伴随中国的城镇化进程,农民工仍将长期进入城市工作和生活,和城市居民处在同一社会环境中,自然会将城市居民作为自己的参照系。而他们作为城市社会的弱势群体,也必然产生阶层认知方面的相对剥夺感,并由此可能引发各种冲突行为甚至是违法犯罪。

(三)结构紧张理论

结构紧张理论最早由美国社会学家罗伯特·默顿(Robert Merton)在《社会结构与失范状态》一书中提出,主要阐释了每一个社会和文化如何由文化目标和制度化手段所构造的问题,该理论还解释了美国社会下层犯罪率高的原因。默顿认为,一个社会的文化不仅确立了值得追求的目标,而且还会规定达到这些目标可以接受的方式和手段,违背这些可以接受的方式去追求人们尊崇的价值,也被认为是不可以的,甚至属于犯罪。所以,当人们使用合法手段却不能实现目标时,便产生了一种紧张,这种紧张也就导致了默顿所说的社会失范。法国社会学家埃米尔·迪尔凯姆(Emile Durkhei)认为,失范状态就是社会不能调整人们正确认识自己的需要并用恰当的方式满足自己需要的状态,认为"人的特点是他所受的制约不是肉体上的,而是道义上的,即社会的制约。他所接受的规范不是来自粗暴地强加于他的某种物质环境,而是来自胜过他自己的意识,而且是他感觉到其优势的某种意识"⑥。后来卡伦还对紧张理论进行了进一步的解释,其紧张具有两种不同的用法,一种是指称社会无法提供足够的合法手段让人们实现文化目标的紧张状态,另一种则指个人经历的感受和情绪。如果将二者结合,则是处于社会结构性紧张中的人们会感受到紧张(比如挫折、焦虑、愤怒等),这种感受是这些人群存在高犯罪

① 张清郎. 中国转型期流动人口犯罪研究[D]. 西南财经大学博士学位论文, 2010.

② Wright S. C. , Taylor D. M. , Moghaddam F. M.. The Relationship of Perceptions and Emotions to Behaviour in the Face of Collective Inequality[J]. Social Justice Research, 1990,4(3):229 –250.

③ Baron S. W.. General Strain, Street Youth and Crime: A Test of Agnew's Revised Theory[J]. Criminology, 2004,42(2):457 –483.

④ Ostby G. , Nordas R. , Rod J. K.. Regional Inequalities and Civil Conflict in Sub – Saharan Africa[J]. International Studies Quarterly, 2009,53(2):301 –324.

⑤ Sun I. Y. , Chu D. C. , Sung H. E.. A Cross – National Analysis of the Mediating Effect of Economic Deprivation on Crime[J]. Asian Journal of Criminology, 2011,6(1):15 –32.

⑥ 埃米尔·迪尔凯姆. 自杀论[M]. 冯韵文,译. 北京:商务印书馆,1996:233 –234.

率的真实原因。①

结构紧张理论为分析我国农民工犯罪的成因提供了有益启发。依照该理论，一般可以从宏观和微观两方面来解读农民工犯罪问题。第一，从宏观层面把握农民工犯罪的社会因素。由于我国正处于"新常态"下的经济转型期和社会主义新时代，在整个转型与变迁过程中，许多遗留下的和新出现的造成社会不稳定的结构性因素无法得到及时有效的制止与纠正，从而使农民工群体处于不平等、欠公平的社会境遇中，这影响和遏制了他们勤劳致富的心理预期，导致他们当中一些人走上违法犯罪道路。第二，从微观层面上考察农民工特别是新生代农民工个体犯罪问题。当前农民工以青年群体为主，处于这一年龄段的人一般具有更大的期望，且由于未进入稳定状态，因而有更大奢望和不切实际的需求，但是由于主客观条件限制，处于这一年龄阶段的新生代农民工必然无法快速实现预期目标，常会形成巨大心理落差，从而产生挫折感、焦虑和愤怒等紧张情绪，这种紧张情绪在那些缺乏合法机会的社会成员中造成一种失范状态，使他们有谋求通过越轨行为或者违法犯罪途径实现目标的预期。

第五节　农民工教育培训与市民化的有关政策

一、我国农民工教育培训的相关政策

2003年国务院办公厅发出《关于做好农民进城务工就业管理和服务工作的通知（国发办〔2003〕1号）》，要求各地区、各部门做好农民工培训工作。同年，国务院办公厅转发农业部等六个部门《2003—2010年全国农民工培训规划》，提出对向非农产业和城镇转移的农村劳动力开展引导性培训、职业技能培训，向已进入非农产业就业的农民工开展岗位培训。2006年，国务院办公厅转发劳动和社会保障部《关于做好被征地农民就业培训和社会保障工作指导意见的通知》，明确指出各级政府要加强对被征地农民的培训工作，有针对性地制订适合被征地农民特点的职业培训计划，通过多种方式开展培训工作，提高被征地农民的就业竞争能力和创业能力。这实际上凸显了农民工教育与培训工作在推进我国城镇化进程中的重要性。2008年，国务院办公厅发出《关于切实做好当前农民工工作的通知（国发办

---

① 陈屹立.中国犯罪率的实证研究：基于1978—2005的计量分析[D].山东大学博士学位论文,2008.

〔2008〕130号〕》,提出加强农民工技能培训和职业教育。2010年,国务院办公厅印发《关于进一步做好农民工培训工作的指导意见》,要求各级政府积极统筹规划农民工培训工作,建立规范的农民工培训资金管理制度,充分发挥企业培训促进农民工就业的作用,努力提高农民工培训质量。

随着传统城镇化向新型城镇化的转变,近年来党中央、国务院、教育部以及农业部相继制定并不断完善农民工教育培训政策。2014年,中共中央、国务院印发《国家新型城镇化规划(2014—2020年)》,提出加强农民工职业技能培训(包括就业技能培训、岗位技能提升培训、高技能人才和创业培训、劳动力预备制培训、社区公益性培训、职业技能培训建设等)。2016年,教育部、中华全国总工会印发《农民工学历与能力提升行动计划——"求学圆梦行动"实施方案》,要求提升农民工学历层次、技术技能及文化素质,到2020年,在有学历提升需求且符合条件的农民工中,资助150万名农民工接受学历继续教育,使每一位农民工都能得到相应的技术技能培训,能够通过学习免费开放课提升自身素质与从业能力,等等。

与此同时,相关部门和机构也开展了多个农民工培训项目,比如,农业部、财政部开展"农村劳动力培训阳光工程",以加快培训新型农业生产经营主体和新型职业农民,实现农村经济新发展。国务院扶贫办实施"雨露计划",以支持农村贫困家庭新成长劳动力接受职业教育。科技部开展"星火计划",以推动农业产业结构调整、增加农民收入。劳动和社会保障部实施"农村劳动力技能就业计划",为农民工提供有效培训和服务,促进其向非农产业转移和在城镇稳定就业。人社部实施"春潮计划",力争使新进入人力资源市场的农村转移就业劳动者都有机会接受一次就业技能培训;力争使企业技能岗位的农村转移就业劳动者得到一次岗位技能提升培训或高技能培训;力争使具备一定创业条件或已创业的农村转移就业劳动者有机会接受创业培训。教育部开展"中等职业教育扩大招生计划",鼓励中等职业学校面向返乡农民工进行学历教育,等等。

以上相关政策和项目在反映我国农民工教育培训工作进展的同时,也启示我们加强农民工教育培训,微观上,有利于提高农民工人力资本存量和收入水平;宏观上,有利于增强社会经济发展动力,实现以人为核心的新型城镇化。

二、我国农业转移人口和市民化的相关政策

"农民工"是伴随中国城市化和新型城镇化进程产生的特殊群体,是中国特有的社会称谓。特别是自1978年改革开放一直以来,我国农民工总体规模不断扩大、数量持续增长,着力解决农民工问题已成为政府和有关决策部门的一项重要议题。

（一）1978—1999 年的城乡劳动力市场配置时期

1978 年以来，我国实施改革开放政策，逐步确立市场经济制度，导致农村劳动力向城镇流动，这是两方面力量作用的结果。一方面是城镇工业化发展需要大量劳动力，产生了强大的拉力；另一方面是落后的农业、农村推动着数以亿计的农村剩余劳动力进城打工，增加收入。为了促使农村劳动力有序流动，1993 年，劳动部印发《农村劳动力跨地区流动有序化——城乡协调就业计划"第一期工程"》，旨在组织农村劳动力跨地区有序流动，对城乡劳动力市场进行配置，促进城乡劳动力统筹就业，打破以往城乡分割的就业管理体制。1994 年，劳动部颁发《农村劳动力跨省流动就业管理暂行规定》，首次规范流动就业证卡管理制度。1995 年 9 月，中共中央办公厅、国务院办公厅转发《社会治安综合治理委员会关于加强流动人口管理工作的意见》，明确提出实行统一流动人口就业证和暂住证制度，加强对外来人员落脚点和活动场所的管理。1997 年 11 月，国务院办公厅转发劳动部等部门《关于进一步做好组织民工有序流动工作的意见》，提出要鼓励和引导农村剩余劳动力就地转移；加强劳动力市场建设，把民工流动的管理服务工作纳入经常化、制度化轨道。1998 年 10 月，《中共中央关于农业和农村工作若干重大问题的决定》又一次提到，为适应城镇和发达地区的发展需要，进一步引导农村劳动力合理有序流动。在这一时期，尽管国家组织农村劳动力有序流动，但仍以解决城镇某些行业劳动力供给不足等问题为根本目的，较少关注农民工市民化。

（二）2000 年至今的城乡劳动力统筹就业时期

2000 年 7 月，劳动保障部、国家计委等 7 个部门以"取消城乡就业方面的不合理界限，逐步实现城乡劳动市场一体化"为目标，联合发起了城乡统筹就业试点行动，标志着中国城乡劳动力就业进入统筹就业时期。2003 年，国务院办公厅发出《关于做好农民进城务工就业管理和服务工作的通知（国发办〔200〕1 号）》，进一步要求取消农民进城务工就业的不合理限制。可见，与 20 世纪不同的是，这一时期政府对一些非市场因素进行干预，破除阻碍城乡就业一体化的障碍因素，使迁入者（以农民工为主）获得平等的公民权利，以 2006 年《国务院关于解决农民工问题的若干意见（国发〔2006〕5 号）》具有突破性，首次提出积极稳妥解决符合条件的农民工户籍问题，把农民工纳入城市公共服务体系，保障农民工子女平等接受义务教育，多渠道改善农民工居住条件，健全维护农民工权益的保障机制，并明确要求搞好农民工就业服务和加强职业技能培训。随后，在国家层面上的农业转移人口和市民化的若干政策及详细措施相继出台，例如，2009 年 12 月，中央经济工作会议提出"农业转移人口"的表述,明确要求要把解决符合条件的农业转移人口逐步在城镇就业和落户作为推进城镇化的重要任务;要放宽中小城市和城镇户籍限制,积极推进保障性住房制度改革,吸纳有条件的农民工特别是新生代农民工转化为城镇居民。2010 年,国务院发布中央一号文件,明确要求着力解决新生代农民工市民化问题,强调开放小城镇户籍制度,促进有条件的农民工在中小城镇安家落户。2012 年 8 月,国务院办公厅转发教育部等四部委《关于做好进城务工人员随迁子女接受义务教育后当地参加升学考试工作的意见》,要求各省、自治区、直辖市有关随迁子女升学考试的方案原则上应于 2012 年底出台。同年 11 月,党的十八大报告提出"市民化""常住人口基本公共服务全覆盖"的艰巨目标任务,指出要科学规划城市群规模和布局,增强中小城市和小城镇产业发展、公共服务、吸纳就业、人口聚集功能;以及加快改革户籍制度,有序推进农业转移人口市民化,努力实现城镇基本公共服务常住人口全覆盖。此后,"推进农业转移人口市民化"的表述,愈来愈频繁出现在中共中央和国务院的政策文件中,成为"十二五""十三五"积极稳妥推进城镇化的核心任务。2013 年 11 月,十八届三中全会《中共中央关于全面深化改革若干重大问题的决定》指出:"推进农业转移人口市民化,逐步把符合条件的农业转移人口转为城镇居民。""建立财政转移支付同农业转移人口市民化挂钩机制。"2014 年,中共中央、国务院印发《国家新型城镇化规划(2014—2020 年)》,明确提出鼓励符合条件的农业转移人口落户城镇,推进农业转移人口享有城镇基本公共服务,建立健全农业转移人口市民化推进机制,最终确保有序推进农业转移人口市民化。2016 年 3 月 1 日,教育部、中华全国总工会关于印发《农民工学历与能力提升行动计划——"求学圆梦行动"实施方案》,要求提升农民工学历层次、技术技能及文化素质,帮助农民工实现体面劳动和幸福生活,有效服务经济社会发展和产业结构转型升级。农民工"求学圆梦行动"的主要任务:(1)提升学历教育层次,提高专业技能;(2)提升岗位胜任能力,促进产业转型;(3)提升创新创业能力,助力万众创新;(4)提升综合素质,融入城市生活;(5)开放优质网络资源,助推终身学习。2016 年 3 月发布的《中华人民共和国国民经济和社会发展第十三个五年规划纲要》,在第八篇第三十二章中明确提出:"统筹推进户籍制度改革和基本公共服务均等化,健全常住人口市民化激励机制,推动更多人口融入城镇。"为财政政策支持农业转移人口市民化,2016 年国务院发出《关于实施支持农业转移人口市民化若干财政政策的通知(国发〔2016〕44 号)》,推出十项举措,其中包括:(1)将农业转移人口及其他常住人口随迁子女义务教育纳入公共财政保障范围,逐步完善并落实中等职业教育免学杂费和普惠性学前教育的政策;(2)支持进城落户农业转移人口中的失业人员进行失业登记,并享受职业指导、介绍、培训及技能鉴定等公共就业服务和扶持政策;(3)建立农业转移人口市民化奖励机制,提高户籍人口城镇化率;(4)加大对农业转移人口市民化的财政支持力度并建立动态调整机制。可见,国家正致力于循序推进农民工市民化进程,并以积极的培训政策帮助农民工真正实现市民化。

总之,从我国农业转移人口和市民化的相关政策演变来看,政府及有关决策部门在对待和处理农民工人口迁移问题上已发生深刻变化,由盲目、无序流动到合理、有序流动,基本形成"指标控制人口市民化→政策引导人口市民化→政府主导推动人口市民化"的渐进式市民化历程,这既侧面反映了农民工在城市化、工业化进程中的重要作用,也揭示了农民工市民化的必然性和时代性。

第四章 农民工教育培训与市民化的调查分析

第一节 农民工市民化调查问卷的设计与质量检验

一、问卷构成与调查过程

在前文概念界定和理论整合的基础上,结合农民工访谈结果,自编《城市农民工调查问卷》用于数据统计和分析,经专家效度审核后,本章研究使用的调查问卷由以下三个部分构成:第一部分,个人背景信息;第二部分,农民工教育培训情况调查;第三部分,农民工市民化水平量表。

(一)第一部分

参考已有调查问卷,根据研究需要在第一部分中设计了有关农民工的人口统计学问题,具体包括:性别、年龄、户籍、来源地、受教育程度、婚姻状况、职业类型、进城工作时间、当前月平均收入、进城前家庭年收入等。

(二)第二部分

问卷的第二部分用于调查苏州市农民工的教育培训情况,主要通过搜集和梳理大量有关农民工教育培训的文献资料和政策文件,对具体题目和选项进行整理,合并意思雷同或相近的题项,删除表达不清或存在歧义的题项,初步从农民工教育培训需求状况、环境支持、现实状况等多方面进行编制,并参考专家和课题组成员的意见,最终形成初测问卷的第二部分,即"农民工教育培训情况的调查问卷"。

需要指出的是,此部分保留并适当删改了子课题"教育培训对农民工犯罪倾向性影响的实证研究"中调查问卷的第二部分。

（三）第三部分

问卷的第三部分用于测量苏州市农民工的市民化水平,主要通过借鉴已有城市农民工市民化方面的研究成果,参考相关问卷内容和测量指标进行编制,具体程序如下:

1. 查阅和搜集大量有关城市农民工市民化方面的文献资料和政策文件,选取典型代表性参考资料

刘传江和程建林(2008)早期从外部制度、农民工群体、农民工个体三个层面构建指标体系,似乎过于宽泛,经过修正认为农民工市民化应该包括生存职业、社会身份、自身素质、意识行为 4 个指标。徐建玲(2008)从农民工市民化意愿和市民化能力两大方面进行设计,为从宏观上度量农民工市民化水平提供了重要启示,但存在能力测量指标相对不足的缺陷。王桂新等人(2008)使用综合指标法建立农民工市民化测量指标体系,包括居住条件、经济生活、社会关系、政治参与、心理认同 5 个维度,对中国城市(以上海市为例)农民工市民化水平进行的测量则相对全面。随后也有研究者以此为基础,结合自身理解和研究需要,不断修正、改进,或是补充新指标,或是合并删减雷同指标,但是,大多数研究者共同认可的指标一般均涵盖经济层面、社会层面、文化(心理)层面等。笔者认为,考察城市农民工市民化水平,缺少政治层面的度量显然是不完整的,因此有必要增加“政治参与”指标;另外,考虑到文化(心理)层面与主观意愿往往有着密切关系,应该包含在市民化意愿之中。简言之,本研究将从“市民化意愿”和“市民化能力”两个一级指标着手构建农民工市民化评价指标体系,两个一级指标共同作用,缺少任何一方都不能全面揭示农民工市民化的内涵和本质属性,其中,“市民化能力”包括经济生活条件、社会关系融合、政治参与程度 3 个二级指标,遂以此为基础构建了农民工市民化水平测评框架(如图 4 - 1 所示)。在具体度量市民化水平时,可以从四个维度入手:(1)市民化意愿,包括农民工对自身身份认同、所在城市认同以及是否愿意成为城市人等;(2)经济生活条件,它是农民工迁居城市获得生存能力的首要基础条件,包括收入与消费水平、住宿条件以及生活环境等多方面的物质程度市民化目标;(3)社会关系融合,它是对农民工实现市民化的更高层次要求,也是真正反映农民工市民化水平的核心,包括农民工的社交对象和范围、是否受到当地市民的歧视以及遇到困难时知道向谁求助等多方面的非物质程度市民化目标;(4)政治参与程度,它是持续推进农民工市民化进程的重要保障,包括政治参与和权利维护意识、工会组织参与情况以及党团组织参与情况等。基于上述四维度框架,初步编制量表题项,形成调查问卷的第三部分,即“农民工市民化水平量表”。初始量表共 20

道题(Q13~Q32),每题分别设有"非常不符合""有点儿不符合""有点儿符合""比较符合""非常符合"五个备选项供调查对象选择,采用 Likert 五点计分法,依次赋值为 1 分、2 分、3 分、4 分、5 分,对应的农民工市民化水平依次为很低、较低、中等、较高、很高,得分越高表示农民工市民化水平越高。需要说明的是,为测知被试者的填答效度,在量表中编制了两道反向题,分别为"Q25.与本地人相比,我在这座城市看病更难""Q26.与本地人相比,外地人的小孩上学更难",并于后期统计分析时将作答数据反向计分。

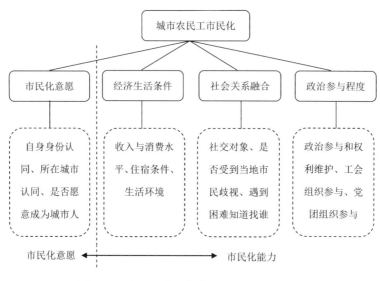

图 4-1　农民工市民化水平测评维度框架图

2. 问卷初测

课题组先在苏州市随机抽取 200 名城市外来务工人员进行初测,建立数据库,通过因子分析,检验量表的信、效度,进一步筛选科学性题项,为下一步校正问卷提供依据。

3. 正式问卷调查

使用校正后的调查问卷对苏州市 900 名城市外来务工人员进行大样本调查,问卷题项重新编码,重新建立数据库,使用探索性因子分析产生最佳因子结构,并结合验证性因子分析进行模型的正式比较。

二、初测问卷质量检验

(一)样本初测情况

课题组于 2014 年 12 月,在苏州地区随机抽取 200 位农民工进行施测,目的在于对问卷中的量表做初期检验。本次回收有效问卷 173 份,有效回收率为 86.5%,统计被试农民工样本的基本情况如表 4-1 所示。

表 4-1　预试问卷农民工样本基本情况描述性统计结果

单位:人、%

项　　目		样本数量	占比	项　　目		样本数量	占比
性　别	男	102	59.0	婚姻状况	未婚	24	13.8
	女	71	41.0		已婚	145	83.8
年　龄	20 岁及以下	2	1.2		离异	2	1.2
	21~40 岁	98	56.6		丧偶	1	0.6
	41~60 岁	72	41.6		缺失值	1	0.6
	61 岁及以上	1	0.6	职业类型	管理型	27	15.6
受教育程度	小学及以下	20	11.6		事务型	33	19.1
	初中	77	44.5		商务型	39	22.5
	高中	49	28.3		劳务型	60	34.7
	大专	19	11.0		其他	14	8.1
	本科及以上	8	4.6				

注:本研究依据劳动力市场的职业层次和声望,将农民工职业类型大致由高到低划分为管理型职业、事务型职业、商务型职业、劳务型职业以及其他不便分类的职业,其中,①"管理型"主要包括企业或事业单位行政职员、管理人员等;②"事务型"主要包括个体户或私营企业主、机关事业单位后勤人员等;③"商务型"主要包括售货员、推销员、餐饮行业服务人员等;④"劳务型"主要包括快递送货员、家政人员、企业生产一线工人、建筑装修工人等;⑤"其他"是指除上述四类之外不便分类的职业。后同。

在施测的有效样本群体中,男性农民工 102 人,占总样本的 59.0%;女性农民工 71 人,占总样本的 41.0%。从年龄构成来看,20 岁及以下的 2 人,占总样本的 1.2%;21~40 岁的 98 人,占总样本的 56.6%;41~60 岁的 72 人,占总样本的 41.6%;61 岁及以上的 1 人,占总样本的 0.6%。从受教育程度来看,小学及以下 20 人,占总样本的 11.6%;初中 77 人,占总样本的 44.5%;高中 49 人,占总样本的 28.3%;大专 19 人,占总样本的 11.0%;本科及以上 8 人,占总样本的 4.6%。从婚姻状况来看,24 人未婚,占总样本的 13.8%;145 人已婚,占总样本的 83.8%;2 人离异,占总样本的 1.2%;1 人丧偶,占总样本的 0.6%。从职业类型来看,从事管理型职业的 27 人,占总样本的 15.6%;从事事务型职业的 33 人,占总样本的 19.1%;从事商务型职业的 39 人,占总样本的 22.5%;从事劳务型职业的 60 人,占总样本的 34.7%；从事其他职业的 14 人，占总样本的 8.1%。由此可以看出，本次被试农民工绝大多数为已婚人士，他们当中男性多于女性，且以中青年为主，整体受教育程度较低，以从事职业声望较低的体力劳动为主。

(二)农民工市民化量表项目分析

项目分析的主要目的在于检验量表题项的适切性、鉴别力和一致性，Likert 量表项目分析最常用极端值判别法和题项分与量表总分相关分析法。将"农民工市民化量表"所有题项总分设定为"市民化总分"变量，对总分观察值进行由低到高的升序排列，取前 47 位(173×27%≈47)作为低分组，取后 47 位(173×27%≈47)作为高分组，其中低分组临界分数为 59 分，高分组临界分数为 70 分。根据两个极端组各题项得分是否有显著差异来比较判断，发现 20 个题项极端组比较结果的决断值(Critical Ratio，CR. 这里为 T 检验统计量)检验均达到 0.05 的显著性水平(见表 4-2)，表明量表题项鉴别度较高。

为进一步筛选或修改个别题项，使用同质性检验作为另一判别标准。题项分与量表总分的相关系数越高，说明它与量表的一致性程度越高。将与总分相关系数不显著、校正题项总分相关系数未达显著的题项，或者相关系数小于 0.4 的题项删除(见表 4-2)。

现将项目分析各项统计量结果整理如表 4-2 所示。

表 4-2 "农民工市民化量表"项目分析摘要

题项	极端组比较	题项与总分相关		未达标准指标数	备注
	决断值(CR)	题项与总分相关	校正题项总分相关		
Q13	6.194***	0.476***	0.401	0	保留
Q14	6.439***	0.562***	0.467	0	保留
Q15	7.163***	0.554***	0.469	0	保留
Q16	7.067***	0.555***	0.484	0	保留
Q17	5.795***	0.554***	0.478	0	保留
Q18	6.439***	0.565***	0.480	0	保留
Q19	6.035***	0.551***	0.459	0	保留
Q20	6.334***	0.528***	0.430	0	保留
Q21	9.067***	0.724***	0.656	0	保留
Q22	5.967***	0.605***	0.518	0	保留

续表

题项	极端组比较	题项与总分相关		未达标准指标数	备注
	决断值（CR）	题项与总分相关	校正题项总分相关		
Q23	7.236 ***	0.573 ***	0.465	0	保留
Q24	6.814 ***	0.547 ***	0.420	0	保留
Q25	6.809 ***	0.457 ***	#0.341	1	删除
Q26	4.159 ***	#0.357 ***	#0.237	2	删除
Q27	5.916 ***	0.538 ***	0.454	0	保留
Q28	8.957 ***	0.638 ***	0.565	0	保留
Q29	8.879 ***	0.732 ***	0.674	0	保留
Q30	9.796 ***	0.771 ***	0.713	0	保留
Q31	6.305 ***	0.614 ***	0.538	0	保留
Q32	8.124 ***	0.698 ***	0.620	0	保留
判标准则	≥3.000	≥0.400	≥0.400	0	

注：*** $p < 0.001$；#表示未达指标值。

表 4 - 2 显示该量表的极端组比较、题项总分相关的统计量结果，从题项决断值、题项与总分相关、校正题项总分相关等指标来看，Q25、Q26 与量表总分的相关系数值很低、与其余题项的同质性不高。由此判断，这两题的统计量指标尚不理想，将之删除，保留 18 道题。

（三）农民工市民化量表信度分析

信度是指量表工具或测验所得结果的一致性或稳定性，主要目的在于检验整份量表或包含数个题项的构念可靠程度。综合多位学者看法，在李克特态度量表法中常用的信度检验方法是内部一致性 α（Cronbach's Alpha）系数，"农民工市民化水平量表"的 Cronbach α 系数等于 0.811，在 0.8 以上，表示量表信度甚佳。

（四）农民工市民化量表效度分析

效度是指量表工具或测验所能正确测量的特质程度。本研究在项目分析完后进行第一次探索性因子分析，以求得量表的建构效度。

对保留的 18 个题项进行 KMO 与 Bartlett's 球形检验，结果显示 KMO 值等于 0.806（>0.8），统计指标呈现"良好的"标准，表明题项变量间存在共同因子；Bartlett's 球形检验的 χ^2 值等于 1147.570，自由度为 153，相伴概率值 p = 0.000

（<0.05），达到 0.05 的显著水平，表示总体的相关矩阵间存在共同因子。由此判断，该量表适合进行因子分析。进一步通过主成分分析法及最大方差转轴法进行因子分析，各个因子分别解释方差的 19.874%、14.216%、11.328%、11.049%、7.965%，联合解释总方差的 64.432%（见表 4-3），表明提取后保留的因子相当理想，故该量表效度达标。

表4-3　预试问卷的农民工市民化量表第一次探索性因子分析主要结果

成分	初始特征值			提取平方和载入			旋转平方和载入		
	合计	方差的%	累积%	合计	方差的%	累积%	合计	方差的%	累积%
1	5.042	28.010	28.010	5.042	28.010	28.010	3.577	19.874	19.874
2	2.467	13.708	41.717	2.467	13.708	41.717	2.559	14.216	34.091
3	1.802	10.009	51.727	1.802	10.009	51.727	2.039	11.328	45.418
4	1.280	7.110	58.837	1.280	7.110	58.837	1.989	11.049	56.467
5	1.007	5.595	64.432	1.007	5.595	64.432	1.434	7.965	64.432
6	<以下数据省略>								

提取方法：主成分分析。

三、正式问卷质量检验

（一）农民工市民化量表探索性因子分析

选取正式问卷的前一半样本数据（合计 364 份），对"农民工市民化水平量表"做第一次探索性因子分析（exploratory factor analysis；简称 EFA）。对其进行 KMO 与 Bartlett's 球形检验，结果显示，KMO 值等于 0.850，Bartlett's 球形检验的 χ^2 值等于 1 934.394，自由度为 153，显著性概率值为 0.000，达到 0.05 显著水平，说明该量表适合进行因子分析（见表 4-4）。

表4-4　KMO 与 Bartlett's 球形检验

检验统计量		值
Kaiser-Meyer-Olkin 取样适切性量数.		850
Bartlett's 球形检验	近似卡方（χ^2）	1 934.394
	自由度（df）	153
	显著性（Sig.）	0.000

接下来，通过判别个别题项的取样适当性量数（measures of sampling adequacy；简称 MSA）来初步决定哪些题项变量不适合投入因子分析程序。一般而言，如果

个别题项的 MSA 值小于 0.5,则表示该题项变量不适合做因子分析,可以考虑删除。[①] 观察反映项相关矩阵,该量表所有题项变量的 MSA 值都在 0.646 以上,均大于 0.5,表明所有变量都适合做因子分析。

采用主成分分析法和直交转轴的最大方差法,以特征值大于 1 作为主成分保留的标准,结果显示,18 个题项变量的公因子方差均大于 0.2,说明适合投入主成分分析中(表 4 - 5 为个别题项变量的初始公因子方差和主成分分析法提取因子后的公因子方差)。

表 4 - 5 农民工市民化水平量表公因子方差摘要

题 号	初 始	提 取
Q39	1.000	0.677
Q40	1.000	0.413
Q41	1.000	0.672
Q42	1.000	0.574
Q43	1.000	0.343
Q44	1.000	0.462
Q45	1.000	0.418
Q46	1.000	0.574
Q47	1.000	0.541
Q48	1.000	0.475
Q49	1.000	0.710
Q50	1.000	0.743
Q51	1.000	0.398
Q52	1.000	0.564
Q53	1.000	0.696
Q54	1.000	0.703
Q55	1.000	0.709
Q56	1.000	0.431

提取方法:主成分分析。

注:量表题项重新编码。

[①] 吴明隆. 问卷统计分析实务——SPSS 操作与应用[M]. 重庆大学出版社,2010:220.

经第一次探索性因子分析提取 4 个公因子,其解释的总方差结果如表 4－6 所示。各因子在转轴前分别解释总方差的 28.337%、12.273%、8.814%、6.699%,转轴后分别解释总方差的 20.016%、13.211%、12.347%、10.549%,累积方差贡献率为 56.122%。关于"联合解释度"的问题,这里需要特别指出,在进行因子分析时,由于是以少数因子构念来解释所有观察变量的总方差,加之社会科学领域的测量本身不如自然科学领域的精确,一般而言,其联合解释度较少能达到很高程度。对此,吴明隆在《问卷统计分析实务——SPSS 操作与应用》一书中明确提出:"提取后保留的因子联合解释度若能达到 60% 以上,表示提取后保留的因子相当理想;若能达到 50% 以上,则提取的因子亦可以接受。"[1]可见,尽管当前累积方差贡献率较低,但达到统计学标准,故保留 4 个因子是适合的。

表 4－6　农民工市民化水平量表解释的总方差

成分	初始特征值			提取平方和载入			旋转平方和载入		
	合计	方差的%	累积%	合计	方差的%	累积%	合计	方差的%	累积%
1	5.101	28.337	28.337	5.101	28.337	28.337	3.603	20.016	20.016
2	2.209	12.273	40.609	2.209	12.273	40.609	2.378	13.211	33.227
3	1.586	8.814	49.423	1.586	8.814	49.423	2.222	12.347	45.573
4	1.206	6.699	56.122	1.206	6.699	56.122	1.899	10.549	56.122
5	0.932	5.180	61.302						
6				<以下数据省略>					

提取方法:主成分分析。

表 4－7　农民工市民化水平量表旋转后的因子载荷矩阵

题项变量	成分			
	1	2	3	4
Q55	0.823	－0.058	0.167	－0.018
Q54	0.807	0.096	0.185	0.045
Q53	0.800	0.094	0.221	0.070
Q52	0.730	0.114	0.076	0.110
Q56	0.626	0.105	0.080	0.150
Q43	0.493	0.055	0.187	0.249

[1]　吴明隆. 问卷统计分析实务——SPSS 操作与应用[M]. 重庆大学出版社,2010:232.

续表

题项变量	成　分			
	1	2	3	4
Q50	0.089	0.857	-0.037	-0.015
Q49	0.044	0.824	0.170	0.001
Q40	0.131	0.624	0.053	0.062
Q45	0.011	0.543	0.175	0.405
Q47	0.248	0.061	0.656	0.212
Q48	0.126	0.123	0.651	0.086
Q46	0.089	0.253	0.635	-0.022
Q44	0.129	-0.223	0.621	0.350
Q51	0.352	0.077	0.516	-0.043
Q41	0.176	0.049	0.160	0.783
Q39	0.027	0.273	0.002	0.776
Q42	0.326	-0.135	0.260	0.554

提取方法:主成分分析;

旋转法:具有 Kaiser 标准化的正交旋转法;

a. 旋转在 6 次迭代后收敛。

由表 4-7 可知,因子一包含 Q43、Q52、Q53、Q54、Q55、Q56 六道题,因子二包含 Q40、Q45、Q49、Q50 四道题,因子三包含 Q44、Q46、Q47、Q48、Q51 五道题,因子四包含 Q39、Q41、Q42 三道题,但是 Q45(我经常参加朋友、单位或社区组织的集体活动)虽归属于因子二,又与因子四密切关联(因子载荷量大于 0.400),可考虑将其删除。采用相同方法进行第二次探索性因子分析,删除题项 Q51(我觉得这个社会制度总体来说还是公平的),保留 16 道题,并进行第三次探索性因子分析(具体操作过程同上,为精简篇幅,故不赘言)。

"农民工市民化水平量表"第三次因子分析共提取了 4 个公因子,累积解释方差贡献率为 60.225%,达到 60% 的标准,表明结果理想。而且,4 个公因子与原先编制的理论构念及题项表述基本相符,因而可以根据因子构念所包含的题项变量特征依次将其命名为:"F1. 市民化意愿""F2. 经济生活条件""F3. 社会关系融合""F4. 政治参与程度",探索性因子分析最终结果如表 4-8(小于 0.5 的因子载荷值不显示)所示。

表4-8 农民工市民化水平量表探索性因子分析结果摘要

题项变量	最大方差法直交转轴后的因子载荷				公因子方差
	F1	F2	F3	F4	
Q55	0.827				0.710
Q54	0.813				0.714
Q53	0.809				0.697
Q52	0.741				0.691
Q56	0.631				0.432
Q43	0.584				0.346
Q50		0.867			0.759
Q49		0.829			0.727
Q40		0.664			0.472
Q44			0.694		0.515
Q47			0.655		0.545
Q48			0.647		0.495
Q46			0.624		0.577
Q41				0.800	0.692
Q42				0.789	0.578
Q39				0.661	0.685
旋转后特征值	3.523	2.138	2.010	1.964	9.635
解释的总方差%	22.020	13.365	12.565	12.275	60.225
方差累积贡献率%	22.020	35.386	47.951	60.225	

(二)农民工市民化量表验证性因子分析

前文经过若干次探索性因子分析和题项删改后产生了最佳的因子结构,已初步建立良好的问卷建构效度,接下来有必要利用后半部分样本数据(合计364份)采用验证性因子分析方法进行模型验证。本研究尝试使用结构方程模型AMOS21.0统计软件进行验证性因子分析(confirmatory factor analysis;简称CFA)。

1. 测量模型的适配度检验

适配度是指假设理论模型与实际调查数据结构的一致性程度。通过AMOS21.0建构测量模型,以极大似然估计法(Maximum Likelihood Estimates,MLE)对调查数据进行验证性因子分析,根据修正指标对原始测量模型进行修正,先后增列误差项e10与e12、e2与e4的共变关系,修正后的测量模型及参数值如下图4-2所示。

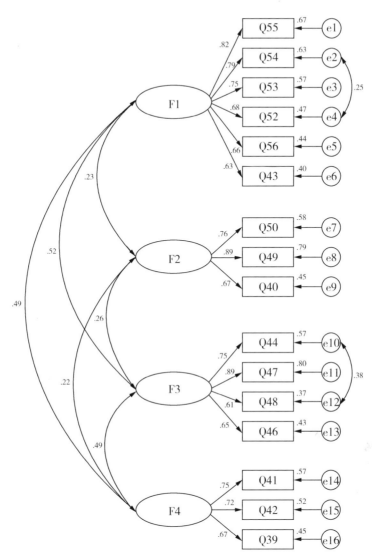

图4-2　农民工市民化水平量表验证性因子分析测量模型

表4-9　农民工市民化水平量表测量模型的基本适配检验结果

评价项目	检验结果数据	模型适配判断
是否没有负的误差变异量	均为正数	是
因子载荷量是否在0.50~0.95之间	0.61~0.89	是
是否没有很大的标准误差	0.02~0.13	是

综合图4-2和表4-9可知,在验证性因子分析中,16个测量指标中均没有负的误差变异量,因子载荷介于0.61~0.89之间(均大于0.50),也没有很大的标准

误差存在。由此判断,该测量模型的基本适配指标理想。

接下来,进行整体模型适配度的检验。关于验证性因子分析测量模型的整体适配度检验,学者们一致认为主要评价指标包括绝对适配指标、增值适配指标、简约适配度指标三大类,在三大指标下又可细分出多项统计检验量。[1][2][3] Rigdon(1995)还指出:"使用真实世界的数据来评价理论模型时,卡方值(χ^2)实质帮助不大,因为 χ^2 大小易受估计参数和样本数多寡影响,当样本数较大时,即使隐含的协方差矩阵与样本数据的协方差矩阵差异很小,χ^2 也会随之变大,经常造成显著性概率值 p 变得很小,容易就此拒绝虚无假设,认为测量模型与样本数据无法适配。"[4]因此,在结构方程模型的适配度评价中,若分析的样本观察值数较大时,整体模型适配度的评价指标及其评价标准不应以卡方值作为唯一评价依据,而应综合考虑其他各项指标。

表 4 – 10　测量模型修正前、后的整体适配指标值及其评价

适配指标		标准或临界值		模型修正前	模型修正后	评价结果
		良好	接受			
绝对适配指标	χ^2 值	p > .05	–	284.754(p = .001 <0.05),df = 98	104.758(p = .043 <0.05),df = 95	拒绝
	RMSEA 值	<0.08	0.08 ~ 0.10	0.097	0.074	良好
	GFI 值	>0.90	0.70 ~ 0.90	0.876	0.930	良好
	AGFI 值	>0.90	0.70 ~ 0.90	0.877	0.913	良好
增值适配指标	TLI 值	>0.90	0.70 ~ 0.90	0.923	0.969	良好
	CFI 值	>0.90	0.70 ~ 0.90	0.914	0.960	良好
简约适配度指标	χ^2/df	<2.00 或 3.00	<5.00	4.436	2.997	良好

注:"χ^2"表示卡方值;"RMSEA"表示近似误差均方根;"GFI"表示拟合优度指数;"AGFI"表示调整拟合优度指数;"TLI"表示非规准适配指数;"CFI"表示比较拟合指数;"χ^2/df"表示卡方自由度比。

由表 4 – 10 可知,修正后的农民工市民化水平量表测量模型整体适配度均有所改善,其中,在绝对适配指标上,卡方值等于 104.758,自由度为 95,显著性概率值 p = 0.043 < 0.05,拒绝虚无假设,但考虑本研究样本数据量较大,因而需要结合其他指标进行综合评价,RMSEA 值小于 0.08,GFI 值、AGFI 值均大于 0.90,表示达

①　Hayduk, L. A.. Structural Equation Modeling with LISREL: Essential and Advance[M]. Baltimore MD: the Johns Hopkins University Press, 1987.

②　Yi, Y., Nassen, K.. Multiple Comparison and Cross – validation in Evaluating Structural Equation Models in V. L. Crittenden(ed), Developments in Marketing Science XV[M]. Miami, FL: Academy of Marketing Science, 1992: 407 – 411.

③　李健宁. 结构方程模型导论[M]. 合肥:安徽大学出版社,2004:78 – 87.

④　Rigdon, E.. a necessary an sufficient identification rule for structural equation models estimated[J]. Multivariate Behavioral Research, 1995,30: 359 – 383.

到良好的适配标准;在增值适配指标上,TLI 值、CFI 值均在 0.90 以上,表示达到良好的适配标准;在简约适配度指标上,卡方自由度比为 2.997(<3.00),表示达到良好的适配标准。综合鉴定,认为该测量模型质量达到可以接受的水平。

2. 测量模型的区别效度检验

所谓区别效度是指项目因子所代表的潜在特质与其他项目因子所代表的潜在特质之间低度相关或存在显著差异。使用 AMOS 统计软件检验两个项目因子间区别效度的简单方法,就是利用单群组生成两个模型,分别为未限制模型(项目因子间的共变关系不加以限制,共变参数为自由估计参数)和限制模型(项目因子间的共变关系限制为 1,共变参数为固定参数),接着比较两个模型的卡方值差异。关于卡方值差异量检验结果,Bagozzi 和 Phillips(1982)认为,若卡方差异量越大且达到显著水平(p <0.05)则表示两个模型间显著不同,其中:未限制模型的卡方值相对越小则表示项目因子间相关性越低,其区别效度就越高;相反,未限制模型的卡方值相对越大则表示项目因子间相关性越高,其区别效度越低。[①]

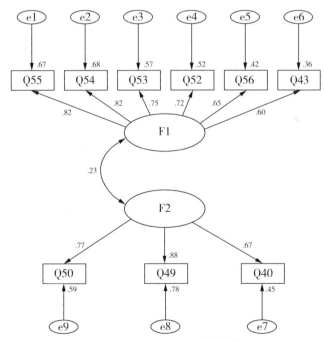

Standardized estimates; 未限制模型
卡方值=52.745(p=.001); 自由度=26

图 4 – 3　项目因子"F1—F2"的未限制模型

① Bagozzi, R. P., Phillips, L. W.. Representing and Testing Organizational Theories:A Holistic Construal [J]. Administrative Science Quarterly, 1982,27:459 – 489.

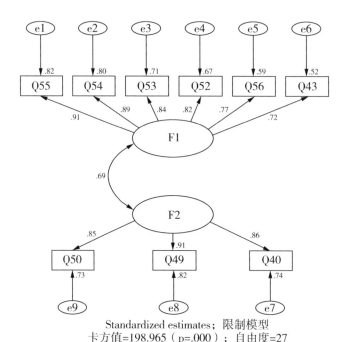

Standardized estimates；限制模型
卡方值=198.965（p=.000）；自由度=27

图 4 - 4　项目因子"F1—F2"的限制模型

图 4 - 3 和图 4 - 4 分别为项目因子"F1—F2"的未限制模型与限制模型,其中:未限制模型的卡方值等于 52.745(p = 0.001 < 0.05),自由度为 26;限制模型的卡方值等于 198.965(p = 0.000 < 0.05),自由度为 27。嵌套模型比较结果显示,两个模型的卡方差异量等于 146.220,自由度差异为 1,且相伴概率值 p 小于 0.05,达到0.05 的显著水平,表示未限制模型与限制模型显著不同,与限制模型相比,未限制模型的卡方值显著较小,说明因子 F1 和因子 F2 的区别效度佳。

同理,采用上述相同方法依次对剩下的五个配对测量模型("F1—F3""F1—F4""F2—F3""F2—F4""F3—F4")进行区别效度检验,五个配对测量模型的未限制模型与限制模型的卡方值差异均达到 0.05 的显著性水平,且未限制模型的卡方值均显著低于限制模型,表明整个量表具有良好的区别效度(为精简文章篇幅,故图示不做逐一呈现)。

3. 测量模型的收敛效度检验

所谓收敛效度是指测量相同潜在特质的题项或测验会落在同一个因子上,且题项或测验间具有高度相关性。一般而言,进行测量模型的收敛效度检验时,需要考察以下三个方面:第一,考察每一个测量指标的标准化因子载荷,载荷值需大于0.50;第二,考察组合信度系数值(composite reliability;简称 CR),应大于 0.60;第三,考察平均方差提取量(average variance extracted;简称 AVE),应大于 0.50。

表4-11　测量指标的因子载荷、信度系数、CR 值及 AVE 值摘要

潜在因子	测量指标	因子载荷	信度系数	测量误差	组合信度（CR）	平均方差提取（AVE）
F1	Q55	0.821***	0.674	0.326	0.870	0.529
	Q54	0.794***	0.630	0.370		
	Q53	0.753***	0.567	0.433		
	Q52	0.683***	0.466	0.534		
	Q56	0.661***	0.437	0.563		
	Q43	0.633***	0.401	0.599		
F2	Q50	0.762***	0.581	0.419	0.821	0.607
	Q49	0.891***	0.794	0.206		
	Q40	0.669***	0.448	0.552		
F3	Q44	0.753***	0.567	0.433	0.821	0.541
	Q47	0.893***	0.797	0.203		
	Q48	0.608***	0.370	0.630		
	Q46	0.654***	0.428	0.572		
F4	Q41	0.754***	0.569	0.431	0.757	0.511
	Q42	0.719***	0.517	0.483		
	Q39	0.668***	0.446	0.554		

注：*** p<0.001

表4-11 检验结果显示,所有测量指标的标准化因子载荷值均大于0.50,且达到显著性水平。另外,上述四个潜在因子的 CR 值依次为 0.870、0.821、0.821、0.757,均远高于 0.60 的最低标准；AVE 值依次为 0.529、0.607、0.541、0.511,均高于 0.50 的最低标准,表示该测量模型内在质量佳,具有良好的收敛效度。

总体来看,通过以上探索性因子分析和验证性因子分析可知,正式问卷质量理想。为了更加直观地了解农民工市民化水平量表的结构,最后将全样本纳入因子分析,并将测量指标、特征值、方差贡献率、Cronbach a 系数、平均值、因子载荷、AVE 值以及 CR 值等主要结果整理如表4-12。最后,对正式问卷中的"农民工市民化水平量表"评价指标进行重新分类,得到"农民工市民化水平评价指标体系",具体包括2个一级指标、4个二级指标和16个观察项,如表4-13所示。

表4-12 农民工市民化水平量表因子分析的最终结果

因子	测量指标	平均值 MEAN ± SD	因子载荷	AVE	CR
F1.	市民化意愿(初始特征值=4.93;方差贡献率=30.78%;Cronbach a 系数=0.87)			0.55	0.88
	Q55. 我希望自己能留在这座城市工作和生活	3.64 ±0.89	0.82		
	Q54. 我为在这座城市工作而感到骄傲和自豪	3.42 ±0.89	0.79		
	Q53. 我喜欢我工作所在的这座城市	3.50 ±0.88	0.75		
	Q52. 我希望取得城市户口,成为城里人	3.47 ±0.90	0.68		
	Q56. 我觉得自己也是这座城市的"市民"	3.29 ±0.98	0.66		
	Q43. 我正在努力奋斗,希望在这座城市生活得更好	3.40 ±0.93	0.63		
F2.	经济生活条件(初始特征值=2.09;方差贡献率=13.08%;Cronbach a 系数=0.81)			0.66	0.85
	Q50. 我的工资收入能够让我在城市过上还不错的生活	3.04 ±0.94	0.76		
	Q49. 与在老家相比,我在这座城市的生活条件更好	3.30 ±0.92	0.89		
	Q40. 我现在有固定住所,且住宿条件不错	3.54 ±0.91	0.67		
F3.	社会关系融合(初始特征值=1.65;方差贡献率10.31%;Cronbach a 系数=0.84)			0.52	0.81
	Q44. 我认识很多对我很好的本地人	3.06 ±0.93	0.75		
	Q48. 我来到这里工作后,没有受到本地人的歧视	3.02 ±0.97	0.89		
	Q47. 遇到困难时,我知道该找谁帮助我	3.26 ±0.99	0.61		
	Q46. 我有很多亲朋好友与我在同一座城市	3.19 ±0.95	0.65		
F4.	政治参与程度(初始特征值=1.28;方差贡献率7.98%;Cronbach a 系数=0.75)			0.53	0.77
	Q41. 我参与过工作单位的工会组织	3.01 ±0.94	0.75		
	Q42. 我参与过工作单位或社区的党团组织	3.28 ±0.88	0.72		
	Q39. 我希望参与城市公共事务管理,表达和维护自身权益	2.91 ±0.99	0.67		

注:在正式问卷的因子分析中,依次删除了"Q45. 我经常参加朋友、单位或社区组织的集体活动""Q51. 我觉得这个社会制度总体来说还是公平的"两个题项变量。

表 4 - 13　农民工市民化评价指标体系

一级指标	二级指标	观察项
市民化意愿	市民化意愿	我希望自己能留在这座城市工作和生活
		我为在这座城市工作而感到骄傲和自豪
		我喜欢我工作所在的这座城市
		我希望取得城市户口,成为城里人
		我觉得自己也是这座城市的"市民"
		我正在努力奋斗,希望在这座城市生活得更好
市民化能力	经济生活条件	我的工资收入能够让我在城市过上还不错的生活
		与在老家相比,我在这座城市的生活条件更好
		我现在有固定住所,且住宿条件不错
	社会关系融合	我认识很多对我很好的本地人
		遇到困难时,我知道该找谁帮助我
		我来到这里工作后,没有受到本地人的歧视
		我有很多亲朋好友与我在同一座城市
	政治参与程度	我参与过工作单位的工会组织
		我参与过工作单位或社区的党团组织
		我希望参与城市公共事务管理,表达和维护自身权益

第二节　城市农民工的教育培训状况

一、农民工总样本情况

本章所使用的数据来源于课题组在苏州大市①做的问卷调查。苏州,地处江苏南部,作为长江三角洲重要中心城市之一,是江苏省重要的经济、对外贸易、工商业和物流中心,也是重要的文化、艺术、教育和交通中心。作为华东地区的特大城市,它东邻上海,是江苏省的东南门户、上海的咽喉、苏中和苏北通往浙江的必经之地,为来自天南地北的农村劳动力提供了大量的劳动岗位,因其户籍制度和城市用工制度改革也较早,进城务工人员的就业环境相对宽松,因此以苏州市农民工作为

---

① 苏州大市范围涵盖苏州、常熟、昆山、太仓、张家港等市。

研究对象来考察相关问题具有较强的代表性,研究结论也有较强的说服力和普适性。问卷发放主要采取三种方式,一是联系 6 所农民工子弟学校,向小学三年级及以上的学生发放问卷,由班主任老师交代各班学生带回家给其父母填写之后集中回收,合计 400 份;二是联系若干家企业、工厂,由人事主管帮忙发放问卷,合计 300份;三是运用街头拦截调查法在苏州火车站和汽车站、昆山南站和汽车站、新区和园区人力资源市场以及建筑施工现场等农民工聚集地向符合条件(具体筛选条件为目前在苏州从事非农职业,但户籍为农业户口人员)的调查对象发放问卷,合计200 份。综合而言,本次调查问卷填写方式以自填问卷为主,而在街头拦截调查过程中,针对一些年龄较大或者阅读理解能力有限的农民工群体,灵活采用结构式访问法,在很大程度上保证了样本的代表性。

自 2015 年 3 月底至 6 月初,课题组成员采取非随机抽样调查的判断抽样法,共发放问卷 900 份,回收 812 份,删除户籍为非农业户口、多数题项均未填答或偏向于单一固定填答的问卷,最终剩余有效问卷 728 份,有效率为 80.89%。需要说明的是,由于本调查数据均为被调查对象单方面提供,所以可能存在某种测量误差,在数据处理和分析过程中也有可能产生一定偏差。

为呈现样本总体分布状况,有必要先对其基本特征进行描述统计,农民工调查样本的属性分布如表 4-14 所示。

表 4-14 农民工样本调查基本情况

单位:人、%

项　　目		样本数	占比	项　　目		样本数	占比
性别	男	449	61.7	职业类型	管理型	116	15.9
	女	279	38.3		事务型	144	19.8
年龄	16~19 岁	11	1.5		商务型	140	19.2
	20~29 岁	210	28.8		劳务型	261	35.9
	30~39 岁	259	35.6		其他	61	8.4
	40~49 岁	205	28.2		缺失值	6	0.8
	50~59 岁	26	3.6	当前平均月收入	2 000 元以下	48	6.6
	60~69 岁	10	1.4		2 000~3 000 元	252	34.6
	缺失值	7	1.0		3 000~4 000 元	249	34.2
来源地	江浙皖鲁	420	57.7		4 000~5 000 元	90	12.4
	其他省区	305	41.9		5 000 元以上	84	11.5
	缺失值	3	0.4		缺失值	5	0.7

续表

项　目		样本数	占比	项　目		样本数	占比
受教育程度	小学及以下	87	12.0	进城工作时间	不满1年	37	5.1
	初中	339	46.6		1~3年	178	24.5
	高中(包括中专、技校)	173	23.8		3~5年	73	10.0
					5年及以上	437	60.0
	大专	96	13.2		缺失值	3	0.4
	本科及以上	29	4.0	进城前家庭年收入	2万元以下	317	43.5
	缺失值	4	0.5		2~5万元	240	33.0
婚姻状况	未婚	165	22.7		5~7万元	110	15.1
	已婚	544	74.7		7~10万元	39	5.4
	离婚	11	1.5		10万元以上	15	2.1
	丧偶	6	0.8		缺失值	7	1.0
	缺失值	2	0.3				
配偶所在地	无配偶	136	18.7				
	老家	68	9.3				
	同城	490	67.3				
	别的城市	21	2.9				
	缺失值	13	1.8				

从调查样本的个体自然特征来看,在性别构成上,农民工的男女比例约为3:2,反映在当前进城务工人员中以男性农民工为主;在年龄构成上,农民工群体基本都处于劳动年龄,其中绝大多数农民工年龄介于20~49岁之间,说明中青年农民工成为当今进城务工人员的主力;在受教育程度上不尽相同,其中小学及以下学历占12.0%,初中学历占46.6%,高中(包括中专、技校)学历占23.8%,大专学历占13.2%,本科及以上学历占4.0%,可以看出农民工整体学历层次低,他们绝大多数的学历都为初中及以下,这可能成为制约农民工自身发展和实现市民化的重要因素之一;在婚姻上,他们当中以已婚人士为主,高达七成以上,且大多与配偶在同一座城市,这种家庭迁居的稳定与否能为考察农民工市民化问题提供有益信息。

从社会经济属性特征来看,在职业类型上,他们以从事劳务型职业的比例最高(占35.9%),其次为事务型职业(占19.8%)和商务型职业(占19.2%),再次为管理型职业(15.9%),不便分类的其他职业类型比例不足一成,表明当前进城务工的农民工仍以职业声望较低的体力劳动为主;绝大多数农民工进城务工前的家庭年收入均较低,基本处于 5 万元以下,进城务工后获得的月平均工资性收入大多介于 2 000~4 000 元之间;总体进城工作时间都已比较长,超过一半以上的农民工进城工作时间已超过 5 年,这可能与农民工进城务工的家庭化及常住化趋势密切相关。

除了对上述基本特征进行描述性统计之外,考虑到地缘上的邻近性以及与此相关的社会、经济、文化上的相似性或交融性,可能有利于加快农民工市民化进程,故本研究在预试问卷的基础上进一步考察了区域环境要素,从来源地来看,来自江苏本省以及周边邻省(浙江省、安徽省、山东省)的农民工约占 57.7%,多于来自其他省区的农民工(41.9%)。

二、农民工教育培训情况

自编"农民工教育培训情况调查问卷",从需求状况、环境支持、现实情况三个方面调查农民工的教育培训情况。表 4-15 提供了农民工教育培训情况的具体维度和测量内容。

表 4-15　农民工教育培训情况问卷设计维度一览表

一级	二级	测量内容
农民工教育培训的需求状况	农民工教育培训的需要性	社会竞争压力认知 自我知识水平认知 进城前教育培训经历
	农民工教育培训的意愿性	教育培训意愿 教育培训动机
	农民工教育培训的具体需求	教育培训内容需求 教育培训类型需求 教育培训形式需求
农民工教育培训的环境支持	政府、社区支持	教育培训政策 职业技能培训 除职业技能培训之外的教育培训
	工作单位支持	外来务工人员教育培训 免费学习场所

续表

一级	二级	测量内容
农民工教育培训的现实情况	农民工教育培训前	教育培训信息获取渠道
	农民工教育培训过程	教育培训次数与周期
		教育培训内容与形式
		教育培训机构与教师
		教育培训费用
	农民工教育培训后	证书获得
		培训效果
		参加教育培训的困难
		目前教育培训存在的问题

注:具体设计程序已在本章第一节"农民工调查问卷设计"中的"第二部分"说明。

第一,农民工教育培训的需求状况。由于教育培训需求是基于竞争环境和自我发展的需要,是教育培训活动产生内驱力的要素之和,因此可以将农民工教育培训需求分为教育培训的需要性、意愿性、具体需求三个方面,三者之间相互作用、相互依存,共同构成农民工的教育培训需求。首先,教育培训的需要性决定了农民工是否需要参与教育培训,基于城市发展、经济转型、竞争提升和农民工主体意识增强等主客观因素共同形成现实认知合力,迫切要求农民工接受教育培训。其次,教育培训的意愿性是以目的为导向,在客观需要基础上产生的主观意向和动机,如果意愿强,则说明教育培训需求潜力大。最后,教育培训的具体需求则是其直观反映。

第二,农民工教育培训的环境支持。由农民工教育培训的双向性(需求、供给)可知,农民工实际接受教育培训不仅要有个体需求,还需要有来自外界环境的支持与供给。在此基础上结合实践,本研究认为与农民工戚戚相关的政府、社区以及所在工作单位等,都是重要的测度指标。

第三,农民工教育培训的现实情况。上述两个维度分别从个体变量和环境变量两大方面对农民工教育培训进行考察,这有利于从主、客观方面更为系统地分析。与现有大量相关研究文献一致的是,本研究同样认为,前期准备、过程、后期反馈三个层面能够较为完整地反映教育培训现实情况。为避免"农民工教育培训意愿性"重复测量,这里所说的"农民工教育培训前",只测量农民工获取教育培训信息的渠道,不再测量其动机。

(一)农民工接受教育培训的需求状况

1. 农民工教育培训必要性分析

基于我国城市产业结构调整和经济转型发展的内在需要,城市中出现了低层次劳动力过剩而高素质劳动力短缺现象,越来越多农民工感到压力巨大,本次调查结果也印证了这一点,多达61.4%的农民工认为当前社会竞争压力很大,29.3%的农民工持"一般"态度,仅有9.3%的农民工认为当前社会竞争压力不大。在他们对自己知识水平评价上,结果显示,超过一半以上的农民工不满意甚至非常不满意自己的知识水平,满意或者非常满意者不足一成,剩下38.0%的农民工则持"一般"态度,结合前文"农民工整体受教育层次低"的统计结果,更加反映出当前农民工整体人力资本存量低。在调查中还发现,将近七成的农民工在进城务工之前都没有参加过相关教育培训。上述统计结果如表4-16所示。

基于这种现实认知,相较于其他群体而言,农民工群体更需要通过教育培训获得知识与技能,以改善他们的生活现状、增加经济收入、提高社会地位。

表4-16 农民工教育培训必要性调查统计结果

项　　目		个数	百分比(%)
社会竞争压力	不大	68	9.3
	一般	213	29.3
	很大	447	61.4
	合计	728	100.0
自我知识水平满意度	非常不满意	86	11.8
	不满意	312	42.9
	一般	277	38.0
	满意	45	6.2
	非常满意	8	1.1
	合计	728	100.0
进城前教育培训经历	参加过	223	30.6
	没参加过	505	69.4
	合计	728	100.0

2. 农民工教育培训意愿分析

通过数据统计、计算,得出农民工参加教育培训意愿(备选答案为 Likert 五级量表,从"非常不愿意"=1 到"非常愿意"=5)的得分均值 Mean =3.58,高于理论中值"3"。其中,表示愿意参加教育培训的农民工高达59.5%,而不愿意参加教育培训的农民工仅为12.0%,表明农民工参加教育培训的意愿性整体非常高。绝大多数农民工还表示:"为了更好地适应城市生活,愿意参加教育培训提升自己""为了增加就业机会和工作收入,愿意参加教育培训""为了提升知识水平,愿意参加教育培训",可见教育培训依然是农民工改变现状的重要途径,基于这种发展认知和理想驱动,农民工的教育培训意愿很强。

值得关注的是,在教育培训动机指标上,勾选"提升自己,更好地适应城市生活"这一选项的农民工最多,占59.2%。侧面反映这类农民工群体已在很大程度上具有市民化意愿,这有可能成为促进他们市民化的动力之一。上述统计结果如表4-17所示。

表4-17 农民工教育培训意愿调查统计结果

项 目		个数	百分比(%)
是否愿意参加教育培训	非常不愿意	13	1.8
	不愿意	74	10.2
	一般	208	28.5
	愿意	344	47.3
	非常愿意	89	12.2
参加教育培训的动机	没考虑过	24	3.3
	获取文凭	93	12.9
	提升知识水平	312	43.3
	增加就业机会和工作收入	405	56.2
	培养个人兴趣爱好	112	15.5
	结识更多人	150	20.8
	提升自己,更好地适应城市生活	427	59.2
	其他	25	3.5

3. 农民工教育培训需求分析

(1)教育培训内容需求

本研究以"您希望参加下列哪种教育培训(多选题)"来考察农民工有关教育培训内容方面的需求。统计结果呈现在图4-5中,较受农民工青睐的教育培训内容依次是职业技能培训(45.9%)、创业知识(34.4%)、交际与口才(28.7%)、劳动就业等法律常识(25.1%),不难发现这些教育培训需求与城市就业劳动力市场的需要十分一致,表明越来越多的农民工在经济转型、城市发展这种客观环境下,逐渐形成主体意识,开始有目的性地渴望提升自身职业技能以及文化素质,增强依法维护自身权益的意识。

另外,通过进一步分析还有趣地发现:第一,相比较而言,农民工有关创业知识方面的教育培训需求较强,这可能与新生代农民工逐渐成为当今农民工主流群体有关,他们当中多数没有务农经历、年龄结构较轻且文化层次相对较高,进城务工不再是城市里挣钱存钱回老家盖房子和娶媳妇生孩子,而是有着闯天下寻发展的长远目标。在访谈中,我们进一步了解到驱使他们产生创业意向的最大动机是赚钱,其次是对现有工作的不满(如工作量大、工作单调乏味、无节假日等),再有就是追求自由和自我发展等。第二,相反,心理常识(10.8%)、思想道德(6.2%)、生活常识(8.5%)、安全生产与自我救助(11.9%)等并非为农民工教育培训的主要需求,尤其是关于思想道德方面的教育培训,农民工需求最少。实质上,农民工进入城市是一个继续社会化的过程,应以职业转化为起点,从心理、思想、文化、观念等方面深层次融入城市文明,尽管其自身需求较低,但绝不可忽视,因为这将直接关系到农民工市民化的进程。第三,也有少数农民工表示不会主动参加教育培训,其中的原因不得而知。不过在访谈中,一些农民工表示“我也想参加教育培训啊,只是现在暂时还不需要吧,因为我们的工作没有什么技术含量,教育培训也没有多大用处”,有的则认为“我们目前最主要的目的就是挣钱生存,教育培训怕是要等挣够了钱才会考虑”。

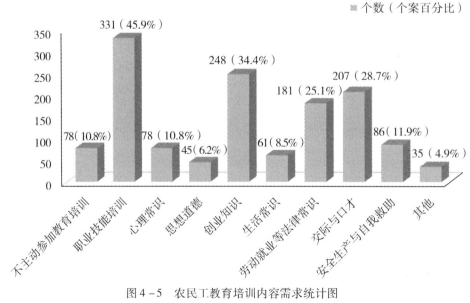

图4-5 农民工教育培训内容需求统计图

被访者 ZFR,女,27 岁,江苏徐州人,初中文化,未婚,在苏州 6 年,目前在某餐厅担任服务员(根据录音资料整理)。

课题组成员:你想过自己创业吗?

被访者 ZFR:创业啊……想过啊!谁不想不再早出晚归为别人打工,我们这管理特别严格,动不动就要被罚钱。

课题组成员:那你想创业做些什么呢?

被访者 ZFR:其实我也没太想好干什么,我今年年底要回老家结婚了,到时候可能和老公一起开个小饭馆吧,我老公是厨师。

值得关注的是,在所列选项中,关于思想品德的教育培训,农民工需求最少,只占 6.2%。事实上思想品德方面的教育,即使是在大学里也不被学生重视,甚至反感,思想道德与修养课曾被列为最不受欢迎的课程之一。踏上社会的农民工,更加不会对思想道德教育培训这种几乎看不到成效的课程产生兴趣。而恰恰是这种思想道德教育的缺失,也许会导致犯罪的隐患。但是在调查样本中,有 25.1% 的人选择了想要接受劳动就业等法律常识的培训,一方面是想在雇佣关系中的自我保护,另一方面也体现了农民工对法律重要性的认可。因此,如何将思想道德教育融入法律知识培训这类课程之中,是一个值得思考的话题。

(2)教育培训类型需求

以"您最希望选择哪种类型的教育培训(单选题)"来考察农民工有关教育培训类型方面的需求。统计结果呈现在图 4-6 中,超过一半以上的农民工倾向于利用工作之余参加培训(60.2%),约 29.1% 的农民工选择边工作边跟着师傅学习,侧面反映农民工多倾向于短期(业余时间或工作中)而持续性的教育培训。但在访谈过程中,笔者发现对于培训类型的需求却又是因工作性质而异的。相对而言,从事劳务型职业的农民工更倾向于传统的"学徒制"。最后,仅有一成左右的农民工选择脱产学习或者其他类型,在访谈中,有不少农民工抱怨道:"脱产学习是没有工资的""如果脱产学习,那得浪费多长时间啊""好像我们是没有这种待遇的",可见教育培训对于他们来说更多是为了满足短期现实需要。

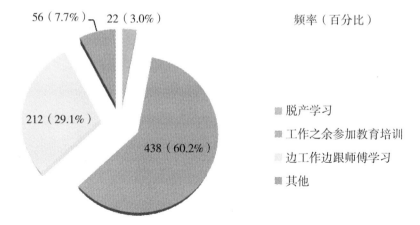

图4-6 农民工教育培训类型需求统计图

被访者LY,男,19岁,安徽滁州人,职业高中肄业,未婚,在苏州工作5个月,目前是某变压器厂工人(根据录音资料整理)。

……

课题组成员:你为什么更加喜欢跟着师傅学习?

被访者LY:跟着师傅学感觉学得快点,手把手教我,我记得牢。而且我这工种也没什么难的,就几个步骤,我想学会了这个再去学点别的工种。

课题组成员:那休息的时候有没有想过去学点其他的知识?

被访者LY:我们是轮休,不是周末休息。休息的时候一般就出去玩玩,放松一下,刚来嘛,苏州我还没怎么玩过呢。我从小读书就不好,估计学也学不进去,呵呵。

(3)教育培训形式需求

以"您最希望选择哪种形式参加学习(单选题)"考察农民工有关教育培训形式方面的需求。统计结果呈现在图4-7中,农民工最愿意接受的教育培训形式是工作现场教学(40.8%);其次是课堂授课(19.5%)、网络远程教学(15.5%)、在家自学(14.6%),而这其中更受农民工青睐的教育培训形式仍是传统的课堂授课,这可能与农民工自身文化程度较低以及接受教育培训的认知惰性和路径依赖等有关;选择广播电视学习(5.5%)的倾向性很低,甚至低于在家自学的教育培训形式,这与随着互联网的普及,传统新闻传播媒介逐渐被取代有很大关系。

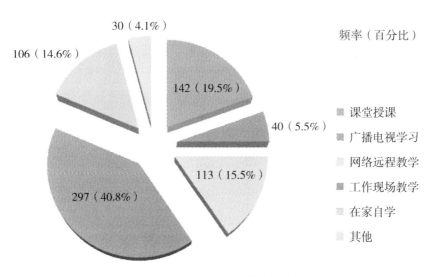

频率（百分比）

■ 课堂授课

■ 广播电视学习

□ 网络远程教学

■ 工作现场教学

□ 在家自学

■ 其他

图4-7 农民工教育培训形式需求统计图

(二)农民工接受教育培训的环境支持

1. 来自政府、社区的支持

我们知道,教育培训政策是国家以政府的角色保障农民工发展权的重要举措。目前国家已循序渐进地制定和施行包括指导性政策、具体性政策以及补充性政策在内的多项农民工教育培训政策,但从本次调查反馈结果来看并不理想。如表4-18所示,约四成以上的农民工表示从来没听说过政府、社区有关农民工教育培训方面的政策和内容,对于相关政策和内容比较了解或非常了解的农民工竟不到一成,反映了当前农民工教育培训政策存在严重的信息不对称,一方面可能是政府、社区有关宣传不到位,另一方面也可能是农民工自身信息搜集意识不足、能力较欠缺等。

从具体工作落实方面来看,样本群体所在政府、社区组织的农民工教育培训令人担忧。不管是迎合农民工低层次生存需求的职业技能培训还是满足其更高层次发展需求的非职业技能培训(如心理、法律、生活等),政府、社区的组织力度均不大,甚至超过一半以上的农民工均表示他们所在地政府、社区没有组织过相关教育培训。即便组织过,也存在农民工参与度不高的问题,多数农民工只是偶尔参加甚至不参加。

表4－18　农民工教育培训获得政府、社区支持情况的统计结果

项　　目		个数	百分比（%）
是否了解有关农民工教育培训方面的政策和内容	从来没听说过	313	43.0
	偶尔听说过	240	33.0
	一般了解	148	20.3
	比较了解	23	3.2
	非常了解	4	0.5
	合计	728	100.0
所在政府、社区是否组织过职业技能培训	没组织过	405	55.6
	组织了，但我没参加	98	13.5
	组织了，我偶尔参加	124	17.0
	组织了，我经常参加	22	3.0
	不清楚	79	10.9
	合计	728	100.0
所在政府、社区是否组织过除职业技能之外的农民工教育培训	没组织过	394	54.2
	组织了，但我没参加	94	12.9
	组织了，我偶尔参加	97	13.3
	组织了，我经常参加	12	1.6
	不清楚	131	18.0
	合计	728	100.0

2. 来自工作单位的支持

相比政府、社区而言，农民工所在工作单位给予的教育培训支持相对令人欣慰。通过表4－19可以发现，农民工所在的工作单位经常开展、偶尔开展或很少开展相关教育培训活动的共占54.5%，表明绝大多数农民工用人单位都开展过教育培训，只是经常开展的所占比例最小（9.2%）。但是，仍然有27.6%的用人单位没开展过，说明这些工作单位仍需要加强社会责任感，重视员工尤其是针对外来务工人员的教育培训。

统计还显示，34.3%的用人单位拥有图书馆之类的免费学习场所，这是用人单位为员工提供的更高层次支持，反映用人单位支持农民工教育培训的力度很大。随着新型城镇化的不断发展，企业及用人单位这种更加注重以"人"为核心的发展理念值得长期推广，因此今后必然要进一步加大对这类更高层次的支持力度。

表4-19　农民工教育培训获得工作单位支持情况的统计结果

项　　目		个数	百分比(%)
工作单位是否针对外来务工人员开展教育培训	没开展过	201	27.6
	很少开展	141	19.4
	不清楚	128	17.6
	偶尔开展	191	26.2
	经常开展	67	9.2
	合计	728	100.0
工作所在单位是否有图书馆之类的免费学习场所	有	250	34.3
	没有	343	47.2
	不清楚	135	18.5
	合计	728	100.0

(三)农民工接受教育培训的现实情况

1. 教育培训前的信息获取渠道

以"目前您主要通过以下哪些方式获取教育培训信息?"来了解农民工获取教育培训信息的主要渠道,并设置多选选项,即调查对象可以根据自身实际情况进行多项选择。统计结果呈现在图4-8中,除了27.2%的农民工表示从没有听说过教育培训之外,其他均或多或少利用不同渠道获得相关教育培训信息。其中,熟人介绍(38.0%)所占比重最大;其次,所占比重靠前的依次为互联网(22.0%)、电视电台(21.3%);而报纸杂志(13.3%)、社会宣讲会(10.4%)以及其他方式(7.7%)所占比重均不高。

究其原因,首先,由于农民工是城市的弱势群体,同为外出务工的他们,往往有着极为相似的信息沟通渠道,更加倾向于通过熟人关系圈里的强链接来获取各种信息,加上人际交流对文化水平和技术门槛要求较低,因此在所有的信息获取渠道中,熟人介绍自然是他们最为重要的渠道。其次,随着信息通信技术的迅速发展,信息发布方日渐青睐于网络渠道和电视电台渠道。相应地,农民工在利用电视电台渠道获取信息时,由于信息获取比较简便、直接,自然这种渠道为他们所欢迎;值得关注的是,网络渠道也成为当前农民工获取教育培训信息的关键渠道,所占比重甚至略高于电视电台渠道,这与当前农民工的年龄构成有很大关系,他们绝大多数为中青年人,通过电脑、手机上网等方式来搜寻自己所需信息,已十分普遍。可见,今后在实现农民工教育培训信息来源多元化的过程中,应重点搭建互联网和电视电台等重要载体和工具,进一步拓展和延伸信息传播渠道的功能和作用。

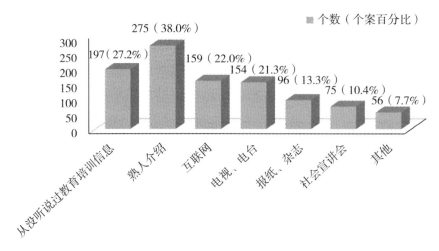

图4-8 农民工教育培训信息获取渠道统计图

2. 教育培训的次数与周期、内容与形式、机构与教师、费用

（1）培训的次数与周期

表4-20显示了农民工培训次数与周期的统计分析结果,除了40.0%的农民工从未接受过相关培训之外,剩下60.0%的农民工均或多或少接受过培训,其中26.9%接受过3次及以上的教育培训;在培训周期上,他们当中60%至少接受过1周以内的短期培训。当然,也有为数不多的农民工接受过更多次或者时间周期更长的培训,这主要视他们所从事的职业类型而定,在访谈中,一些农民工认为:"像我们这种(服务业)工作,最重要的就是让顾客满意,所以公司会经常给我们安排培训",有的农民工表示:"这是一项技术活,不是一天两天就能学会的。"

表4-20 农民工培训次数与周期的统计结果

项　　目		频次	百分比（%）
培训次数	0 次	291	40.0
	1~2 次	241	33.1
	3~5 次	113	15.5
	5 次以上	27	11.4
	合计	728	100.0
培训周期	从没有接受过培训	291	40.0
	1 周以内	231	33.6
	1 周~1 个月	92	12.6
	1 个月~半年	49	6.8
	半年以上	51	7.0
	合计	728	100.0

（2）培训的内容与形式

表4-21显示了农民工培训内容与形式的统计分析结果。在培训内容上，农民工接受较多的依次为职业技术以及技能培训（23.4%）、思想道德（16.1%）、安全生产（13.4%），较少的依次为创业知识（2.4%）、劳动就业等法律常识（2.6%）、生活常识（3.0%）。对比农民工教育培训内容需求的调查结果，可以发现：相同的是职业技术以及技能培训所占比例都是最高的，这一方面迎合了农民工的教育培训需求，另一方面满足了企业短期盈利需要；不同的是在创业知识和劳动就业等法律常识培训上，实际培训比例与农民工需求比例严重不一致（农民工创业知识需求高达34.4%、劳动就业等法律常识需求高达25.1%，而实际培训比例均不足3%），这种"理想与现实"的巨大反差，警示有关各方今后亟须增加此方面的教育培训。值得关注的还有，不被农民工喜好的思想道德教育反而在实际培训供给中得到重视，仅次于职业技术以及技能培训。

在教育培训方式上，目前最主要的方式是课堂授课（27.9%）和现场指导学习（25.7%），最为少见的方式则是通过电视、广播学习，仅占1.2%，与农民工教育培训形式需求的调查结果基本吻合，表明不管是农民工还是相关企业仍然更加倾向于传统方式。

表4-21　农民工教育培训内容与形式的统计结果

项　　目		频次	百分比（%）
培训内容	从没有接受过培训	291	25.5
	职业技术以及技能培训	266	23.4
	心理常识	98	8.6
	思想道德	183	16.1
	创业知识	27	2.4
	生活常识	34	3.0
	劳动就业等法律常识	30	2.6
	学历证书	57	5.0
	安全生产	153	13.4
培训方式	从没有接受过培训	291	40.0
	课堂授课	203	27.9
	现场指导学习	187	25.7
	电视、广播	9	1.2
	网络远程教学	17	2.3
	其他	21	2.9

被访者CHY,女,32岁,江西鹰潭人,大专文化,已婚,育有1子,在苏州工作8年,目前在某台资企业担任会计(根据录音资料整理)。

课题组成员:公司组织你们培训吗?

被访者CHY:组织啊。我们公司的人事部,经常有一些培训。

课题组成员:那都组织哪种培训?

被访者CHY:针对不同的人有不同的培训。一般工人,进来之后要宣讲工作规范要求、操作手册、职业技能方面的培训;针对基层管理人员,有一些基础管理的培训。但是公司里对我们会计的培训不多,我们几个都是自己参加社会上的培训考考证书什么的。

课题组成员:你和你身边的人接触过法律方面的培训吗?

被访者CHY:法律方面的? 没印象,应该很少吧,基本没有。

(3)教育培训机构与教师

表4-22显示了农民工教育培训机构性质与教师构成的统计分析结果。从教育培训机构的性质来看,组织农民工参加教育培训最多的是其所在单位(35.0%),其次是职业学校(11.7%),而肩负保障农民工发展权的政府社区却很少(5.2%),位列倒数第二,可能是政府、社区组织教育培训活动不多,也可能是自身宣传不到位(信息不对称)。但无论怎样,再次印证了政府、社区支持不足的调查结果。

教育培训教师构成包括大学老师、行业专家、工厂人员、政府机关干部以及其他人员等,本次调查结果显示,行业专家(27.2%)所占比例最大、工厂人员(15.8%)位居第二。

表4-22　农民工教育培训机构与教师的统计结果

	项　　目	个数	百分比(%)
教育培训机构	从没有接受过教育培训	291	40.0
	政府、社区	38	5.2
	职业学校	85	11.7
	所在单位组织	255	35.0
	专门的培训机构	46	6.3
	网络培训	13	1.8
	合计	728	100.0

续表

项　　目		个数	百分比(%)
教育培训教师	从没有接受过教育培训	291	40.0
	大学老师	36	4.9
	行业专家	198	27.2
	工厂人员	115	15.8
	政府机关干部	14	1.9
	其他	74	10.2
	合计	728	100.0

(4)培训费用

为更真实、完整地获得农民工培训花费的一手数据,计算平均花费,本研究将题项编制为开放题,原题为"您当前一年接受教育培训的累计花费",即调查对象可以根据自己实际情况进行填写。但是很遗憾的是,后期进行样本筛选时发现,此题填答情况十分不理想,很多均为空白,不知花费为0还是故意漏填,即便在作答的样本中,也存在不少可疑数值,甚至有人填写成千上万的花费。故根据实际情况和研究需要,本题不做统计分析。尽管不利于综合考察农民工教育培训费用的现实情况,但就整个研究而言,并未遗失关键变量。

从培训费用的承担情况来看,目前在接受过相关教育培训的农民工群体中,接受全部免费教育培训所占的比例最大,其次是自己承担少部分费用。一方面,说明有关培训各方在农民工教育培训上给予了经济投入,不少接受过这类教育培训的农民工不但没有经济支出,同时也降低了其参与培训的心理成本;另一方面,侧面反映相当一部分农民工往往不愿意接受付费培训。

表4-23　农民工教育培训费用承担的统计结果

项　　目		个数	百分比(%)
培训费用承担	从没有接受过教育培训	291	40.0
	全部免费	217	29.8
	自己承担少部分费用	86	11.8
	自己承担一半费用	35	4.8
	自己承担大部分费用	47	6.5
	自己承担全部费用	52	7.1
	合计	728	100.0

3. 教育培训的证书获得、效果、困难与问题

（1）教育培训后的证书获得与效果

表4-24显示了农民工教育培训后的证书获得情况和自评效果。从证书获得情况来看,在接受过教育培训的农民工群体中,以没有证书和获得职业资格证书二者的比例居多,这主要反映了两方面的特点:一是农民工接受教育培训更加务实,不是为了证书而培训;二是当前教育培训市场缺乏对农民工的相关证书认证。

从农民工教育培训的自评效果来看,除了291位无培训经历者之外,他们多数都认为教育培训有用,而且认为"非常有用"所占的比例最高,总体上说明教育培训对农民工具有积极影响。至于这种影响的程度或大小如何? 笔者将通过下文的实证分析来解答。

表4-24　农民工教育培训后证书获得与效果的统计结果

	项　　目	个数	百分比(%)
教育培训的证书获得	从没有接受过培训	291	40.0
	职业资格证书	172	23.6
	技术等级证书	60	8.2
	学历文凭证书	19	2.6
	没有证书	186	25.6
	合计	728	100.0
教育培训的效果	从没有接受过教育培训	291	40.0
	没用,且经常给我带来不便	18	2.5
	没用,且偶尔给我带来不便	16	2.2
	说不上来有用没用	58	8.0
	有用,但并不明显	170	23.4
	非常有用	175	24.0
	合计	728	100.0

被访者CHY,女,32岁,江西鹰潭人,大专文化,已婚,育有1子,在苏州工作8年,目前在某台资企业担任会计(根据录音资料整理)。

课题组成员:你们参加的培训颁发证书吗?

被访者CHY:公司里组织的那种就几天时间,没有什么证书的。但我和同事出去上的财务培训班,需要通过考试,通过了就有证书。

课题组成员:你觉得参与财务培训班对你有用吗?

被访者CHY:当然有用,以后想要跳槽的话,不仅要有工作经历,还要有这些

硬件才行,因为我们学历不占优势嘛。

　　课题组成员:那你考虑过参加自学考试念个本科吗?

　　被访者CHY:这就算了吧。之前也学过,但是很多门呢,根本考不过。考上了也没时间上,小孩、老人都要照顾,也没什么心思看书。所以就想在会计的专业上更精通一点就行。

　　(2)教育培训的困难与存在的问题

　　本研究主要从教育培训个人成本、教育培训主体认知以及教育培训信息缺失三个层面统计分析了当前农民工教育培训存在的困难和成因。其中,教育培训个人成本困难最为突出,分别有57.7%、32.7%的农民工表示自己没时间、教育培训费用太高;在教育培训主体认知方面,农民工认为教育培训的困难依次为自己文化基础差(47.4%)、没有合适的学习课程(17.0%)、教育培训效果不明显(14.2%)、交通不便(13.5%)、没必要学(3.6%),这些因素均在不同程度上构成农民工接受教育培训的障碍,因此工作单位在追求利润最大化的同时还需要关注员工发展,改善农民工对教育培训的消极认知,增强农民工通过教育培训提升人力资本的信心;也有27.8%的农民工表示自己不知道相关信息,实质上是信息缺失所致。

　　进一步观察发现,农民工在有关教育培训问题方面的认知,普遍认为存在"缺乏专门针对农民工的教育培训机构(49.2%)""政府和社会投入资助不足,重视不够(44.4%)""教育培训费用太高(37.0%)""教育培训内容单调,多停留在职业技能上(12.6%)"等方面的问题。这些来自广大农民工群体的心声,需要引起足够重视。

表4-25　农民工教育培训的困难与问题统计结果

	项目	个数	个案百分比(%)
	教育培训花费太高	238	32.7
	自己没时间	420	57.7
	没有合适的学习课程	124	17.0
	没必要学习	26	3.6
参加 教育培训的困难	教育培训效果不明显	103	14.2
	自己文化基础差	345	47.4
	交通不便	98	13.5
	不知道相关信息	202	27.8
	其他	31	4.3

续表

项　目		个数	个案百分比(%)
农民工教育培训存在的问题	教育培训费用高	269	37.0
	内容学员跟不上	93	12.8
	内容单调,多停留在职业技能上	172	23.6
	内容不能满足需要,或脱离实际	107	14.7
	政府和社会投入资助不足,重视不够	323	44.4
	形式过于单一,提不起兴趣	88	12.1
	缺乏专门针对农民工的教育培训机构	358	49.2
	缺乏培训后的服务	110	15.1
	其他	63	8.7

综上,从需求状况、环境支持以及现实情况三个方面考察了城市农民工的教育培训状况。具体包括以下四点:

1. 农民工整体接受学历教育情况

当前农民工整体学历层次普遍较低,他们绝大多数人受教育程度为初中及以下(占总样本人数的58.6%)。

2. 农民工教育培训的需求状况

当前绝大多数农民工对自己的知识水平并不满意,他们有着强烈的教育培训需求。其中,教育培训需要性和意愿性得分都很高。在具体需求上,以职业技能培训、创业知识、交际与口才、劳动就业等法律常识等内容需求为主,以倾向于短期(业余时间或工作中)而持续性的教育培训类型为主,以工作现场教学形式需求为主。

3. 农民工教育培训的环境支持

政府、社区以及工作单位的作为呈现鲜明差异。其中,政府社区给予农民工教育培训的支持不足,一方面农民工对于政府社区的培训政策了解不足,另一方面,无论是职业技能培训还是非职业技能培训,政府社区的组织力度均不大,即使有组织,农民工参与程度也不高。所在单位给予农民工更多教育培训支持,绝大多数用人单位均开展过教育培训,且有接近四成农民工所在的用人单位设有免费学习场所,但是也有接近三成的用人单位没有开展过任何教育培训,今后有待补足。

4. 农民工教育培训的现实情况

在实际培训中有六成左右的农民工或多或少接受过相关教育培训,这与前文调查显示59.5%的农民工表示自己愿意参加教育培训的结果基本一致,反映当前农民工教育培训需求与供给在量上基本处于平衡状态。具体地,(1)在培训前期,农民工主要通过熟人介绍、互联网和电视电台等渠道获取教育培训信息。(2)在培训过程中,农民工教育培训次数偏少、周期较短;教育培训内容上最重视职业技能培训、轻视创业知识和劳动就业等法律常识培训;教育培训形式仍以传统的课堂讲授和现场教学为主,不够多元化。(3)培训后,绝大多数接受过教育培训的农民工都认为教育培训有用,反映农民工对教育培训效果的满意度高,但这种培训效果并非实际效果,其究竟对农民工产生何种潜在影响或者是否能给农民工带来实质性的改变,还需要进一步追踪论证。可见,当前农民工教育培训需求与供给在质上是否达到平衡,不得而知,但通过对农民工教育培训过程和困境的分析,发现其现状并不十分乐观。再结合农民工自身评价和反思来看,还存在教育培训个人成本高、教育培训主体认知消极、教育培训信息缺失等问题,农民工普遍认为缺乏专门针对农民工的教育培训机构、政府和社会投入资助不足、费用太高、教育培训内容单调。

第三节　农民工市民化状况

一、农民工市民化水平总体分析

通过对农民工市民化水平评价指标体系的构建,本研究主要从市民化意愿、经济生活条件、社会关系融合、政治参与程度四个方面进行分析。首先,通过计算农民工市民化水平的总体平均分、四个维度的平均得分及其差异统计量以初步了解当前苏州市农民工的市民化情况,结果见表4-26。

表4-26　农民工市民化水平得分统计结果

维度	个数	极小值	极大值	全距	平均数	标准差	差异系数(%)
市民化意愿	728	1.00	5.00	4.00	3.47	0.71	20.46
经济生活条件	728	1.00	5.00	4.00	3.42	1.04	30.41
社会关系融合	728	1.00	5.00	4.00	3.11	0.77	24.76
政治参与程度	728	1.00	5.00	4.00	2.37	0.66	27.85
总体市民化水平	728	1.00	5.00	4.00	3.11	0.56	18.01

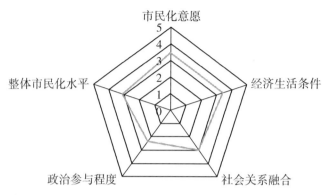

图 4 - 9　农民工市民化水平平均得分雷达图

结合表 4 - 26 和图 4 - 9,可以得到以下几点结论:

1. 从差异系数来看,农民工市民化水平在市民化意愿、经济生活条件、社会关系融合、政治参与程度四个维度上存在不均衡发展,不同维度的分布也存在明显差异,其中,经济生活条件的差异程度(30.41%)最大。

2. 从整体来看,农民工市民化水平的平均得分为 3.11,近似等于理论中值"3分",由此判断,当前农民工市民化基本处于中等偏上水平。为方便比较,假设城市居民的市民化水平是 100%,将计算结果换算成百分比形式,则农民工的总体市民化水平等于 52.75%[①],说明相对于城市居民而言,目前农民工已经达到"半"市民化及以上的水平。

3. 从具体维度来看,各维度得分平均值由高到低排序,依次为市民化意愿(Mean = 3.47)、经济生活条件(Mean = 3.42)、社会关系融合(Mean = 3.11)、政治参与程度(Mean = 2.37)。其中,平均得分最高的维度是市民化意愿,经换算后市民化水平为 61.75%[②],可见当前农民工总体向往城市生活,强烈认同并渴望"扎根城市"。其次是经济生活条件,经换算后市民化水平为 60.50%,[③]高于农民工市民化的总体水平,这与农村流动人口进城务工的源动力非常契合,他们绝大多数人表示进城打工的目的就是为了赚钱、改善生活。得分排在第三位的是社会关系融合,经换算后市民化水平为 52.75%,[④]略低于农民工市民化的总体水平,但考虑到社会生活作为一个主要柔性指标,是农民工市民化本质内涵的高层次维度,能达到 50% 以上并与总

---

① (3.11 - 1) × 25% = 52.75%(说明:量表题项得分设有 1 ~ 5 分共 5 个得分值,计 4 个得分区间,各占 25%,下同)。

② (3.47 - 1) × 25% = 61.75%。

③ (3.42 - 1) × 25% = 60.50%。

④ (3.11 - 1) × 25% = 52.75%。

体水平相同实属不易。得分最低的是政治参与程度,经换算后市民化水平为
34.25%[1],再次印证了当前农民工基本上处于"政治边缘人"的地位,提高农民工政
治参与方面的市民化水平,推动农民工政治参与均衡发展,仍任重而道远。

二、农民工市民化水平差异分析

接下来,为进一步分析农民工市民化水平在不同变量层次上的分布差异,下文
采用独立样本 t 检验和单因素方差分析法(one – way analysis of variance;简称 one
– way ANOVA)探讨农民工市民化水平各个维度在性别、年龄、来源地、受教育程
度、婚姻状况、月收入、职业类型、进城工作时间以及有无培训经历等人口统计学变
量上的差异。

(一)性别、年龄、来源地、婚姻状况不同的农民工市民化水平差异分析

1. 不同性别农民工的市民化水平差异分析

农民工样本数据分为男、女两组,可以采用独立样本 t 检验。我们知道,平均
数差异检验的基本假设之一就是方差同质性(homogeneity of variance),因而在进行
t 检验之前,需要先进行两组离散状况是否相似的检验,当两个群体方差相同时,则
称两个群体之间具有方差同质性,这里使用 SPSS 统计分析中的 Levene 检验法
(Levene's Test for Equality of Variances)来检验两组方差是否同质。如果 Levene
检验结果显示,F 统计量的显著性 p 值 > 0.05,则表示方差同质,此时应参照假设
方差相等的 t 检验结果;反之,如果 F 统计量的显著性 p 值 ≤0.05,则表示方差不
同质,此时应参照假设方差不等的 t 检验结果。[2] 表 4 – 27 给出了方差同质的
Levene 检验和独立样本 t 检验结果。

表 4 – 27　不同性别农民工的市民化水平差异检验结果

检验变量	性别	个数	平均数	标准差	方差同质的 Levene 检验		t 值
					F 检验	显著性	
市民化意愿	男	449	3.49	0.72	0.653	0.419	0.774
	女	279	3.45	0.71			
经济生活条件	男	449	3.36	1.05	0.024	0.877	– 2.068*
	女	279	3.53	1.02			
社会关系融合	男	449	3.20	0.78	2.808	0.094	3.976***
	女	279	2.97	0.73			

---

① 　(2.37 – 1)×25% = 34.25%。
② 　下文所有"独立样本 t 检验"的检验过程和判别标准均和此处一样,为精简篇幅,不再赘述。

续表

检验变量	性别	个数	平均数	标准差	方差同质的 Levene 检验		t 值
					F 检验	显著性	
政治参与程度	男	449	2.38	0.64	1.360	0.244	0.358
	女	279	2.35	0.61			

注：* p＜0.05，*** p＜0.001。

由表4－27可知,农民工性别变量在经济生活条件、社会关系融合维度检验的 t 统计量均达显著水平(相伴概率值 p 均小于0.05),表示不同性别农民工在经济生活条件、社会关系融合方面均有显著不同。其中,女性农民工在经济生活条件维度上的市民化水平显著高于男性农民工;男性农民工在社会关系融合维度上的市民化水平显著高于女性农民工。就市民化意愿和政治参与程度而言,男女农民工并不存在显著差异。

2. 不同来源地农民工的市民化水平差异分析

本调查的来源地包括"江浙皖鲁"和"其他省区"两组,因此可以采用独立样本 t 检验。结果显示,农民工来源地变量仅在政治参与程度上有显著不同(相伴概率值 p 小于0.05),即来自"江浙皖鲁"等相邻省区的农民工在政治参与程度上的平均得分(M＝2.63)显著高于"其他省区"的农民工(M＝2.29);而其他三个维度 t 的检验统计量均未达显著水平,表示农民工来源地变量在这三个方面均无显著差异。①

3. 不同年龄农民工的市民化水平差异分析

由于年龄分组变量的水平数值在三个以上,则不能采用独立样本 t 检验,应采用单因素方差分析法。在进行单因素方差分析之前,亦需要先进行方差同质性检验。如果 Levene 检验结果显示,F 统计量的显著性 p 值＞0.05,则表示方差同质;反之,如果 F 统计量的显著性 p 值≤0.05,则表示方差不同质,需要进行校正或选择适合方差异质的事后比较方法。②

表4－28　不同年龄农民工市民化水平的方差同质性检验结果

检验变量	Levene 统计量	分子自由度	分母自由度	显著性
市民化意愿	3.58	5	715	0.003
经济生活条件	1.50	5	715	0.189
社会关系融合	2.02	5	715	0.074
政治参与程度	1.29	5	715	0.268

① 为精简篇幅,这里省略了不同来源地农民工的市民化水平差异检验结果摘要表。
② 下文所有"单因素方差分析"的检验过程和判别标准均与此处一样,不再赘述。

表 4 - 28 显示了不同年龄农民工市民化水平的方差同质性检验结果,就"市民化意愿"检验变量而言,Levene 统计量的 F 值等于 3.58(p = 0.003 < 0.05),达到 0.05 显著水平,违反方差同质性假定,故本研究选择 Tamhane's T2 检验法进行事后比较。[①] 而其他三个维度的 Levene 统计量 F 值分别为 1.50、2.02、1.29,显著性概率值 p 均大于 0.05,表示方差同质性假定成立,可直接采用 Scheffe 法进行事后比较。方差分析摘要呈现在表 4 - 29 中。

表 4 - 29　不同年龄农民工市民化水平的方差分析结果

检验变量		平方和	自由度	均方和	F 值	事后比较 Scheffe 法	事后比较 Tamhane's T2 法
市民化意愿	组间	12.84	5	2.57	5.171 ***		30 ~ 39 岁 >
	组内	255.09	715	0.50		/	16 ~ 19 岁
							30 ~ 39 岁 >
	总和	367.93	720				20 ~ 29 岁
经济生活条件	组间	53.62	5	10.72	9.955 ***	30 ~ 39 岁 > 20 ~ 29 岁	
	组内	733.40	715	1.03		30 ~ 39 岁 > 40 ~ 49 岁	/
	总和	787.02	720				
社会关系融合	组间	8.28	5	1.66	2.833		
	组内	417.79	715	0.58		n. s.	/
	总和	426.07	720				
政治参与程度	组间	39.47	5	7.89	8.844 ***	30 ~ 39 岁 > 20 ~ 29 岁	
	组内	638.12	715	0.89		30 ~ 39 岁 > 40 ~ 49 岁	/
	总和	677.59	720			30 ~ 39 岁 > 50 ~ 59 岁	

注:①n. s. (no significance)p > 0.05, *** p < 0.001;②"/"表示事后比较未用该检验法。

观察表 4 - 29 可以发现,不同年龄的农民工在市民化意愿、经济生活条件、政治参与程度三个维度上均存在显著差异,而在社会关系融合维度上并无差异。通过多重事后比较看到,就"市民化意愿"而言,"30 ~ 39 岁"组农民工群体显著高于"16 ~ 19 岁"和"20 ~ 29 岁"组;就"经济生活条件"而言,"30 ~ 39 岁"组农民工群体显著高于"20 ~ 29 岁"和"40 ~ 49 岁"组;就"政治参与程度"而言,"30 ~ 39 岁"组农民

---

① 吴明隆在《问卷统计分析实务——SPSS 操作与应用》一书第 343 页中已明确指出:"在实际操作中,若是方差分析违反同质性假定,SPSS 统计软件提供了 Tamhane's T2 检验法、Dunnett's T3 检验法、Games - Howell 检验法、Dunnett's C 检验法等四种方差异质的事后比较方法,使用者可以直接选择其中一种而不用进行数据转换。"

工群体显著高于"20～29岁""40～49岁"和"50～59岁"组。综合而言,相比较其他年龄段的农民工来说,30～39岁的农民工群体则拥有更高的市民化水平。

4. 婚姻状况不同的农民工市民化水平差异分析

在本调查中,婚姻状况包括已婚、未婚、离婚、丧偶,但经数据统计发现离婚(1.5%)、丧偶(0.8%)样本所占比例十分小,考虑如此分组比较存在偏差,故这里对"婚姻状况"变量进行合并处理,将未婚、离婚、丧偶统称为"无配偶",即分为有配偶、无配偶两组。因此,适宜采用独立样本t检验,结果如表4-30所示。

表4-30 婚姻状况不同的农民工市民化水平差异检验结果

检验变量	婚姻状况	个数	平均数	标准差	方差同质的Levene检验		t值
					F检验	显著性	
市民化意愿	有配偶	563	3.52	0.73	5.015	0.025	3.683***
	无配偶	163	3.30	0.64			
经济生活条件	有配偶	563	3.30	0.93	5.889	0.015	-6.516***
	无配偶	163	3.86	0.94			
社会关系融合	有配偶	563	3.13	0.79	2.230	0.136	1.186
	无配偶	163	3.05	0.69			
政治参与程度	有配偶	563	2.41	0.98	1.693	0.194	2.160*
	无配偶	163	2.23	0.91			

注:*** $p < 0.001$,* $p < 0.05$。

由表4-30可知,农民工婚姻状况变量在市民化意愿、经济生活条件、政治参与程度三个维度检验的t统计量均达显著水平(相伴概率值p均小于0.05),表示不同婚姻状况的农民工在这三个方面均有显著不同。其中,有配偶农民工在市民化意愿维度上的平均得分显著高于无配偶农民工;无配偶农民工在经济生活条件维度上的市民化水平显著高于有配偶农民工;有配偶农民工在政治参与程度上的市民化水平显著高于无配偶农民工。而在社会关系融合维度上,有无配偶农民工并无差异。

(二)教育培训经历不同的农民工市民化水平差异分析

1. 受教育程度不同的农民工市民化水平差异分析

由于受教育程度分组变量的水平数值在三个以上,故采用单因素方差分析法。表4-31显示了不同受教育程度农民工市民化水平的方差同质性检验结果,其中,市民化意愿、社会关系融合、政治参与程度的Levene统计量F值分别为0.96、0.18、2.36,显著性概率值p均大于0.05,未达0.05显著水平,表示样本符合方差同质性假定,可采用 Scheffe 法进行事后比较;而经济生活条件的 Levene 统计量 F 值等于 7.86(p = 0.000 < 0.05),推翻方差同质性假定,故采用Tamhane's T2检验法进行事后比较。

表 4 - 31　受教育程度不同的农民工市民化水平方差同质性检验结果

检验变量	Levene 统计量	分子自由度	分母自由度	显著性
市民化意愿	0.96	4	719	0.431
经济生活条件	7.86	4	719	0.000
社会关系融合	0.18	4	719	0.948
政治参与程度	2.36	4	719	0.052

表 4 - 32　受教育程度不同的农民工市民化水平方差分析结果

检验变量		平方和	自由度	均方和	F 值	事后比较 Scheffe 法	事后比较 Tamhane's T2 法
市民化意愿	组间	6.73	4	1.68	3.340[**]	初中、高中、大专、本科及以上 > 小学及以下	/
	组内	362.20	719	0.50			
	总和	368.93	723				
经济生活条件	组间	135.54	4	33.88	37.441[***]	/	本科及以上 > 大专、高中 > 初中 > 小学及以下
	组内	650.69	719	0.91			
	总和	786.23	723				
社会关系融合	组间	0.88	4	0.22	0.371	n.s.	/
	组内	426.63	719	0.59			
	总和	427.51	723				
政治参与程度	组间	5.35	4	1.34	1.424	n.s.	/
	组内	675.18	719	0.94			
	总和	680.53	723				

注:①n.s.(no significance)p > 0.05,** p < 0.01, *** p < 0.001;②"/"表示事后比较未用该检验法。

观察表 4 - 32 可以发现,不同受教育程度的农民工在市民化意愿和经济生活条件上均存在显著差异。通过事后比较看到,就"市民化意愿"而言,"小学及以下"组农民工群体显著低于其他所有群组;就"经济生活条件"而言,"本科及以上">"大专""高中">"初中">"小学及以下"。而在社会关系融合、政治参与程度上无显著差异。由此初步反映了,较高的教育(学历)层次对农民工市民化意愿和经济生活条件的提高具有一定促进作用。

2. 有无培训经历的农民工市民化水平差异分析

将农民工样本数据分为"接受过培训"和"未接受培训"两组,采用独立样本 t 检验,结果如表4-33所示。

表4-33 有无培训经历农民工的市民化水平差异检验结果

检验变量	培训	个数	平均数	标准差	方差同质的 Levene 检验		t 值	η^2
					F 检验	显著性		
市民化意愿	接受过培训	437	3.48	0.69	1.635	0.201	2.116**	0.011
	未接受培训	291	3.26	0.73				
经济生活条件	接受过培训	437	3.67	1.00	0.024	0.876	8.160***	0.152
	未接受培训	291	3.06	0.99				
社会关系融合	接受过培训	437	3.16	0.79	0.244	0.622	1.427**	0.023
	未接受培训	291	3.08	0.76				
政治参与程度	接受过培训	437	2.38	0.98	0.274	0.601	1.813**	0.013
	未接受培训	291	2.26	0.96				

注:① ** $p < 0.01$,*** $p < 0.001$。

② "Eta 平方(η^2)"为效果值(Size of Effect),代表实际显著性,表示因变量的总变异中有多少变异可以由分组变量来解释,若 $\eta^2 \leq 0.06$ 说明分组变量与检验变量之间存在低度关联强度,若 $0.06 < \eta^2 < 0.14$ 说明存在中度关联强度,若 $\eta^2 \geq 0.14$ 说明存在高度关联强度。

由表4-33可知,有无培训经历在四个维度检验的 t 统计量均达显著水平(相伴概率值 p 均小于0.01),表示有无培训经历的农民工在市民化意愿、经济生活条件、社会关系融合、政治参与程度方面的市民化水平均有显著不同。具体来说,接受过培训的农民工在市民化意愿维度上的平均得分(M=3.48)显著高于未接受培训的农民工(M=3.26);接受过培训的农民工在经济生活条件维度上的平均得分(M=3.67)显著高于未接受培训的农民工(M=3.06);接受过培训的农民工在社会关系融合维度上的平均得分(M=3.16)显著高于未接受培训的农民工(M=

3.08);接受过培训的农民工在政治参与程度维度上的平均得分(M=2.38)也显著高于未接受培训的农民工(M=2.26)。

不难发现,有无培训经历分组变量在各维度的平均数差异均显著,因此可以进一步求出效果值,以观察其实际显著性。① 从"Eta 平方"列的效果值看到,培训变量分别可以解释农民工市民化意愿、经济生活条件、社会关系融合、政治参与程度总方差中 1.1%、15.2%、2.3%、1.3%的变异量。可见,接受培训与农民工市民化水平存在一定关联。

(三)收入、职业类型、进城工作时间不同的农民工市民化水平差异分析

1. 收入不同的农民工市民化水平差异分析

以"月收入水平"作为收入分组变量,其水平数值在三个以上,故采用单因素方差分析法。表 4-34 显示了不同收入农民工市民化水平的方差同质性检验结果,所有检验变量的 Levene 统计量相伴概率值均大于 0.05,未达 0.05 显著水平,均符合方差同质性假定,可直接采用 Scheffe 法进行事后比较。

表 4-34 收入不同的农民工市民化水平方差同质性检验结果

检验变量	Levene 统计量	分子自由度	分母自由度	显著性
市民化意愿	0.93	4	718	0.901
经济生活条件	0.66	4	718	0.618
社会关系融合	1.87	4	718	0.113
政治参与程度	1.29	4	718	0.101

表 4-35 收入不同的农民工市民化水平方差分析结果

检验变量		平方和	自由度	均方和	F 值	事后比较 Scheffe 法
市民化意愿	组间	23.21	4	5.80	12.093***	3 000~4 000>2 000 以下、2 000~
	组内	344.51	718	0.48		3 000;5 000 以上>2 000 以下、2 000~
	总和	367.72	722			3 000、3 000~4 000、4 000~5 000
经济生活条件	组间	47.44	4	13.86	17.243***	2 000~3 000、3 000~4 000、4 000~
	组内	734.32	718	1.08		5 000、5 000 以上>2 000 以下;5 000 以
	总和	781.76	722			上>4 000~5 000

① 吴明隆在《问卷统计分析实务——SPSS 操作与应用》一书第 337 页中已指出:"在独立样本 t 检验中,若是分组变量在检验变量的平均数差异达到显著之后,使用者可进一步求出效果值,效果值代表的是实际显著性(practical significance),而 t 统计量及显著性 p 值代表的只是统计显著性(statictical significance)。"

续表

检验变量		平方和	自由度	均方和	F 值	事后比较 Scheffe 法
社会关系融合	组间	11.12	4	2.78	4.797***	
	组内	416.07	718	0.58		5 000 以上 > 2 000 以下、2 000 ~ 3 000、
						3 000 ~ 4 000、4 000 ~ 5 000
	总和	427.19	722			
政治参与程度	组间	63.32	4	15.83	18.515***	2 000 ~ 3 000、3 000 ~ 4 000、4 000 ~ 5 000、
	组内	613.87	718	0.86		5 000以上 > 2 000 以下;3 000 ~ 4 000 >
	总和	677.19	722			2 000 ~ 3 000;5 000 以上 > 2 000 ~ 3 000

注:n. s. (no significance)p > 0.05, ** p < 0.01, *** p < 0.001。

观察表 4 - 35 可以发现,不同收入的农民工在四个维度上均存在显著差异,且基本呈现"收入层次越高,其市民化水平越高"的现象。这与预期假设十分吻合,都说明收入变量与农民工市民化水平存在一定强度的关联性。

2. 职业类型不同的农民工市民化水平差异分析

由于职业类型分组变量的水平数值在三个以上,故采用单因素方差分析法。表 4 - 36 显示了不同职业类型农民工市民化水平的方差同质性检验结果,其中,市民化意愿、社会关系融合的 Levene 统计量 F 值分别为 0.62、0.82,显著性概率值 p 均大于 0.05,表示符合方差同质性假定,可采用 Scheffe 法进行事后比较;而经济生活条件、政治参与程度的 Levene 统计量 F 值分别为10.73、3.06,显著性概率值 p 均小于 0.05,方差同质性假定不成立,故采用Tamhane's T2检验法进行事后比较。

表 4 - 36　职业类型不同的农民工市民化水平方差同质性检验结果

检验变量	Levene 统计量	分子自由度	分母自由度	显著性
市民化意愿	0.62	4	717	0.651
经济生活条件	10.73	4	717	0.000
社会关系融合	0.82	4	717	0.511
政治参与程度	3.06	4	717	0.016

表 4-37　职业类型不同的农民工市民化水平方差分析结果

检验变量		平方和	自由度	均方和	F 值	事后比较 Scheffe 法	事后比较 Tamhane's T2 法
市民 化意愿	组间	6.20	4	1.55	3.087*		
	组内	360.16	717	0.50		管理型 > 劳务型	/
	总和	366.36	721				
经济生 活条件	组间	101.83	4	25.46	26.734***		
	组内	682.75	717	0.95		/	管理型 > 事务型;管 理型 > 商务型;管理 型 > 劳务型
	总和	784.58	721				
社会关 系融合	组间	10.69	4	2.67	4.632***		
	组内	413.80	717	0.58		事务型 > 劳务型	/
	总和	424.49	721				
政治参 与程度	组间	23.49	4	5.87	6.440***		
	组内	653.84	717	0.91		/	管理型 > 劳务型 事务型 > 劳务型
	总和	677.33	721				

注:①n. s. (no significance) $p > 0.05$, * $p < 0.05$, *** $p < 0.001$;②"/"表示事后比较未用该检验法;③由于"其他"职业类型仅占总样本的8.4%,故不再呈现其事后比较结果。

观察表 4-37 可以发现,不同职业类型的农民工在四个维度上均存在显著差异。通过事后比较看到,就"市民化意愿"而言,"管理型"组农民工群体显著高于"劳务型";就"经济生活条件"而言,"管理型"组农民工群体显著高于"事务型""商务型""劳务型";就"社会关系融合"而言,"事务型"组农民工群体显著高于"劳务型";就"政治参与程度"而言,"劳务型"组农民工群体则显著低于"管理型""事务型"。总体来看,高职业层次(或声望)的农民工群体则相对拥有更高的市民化水平。

3. 进城工作时间不同的农民工市民化水平差异分析

由于进城工作时间分组变量包含三个水平数值,采用单因素方差分析法。表 4-38 显示了不同进城工作时间农民工市民化水平的方差同质性检验结果,所有检验变量的 Levene 统计量相伴概率值均小于 0.05,方差同质性假定不成立,故采用 Tamhane's T2 检验法进行事后比较。

表4-38　进城工作时间不同的农民工市民化水平方差同质性检验结果

检验变量	Levene 统计量	分子自由度	分母自由度	显著性
市民化意愿	2.97	3	721	0.045
经济生活条件	8.15	3	721	0.000
社会关系融合	3.47	3	721	0.016
政治参与程度	3.53	3	721	0.015

表4-39　进城工作时间不同的农民工市民化水平方差分析结果

检验变量		平方和	自由度	均方和	F 值	事后比较 Tamhane's T2 法
市民化意愿	组间	4.94	3	1.65	3.261 *	
	组内	363.93	721	0.51		5 年以上 >1～3 年
	总和	368.87	724			
经济生活条件	组间	32.97	3	10.99	10.571 ***	不到 1 年 >5 年以上
	组内	749.54	721	1.04		1～3 年 >5 年以上
	总和	782.51	724			
社会关系融合	组间	9.15	3	3.05	3.271 *	3～5 年 >1～3 年
	组内	672.48	721	0.93		5 年以上 >1～3 年
	总和	681.63	724			
政治参与程度	组间	2.46	3	0.82	1.391	
	组内	424.80	721	0.59		n.s.
	总和	427.26	724			

注:n. s. (no significance)p>0.05, * * p<0.01, *** p<0.001。

观察表4-39可以发现,不同进城工作时间的农民工在市民化意愿、经济生活条件、社会关系融合上的差异显著。其中,就"市民化意愿"而言,进城工作5年以上的农民工显著高于1～3年的农民工;就"经济生活条件"而言,进城工作不到1年和1～3年的农民工均显著高于5年以上的农民工,可见进城工作时间长的农民工在经济生活条件方面未必越好;就"社会关系融合"而言,进城工作3～5年和5年以上的农民工均显著高于1～3年的农民工,说明进城工作时间长的农民工在社会关系融合方面较好,这也与现实相符,他们随着自身在城市工作居住时间的延长,结交朋友、扩宽人脉,会对社会关系融合产生积极作用。不过,有趣的是,不同进城工作时间的农民工在政治参与程度上无显著差异,结合前文统计结果显示农民工政治参与程度的市民化水平得分较低,关于当前农民工基本属于"政治边缘人"的解释再次得以体现。

第四节 本章小结

本章首先介绍了农民工市民化调查问卷的设计和编制程序,随后,检验初测问卷和正式问卷的质量,在质量达标的前提下构建了"农民工市民化水平评价指标体系",接下来通过探索性因子分析和验证性因子分析,检验了该指标体系的合理性,发现农民工市民化水平可以从市民化意愿、经济生活条件、社会关系融合、政治参与程度四个维度来度量。

最后,从实地调查资料出发,依次对城市农民工教育培训状况和市民化状况进行统计分析,得到以下主要结论:

第一,当前绝大多数城市农民工受教育程度低,有着强烈的教育培训需求,但由于环境支持不足、认知消极、信息缺失等主客观原因,接受教育培训的现实情况不容乐观。

第二,农民工总体市民化水平和四个维度的平均得分及其差异的统计分析结果显示,目前苏州市农民工市民化处于中等偏上水平,基本实现"半"市民化,四个维度的市民化水平由高到低依次为市民化意愿、经济生活条件、社会关系融合、政治参与程度,但各维度内部存在较大差异。四个维度在性别、年龄、来源地、受教育程度、婚姻状况、月收入、职业类型、进城工作时间以及有无培训经历等人口统计学变量上存在不同程度的显著差异,其中,教育层次(学历)提高与农民工市民化意愿和经济生活条件改善之间有一定程度关联;有培训经历与无培训经历的农民工在四个维度上均存在显著差异,且培训经历与市民化之间存在一定程度的关联。

第五章 教育培训对农民工收入的影响

第一节 城市农民工的收入统计

第四章描述性统计分析结果显示,调查样本群体中绝大多数(68.8%)农民工进城务工后获得的月平均工资性收入都处于2 000~4 000元之间,而月平均工资低于2 000元或者高出5 000元的均占少数,分别为6.6%和11.5%。但这并不能说明农民工群体收入的基本特征和差异性,实际上,农民工月平均工资收入因性别、年龄、教育和培训、职业类型等不同而存在差异。因此,有必要先对农民工的收入情况进行分组统计。

一、不同性别、年龄农民工的月平均工资收入

(一)不同性别农民工的月平均工资收入统计分析

依据问卷中调查对象选择的当前月收入等级,取其中位数并以各等级人数在同一性别群体中所占比例作为权数计算(见表5-1),则男性和女性农民工的月平均工资收入分别为:

$I_{男} = 1\ 500 \times 5.8\% + 2\ 500 \times 23.6\% + 3\ 500 \times 33.3\% + 4\ 500 \times 20.9\% + 5\ 500 \times 16.4\% = 3\ 886$ 元;

$I_{女} = 1\ 500 \times 10.8\% + 2\ 500 \times 33.5\% + 3\ 500 \times 37.6\% + 4\ 500 \times 11.9\% + 5\ 500 \times 6.2\% = 3\ 192$ 元。

表 5-1　不同性别农民工的月平均工资分布情况

月平均工资(元)	中位数(元)	所占比例(%)	
		男	女
2 000 及以下	1 500	5.8	10.8
2 000 ~ 3 000	2 500	23.6	33.5
3 000 ~ 4 000	3 500	33.3	37.6
4 000 ~ 5 000	4 500	20.9	11.9
5 000 及以上	5 500	16.4	6.2
合计		100.0	100.0

计算结果显示,男性和女性农民工的月平均工资收入分别为 3 886 元、3 192 元,二者在绝对量上相差 694 元。

(二)不同年龄农民工的月平均工资收入统计分析

将农民工样本按照年龄分组来分析其月平均工资收入随年龄变化的特征。依据问卷中调查对象选择的当前月收入等级,取其中位数并以各等级人数在同一年龄层次总人数中所占比例作为权数计算(见表 5-2),则不同年龄农民工的月平均工资收入分别为:

$I_{16 \sim 19岁} = 1\ 500 \times 27.3\% + 2\ 500 \times 63.6\% + 3\ 500 \times 9.1\% + 4\ 500 \times 0 + 5\ 500 \times 0 = 2\ 318$ 元;

$I_{20 \sim 29岁} = 1\ 500 \times 6.7\% + 2\ 500 \times 63.0\% + 3\ 500 \times 28.4\% + 4\ 500 \times 0.5\% + 5\ 500 \times 1.4\% = 2\ 769$ 元;

$I_{30 \sim 39岁} = 1\ 500 \times 5.4\% + 2\ 500 \times 5.8\% + 3\ 500 \times 49.0\% + 4\ 500 \times 24.4\% + 5\ 500 \times 15.4\% = 3\ 886$ 元;

$I_{40 \sim 49岁} = 1\ 500 \times 2.9\% + 2\ 500 \times 16.3\% + 3\ 500 \times 29.1\% + 4\ 500 \times 26.6\% + 5\ 500 \times 25.1\% = 4\ 047$ 元;

$I_{50 \sim 59岁} = 1\ 500 \times 46.2\% + 2\ 500 \times 23.1\% + 3\ 500 \times 0 + 4\ 500 \times 26.9\% + 5\ 500 \times 3.8\% = 2\ 690$ 元;

$I_{60 \sim 69岁} = 1\ 500 \times 40.0\% + 2\ 500 \times 50.0\% + 3\ 500 \times 10.0\% + 4\ 500 \times 0 + 5\ 500 \times 0 = 2\ 100$ 元。

表 5 - 2　不同年龄农民工的月平均工资分布情况

月平均工资(元)	中位数(元)	所占比例(%)				
		16~19 岁	20~29 岁	30~39 岁	40~49 岁	50~59 岁
2 000 及以下	1 500	27.3	6.7	5.4	2.9	46.2
2 000~3 000	2 500	63.6	63.0	5.8	16.3	23.1
3 000~4 000	3 500	9.1	28.4	49.0	29.1	0
4 000~5 000	4 500	0	0.5	24.4	26.6	26.9
5 000 以上	5 500	0	1.4	15.4	25.1	3.8
合计		100.0	100.0	100.0	100.0	100.0

依据上述计算结果绘制如下"农民工年龄—收入曲线"图。

（收入：元/月）

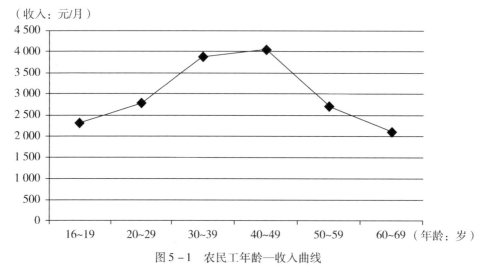

图 5 - 1　农民工年龄—收入曲线

图 5 - 1 显示,不同年龄农民工收入整体呈现"倒 U"型特征:(1)农民工月平均工资收入在 30 岁之前随年龄单调快速提高;(2)农民工月平均工资收入在 30~49 岁之间随年龄单调缓慢提高,并在 40~49 岁区间段达到最高;(3)农民工月平均工资收入在 49 岁以后呈现下降趋势。

二、不同教育培训经历农民工的月平均工资收入

（一）不同教育层次农民工的月平均工资收入统计分析

依据问卷中调查对象选择的当前月收入等级,取其中位数并以各等级人数在同一受教育程度总人数中所占比例作为权数计算(见表 5 - 3),则不同教育层次农民工的月平均工资收入分别为:

$I_{小学及以下} = 1\ 500 \times 17.4\% + 2\ 500 \times 37.2\% + 3\ 500 \times 10.5\% + 4\ 500 \times 22.1\%$
$+ 5\ 500 \times 12.8\% = 3\ 257\ 元；$

$I_{初中} = 1\ 500 \times 9.9\% + 2\ 500 \times 22.6\% + 3\ 500 \times 34.8\% + 4\ 500 \times 22.0\% +$
$5\ 500 \times 10.7\% = 3\ 510\ 元；$

$I_{高中} = 1\ 500 \times 5.3\% + 2\ 500 \times 30.1\% + 3\ 500 \times 33.5\% + 4\ 500 \times 13.9\% +$
$5\ 500 \times 17.2\% = 3\ 576\ 元；$

$I_{大专} = 1\ 500 \times 4.3\% + 2\ 500 \times 28.4\% + 3\ 500 \times 38.9\% + 4\ 500 \times 10.5\% +$
$5\ 500 \times 17.9\% = 3\ 593\ 元；$

$I_{本科及以上} = 1\ 500 \times 3.4\% + 2\ 500 \times 10.4\% + 3\ 500 \times 58.6\% + 4\ 500 \times 10.4\% +$
$5\ 500 \times 17.2\% = 3\ 776\ 元。$

表 5 - 3　不同教育层次农民工的月平均工资分布情况

月平均工资(元)	中位数(元)	所占比例(%)				
		小学及以下	初中	高中	大专	本科及以上
2 000 及以下	1 500	17.4	9.9	5.3	4.3	3.4
2 000 ~ 3 000	2 500	37.2	22.6	30.1	28.4	10.4
3 000 ~ 4 000	3 500	10.5	34.8	33.5	38.9	58.6
4 000 ~ 5 000	4 500	22.1	22.0	13.9	10.5	10.4
5 000 以上	5 500	12.8	10.7	17.2	17.9	17.2
合计		100.0	100.0	100.0	100.0	100.0

为了更加直观地了解不同教育层次农民工的月平均工资收入情况，兹将分教育层次的月平均工资收入和样本数据汇总如表 5 - 4 所示。

表 5 - 4　农民工的月平均工资收入统计结果

受教育程度	月平均工资收入(元)	样本数(人)
小学及以下	3 257	86
初中	3 510	336
高中(包括中专、技校)	3 576	173
大专	3 593	95
本科及以上	3 776	29
合计	3 486.5	719

注:农民工调查总样本数为728,由于在统计分析时共剔除了9个缺失数据,故显示在本表中的合计样本数为719。

表 5 - 4 显示,当前农民工样本的平均月工资收入为 3 486.5 元,且工资收入水平呈现随教育层次提高而提高的整体趋势。明瑟教育投资收益理论的经典论证在此得以体现,即教育对提高个人收入和改善收入分配具有重要作用。这将对农村学校教育改革和发展、高等教育政策适当向农村子女倾斜等产生重大启示。

通过做农民工工资收入与教育层次的散点图可知,农民工工资收入与其教育层次之间呈现非线性关系。为了进一步验证这种非线性关系,可以进行变量之间的相关性检验。首先,将被调查农民工的月平均工资收入划分为"低工资组""中等偏低工资组""中等工资组""中等偏高工资组""高工资组"五个等级,教育层次分组与前文"受教育程度"保持一致。然后,绘制农民工教育层次与工资收入列联表,得到结果如表 5 - 5 所示。

表 5 - 5　农民工教育层次与工资收入列联表

教育层次	月平均工资收入分组					合计
	低工资 (0, 2 000]	中等偏低工资 (2 000, 3 000]	中等工资 (3 000, 4 000]	中等偏高工资 (4 000, 5 000]	高工资 (5 000, ∞)	
小学及以下	15	32	20	10	9	86
初中	20	122	105	43	46	336
高中(包括中专、技校)	8	66	64	21	14	173
大专	4	27	41	13	10	95
本科及以上	1	3	17	3	5	29
合计	48	250	247	90	84	719

Pearson $\chi^2 = 0.084$ ($p = 0.025$)

注:农民工调查总样本数为728,由于在统计分析时共剔除了9个缺失数据,故显示在本表中的合计样本数为719。

对表 5 - 5 二维列联表的类别变量进行独立性检验,结果显示,农民工月平均工资性收入与其教育层次在 0.05 的显著性水平下显著相关,不过相关系数较低,仅为 0.084。可以初步判断,农民工收入与其教育层次有关联但相关程度不高,二者极有可能存在一种"非线性"关系。对此,下文将做进一步检验论证。

(二)不同培训经历农民工的月平均工资收入统计分析

依据问卷中调查对象选择的当前月收入等级,取其中位数并以各等级人数在同一培训经历群体中所占比例作为权数计算(见表 5 - 6),则不同培训经历农民工的月平均工资收入分别为:

$I_{培训} = 1\ 500 \times 3.6\% + 2\ 500 \times 23.4\% + 3\ 500 \times 40.1\% + 4\ 500 \times 18.9\% +$

$5\ 500 \times 14.0\% = 3\ 663\ 元;$

$I_{未培训} = 1\ 500 \times 9.6\% + 2\ 500 \times 29.1\% + 3\ 500 \times 31.5\% + 4\ 500 \times 16.8\% + 5\ 500 \times 13.0\% = 3\ 445\ 元。$

表 5 – 6 不同培训经历农民工的月平均工资分布情况

月平均工资(元)	中位数(元)	所占比例(%)	
		接受过培训	未接受培训
2 000 及以下	1 500	3.6	9.6
2 000 ~ 3 000	2 500	23.4	29.1
3 000 ~ 4 000	3 500	40.1	31.5
4 000 ~ 5 000	4 500	18.9	16.8
5 000 以上	5 500	14.0	13.0
合计		100.0	100.0

计算结果显示,接受过培训和未接受过培训的农民工,其月平均工资收入分别为 3 663 元、3 445 元,二者在绝对量上相差 218 元。进一步对双样本均值做差异检验,结果显示 Wilcoxon 检验统计量的相伴概率值均小于 0.001,表明农民工收入水平在培训经历上存在显著差异。

三、不同职业类型农民工的月平均工资收入

依据问卷中调查对象选择的当前月收入等级,取其中位数并以各等级人数在同一职业类型总人数中所占比例作为权数计算(见表 5 – 7),则不同职业类型农民工的月平均工资收入分别为:

$I_{劳务型} = 1\ 500 \times 4.9\% + 2\ 500 \times 18.3\% + 3\ 500 \times 33.1\% + 4\ 500 \times 23.3\% + 5\ 500 \times 20.4\% = 3\ 860\ 元;$

$I_{商务型} = 1\ 500 \times 0.9\% + 2\ 500 \times 25.0\% + 3\ 500 \times 43.1\% + 4\ 500 \times 13.8\% + 5\ 500 \times 17.2\% = 3\ 714\ 元;$

$I_{事务型} = 1\ 500 \times 10.3\% + 2\ 500 \times 28.0\% + 3\ 500 \times 33.0\% + 4\ 500 \times 18.0\% + 5\ 500 \times 10.7\% = 3\ 408\ 元;$

$I_{管理型} = 1\ 500 \times 6.4\% + 2\ 500 \times 38.6\% + 3\ 500 \times 28.6\% + 4\ 500 \times 15.7\% + 5\ 500 \times 10.7\% = 3\ 357\ 元;$

$I_{其他} = 1\ 500 \times 30.0\% + 2\ 500 \times 25.0\% + 3\ 500 \times 25.0\% + 4\ 500 \times 13.3\% + 5\ 500 \times 6.7\% = 2\ 917\ 元。$

表 5 - 7   不同职业类型农民工的月平均工资分布情况

月平均工资(元)	中位数(元)	所占比例(%)				
		劳务型	商务型	事务型	管理型	其他
2 000 及以下	1 500	4.9	0.9	10.3	6.4	30.0
2 000 ~ 3 000	2 500	18.3	25.0	28.0	38.6	25.0
3 000 ~ 4 000	3 500	33.1	43.1	33.0	28.6	25.0
4 000 ~ 5 000	4 500	23.3	13.8	18.0	15.7	13.3
5 000 以上	5 500	20.4	17.2	10.7	10.7	6.7
合计		100.0	100.0	100.0	100.0	100.0

计算结果显示,不同职业类型农民工的月平均工资收入在绝对量上不同,但并未表现出收入水平随职业层次(或声望)提升而提高的现象,这个"疑问"需要通过下文的数据分析做进一步解答。

第二节 教育培训对农民工收入的影响[①]

一、计量模型设定

教育经济学者常用明瑟收益率(Mincerian Rate of Return)法和内部收益率(Internal Rate of Return)法估计教育回报率。前者通过明瑟收入方程反映人力资本如何影响个人收入,且收入方程中的各个变量数据较容易获得,计算方法也较为简单,因而被广泛应用于诸多实证研究中。后者的计算需要成本和收入两方面数据,考虑到难以获得足够的教育显性成本和隐性成本方面的数据,本文选择前一种方法研究教育培训对农民工收入的影响,并在此基础上根据研究需要进行扩展。如此处理既是人力资本理论的惯例,也便于与其他实证结果比较。

通常设定明瑟收入方程的标准形式如下:

$$\ln(Income)_i = \beta_0 + \beta_1 Edu_i + \beta_2 exper_i + \beta_3 Exper_i^2 + \varepsilon_i \qquad (1)$$

[**变量解释**:被解释变量为月平均工资收入的自然对数;表示个体的受教育程度,以受教育年限表征;$Exper_i$ 表示个体的工作经验年限,取值方法为"$Exper =$ 年龄

---

① 特别说明,本节核心内容和观点来源于文献:崔玉平、吴颖. 教育培训对苏州市农民工收入的影响——教育培训经济收益率的再检验[J]. 教育与经济,2017(2):42 - 50.

－（学校）受教育年限－入学年龄"；$Exper_i^2$表示个体工作经验年限的平方，其系数一般为负值，揭示工龄与收入之间的函数关系呈"倒 U"型曲线特征；β_0为常数项；β_1、β_2、β_3为各变量的回归系数，其中β_1为教育回报率，β_2、β_3为工作经验的系数；ε_i为随机误差项]

明瑟收入标准方程只反映教育和工作经验两个变量对个体收入的影响，并未涉及其他影响因素，估计结果可能存在偏差。[①] 为克服影响因素单向度问题，也考虑到本研究所关注的人力资本主要指正规学校教育和职业培训，故在此基础上引入培训经历变量和培训次数变量；然后加入教育与培训的交互作用项（Interaction Terms），得到两个新的扩展估计方程：

$$\ln(Income)_i = \beta_0 + \beta_1 Edu_i + \beta_2 Exper_i + \beta_3 Exper_i^2 + \beta_4 Train_i + \beta_5 T_i + \varepsilon_i \quad (2)$$

$$\ln(Income)_i = \beta_0 + \beta_1 Edu_i + \beta_2 Exper_i + \beta_3 Exper_i^2 + \beta_4 Train_i + \beta_5 T_i$$
$$+ \beta_6 Edu_i \times Train_i + \beta_7 Edu_i \times T_i + \varepsilon_i \quad (3)$$

[**变量解释**：$\ln(Income)_i$、Edu_i、$Exper_i$、$Exper_i^2$的含义与估计方程（1）相同；T_i表示培训次数；$Train_i$表示个体i的培训经历（参加过相关培训 =1，未参加过任何培训 =0）；$Edu_i \times Train_i$表示教育年限与培训经历的交互项；$Edu_i \times T_i$表示教育年限与培训次数的交互项；$\beta_1 \sim \beta_7$为各变量的回归系数；ε_i为随机误差项]

上述方程（2）、（3）以劳动力市场完全竞争为前提假设，据此估计教育和培训的纯收益率。但在实际中劳动力市场相互分割，收入还可能受到其他因素影响，而且教育培训变量与这些因素之间可能存在相关性，因此，为了降低估计偏差，根据研究需要引入一些相关控制变量，得到如下估计方程：

$$\ln(Income)_i = \beta_0 + \beta_1 Edu_i + \beta_2 Exper_i + \beta_3 Exper_i^2 + \beta_4 Train_i + \beta_5 T_i$$
$$+ \beta_6 Edu_i \times Train_i + \beta_7 Edu_i \times T_i + \sum \gamma_i \chi_i + \varepsilon_i \quad (4)$$

[**变量解释**：$\ln(Income)_i$、Edu_i、$Exper_i$、$Exper_i^2$、$Train_i$、$Edu_i \times Train_i$、$Edu_i \times T_i$和β_0表示含义均与估计方程（2）、（3）相同；χ_i表示一系列可能影响收入的控制变量（性别、来源地、婚姻状况、职业类型等）；$\beta_1 \sim \beta_7$和γ_i为各变量的回归系数；ε_i为随机误差项]

此外，考虑到不同教育阶段教育收益率之间往往存在明显差异。为提高回归方程的稳健性，进一步用学历层次变量替代受教育年限变量，同时引入各学历层次与培训次数的交互项，于是得到如下估计方程：

---

① 杨国涛，段君，刘子詠. 明瑟收入方程的若干改进和思考[J]. 统计研究,2014,31(7):81-84.

$$In(Income)_i = \beta_0 + \beta_1 Edu1_i + \beta_2 Edu2_i + \beta_3 Edu3_i + \beta_4 Edu4_i + \beta_5 Exper_i$$
$$+ \beta_6 Exper_i^2 + \beta_7 Train_i + \beta_8 Edu1_i \times T_i + \beta_9 Edu2_i \times T_i + \beta_{10} Edu3_i$$
$$\times T_i + \beta_{11} Edu4_i \times T_i + \sum \gamma_i \chi_i + \varepsilon_i \qquad (5)$$

[**变量解释**: $In(Income)_i$、$Exper_i$、$Exper_i^2$、$Train_i$、T_i 和 β_0 表示含义均与估计方程(4)相同;$Edu1_i$、$Edu2_i$、$Edu3_i$、$Edu4_i$ 分别表示学历层次是否为初中的虚拟变量(是 =1,否 =0)、是否为高中的虚拟变量、是否为大专的虚拟变量、是否为本科及以上的虚拟变量;$\beta_8 Edu1_i \times T_i$、$\beta_9 Edu2_i \times T_i$、$\beta_{10} Edu3_i \times T_i$、$\beta_{11} Edu4_i \times T_i$ 分别表示初中、高中、大专、本科及以上各学历层次与培训次数的交互项;$\beta_1 \sim \beta_{11}$ 和 γ_i 为各变量的回归系数;ε_i 为随机误差项]

二、主要变量设置

下文使用STATA10.0统计软件进行数据(本节使用的数据资料均来源于第4章问卷调查所得数据)处理和分析。首先根据研究需要,筛选样本变量的主要描述性统计信息,重新整理得到表5 - 8。

表5 - 8　变量定义、赋值及统计分析结果

变量名称	变量定义	均值(或比率)	标准差
月收入(元)	月平均工资收入	3 486.5	1 136.106
月收入的自然对数	Ln(月平均工资收入)	8.1	0.350
月收入档次(%)	2 000 元及以下	7.7	
	2 000 ~ 3 000 元	27.2	
	3 000 ~ 4 000 元	33.9	
	4 000 ~ 5 000 元	17.3	
	5 000 元以上	13.2	
教育年限(年)	平均受教育年限	10.4	2.820
受教育程度(%)	小学及以下 =1	12.0	
	初中 =2	46.6	
	高中(包括中专、技校)=3	23.8	
	大专 =4	13.2	
	本科及以上 =5	4.0	
工作经验年限(年)	平均工作经验年限	17.9	9.526
工作经验年限平方	平均工作经验年限平方	409.7	394.658

续表

变量名称	变量定义	均值(或比率)	标准差
培训经历(%)	接受过培训=1,未接受培训=0	60.0	1.181
培训次数(次)	平均培训次数	2.1	2.667
性别(%)	男=1,女=0	61.7	0.487
来源地(%)	相邻省区=1,非相邻省区=0	57.7	0.871
婚姻状况(%)	已婚=1,未婚=0	74.7	0.474
职业类型(%)	管理类=1	15.9	1.340
	事务类=2	19.8	
	商务类=3	19.2	
	劳务类=4	35.9	
	其他=5	8.4	

注:①月平均工资收入="2 000 元及以下"所占比例×1 500+"2 000~3 000 元"所占比例×2 500+"3 000~4 000 元"所占比例×3 500+"4 000~5 000 元"所占比例×4 500+"5 000 元以上"×5 500。

②平均受教育年限=小学及以下受教育程度所占比例×6+初中受教育程度所占比例×9+高中(包括中专、技校)受教育程度所占比例×12+大专受教育程度所占比例×15+本科及以上受教育程度所占比例×16。

③工作经验年限=年龄-(学校)受教育年限-7。

④将农民工来源地为"江、浙、皖、鲁"等省区的统称为相邻省区,其他省区统称为非相邻省区。

⑤将原有未婚、离婚、丧偶未再婚等数据合并为"未婚"。

三、实证研究结果

教育培训因素对农民工收入的影响是否显著?其影响程度如何?为对此做出回答,有必要利用样本数据进行多元回归分析。考虑到使用大样本数据进行 OLS 估计可能存在异方差(heteroskedasticity)问题,而怀特检验(White test)则可以检验任何形式的异方差,故在回归估计之前先对前文的三个方程做怀特检验,结果显示估计方程在1%显著水平下均存在异方差。根据 Stock 和 Watson 等人的建议,①通过异方差—稳健的标准误(heteroskedasticity - robust standard error),采用"OLS+稳健标准误"方法以保证所有参数估计、假设检验均可照常进行。

---

① "OLS+稳健标准误"的优点在于无须知道总体回归模型是否存在异方差,都能消除由异方差而造成的 OLS 估计量无效、参数估计或者区间预测失效等问题。换句话说,只要使用"OLS+稳健标准误",都能使之在出现未知形式的异方差性(heteroskedasticity of unknown form)时仍可用。

为便于比较,将基于上述扩展估计方程(2)~(5)的四次 OLS 回归结果统整于表 5-9 中。

表 5-9　农民工收入方程的 OLS 回归结果

自变量	估计方程(2)	估计方程(3)	估计方程(4)	估计方程(5)
常数项	7.797*** (0.074)	7.867*** (0.095)	7.861*** (0.099)	8.054*** (0.068)
教育年限	0.058*** (0.045)	0.051*** (0.048)	0.045*** (0.048)	
学历层次(以"小学及以下"为参照)				
初中				0.055* (0.045)
高中				0.069** (0.056)
大专				0.262*** (0.072)
本科及以上				0.378*** (0.127)
工作经验	0.052*** (0.045)	0.052*** (0.045)	0.045** (0.045)	0.044** (0.045)
工作经验平方	0.000(0.000)	0.000(0.000)	-9.705E-5(0.000)	-9.548E-5(0.000)
培训经历	0.108*** (0.095)	0.135*** (0.133)	0.102*** (0.035)	0.093*** (0.035)
培训次数	0.066*** (0.056)	0.050*** (0.025)	0.042*** (0.016)	0.069*** (0.023)
教育年限×培训经历		0.047*** (0.022)	0.047*** (0.022)	
教育年限×培训次数		0.041*** (0.012)	0.040*** (0.012)	
教育层次与培训次数的交互项				
初中×培训次数				0.023* (0.008)
高中×培训次数				0.026* (0.013)
大专×培训次数				0.033** (0.013)
本科及以上×培训次数				0.066*** (0.028)
性别			0.012(0.028)	0.005(0.028)
来源地			0.062*** (0.033)	0.089*** (0.033)
婚姻状况			0.145*** (0.042)	0.122*** (0.043)
职业类型(以"劳务型"为参照)				
商务型			-0.031(0.037)	-0.026(0.037)
事务型			-0.001(0.036)	-0.005(0.037)
管理型			-0.104** (0.042)	-0.036(0.046)
其他			0.006(0.049)	0.020(0.050)
R²	0.163	0.168	0.253	0.281
Prob > F	0.000	0.000	0.000	0.000
样本量	712	712	690	687

注:①因变量为农民工月平均收入的自然对数。

②***、**、*分别表示回归系数估计值在1%、5%、10%显著水平下通过检验,小括号内数值

为稳健标准误。

③空白单元格表示回归模型中不含该自变量。

④在有常数项的情况下,R 为被解释变量与预测值之间的多元相关系数,R^2 为多元相关系数平方,用于衡量线性回归模型的拟合优度。

⑤F 值为回归模型总变异量的 F 检验统计值,单元格呈现的是其相伴概率值。

⑥样本量均少于总样本量(728),这是由部分变量数据缺失所造成。对于缺失值的处理办法,大致分为删除含有缺失值的个案和缺失值插补两种。估计方程(2)~(5)中变量缺失值不多,对估计结果的影响不大。因此,本文使用直接将含有缺失值的个案删除的办法来处理数据缺失问题。

农民工样本总体的回归估计结果(表 5 - 9)显示,四个估计方程的有效解释率介于 16.3% ~28.1% 之间,F 统计量的显著性概率值均小于 0.01,除了"工作经验"和"工作经验平方"存在多重共线性,①其他所有自变量的共线性诊断结果均显示,方差膨胀因子(variance inflation factor;简称 VIF)均小于 10,容忍度(tolerance;又称 TOL)均大于 0.1,可以认为不存在严重多重共线性问题,各个估计方程的拟合优度达标、具有统计学意义,各变量回归系数的符号与常理相符。由此得出如下研究结果和结论:

第一,四个扩展估计方程对主要变量教育和培训的回归结果基本一致,即教育和培训的回归系数均显著为正,且培训回归系数大于教育回归系数,表明教育培训对农民工收入的提升具有正向效应,只不过培训比教育对农民工收入的影响更为明显。究其原因,一是培训能有效促进劳动者技能提升,较高的劳动技能和技术可以提高劳动生产率,而较高劳动生产率将会大大增加劳动者经济收入;二是培训有助于增加企业未来收益(或降低未来支出),因此从长远看,企业愿意支付更高的劳动报酬;三是农民工接受培训的时间比接受正规学校教育的时间短,具有更强的实效性和针对性,培训收益率自然明显高于教育收益率。

第二,方程(2)的估计结果显示,农民工的月均教育收益率为 5.8% ,可以解释为农民工每多接受一年教育,可以使其月平均收入提高 5.8% 。接受过相关培训的农民工比没有接受过任何培训的农民工月平均收入水平高出 10.8% ;而且控制培训虚拟变量时,在接受过培训的农民工群体中,他们每多接受一次培训,可以使

---

①　陈强在《高级计量经济学及 Stata 应用(第二版)》一书中明确解释了关于多重共线性问题的处理方法(第 124 页),其中一种方法认为:"在整个估计方程中,如果关心具体的回归系数,但多重共线性并不影响所关心变量的显著性,那么可以不必理会。因为即使在有方差膨胀的情况下,这些系数依然显著;如果没有多重共线性,则只会更加显著。"估计方程(2)~(5)中工作经验和工作经验平方变量的共线性诊断结果显示,VIF 略大于 10(但小于 13),但是本研究关注的重点是农民工教育与培训的人力资本回报率,多重共线性并不影响它们的显著性,因此,可以忽略不计。

其月平均收入提高6.6%。可见,培训是一项积极的劳动力资源开发政策,若对农民工增加培训将有助于大幅度提高其收入。

第三,方程(3)引入教育与培训的交互项,在此模型中,教育年限与培训经历的交互项通过1%的显著性水平检验,表明有无培训经历的农民工群体在教育收益率上存在显著差异,即接受过相关培训的农民工,其月均教育收益率为9.8%(0.051+0.047=0.098)。教育年限与培训次数的交互项系数为正,且通过1%的显著性水平检验,表明教育和培训能够共同促进农民工收入增加。

第四,方程(4)在方程(3)的基础上增加了性别、来源地、婚姻状况、职业类型等控制变量,农民工的教育与培训收益率均略有下降,由此判断原来估计到教育培训对收入的影响,有一部分是由其他因素带来的。进一步观察方程(4)和(5)可知,引入相关控制变量后,无论是用教育年限还是用学历层次作为自变量进行回归,模型的拟合优度都得到很大提高。其中,"婚姻状况"和"来源地"变量的回归系数均为正,且通过1%的显著性水平检验,表明在其他条件均相同的情况下,已婚农民工比未婚农民工的收入高出14.5%(以教育年限作为自变量得到的估计结果)或12.2%(以学历层次作为自变量得到的估计结果),这一结果与国外已有实证研究非常吻合;[①]来源地以非相邻省区为参照,来自相邻省区的农民工月平均工资收入增加了6.2%(以教育年限作为自变量得到的估计结果)或8.9%(以学历层次作为自变量得到的估计结果)。值得关注的是,"性别"和"职业类型"变量的回归系数并不显著,这说明男性农民工与女性农民工的教育培训回报率不存在明显差异,进一步推断,性别不是导致农民工群体教育回报差异的因素,更有可能归因于劳动力市场上的性别歧视;从事不同层次(或声望)职业的农民工收入并不存在显著差异。方程(5)以学历层次替代教育年限来考察不同学历层次的农民工群体教育回报率是否存在差异,所得到的教育收益率为每增加一个学历层次的收益率,而不是每增加一年教育的收益率。结果显示,学历层次对农民工收入的影响不同,以小学及以下为参照,影响由大到小依次为本科及以上、大专、高中、初中;而初中教育收益率比小学及以下高出5.5个百分点,高中教育收益率比初中高出1.4个百分点[②],大专教育收益率比高中高出19.3个百分点[③],本科及以上教育收益率比大专高出11.6个百分点[④]。由此印证了教育收益率呈非完全线性递增现象,这一

---

① Goldin, C. Understanding the Gender Gap: an Economic History of American Women[J]. Industrial & Labor Relations Review, 1990,25(2):430-432.

② 1.4% = (0.069 - 0.055)×100%。

③ 19.3% = (0.262 - 0.069)×100%。

④ 11.6% = (0.378 - 0.262)×100%。

结论与 Brauw 和 Rozelle 得出的实证结果非常一致。① 另外,各教育层次虚拟变量与培训次数变量的交互项系数均显著为正,且随着教育层次的提升而逐级变大,表明学历教育有显著提升农民工培训收益的作用,更高层次的学历教育会使农民工群体培训收益率变得更高。

第三节　本章小结

在第四章实地调查的基础上,本章进一步分析了教育培训对农民工收入水平的影响,重新估算农民工教育培训经济收益率,证明了通过教育培训可以为农民工个人带来可观的货币收益。

首先,对农民工收入状况进行描述性统计分析,发现当前绝大多数农民工进城务工后获得的月平均工资性收入都处于 2 000 ~ 4 000 元之间,而且因性别、年龄、教育和培训、职业类型不同而存在显著差异。

其次,利用扩展的明瑟收入方程模型,基于苏州市农民工调查数据,实证检验了农民工教育培训的经济收益率,得到以下四点主要结论:

(1)教育和培训对提高农民工收入均有积极的正向作用,只不过培训的收益率(10.8%)显著高于正规学历教育收益率(5.8%)。

(2)教育和培训交互作用,合力促进农民工收入增加,有培训经历的农民工的学历教育收益率显著高于无培训经历的农民工。

(3)农民工教育收益率随着学历层次的上升而呈现非完全线性递增趋势。

(4)农民工培训收益率会随着学历层次的提升而提高,受教育程度更高的农民工,其培训收益率也会更高。

---

① Alan de Brauw, Scott Rozelle. 中国农村非农就业教育回报率的一致性[J]. 中国劳动经济学,2009 (1):9-24.

第六章 教育培训对农民工市民化的影响

本章基于教育培训非货币收益的视角,使用与第四章相同的调查数据,检验农民工教育培训对其市民化及各个维度的积极影响。

第一节 教育培训与农民工市民化的相关性

为分析农民工教育培训与其市民化水平之间是否存在统计学意义上的相关关系,需要计算相关系数并检验其显著性。分别从教育和培训两个方面,选择了"受教育程度""培训意愿""培训次数""培训周期""培训效果",并考虑其他部分影响因素与农民工市民化水平的相关关系。

一、教育变量与农民工市民化水平的相关分析

农民工受教育程度与其市民化水平的相关分析结果如表 6 - 1 所示。

表 6 - 1　教育变量与农民工市民化水平的相关分析结果

检验变量		市民化意愿	经济生活条件	社会关系融合	政治参与程度	总体市民化水平
受教育程度	相关系数	0.174 *	0.515 **	0.130 *	0.069	0.279 **
	Sig(双侧)	0.047	0.000	0.037	0.064	0.000
	N	724	724	724	724	724

注:"**"表示置信水平,** 表示在 0.01 水平(双侧)上显著相关,* 表示在 0.05 水平(双侧)上显著相关,缺失表示不显著。下同。

由表 6 - 1 可知,(1)农民工受教育程度与总体市民化水平在 0.01 的显著水平上存在正相关关系,即受教育程度越高,总体市民化水平得分越高。(2)从各个维度来看,受教育程度与市民化意愿、经济生活条件、社会关系融合均存在统计学意义上的显著正相关性,表明受教育程度越高,这三个维度得分越高。而受教育程度与政治参与程度不存在显著相关性。

二、培训状况与农民工市民化水平的相关性

通过问卷中"培训意愿""培训次数""培训周期"和"培训效果"等题项来反映培训状况,由这些题项构成的变量与农民工市民化水平之间分别作相关分析,结果整理如表 6 - 2 所示。

表 6 - 2　培训变量与农民工市民化水平的相关分析结果

检验变量		市民化意愿	经济生活条件	社会关系融合	政治参与程度	总体市民化水平
培训意愿	相关系数	0.025	0.053	0.210**	0.300**	0.219**
	Sig.（双侧）	0.498	0.153	0.003	0.000	0.001
	N	728	728	728	728	728
培训次数	相关系数	0.003	0.407**	0.142*	0.113*	0.250**
	Sig.（双侧）	0.933	0.000	0.045	0.043	0.007
	N	728	728	728	728	728
培训周期	相关系数	-0.028	0.215**	0.153**	0.079*	0.121**
	Sig.（双侧）	0.448	0.000	0.000	0.035	0.001
	N	719	719	719	719	719
培训效果	相关系数	0.229**	0.393**	0.200**	0.053	0.258**
	Sig.（双侧）	0.001	0.000	0.007	0.429	0.000
	N	718	718	718	718	718

由表 6 - 2 可知,第一,农民工培训意愿、次数、周期以及效果与总体市民化水平全部在 0.01 的显著水平上存在正相关关系,表明农民工接受相关培训意愿越强、次数越多、周期越长、效果越佳,其总体市民化水平得分越高。第二,具体从各个维度来看,培训变量与各维度市民化水平的相关系数说明基本存在不同程度的正相关关系。其中,培训意愿与社会关系融合、政治参与程度显著正相关,与市民

化意愿、经济生活条件均不存在显著相关性;培训次数和培训周期都分别与经济生活条件、社会关系融合、政治参与程度显著正相关,与市民化意愿不存在显著相关性;培训效果与市民化意愿、经济生活条件、社会关系融合均显著正相关,但与政治参与程度不存在显著相关性。

三、其他变量与农民工市民化水平的相关分析

农民工市民化水平受多种因素制约或影响。根据经验观察和已有相关研究,预期农民工市民化水平与收入、性别、年龄、来源地、婚姻状况、配偶所在地、职业类型、进城工作时间等变量都存在一定相关性,故将这些变量依次与农民工市民化水平做相关分析,目的之一是为下文多元回归分析的变量选择提供信息,正确且充足选择控制变量,以便有效地估计农民工教育培训因素对其市民化水平的影响程度及方向。

表6-3　其他变量与农民工市民化水平的相关分析结果

检验变量		市民化意愿	经济生活条件	社会关系融合	政治参与程度	总体市民化水平
月收入	相关系数	0.318**	0.231**	0.249**	0.372**	0.369**
	Sig.(双侧)	0.000	0.001	0.000	0.000	0.000
	N	723	723	723	723	723
性别	相关系数	0.008	-0.071	0.137**	0.016	0.049
	Sig.(双侧)	0.831	0.057	0.000	0.666	0.186
	N	728	728	728	728	728
年龄	相关系数	0.087*	-0.159**	0.063	0.157**	0.082*
	Sig.(双侧)	0.019	0.000	0.090	0.000	0.027
	N	721	721	721	721	721
来源地	相关系数	0.049	0.209**	0.096**	0.134**	0.155**
	Sig.(双侧)	0.189	0.000	0.010	0.000	0.000
	N	725	725	725	725	725
婚姻状况	相关系数	0.127**	-0.234**	0.054	0.077*	0.053
	Sig.(双侧)	0.001	0.000	0.147	0.038	0.154
	N	726	726	726	726	726

续表

检验变量		市民化意愿	经济生活条件	社会关系融合	政治参与程度	总体市民化水平
配偶所在地	相关系数	0.169 **	− 0.213 **	0.060	0.053	0.062
	Sig.（双侧）	0.000	0.000	0.107	0.154	0.098
	N	716	716	716	716	716
职业类型	相关系数	0.032	0.178 **	0.075 *	0.111 **	0.125 **
	Sig.（双侧）	0.388	0.000	0.045	0.003	0.001
	N	725	725	725	725	725
进城工作时间	相关系数	0.227 **	0.302 **	0.141 **	0.011	0.125 **
	Sig.（双侧）	0.001	0.000	0.006	0.971	0.009
	N	725	725	725	725	725

由表 6 - 3 可知,第一,从总体来看,整体农民工市民化水平与月收入、年龄、来源地、职业类型、进城工作时间等都具有统计学意义上的显著正相关关系。其中,月收入与农民工市民化水平的相关系数高达 0.369,且通过 0.01 的显著性水平检验,说明农民工月收入与其市民化水平的相关性最强。第二,具体从各个维度来看,不同影响因素与不同维度的关联性存在较大差异。其中,月收入水平作为最基本的刚性条件,对所有维度的市民化水平均具有显著正相关关系,尤其在政治参与程度上更为明显,反映了经济社会地位在很大程度上促进了政治社会地位。来源地、职业类型均分别与经济生活条件、社会关系融合、政治参与程度存在显著相关关系;进城工作时间与市民化意愿、经济生活条件、社会关系融合存在显著正相关关系;而性别、年龄、婚姻状况、配偶所在地等与各维度的相关系数有正有负,有些具有统计显著性。

第二节　教育培训对农民工市民化的影响

前文通过差异分析和相关分析初步揭示了部分备选因素与农民工市民化水平的关联性及方向性,但还不足以解释这些预期影响因素尤其是教育培训因素对农民工市民化水平影响的程度或大小。鉴于此,下文采用 OLS 多元回归法分别建立农民工市民化水平以及各维度与这些因素的回归模型。在无法判断总体模型存在何种形式异方差的情况下,这里仍然采用"OLS + 稳健标准误"方法来消除由于异方差带来的 OLS 估计量无效性、参数估计与区间预测失效等问题。[①]

借鉴已有研究,结合上文分析结果,本研究选取了部分变量作为解释变量,纳入回归模型。首先对主要变量进行定义、描述与赋值,如表 6 - 4 所示。数据处理和回归使用的统计分析软件是 STATA10.0。

表 6 - 4　变量描述与赋值

变量名称	变量定义	均值	标准差
因变量			
市民化意愿	题项得分的平均数(6 个测量题项)	3.47	0.71
经济生活条件	题项得分的平均数(3 个测量题项)	3.42	1.04
社会关系融合	题项得分的平均数(4 个测量题项)	3.11	0.77
政治参与程度	题项得分的平均数(3 个测量题项)	2.37	0.66
总体市民化水平	农民工市民化水平量表所有题项得分的平均数	3.11	0.56
自变量			
性别	男 = 1;女 = 0	0.62	0.487
年龄	30 岁及以上 = 1;30 岁以下 = 0	0.69	0.461
来源地	相邻省区 = 1;非相邻省区 = 0	0.58	0.419
受教育程度	小学及以下 = 1;初中 = 2;高中(包括中专、技校) = 3;大专 = 4;本科及以上 = 5	2.50	0.999
婚姻状况	已婚 = 1;未婚 = 0	0.78	0.418
配偶所在地	同城 = 1;其他 = 0	0.68	0.465
月收入水平	较好 = 1;一般 = 0	0.65	0.478
职业类型	管理型 = 1;事务型 = 2;商务型 = 3;劳务型 = 4;其他 = 5	2.41	1.340
进城工作时间	5 年及以上 = 1;5 年以下 = 0	0.60	0.490

---

① 在一般多元回归模型 $Y = \beta_0 + \beta_1 X_1 + \beta_2 X_2 + \cdots + \beta_k X_k + \mu$ 中,可以证明,假定除了随机误差项不具有相同的方差,其他都满足高斯—马尔科夫假定,那么 $Var(\hat{\beta}_j)$ 的一个有效估计量是:$(Var(\hat{\beta}_j)) = \frac{\sum_{i=1}^{n} \hat{\gamma}_{ij}^2 \hat{\mu}^{i2}}{SSR_j^2}$。其中,$\hat{\gamma}_{ij}$ 表示将 X_j 对所有其他自变量作回归分析得到的第 i 个残差,而 SSR_j 则是这个回归的残差平方和。$[Var(\hat{\beta}_j)]$ 的平方根就被称为 $\hat{\beta}_j$ 的异方差—稳健的标准误(heteroskedasticity - robust standard error)。一旦得到了异方差—稳健的标准误,构造一个异方差—稳健的 t 统计量就很容易,而且只要样本容量较大,即使在异方差情况下,若使用稳健标准误,则所有假设检验、参数估计均可照常进行。也就是说,只要使用"OLS + 稳健标准误",都能使之在出现未知形式的异方差性(heteroskedasticity of unknown form)时仍可用(详细推断过程可参见《计量经济学导论:现代观点(第五版)》第 218 ~ 220 页)。

续表

变量名称		变量定义	均值	标准差
是否接受过培训		是 = 1;否 = 0	0.42	0.494
培训情况	次数	较多 = 1;较少 = 0	0.60	0.490
	周期	较长 = 1;较短 = 0	0.43	0.893
	效果	较好 = 1;较差 = 0	0.56	0.497

注:根据研究需要,对原调查内容进行必要合并,然后依次赋值。具体调整合并如下:

①对于婚姻状况变量,将"已婚"赋值为1;将"未婚""离婚"以及"丧偶"等选项合并为"未婚",统一赋值为0。

②对于配偶所在地变量,将"同城"赋值为1;将"无配偶""在老家"以及"在别的城市"等选项合并为"其他",统一赋值为0。

③对于月收入水平变量,将"3 000 ~ 4 000 元""4 000 ~ 5 000 元"以及"5 000 元以上"等选项合并为"较好",统一赋值为1;将"2 000 元以下"和"2 000 ~ 3 000 元"合并为"一般",统一赋值为0。

④对培训次数变量,将"3 ~ 5 次""5 ~ 7 次"以及"7 次以上"等选项合并为"较多",统一赋值为1;将"0 次"和"1 ~ 2 次"合并为"较少",统一赋值为0。

⑤对于培训周期变量,将"1 周 ~ 1 个月""1 个月 ~ 半年"以及"半年以上"等选项合并为"较长",统一赋值为1;将"从没有接受过教育培训"和"1 周以内"合并为"较短",统一赋值为0。

⑥对于培训效果变量,将"有用但不明显"和"非常有用"合并为"较好",统一赋值为1;其余选项(包括"从没有接受过教育培训""没用,且经常为我带来不便""没用,且偶尔给我带来不便"以及"说不上来有用没用")合并为"较差",统一赋值为0。

接下来,以总体市民化水平以及四个具体维度为因变量,分别建立如下两类回归模型:第一类(模型Ⅰ)自变量包含受教育程度和是否接受过培训的虚拟变量,但不包含培训经历变量,目的在于初步分析受教育程度和有无培训对农民工市民化水平及各维度的影响力;第二类(模型Ⅱ)自变量包含受教育程度和细分后的培训情况变量(次数、周期、效果),但不包含"是否接受过培训"亚变量,目的是进一步估计培训的频次、时间长度及效果对农民工市民化水平及各维度的影响。这里为了剥离其他相关因素的影响,提高回归模型的稳健性,故将性别、年龄、来源地、婚姻状况、配偶所在地、月收入水平、职业类型以及进城工作时间等因素作为控制变量同时纳入上述两类模型。具体操作及分析如下:

一、总体市民化水平对农民工教育培训的回归分析

以"总体市民化水平"为因变量的回归结果如表6 - 5 所示。

表6-5　总体市民化水平对农民工教育培训的回归估计结果

自变量	总体市民化水平	
	模型 I	模型 II
性别	0.066(0.042)	0.048(0.043)
年龄	−0.016(0.055)	−0.011(0.056)
来源地	0.226*(0.093)	0.174*(0.075)
婚姻状况	0.078(0.070)	0.022(0.073)
配偶所在地	0.089(0.064)	0.130(0.067)
月收入水平	0.197***(0.084)	0.191***(0.080)
职业类型(以"劳务型"为参照)		
管理型	0.239***(0.069)	0.170**(0.073)
事务型	0.141**(0.055)	0.129**(0.056)
商务型	0.154**(0.056)	0.103*(0.057)
其他	−0.062(0.075)	−0.066(0.080)
进城工作时间	0.119*(0.082)	0.118**(0.081)
受教育程度(以"小学及以下"为参照)		
初中	−0.105(0.066)	−0.098(0.069)
高中	0.211***(0.075)	0.168**(0.078)
大专	0.376***(0.093)	0.325***(0.095)
本科及以上	0.447***(0.135)	0.460***(0.137)
是否接受过培训	0.156**(0.044)	
培训次数		0.153**(0.066)
培训周期		0.151**(0.064)
培训效果		0.198***(0.088)
常数项	2.740***(0.093)	2.783***(0.095)
Prob > F	0.000	0.000
R^2	0.134	0.165
样本量	696	677

注:①***、**、*分别表示非标准化回归系数在1%、5%、10%显著水平下通过检验,小括号内数值为标准误。

②空白单元格表示回归模型中不含该自变量。

③在多元回归模型中,R^2表示因变量的总样本变异中由自变量所解释的比例,用于衡量多元回归分析的拟合优度。

④F 为回归模型总变异量的 F 检验统计量,单元格中呈现的是其相伴概率值。

⑤两个模型所用样本量均少于总样本量(728),这是由部分变量数据缺失所造成。本文使用直接将含有缺失值的个案删除的办法来处理数据缺失问题。

⑥多重共线性诊断结果显示,VIF 值均小于 10,TOL 值均大于 0.1,故不存在严重的多重共线性问题。在以下回归结果中,本节部分注释相同的内容,不再重述。

观察上述两类回归模型的估计结果,有如下发现:

第一,由模型 I 发现:(1)对于受教育程度为高中及以上的农民工群体来说,其总体市民化水平显著高于小学及以下受教育程度的农民工,而且会随着受教育程度的提高而显著提升,尤其是受教育程度为大专、本科及以上的回归系数相对更大,分别为 0.376、0.447。不过,初中受教育程度的农民工相比小学及以下的农民工而言,其总体市民化水平下降但未通过显著性检验,因此没有统计学意义上的显著影响。可见,受教育程度对农民工市民化水平发生正向影响有起点限制或门槛制约,只有受教育程度为高中及以上的农民工,其市民化水平才会随着受教育程度的提高而提升,这一点与以往研究有较大不同,多数研究笼统地认为教育水平积极正向影响农民工市民化水平,[1][2]也有研究认为教育水平消极负向作用于农民工市民化水平,[3]但这些研究忽视了对不同层次教育的考察,本研究认为,每提升一个教育层次产生的影响与每增加一年教育产生的影响有较大差异。(2)"是否接受过培训"亚变量的回归系数符号为正,且通过显著性水平检验,表明与无培训经历的农民工相比,接受过培训的农民工,其总体市民化水平得分高出 0.156。这意味着教育培训对总体市民化水平具有显著的正向影响,也就是说,拥有教育培训经历的农民工其总体市民化水平显著高于没有教育培训经历的农民工。

第二,比较模型 I 和 II 可以发现,模型 I 对因变量的有效解释率为 13.4%,模型 II 的 R^2 值上升至 16.5%(二者 R^2 相差 3.1%)。可见,细分培训次数、周期及效果变量之后,显著提高了简单模型的解释力,因而模型 II 的解释效果优于模型 I。进一步分析发现,(1)细分后的培训变量对农民工总体市民化水平的提升具有积极正向效应,也就是说,在控制其他影响因素的情况下,农民工接受相关培训次数越多、周期越长、效果越佳,其总体市民化水平都会提高。其中,培训效果对总体市民化水平的影响最大($\beta = 0.198$),其次分

①　王桂新,沈建法,刘建波. 中国城市农民工市民化研究——以上海为例[J]. 人口与发展,2008,14(1):3-23.

②　崔宁. 新生代农民工市民化进程及影响因素研究[J]. 调研世界,2014(9):26-30.

③　赖作莲,王建康,罗丞,等. 农民工市民化程度的区域差异与影响因素——基于陕西5市的调查[J]. 农业现代化研究,2015,36(5):773-777.

别是培训次数($\beta = 0.153$)和培训周期($\beta = 0.151$)。(2)进一步比较发现,总体上,培训的正向效应要弱于正规学校教育。如果将正规学校教育视为初始人力资本形成途径,将培训视为一种后续的人力资本形成途径。[①] 可见,针对农民工总体市民化水平,后续人力资本的形成并没有凸显传统经验预测的强大提升作用。究其原因可能是:农民工市民化涉及意愿与能力、经济与非经济等多方面的测量指标,一方面,教育形成初始人力资本的影响力具有长效性、可推进性,而培训形成后续人力资本虽然在短期内能带来较高的经济收益,但难以完全发挥其应有的效应;另一方面,根据劳动力市场筛选理论的基本假说,教育具有"信号"功能,使得学历在很多时候起到一种划分劳动力等级的作用,因而拥有不同学历的农民工在城市进入和融入上自然存在很大差异。

第三,不论加入培训的哪方面变量,农民工总体市民化水平在"来源地""月收入水平""职业类型""进城工作时间"等控制变量上都存在显著差异,尤其是月收入水平不同的农民工群体差异最大,说明在考察教育培训因素对总体市民化水平影响的同时,切不可忽视这些关键性影响因素,而是要更加关注诸如经济条件等因素的决定性力量。

二、农民工市民化意愿对教育培训的回归分析

以"市民化意愿"为因变量的回归估计结果如表6-6所示。

表6-6 农民工市民化意愿对教育培训的回归估计结果

自变量	市民化意愿	
	模型 I	模型 II
性别	−0.012(0.057)	−0.002(0.060)
年龄	−0.008(0.074)	−0.003(0.077)
来源地	0.133(0.069)	0.141(0.071)
婚姻状况	0.163(0.095)	0.108(0.100)
配偶所在地	0.202**(0.087)	0.235**(0.093)
月收入水平	0.197**(0.082)	0.194**(0.079)
职业类型(以"劳务型"为参照)		
管理型	0.109*(0.093)	0.108*(0.092)

---

① 景晓芬. 空间隔离与外来人口的城市融合[M]. 北京:中国社会科学出版社,2014:152.

续表

自变量	市民化意愿	
	模型 I	模型 II
事务型	0.078(0.074)	0.042(0.078)
商务型	0.119*(0.075)	0.099(0.079)
其他	−0.140(0.102)	−0.128(0.110)
进城工作时间	0.114*(0.070)	0.115**(0.071)
受教育程度(以"小学及以下"为参照)		
初中	−0.114(0.089)	−0.113(0.095)
高中	0.271***(0.101)	0.194**(0.108)
大专	0.418***(0.125)	0.338***(0.132)
本科及以上	0.597***(0.182)	0.614***(0.189)
是否接受过培训	0.116*(0.059)	
培训次数		0.130**(0.111)
培训周期		0.100**(0.080)
培训效果		0.162**(0.066)
常数项	2.817***(0.125)	2.879***(0.132)
Prob > F	0.000	0.000
R^2	0.092	0.101
样本量	696	677

注:多重共线性诊断结果显示,VIF 值均小于 10,TOL 值均大于 0.1,故不存在严重的多重共线性问题。

上述回归模型 I、II 的估计结果显示:

首先,分析模型 I 的估计结果发现:(1)与总体市民化水平结果较为一致的是,受教育程度对市民化意愿的显著正向影响也表现出起点限制。初中受教育程度的农民工相比小学及以下的农民工而言,其市民化意愿减弱但未通过显著性检验,因此也没有统计学意义上的显著影响。对于受教育程度为高中及以上的农民工群体来说,其市民化意愿得分显著高于小学及以下受教育程度的农民工,而且会随着受教育程度的提高而显著提升,尤其是受教育程度为大专($\beta = 0.418$)、本科及以上($\beta = 0.597$)更为突出。(2)"是否接受过培训"亚变量的估计参数值等于0.116,符号为正且通过显著性水平检验,说明拥有培训经历的农民工,其市民化意愿得分比无培训经历的农民工显著提高。概言之,拥有更多教育培训经历的农民工群体,会有着更为强烈的市民化意愿。

其次,比较模型Ⅰ、Ⅱ的估计结果,模型Ⅰ对因变量的有效解释率为9.2%,模型Ⅱ的 R^2 值为10.1%,解释力略有上升。培训情况的三个变量均对农民工市民化意愿具有显著正向影响,说明在控制其他影响因素的情况下,农民工接受相关培训的次数越多、效果越佳,他们就有更强烈的市民化意愿。另外,与总体市民化水平回归估计结果一致之处是培训的正向效应仍要弱于正规学校教育。

再次,观察控制变量参数的估计值,"配偶所在地""月收入水平""职业类型"和"进城工作时间"等控制变量的回归系数均显著,说明在配偶是否同城工作、月收入水平高低、职业层次(或声望)高低以及进城工作时间长短的农民工群体中,他们的市民化意愿存在显著差异。而"性别""年龄""来源地"和"婚姻状况"的系数符号有负有正,但均不显著。

三、经济生活条件对农民工教育培训的回归分析

以"经济生活条件"为因变量的回归估计结果如表6-7所示。

表6-7 农民工经济生活条件对教育培训的回归估计结果

自变量	经济生活条件	
	模型Ⅰ	模型Ⅱ
性别	0.078(0.076)	0.055(0.079)
年龄	−0.109(0.098)	−0.122(0.102)
来源地	0.102(0.087)	0.124(0.092)
婚姻状况	0.092(0.126)	0.076(0.133)
配偶所在地	−0.159(0.126)	−0.154**(0.123)
月收入水平	0.125**(0.092)	0.124**(0.091)
职业类型(以"劳务型"为参照)		
管理型	0.503***(0.123)	0.370*(0.133)
事务型	0.204**(0.101)	0.137(0.103)
商务型	0.041(0.099)	0.144(0.105)
其他	−0.065(0.136)	−0.148(0.145)
进城工作时间	0.121*(0.095)	0.118**(0.093)
受教育程度(以"小学及以下"为参照)		
初中	−0.155(0.119)	−0.137(0.126)
高中	0.480***(0.135)	0.677**(0.142)
大专	0.595***(0.167)	0.947***(0.174)

续表

自变量	经济生活条件	
	模型 I	模型 II
本科及以上	0.809 *** (0.242)	1.125 *** (0.250)
是否接受过培训	0.218 *** (0.078)	
培训次数		0.284 *** (0.091)
培训周期		0.135 ** (0.085)
培训效果		0.331 ** (0.087)
常数项	2.634 *** (0.166)	2.743 *** (0.174)
Prob > F	0.000	0.000
R^2	0.233	0.246
样本量	696	677

注:多重共线性诊断结果显示,VIF 值均小于 10,TOL 值均大于 0.1,故不存在严重的多重共线性问题。

上述两类回归模型的估计结果显示:

首先,分析模型 I 的估计结果发现:(1)农民工受教育程度对其经济生活条件方面的市民化具有重要影响。与小学及以下教育程度相比,初中教育程度的系数符号为负,但不显著,而高中及以上受教育程度的回归系数均显著为正,且经济生活条件平均得分会随教育程度的提高而显著提高。(2)"是否接受过培训"亚变量的回归系数显著为正,表明与没有接受培训者相比,接受过培训的农民工,其在经济生活条件维度上的平均得分高出 0.218。

其次,分析模型 II 的估计结果发现:(1)受教育程度对农民工市民化的影响与模型 I 的估计结果基本一致,也就是说,对于受教育程度为高中及以上的农民工来说,经济生活条件方面的市民化水平会随着受教育程度的增加而上升。(2)就培训次数而言,与接受培训次数较少的农民工相比,接受培训次数较多的农民工在经济生活条件上的市民化水平高于前者,即每多接受一次培训,其经济生活条件维度的市民化水平得分会高出 0.284;就培训周期而言,与接受培训周期较短的农民工相比,接受培训周期较长的农民工在经济生活条件方面都有显著提高,平均得分高出 0.135;就培训效果而言,与接受效果较差培训的农民工相比,接受效果较好培训的农民工在经济生活条件方面也有显著提高,平均得分高出 0.331。(3)总体来看,培训对经济生活条件方面市民化的正向效应仍明显弱于正规学校教育。

再次,观察控制变量参数的估计值,"月收入水平""职业类型"和"进城工作时间"等控制变量的回归系数基本显著,表明在其他条件均相同的情况下,月收入较高、职业层次(或声望)很高、进城工作时间较长的农民工与月收入较低、职业层次(或声望)低、进城工作时间较短的农民工相比,在经济生活条件方面的市民化水平显著更高。

四、社会关系融合对农民工教育培训的回归分析

以"社会关系融合"为因变量的回归估计结果如表6-8所示。

表6-8 农民工教育培训与社会关系融合的回归估计结果

自变量	社会关系融合	
	模型 I	模型 II
性别	0.186 *** (0.059)	0.175 *** (0.061)
年龄	−0.043(0.077)	−0.013(0.069)
来源地	0.115 * (0.074)	0.092(0.071)
婚姻状况	0.035(0.099)	0.023(0.093)
配偶所在地	0.096(0.090)	0.155 * (0.095)
月收入水平	0.178 ** (0.074)	0.177 ** (0.072)
职业类型(以"劳务型"为参照)		
管理型	0.285 *** (0.096)	0.234 * (0.103)
事务型	0.211 *** (0.077)	0.210 *** (0.080)
商务型	0.177 ** (0.079)	0.097(0.081)
其他	−0.046(0.106)	−0.016(0.113)
进城工作时间	0.130 * (0.072)	0.106 * (0.073)
受教育程度(以"小学及以下"为参照)		
初中	−0.018(0.093)	−0.068(0.098)
高中	0.167 ** (0.115)	0.132 ** (0.110)
大专	0.115 * (0.104)	0.108 * (0.101)
本科及以上	0.153 ** (0.199)	0.222 *** (0.194)
是否接受过培训	0.196 *** (0.061)	
培训次数		0.182 *** (0.068)
培训周期		0.198 *** (0.066)
培训效果		0.299 *** (0.077)
常数项	2.965 *** (0.130)	3.004 *** (0.135)
Prob > F	0.000	0.000
R^2	0.066	0.082
样本量	696	677

注:多重共线性诊断结果显示, VIF 值均小于 10, TOL 值均大于 0.1, 故不存在严重的多重共线性问题。

考察上述两类回归模型的估计结果。

首先,考察模型Ⅰ的估计结果发现:(1)农民工受教育程度对其社会关系融合方面的市民化具有重要影响,只不过它们的回归系数值相对小一些。与小学及以下教育程度相比,初中教育程度的系数符号为负,但不显著,而高中及以上受教育程度的回归系数均显著为正,意味着社会关系融合平均得分也会随教育程度的提高而显著提高。(2)"是否接受过培训"的回归系数显著为正,表明与没有接受培训的相比,接受过培训的农民工,其市民化水平在社会关系融合维度上有显著提高,平均高出 0.196 分。

其次,考察模型Ⅱ的估计结果发现:(1)与模型Ⅰ的估计结果相比,高中(β = 0.132)、大专(β = 0.108)受教育程度的回归系数值均变小,但总体不变的是,对于受教育程度为高中及以上的农民工来说,社会关系融合方面的市民化水平仍然会随着受教育程度的增加而上升。(2)观察细分后的培训情况变量,培训效果对社会关系融合维度的影响最大,与接受效果较差培训的农民工相比,接受效果较好培训的农民工在此方面有显著提高,平均高出 0.299 分。培训次数、培训周期对社会关系融合维度也有显著正向影响,其中:与接受培训次数较少的农民工相比,接受培训次数较多的农民工在此方面显著提高,即每多接受一次培训,其社会关系融合维度的市民化水平会提高 0.182 分;与接受培训周期较短的农民工相比,接受培训周期较长的农民工在此方面得分平均提高 0.198 分。

再次,考察控制变量参数的估计值发现,不论加入何种教育培训变量,"性别"这一控制变量与上述回归结果有明显不同,农民工社会关系融合方面的市民化水平在性别上表现出显著差异,意味着男性农民工在社会关系融合方面要显著优于女性农民工。张洪霞(2014)的研究也得到过类似结论,男性农民工在城市的劳动参与率较女性农民工更高,加之社会本身赋予男性更多的责任和角色期待,这种推力迫使男性农民工在城市更好地打拼和积累异质性社会资本,帮助他们实现与城市社会生活的融合。[①] 而"月收入水平""进城工作时间"等控制变量与上述回归结果基本保持一致,即在其他条件均相同的情况下,月收入较高、进城工作时间较长的农民工比月收入较低、进城工作时间较短的农民工,在社会关系融合方面的市民化水平显著更高。上文已证实收入水平的提高、进城工作时间的延长有利于改善其经济生活条件,而在我国典型的人情社会中,经济社会地位越高,越有利于获取社会资源、扩充人脉关系。

---

① 张洪霞. 新生代农民工市民化的影响因素研究——基于全国 797 位农民工的实证调查[J]. 调研世界, 2014(1):26-30.

五、政治参与程度对农民工教育培训的回归分析

以"政治参与程度"为因变量的回归估计结果如表6-9所示。

表6-9 农民工教育培训与政治参与程度的回归估计结果

自变量	政治参与程度	
	模型 I	模型 II
性别	0.018(0.057)	0.029(0.059)
年龄	0.096(0.074)	0.104(0.099)
来源地	0.121*(0.091)	0.129*(0.093)
婚姻状况	0.049(0.095)	0.012**(0.099)
配偶所在地	0.140(0.087)	0.170*(0.092)
月收入水平	0.363***(0.069)	0.315***(0.071)
职业类型(以"劳务型"为参照)		
管理型	0.251***(0.093)	0.171**(0.099)
事务型	0.136**(0.054)	0.287***(0.077)
商务型	0.145**(0.076)	0.079(0.078)
其他	-0.078(0.092)	-0.060(0.089)
进城工作时间	0.054(0.080)	0.073(0.071)
受教育程度(以"小学及以下"为参照)		
初中	-0.015(0.089)	-0.013(0.094)
高中	0.008(0.012)	0.005(0.188)
大专	0.192(0.125)	0.188(0.130)
本科及以上	0.241(0.182)	0.288(0.187)
是否接受过培训	0.110*(0.058)	
培训次数		0.138*(0.050)
培训周期		0.105(0.048)
培训效果		0.104(0.046)
常数项	2.392***(0.125)	2.535***(0.183)
Prob > F	0.000	0.000
R^2	0.141	0.158
样本量	696	677

注:多重共线性诊断结果显示,VIF 值均小于 10,TOL 值均大于 0.1,故不存在严重的多重共线性问题。

考察上述两类回归模型估计结果可以发现：

第一，相对特殊的是，无论模型Ⅰ还是模型Ⅱ，以"小学及以下"为参照组，"初中""高中""大专""本科及以上"与政治参与程度的回归系数均未通过显著性检验，说明受教育程度对于农民工政治参与程度的影响不显著。上文已述当前农民工在政治参与程度上的得分最低，且存在不均衡分布，由于这种刚性维度的特殊性更多取决于政策、制度等方面的决定力量，因此仅仅通过学校教育来解决如此大规模的农民工政治参与问题，几无成效。就学校教育的影响效应来看，本文的发现与郑磊和朱志勇（2013）的研究结果具有一定相似性，他们认为受教育年限和政治参与行为之间并没有传统理论所预测的正相关关系，甚至呈现一定负相关关系。[①]究其可能原因，一是学校教育本身没有发挥好政治社会化功能；二是我国政治参与制度的特殊性。

第二，在模型Ⅰ中，"是否接受过培训"的回归系数显著为正，表明与无培训经历的农民工相比，有培训经历的农民工，其市民化水平在政治参与程度方面的市民化水平会有显著提高，平均高出 0.110 分。

第三，在模型Ⅱ中，观察细分后的培训情况变量，由回归系数可知，在培训次数、周期、效果三个变量上，只有"培训次数"（$\beta = 0.138$）对农民工政治参与程度具有显著正向影响，说明在控制其他影响因素的情况下，农民工接受相关培训的次数越多，他们在政治参与程度方面的市民化水平越高。而"培训周期"和"培训效果"对其政治参与程度的影响均不具有统计学意义。尽管如此，这里与上述分析有着明显的不同，即教育培训总体上对农民工政治参与程度方面的市民化水平影响十分微弱，且几乎都来自培训的作用。

第四，不论加入何种教育培训变量，"来源地""月收入水平""职业类型"等控制变量的估计系数均显著，表明农民工政治参与程度的市民化水平在上述不同群体中均存在显著差异，即来自相邻省区、月收入水平越高、职业层次（或声望）相对较高的农民工群体，其在政治参与程度方面的市民化水平越高。需要指出的是，"进城工作时间"的估计系数在两类模型中均不显著，可见农民工在政治参与方面并没有因其进城工作时间的长短而发生实质改变，进城工作时间与政治参与层面的市民化进展几乎无关。

[①] 郑磊，朱志勇. 教育是否促进了中国公民的政治选举投票参与——来自 CGSS2006 调查数据的证据 [J]. 北京大学教育评论，2013，11（2）：165－185，192.

第三节　本章小结

本章在第四章调查研究的基础上,进一步分析了教育培训对农民工市民化的影响,证明了通过教育培训提升农民工人力资本水平来显著提高市民化水平,从而为农民工带来非货币收益。

相关分析结果显示,受教育程度除了与政治参与程度不存在显著相关性之外,与其他三个维度市民化及其总体均存在统计学意义上的显著正相关;培训变量(包括"培训意愿""培训次数""培训周期""培训效果")与总体市民化水平及其四个维度存在不同程度的正相关。不同影响因素与不同维度的关联性存在较大差异,但"月收入水平"对总体市民化水平及其四个维度均呈显著正相关。

回归估计结果验证了学历教育和培训因素对农民工市民化水平影响的程度和大小,得到以下主要结果和结论:

第一,教育培训具有巨大的非货币化收益和溢出效应。教育培训对总体市民化水平及其各维度具有显著正向影响,只不过对政治参与程度方面的市民化进展影响十分微弱。

第二,正规学历教育因素对农民工市民化水平以及市民化意愿、经济生活条件、社会关系融合三个分项水平均具有显著正效应,只不过对政治参与程度上的市民化水平没有显著正效应,也就是说,受教育程度并没有显著促进农民工在政治参与程度方面的市民化。接受过培训及多次接受培训对农民工市民化水平及各维度均具有显著正效应,这与教育因素的影响存在区别,可能更多培训将具有更强针对性,比如一些引导性培训就涉及思想政治方面的知识以及公民参与方面的训练,因此,接受过培训的农民工在其政治参与程度上的市民化水平自然会有所提升。

第三,教育对农民工市民化水平发生正向影响受起点限制或门槛制约,只有受教育程度为高中及以上的农民工,其市民化水平才会随着受教育程度的增加而提升。其实,每提升一个教育层次产生的影响与每增加一年教育产生的影响是有差异的。

　　第四,良好的培训效果对农民工市民化的正效应最强(不包括政治参与程度),这也符合经验逻辑,农民工自评培训效果主要反映出他们对于培训的有用性及培训对城市生活和工作作用的感知。农民工培训次数较多,其市民化水平及各维度上的市民化水平均会显著提升。说明既要增加农民工培训数量,也要重视提升培训质量。

　　另外,性别、来源地、婚姻状况、配偶所在地、月收入水平、职业类型以及进城工作时间等控制变量的作用也不容忽视。

第七章 农民工犯罪倾向性
的调查分析

本章将农民工区分为城市未犯罪农民工(统一简称:未犯罪农民工)和已犯罪农民工服刑人员(统一简称:已犯罪农民工、服刑农民工或农民工罪犯)两大群体。在调查抽样和样本筛选的过程中,亦分别以未犯罪农民工、已犯罪农民工为总体,在群体内部独立抽取样本,分别做问卷调查,依据调查数据,建立数据库。

第一节 未犯罪农民工调查问卷的设计与质量检验

一、问卷构成与调查过程

本章第一、二节所使用的调查问卷由三部分构成。第一部分是个人背景信息;第二部分为城市外来务工人员教育培训情况调查;第三部分是城市外来务工人员犯罪倾向性调查。

(一)问卷第一部分

调查问卷的第一部分主要是个人背景信息。根据研究需要,主要包含性别、年龄、户口性质、受教育程度、婚姻状况、配偶所在地、职业类型、月收入、进城时间、进城前家庭年收入、进城前是否接受过教育培训等。

(二)问卷第二部分

问卷第二部分主要是调查城市外来务工人员教育培训状况,主要通过文献阅读和结构化访谈相结合的方式完成内容设计,具体编制过程如下:

1. 利用中国知网、万方数据库、维普资源整合平台、Elsevier Science Direct 全文电子期刊等网络资源和苏州大学图书馆馆藏资源,查阅与搜集大量有关城市外来务工人员教育培训的文献资料,并整理与分析。从城市外来务工人员教育培训需求、培训事实、培训困难、培训希望等多方面初步整理出结构化访谈内容,形成关于教育培训的访谈提纲(详见附录)。

2. 结构化访谈。在苏州市园区人才市场、苏州市娄葑人力资源市场随机抽取30名城市外来务工人员做访谈,现场记录和访谈后的录音整理相结合。

3. 在文献的整理与分析的基础上,结合访谈结果,对收集到的信息资料进行详细的归纳、合并形成问卷的项目,删除表达不清或者有歧义的题项,并参考孙慧(2012)的《关于新生代农民工教育培训问题的研究》[1]和刘艳磊(2011)的《新生代农民工教育培训问题研究——以山东省滨州市为例》[2]中的调查内容,形成初测问卷的第二部分。

这里需要说明的是,本部分调查结果不做单独分析,用于后文与已犯罪农民工教育培训情况的对比分析。

(三)问卷第三部分

问卷第三部分主要是调查城市外来务工人员犯罪倾向性,主要通过借鉴已有研究成果、参考相关问卷,构建相关维度。具体编制过程如下:

1. 利用中国知网、万方数据库、维普资源整合平台、Elsevier Science Direct 全文电子期刊等网络资源和图书馆馆藏资源,查阅与搜集大量有关城市外来务工人员犯罪方面的文献资料,在充分参考已有相关研究成果的基础上,构建问卷维度及其题项。例如,王平荣等人(2010)在《外来务工人员犯罪动机结构的实证研究——以苏州为例》[3]中、周新静(2007)在《犯罪人员人格特征问卷的编制及研究》[4]中提供的问卷值得借鉴。

2. 问卷初测。随机抽取苏州市200名城市外来务工人员进行初测,对初测量表做因子分析和信度、效度检验,筛选项目,修订后形成正式问卷。

3. 正式施测,用修订后的自编问卷对苏州市区内800名城市外来务工人员进行大范围试测,获取有效问卷671份,对其奇偶分半,一半问卷用于探索性因子分析,另一半用于验证性分析,检验量表的信度和效度。

① 孙慧. 关于新生代农民工教育培训问题的研究 [D]. 上海师范大学硕士学位论文, 2012.
② 刘艳磊. 新生代农民工教育培训问题研究——以山东省滨州市为例[D]. 西南大学硕士学位论文, 2011.
③ 王平荣,赵永乐. 外来务工人员犯罪动机结构的实证研究——以苏州为例[J]. 社会科学家,2010(12):89-95.
④ 周新静. 犯罪人员人格特征问卷的编制及相关研究[D]. 南京师范大学硕士学位论文,2007.

二、初测问卷质量检验

(一)初测样本情况

本次初测,于 2014 年 3 月底正式开始,至 6 月中旬结束。在苏州地区便宜取样了 200 位农民工,进行初测,获得有效问卷 169 份,回收率为 84.5%。本次初测人群,被试人口统计学情况如下表所示:

表 7 - 1　初测问卷被试人口统计学情况描述性统计

单位:人、%

项　目		样本数量	占比	项　目		样本数量	占比
性别	男	70	41.4	受教育程度	小学及以下	10	5.9
	女	99	58.6		初中	23	13.6
年龄	20 岁以下	9	5.3		普通高中	25	14.8
	21~30 岁	125	74.0		中专或职业高中	17	10.1
	31~40 岁	23	13.6		大专	44	26.0
	41~50 岁	7	4.1		本科	47	27.8
	51~60 岁	4	2.4		研究生及以上	2	1.2
	60 岁以上	1	0.6		数据缺失	1	0.6
职业类型	劳务型	37	21.9	婚姻状况	未婚	107	63.3
	商务型	17	10.1		已婚	50	29.6
	事务型	33	19.5		离异	5	3.0
	管理型	67	39.6		丧偶	3	1.8
	其他	15	8.9		数据缺失	4	2.4

(二)农民工犯罪倾向性量表项目分析

在计算《农民工犯罪倾向量表》各项目总分时,将目标变量命名为"犯罪倾向总分",除去 11 个因个别项目缺失未能计算出总分的样本个案,共有 158 个有总分数据的样本个案,采取高低分组法,将总分按降序排列,取前 27% 为高分组,后 27% 为低分组,对两组在各题项得分上的差异进行 T 检验。

独立样本 T 检验的结果显示,49 题("我知道基本的法律常识")、51 题("我宁愿被被人痛恨也不想被别人看不起")和 68 题("我没有什么精神寄托或信念")的 T 统计量分别为 0.784、0.728、0.633,其相伴概率未达到 0.05 的显著性水平,需要删改,将 68 题的题干改为"我喜欢在夜晚去做有刺激性的事情"。

（三）农民工犯罪倾向性量表信度分析

"农民工犯罪倾向性量表"的 Cronbach's Alpha 系数为 0.854,高于 0.8,说明该量表的信度其佳。

（四）农民工犯罪倾向性量表效度分析

在项目分析中,有 Q49、Q51 两道题未能通过筛选。对删除了这 2 道题项的量表共计 28 个题项进行 KMO 和 Bartlett's 球形检验。Bartlett's 球形检验的 χ^2 值为 2 181.787,自由度为 351,达到 0.05 的显著性水平,表示该量表数据适合进行因子分析,总方差累计贡献率达 63.425%（见表 7-2）,且各项主成分因子分析获得的因子载荷均大于 0.4,效度达标。

表 7-2　初测量表第一次探索性因子分析解释的总方差

成分	初始特征值			提取平方和载入			旋转平方和载入		
	合计	方差的 %	累积 %	合计	方差的 %	累积 %	合计	方差的 %	累积 %
1	8.939	33.109	33.109	8.939	33.109	33.109	4.144	15.348	15.348
2	2.231	8.264	41.373	2.231	8.264	41.373	3.746	13.874	29.223
3	1.863	6.900	48.273	1.863	6.900	48.273	3.365	12.462	41.685
4	1.681	6.228	54.501	1.681	6.228	54.501	2.427	8.990	50.674
5	1.270	4.702	59.203	1.270	4.702	59.203	2.051	7.595	58.270
6	1.140	4.222	63.425	1.140	4.222	63.425	1.392	5.155	63.425
7	<以下数据省略>								

提取方法:主成分分析。

三、正式量表质量检验

（一）农民工犯罪倾向性量表探索性因子分析

对正式问卷中的犯罪倾向量表进行 KMO 和 Bartlett's 球形检验。Bartlett's 球形检验的 KMO 值为 0.901,χ^2 值为 6 685.546,自由度为 451,达到 0.05 显著性水平,表示适合进行因子分析（见表 7-3）。

表 7-3　农民工犯罪倾向性量表 KMO 和 Bartlett's 球形检验

检验统计量		值
取样足够度的 Kaiser-Meyer-Olkin 度量		0.901
Bartlett 的球形度检验	近似卡方(χ^2)	6 685.549
	自由度(df)	451
	显著性(Sig.)	0.000

反映像相关矩阵的对角线数值代表每一个变量的取样适当性度量值(Measures of Sampling Adequacy,简称 MSA),一般而言,如果有题项的 MSA 值小于 0.5,则表示该题项不适合做因子分析。在反映像相关矩阵中,所有题项的取样适当性统计量 MSA 均大于 0.5,符合要求。

表 7 - 4 农民工犯罪倾向性量表公因子方差

题 号	初 始	提 取
Q41	1.000	0.692
Q42	1.000	0.693
Q43	1.000	0.519
Q45	1.000	0.512
Q52	1.000	0.444
Q53	1.000	0.586
Q54	1.000	0.446
Q55	1.000	0.535
Q56	1.000	0.595
Q57	1.000	0.666
Q58	1.000	0.510
Q59	1.000	0.615
Q63	1.000	0.776
Q64	1.000	0.752
Q66	1.000	0.601
Q67	1.000	0.780
Q68	1.000	0.712
Q40	1.000	0.505

提取方法:主成分分析。

通过相关矩阵的显著性检验,将相关性较低的 Q50、Q62、Q65 题项删除;再通过旋转成分矩阵,将因子载荷小于 0.4 的 Q39、Q44、Q46、Q47、Q48、Q60、Q61 题项删除。最后剩余 18 个题项(见表 7 - 4)。

这里采用主成分分析法抽取成分的结果,转轴方法为直交转轴的最大变异法,旋转平方和载入累积为 60.777%,虽然较低,但已符合统计学要求。

表 7 – 5 农民工犯罪倾向性问卷解释的总方差

成分	初始特征值			提取平方和载入			旋转平方和载入		
	合计	方差的 %	累积 %	合计	方差的 %	累积 %	合计	方差的 %	累积 %
1	6.364	35.353	35.353	6.364	35.353	35.353	4.094	22.745	22.745
2	1.823	10.128	45.481	1.823	10.128	45.481	2.566	14.257	37.002
3	1.560	8.669	54.150	1.560	8.669	54.150	2.146	11.920	48.922
4	1.193	6.627	60.777	1.193	6.627	60.777	2.134	11.854	60.77
7	<以下数据省略>								

提取方法:主成分分析。

表 7 – 6 农民工犯罪倾向性问卷旋转成分矩阵

题号	成 份			
	1	2	3	4
Q59	0.737			
Q57	0.724			
Q56	0.700			
Q53	0.672			
Q58	0.664			
Q55	0.639			
Q54	0.616			
Q52	0.579			
Q41		0.805		
Q42		0.798		
Q40		0.674		
Q43		0.654		
Q63			0.851	
Q64			0.830	
Q45			0.640	
Q67				0.794
Q66				0.767
Q68				0.691

提取方法:主成分。

旋转法:具有 Kaiser 标准化的正交旋转法。

a. 旋转在 6 次迭代后收敛。

上述农民工犯罪倾向性因素分析萃取了四个公因子(见表7-6),四个公因子均可以合理命名,整理后的因子分析结果如表7-7所示。

表7-7 农民工犯罪倾向性因素分析结果

因　　子	题号及内容
价值观扭曲	Q59 我欣赏新闻上报道的犯罪分子,要是自己做,我会干得更巧妙。 Q57 当我看到城里的小孩受欺负时,我会感到很开心。 Q56 我希望和我竞争的人能从这个世界消失。 Q53 只要小心点,偶尔违法一次不会有人发现。 Q58 看犯罪或杀人的小说电影,我会很兴奋。 Q55 人就应该尽情吃喝玩乐,说不定哪天就死了。 Q54 我佩服那些想尽办法、不择手段获得成功的人。 Q52 如果能获得巨款,多少冒点险也无妨。
社交障碍	Q41 我有几个可以交心的朋友。 Q42 周围的人都不理解我。 Q40 我与家人相处得不好。 Q43 我觉得别人的热情都是虚伪的。
自控力低下	Q63 我难以控制冲动,忍耐性差。 Q64 我常常为一点小事发火。 Q45 对触犯我的人,我总想报复他。
偏好不良	Q67 我喜欢赌博之类的活动来寻求刺激。 Q66 我有吸烟喝酒的爱好。 Q68 我喜欢在夜晚去做有刺激性的事情。

注:每道题下包括"非常不同意""有点儿不同意""有点同意也有点不同意""同意""非常同意"5个选项,按照1~5赋分,得分越高说明犯罪倾向性越明显,个别反义题目反向处理。

(二)农民工犯罪倾向性量表验证性因子分析

本章尝试使用结构方程模型AMOS21.0软件对城市农民工犯罪倾向性量表进行验证性因子分析。

1. 测量模型的适配度检验

通过建构测量模型,以极大似然估计法(Maximum Likelihood Estimates)对收集的观察值进行验证性因子分析,输出测量模型如图7-1所示:

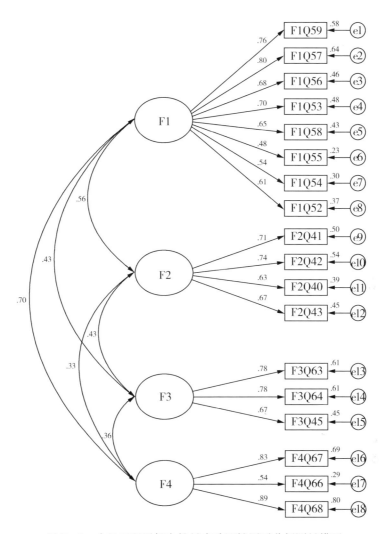

图7-1　农民工犯罪倾向性量表验证性因子分析测量模型

由图7-1可以看出,所有的观测变量(即题项)与对应的潜在变量(即预测变量)都呈现较强的正向相关。标准回归系数几乎全部介于0.50～0.90之间,表示模型的基本适配度良好。

Bentler(1992)[①]、Hayduk(1978)[②]认为检验结构方程模型的拟合是否良好,有以下6个指标,与研究验证性因子分析的测量模型的拟合值对比,如表7-8所示。

---

　　① Bentler, P. M. , On the fit of models to covariances and methodology to the Bulletin[J]. Psychological Bulletin,1992,112(3):400-404.

　　② Hayduk, L. A. , Structural Equation Modeling with LISREL: Essential and Advance[M]. Baltimore : John Hopkins University Press, 1987.

表7-8　农民工犯罪倾向性量表测量模型的拟合结果

指标名称	评价标准		测量模型拟合值	评价
	好	接受		
拟合优度指数 GFI	>0.9	0.7~0.9	0.872	接受
调整拟合优度指数 AGFI	>0.9	0.7~0.9	0.861	接受
非标准拟合指数 TLI	>0.9	0.7~0.9	0.902	好
模型比较适合度 CFI	>0.9	0.7~0.9	0.918	好
近似误差均方根 RMSEA	<0.08	0.08~0.1	0.058	好

表7-8的数据说明,验证性因子分析的测量模型的拟合度良好。

2. 测量模型的收敛效度检验

收敛效度是指反映相同构念的各题项彼此之间的相关度。相关度越高,表示收敛效度越好。判断收敛效度的标准有三个;第一,所有观测变量(外显变量)的标准化因子负载需大于0.5,且P值达到显著水平(P<0.05或P<0.01);第二,所有潜在变量组合信度(Composite Reliability,简称CR)需大于0.6;第三,所有潜在变量的平均变异萃取量(Average Variance Extracted,简称AVE)需大于0.5。

表7-9　农民工犯罪倾向性量表测量模型的收敛效度检验

潜在因子	题项	标准负载	P值	组合信度 CR	平均变异萃取量 AVE
F1	Q59	0.763	P<0.001	0.86	0.65
	Q57	0.801	P<0.001		
	Q56	0.677	P<0.001		
	Q53	0.695	P<0.001		
	Q58	0.652	P<0.001		
	Q55	0.483	P<0.001		
	Q54	0.544	P<0.001		
	Q52	0.61	P<0.001		
F2	Q41	0.71	P<0.001	0.78	0.68
	Q42	0.738	P<0.001		
	Q40	0.625	P<0.001		
	Q43	0.668	P<0.001		
F3	Q63	0.781	P<0.001	0.79	0.74
	Q64	0.667	P<0.001		
	Q45	0.783	P<0.001		

续表

潜在因子	题项	标准负载	P 值	组合信度 CR	平均变异萃取量 AVE
	Q67	0.833	P < 0.001		
F4	Q66	0.542	P < 0.001	0.81	0.76
	Q68	0.894	P < 0.001		

由表 7-9 的数据可知,所有题项的标准化因子负载中,最低的是偏好不良 (F4)下的 Q66,其值为 0.542,满足大于 0.5 的标准,并且 P 值也达到显著水平。所有潜在变量的组合信度都在 0.7 以上,满足大于 0.6 的标准。所有潜在变量的平均变异萃取量也都高于 0.5。三个判断标准均已满足,说明测量模型的内在质量良好,具有较好的收敛效度。

3. 测量模型的区别效度检验

区别效度是指一个构念(潜在变量)与其他构念(潜在变量)的实际差异程度。通常用两个指标来评估,一是考察一个题项对其所属构念(潜在变量或公因子)的因子载荷量是否大于该题项与其他构念(潜在变量或公因子)的因子载荷量(即交叉载荷量,cross loadings),如果不大于,则存在区别效度不达标的问题;另一个是比前者严格的指标,是比较任一个潜在变量的 AVE 值与该潜在变量与其他潜在变量的相关系数平方值的大小,如果前者大于后者,则表明模型整体的区别效度达标。这里采用后一个更加严格的判断标准。

如表 7-10 所示,对角线位置上的数值为各潜在变量的平均变异萃取量,即 AVE 值,其他位置上数值为单元格所在行与所在列的两个潜在变量之间完全标准化相关系数的平方值。四个公因子(潜在变量)各自的平均方差萃取量均大于任意两个公因子(潜在变量)的相关系数平方值,表明犯罪倾向性量表的测量模型具有良好的区别效度。由验证性因子分析的测量模型可以看出,任意两个潜在变量之间的相关系数均小于 0.5,表示该测量模型具有一定的区别效度。

表 7-10　农民工犯罪倾向性量表测量模型的区别效度检验

	F1	F2	F3	F4
F1	0.65(AVE)			
F2	0.32	0.68(AVE)		
F3	0.18	0.18	0.74(AVE)	
F4	0.49	0.11	0.13	0.76(AVE)

为了更加直观地了解问卷结构,特将正式问卷的信效度检验的主要检验数据汇总于表7-11中。

表7-11 农民工犯罪倾向性的测定项目、
平均值、标准化估计值、AVE、CR 和 Cronbachα 系数

因子	项目内容	平均值(MEAN ± SD)	标准化估计值	AVE	CR
F1 价值观扭曲(特征值 =6.36;方差贡献率 =35.35% ;Cronbach 系数 α =0.847)				0.65	0.86
	Q59 我欣赏新闻上报道的犯罪分子,要是自己做,我会干得更巧妙。	1.30 ±0.026	0.76		
	Q57 当我看到城里的小孩受欺负时,我会感到很开心。	1.33 ±0.025	0.80		
	Q56 我希望和我竞争的人能从这个世界消失。	1.49 ±0.032	0.68		
	Q53 只要小心点,偶尔违法一次不会有人发现。	1.42 ±0.030	0.70		
	Q58 看犯罪或杀人的小说电影,我会很兴奋。	1.49 ±0.031	0.65		
	Q55 人就应该尽情吃喝玩乐,说不定哪天就死了。	1.86 ±0.043	0.48		
	Q54 我佩服那些想尽办法、不择手段获得成功的人。	1.66 ±0.039	0.54		
	Q52 如果能获得巨款,多少冒点险也无妨。	1.48 ±0.034	0.61		
F2 社交障碍(特征值 =1.82;方差贡献率 =10.13% ;Cronbach 系数 α =0.768)				0.68	0.78
	Q41 我有几个可以交心的朋友。	1.78 ±0.038	0.71		
	Q42 周围的人都不理解我。	1.83 ±0.035	0.74		
	Q40 我与家人相处得不好。	1.64 ±0.040	0.63		
	Q43 我觉得别人的热情都是虚伪的。	1.88 ±0.038	0.67		
F3 自控力低下(特征值 =1.56;方差贡献率 =8.67% ;Cronbach 系数 α =0.754)				0.74	0.79
	Q63 我难以控制冲动,忍耐性差。	2.20 ±0.044	0.78		
	Q64 我常常为一点小事发火。	2.15 ±0.043	0.78		
	Q45 对触犯我的人,我总想报复他。	2.47 ±0.044	0.67		
F4 偏好不良(特征值 =1.19;方差贡献率 =6.63% ;Cronbach 系数 α =0.735)				0.76	0.81
	Q67 我喜欢赌博之类的活动来寻求刺激。	1.41 ±0.032	0.83		
	Q66 我有吸烟喝酒的爱好。	1.89 ±0.046	0.54		
	Q68 我喜欢在夜晚去做有刺激性的事情。	1.34 ±0.029	0.89		

以上探索性因子分析和验证性因子分析结果显示,问卷的建构效度良好。

第二节　未犯罪农民工的犯罪倾向性

一、未犯罪农民工犯罪倾向性的总体分析

主要从价值观扭曲、社交障碍、自控力低下、偏好不良四个方面研究农民工的犯罪倾向性。依据农民工犯罪倾向性四个维度的平均得分(见表7－12),得出如下结论:

1. 整体来看,犯罪倾向性的整体平均分为1.70,分值较低,可以认为农民工群体的犯罪倾向并不严重。因此,社会应当消除对农民工的歧视,让他们在和谐友善的环境中更好地适应城市生活。

2. 四个维度的均值得分来看,自控力低下 > 社交障碍 > 偏好不良 > 价值观扭曲。说明,农民工群体的自控力低下是最为严重的问题,相对而言价值观和偏好的情况相对好许多。

3. 从个体情况来看,自控力低下和偏好不良两个维度的极大值都高达5,说明有部分农民工在自控力和偏好方面情况令人担忧。而价值观扭曲和社交障碍的极大值也高达4.63和4.50,说明有个别农民工确实存在价值观扭曲严重和人际关系极度恶劣的情况。因此,在关注农民工群体的同时,更应该关注那些需要重点给予关心的个体。

表7－12　农民工犯罪倾向性描述统计量

	N	极小值	极大值	均值	标准差
价值观扭曲	671	1.00	4.63	1.50	0.58
社交障碍	671	1.00	4.50	1.78	0.75
自控力低下	671	1.00	5.00	2.27	0.92
偏好不良	671	1.00	5.00	1.55	0.76
犯罪倾向性	671	1.00	4.44	1.70	0.53

二、未犯罪农民工犯罪倾向性的差异分析

采用独立样本 t 检验和单因素方差分析方法,探讨农民工犯罪倾向在人口统计学变量上的差异。单因素变量分别为性别、年龄、受教育程度、婚姻状况、职业类

型、月收入、工作时间、家庭年收入、进城前是否接受过相关培训,它们作为差异检验的类别自变量。前文已述,对于犯罪倾向主要包括四个方面:价值观扭曲、社交障碍、自控力低下和偏好不良。

(一)性别、年龄、户籍、婚姻状况不同的农民工犯罪倾向性差异分析

1. 不同性别农民工的犯罪倾向性差异分析

性别是重要的个体特征,分为男女两组,对其做独立样本 t 检验。表 7 - 13 给出了方差齐性的 Levene 检验和关于均值相等的 t 检验结果。首先,当 F 统计量的 Sig 值小于 0.05,参照"假设方差不相等"时的 t 检验结果;反之,当 F 统计量的 Sig 值大于 0.05,参照"假设方差相等"成立时的 t 检验结果。

表 7 - 13　不同性别的农民工在犯罪倾向性上的差异比较

检验变量	性别	样本量	均值	标准差	T 统计量	自由度 Df	Sig(双侧)
价值观扭曲	男	395	1.53	0.62580	2.041**	627.585	0.042
	女	261	1.44	0.50662			
社交障碍	男	400	1.83	0.79915	2.429**	630.788	0.015
	女	265	1.70	0.66203			
自控力低下	男	396	2.25	0.93106	-0.834	659	0.404
	女	265	2.31	0.89482			
偏好不良	男	401	1.73	0.78882	8.634***	639.962	0.000
	女	263	1.26	0.62183			

注:** $p < 0.05$, *** $p < 0.01$。

性别不同的农民工在犯罪倾向性上的差异检验结果(表 7 - 13 所示)显示,农民工性别变量在价值观扭曲、社交障碍和偏好不良变量上的差异检验 t 统计量均达显著水平,显著性概率 p 值均小于 0.05,表示不同性别的农民工在认知、社交和爱好方面均显著不同。具体来说,男性农民工的价值观扭曲(M = 1.53)显著高于女性农民工(M = 1.44);男性农民工的社交障碍(M = 1.83)显著高于女性农民工(M = 1.70);男性农民工的偏好不良程度(M = 1.73)显著高于女性农民工(M = 1.26)。在犯罪倾向性的总平均分上,男性农民工(M = 1.84)显著高于女性(M = 1.67),说明不同性别的农民工在犯罪倾向性上差异显著,且男性农民工的犯罪倾向性更加明显。

2. 不同年龄农民工的犯罪倾向性差异分析

年龄分组变量的水平值在三个以上,适宜单因素方差分析。首先检验样本数据方差是否同质,方差齐性不同需要采用不同的分析方法。

表 7 - 14　不同年龄的农民工犯罪倾向性的方差齐性检验

检验变量	Levene 统计量	分子自由度	分母自由度	显著性
价值观扭曲	1.924	5	650	0.088
社交障碍	2.452	5	659	0.032
自控力低下	2.387	5	655	0.037
偏好不良	0.435	5	658	0.825

表 7 - 14 显示,"价值观扭曲"变量而言,Levene 统计量为 1.926,p = 0.088 > 0.05;"偏好不良"变量检验 p = 0.825 > 0.05。两者均未达显著水平,应接受方差同质的原假设。而"社交障碍"和"自控力低下"两个变量检验 p 值分别为 0.032 和 0.037,均小于 0.05,说明应拒绝虚无假设,表示该样本群体的方差不具有同质性,这里采用 Tamhane's T2 法进行事后比较。

然后,对不同年龄农民工在"价值观扭曲""偏好不良"两个变量上的单因素方差分析开展 Scheffe 法比较,对"社交障碍"和"自控力低下"两个变量的方差分析采用 Tamhane's T2 检验方法。为了表 7 - 15 中描述方便,将 20 岁以下、20 ~ 29 岁、30 ~ 39 岁、40 ~ 49 岁、50 ~ 59 岁、60 岁以上这 6 组分别命名为年龄组 1、年龄组 2、年龄组 3、年龄组 4、年龄组 5、年龄组 6。

表 7 - 15　不同年龄农民工在犯罪倾向性上的方差分析摘要

检验变量	变异来源	平方和	自由度	均方和	F 检验	Scheffe 法	Tamhane's T2 法
价值观扭曲	组间	7.762	5	1.552		年龄组 2 > 年龄组 3	/
	组内	214.561	650	0.330	4.703 ***	年龄组 2 > 年龄组 4	
	总和	222.323	655				
社交障碍	组间	3.591	5	0.718			n. s.
	组内	369.991	659	0.561	1.279		
	总和	373.582	664				
自控力低下	组间	2.112	5	0.422		/	n. s.
	组内	552.275	655	0.843	0.501		
	总和	554.387	660				
偏好不良	组间	7.881	5	1.576		n. s.	/
	组内	378.097	658	0.575	2.743 **		
	总和	385.978	663				

注:①n. s. (no significance) p > 0.05 ,** p < 0.05, *** p < 0.001;②"/"表示事后比较未用该法。

由表 7－15 可知,不同年龄农民工在价值观扭曲上存在着显著差异,且 20～29 岁组农民工在价值观扭曲上的得分显著高于 30～39 岁组和 40～40 岁组。说明, 20～29 岁农民工在价值观扭曲上存在着很大问题。不同年龄的农民工在社交障碍、自控力低下等维度上并无显著差异。

3. 不同户籍地农民工的犯罪倾向性差异分析

首先,对不同户籍地的农民工犯罪倾向性做方差齐性检验。其中,"价值观扭曲""社交障碍""偏好不良"三个变量检验 p 值分别为 0.496、0.596、0.332, 均大于 0.05,接受方差齐性假设,采用 Scheffe 检验法进行比较;而"自控力低下"的显著性 p 值为 0.021,小于 0.05,拒绝方差齐性假设,采用 Tamhane's T2 法进行差异比较。

F 检验结果显示,不同户籍地农民工在犯罪倾向四个维度上均无显著差异。[①]

4. 不同婚姻状况农民工犯罪倾向性差异分析

首先,对不同婚姻状况农民工犯罪倾向性做方差齐性检验,检验结果如表 7－16 所示。其中,"社交障碍""偏好不良"两个变量检验 p 值分别为 0.446、0.658, 均大于 0.05,接受方差齐性假设,采用 Scheffe 检验法进行比较;而"价值观扭曲"和"自控力低下"的 p 值分别为 0.012 和 0.035,均小于 0.05,拒绝方差齐性假设,采用 Tamhane's T2 法进行差异比较。

表 7－16　不同婚姻状况的农民工犯罪倾向性的方差齐性检验

检验变量	Levene 统计量	分子自由度	分母自由度	显著性
价值观扭曲	3.689	3	652	0.012
社交障碍	0.890	3	661	0.446
自控力低下	2.883	3	657	0.035
偏好不良	0.536	3	660	0.658

表 7－17　不同婚姻状况的农民工犯罪倾向性差异分析摘要

检验变量	变异来源	平方和	自由度	均方和	F 检验	Scheffe 法	Tamhane's T2 法
价值观扭曲	组间	5.360	3	1.787	5.369***		未婚组>已婚组
	组内	216.963	652	0.333		/	未婚组>离异组
	总和	222.323	655				

① 考虑精简篇幅,这里省略了不同户籍地农民工犯罪倾向性差异检验结果摘要。

续表

检验变量	变异来源	平方和	自由度	均方和	F 检验	Scheffe 法	Tamhane's T2 法
社交障碍	组间	0.499	3	0.166	0.295		
	组内	373.083	661	0.564		n. s.	/
	总和	373.582	664				
自控力低下	组间	1.018	3	0.339	0.403		
	组内	553.369	657	0.842		/	n. s.
	总和	554.387	660				
偏好不良	组间	1.820	3	0.607	1.042		
	组内	384.158	660	0.582		n. s.	/
	总和	385.978	663				

注:①n. s. (no significance) p > . 05, *** p < 0. 001;②"/"表示事后比较未用该方法。

方差分析结果显示,不同婚姻状况的农民工在价值观扭曲上均有显著差异,且未婚的农民工在价值观扭曲上的得分要显著高于已婚组和离异组。可见,城市未婚农民工群体是值得重点关注的群体。

(二)教育培训经历不同的农民工犯罪倾向性差异分析

1. 受教育程度不同的农民工犯罪倾向性差异分析

首先,对受教育程度不同的农民工犯罪倾向性作方差齐性检验,结果如表 7-18所示。其中,"价值观扭曲"和"偏好不良"两个变量检验 p 值分别为 0.059 和 0.175,均大于 0.05,接受虚无假设,采用 Scheffe 检验法进行比较;而"社交障碍"和"自控力低下"两个变量检验 p 值分别为 0.010 和 0.032,均小于 0.05,拒绝虚无假设,采用 Tamhane's T2 法进行差异比较。

表7-18　受教育程度不同的农民工犯罪倾向性方差齐性检验

检验变量	Levene 检验	分子自由度	分母自由度	显著性
价值观扭曲	2.141	5	648	0.059
社交障碍	3.070	5	657	0.010
自控力低下	2.458	5	653	0.032
偏好不良	1.540	5	656	0.175

注:由于研究生组只有一个样本,故已忽略。

表 7 - 19　受教育程度不同的农民工犯罪倾向性的方差分析结果摘要

检验变量	变异来源	平方和	自由度	均方和	F 检验	Scheffe 法	Tamhane's T2 法
价值观扭曲	组间	6.299	6	1.050	3.153 **	本科组 > 初中组	/
	组内	215.777	648	0.333		本科组 > 普高组	
	总和	222.075	654				
社交障碍	组间	7.940	6	1.323	2.382 **		
	组内	365.035	657	0.556		/	n. s.
	总和	372.975	663				
自控力低下	组间	2.364	6	0.394	0.467		
	组内	550.403	653	0.843		/	n. s.
	总和	552.767	659				
偏好不良	组间	5.527	6	0.921	1.588		
	组内	380.406	656	0.580		n. s.	/
	总和	385.933	662				

注:①n. s. (no significance) $p > 0.05$, ** $p < 0.05$;②"/"表示事后比较未用该法。

由上表分析可知,受教育程度不同的农民工在价值观扭曲上存在着显著差异,且本科学历的农民工在价值观扭曲上的得分显著高于初中组和高中组。这一现象的产生与较高学历农民工自我认知与现实冲突有关,学历较低的农民工相对更加漠视社会不公和不良环境,更加安于现状。

2. 不同培训经历农民工的犯罪倾向性差异分析

对进城前接受培训情况不同的农民工犯罪倾向性做差异性分析时,采用独立样本 t 检验方法。结果显示,进城前接受与未接受教育培训的农民工,在价值观扭曲、社交障碍、自控力低下、偏好不良及犯罪倾向总分上的 t 统计量均未达显著水平,显著性相伴概率 p 值分别为 0.781、0.655、0.726、0.999、0.673,均大于 0.05,表示农民工进城前是否接受过培训,对其进城后的犯罪倾向性无显著影响。①

(三)工作时间、职业类型、月收入、家庭年收入等方面不同的农民工犯罪倾向性差异分析

1. 进城工作时间不同的农民工犯罪倾向性差异分析

首先,对进城工作时间长短不同的农民工犯罪倾向性做方差齐性检验,结果如

---

① 考虑精简篇幅,这里省略了不同培训经历农民工的犯罪倾向性差异检验结果摘要表。

表 7 - 20 所示。

表 7 - 20　进城工作时间长短不同的农民工犯罪倾向性的方差齐性检验

检验变量	Levene 统计量	分子自由度	分母自由度	显著性
价值观扭曲	2.023	4	649	0.090
社交障碍	5.118	4	659	0.000
自控力低下	3.087	4	654	0.016
偏好不良	4.617	4	657	0.001

其中,"价值观扭曲"变量检验的显著性 p 值为 0.090,大于 0.05,接受虚无假设,采用 Scheffe 法进行比较;而"社交障碍""自控力低下"和"偏好不良"三个变量检验的显著性 p 值均小于 0.05,拒绝虚无假设,采用 Tamhane's T2 法进行差异比较。

表 7 - 21　进城工作时间长短不同的农民工在犯罪倾向性上的方差分析摘要

检验变量	变异来源	平方和	自由度	均方和	F 检验	Scheffe 法	Tamhane's T2 法
价值观扭曲	组间	7.578	4	1.895	5.733 ***	1~2 年组 > 5 年以上组	/
	组内	214.482	649	0.330		2~3 年组 > 5 年以上组	
	总和	222.060	653				
社交障碍	组间	8.029	4	2.007	3.625 **	/	2~3 年组 > 不到 1 年组
	组内	364.946	659	0.554			5 年以上组 > 不到 1 年组
	总和	372.975	663				
自控力低下	组间	8.192	4	2.048	2.462 *	/	1~2 年组 > 不到 1 年组
	组内	544.047	654	0.832			2~3 年组 > 不到 1 年组
							5 年以上组 > 不到 1 年组
	总和	552.239	658				
偏好不良	组间	6.558	4	1.639	2.843 *	/	1~2 年组 > 不到 1 年组
	组内	378.824	657	0.577			
	总和	385.382	661				

注:① * p < 0.05 , ** p < 0.01 , *** p < 0.001;② "/"表示事后比较未用该方法。

如表 7-21 所示,进城工作时间长短不同的农民工在犯罪倾向性各维度上的差异显著。具体来说,在价值观扭曲方面,进城工作 1~2 年的农民工和进城工作 2~3 年的农民工犯罪倾向得分显著高于进城工作 5 年以上组,可见进城工作时间短的农民工在认知上的偏差越严重;在社交障碍方面,进城工作 2~3 年的农民工和进城工作 5 年以上的农民工在该因子上的得分显著高于进城工作不到 1 年的农民工,可见进城工作不到 1 年的农民工在社交上非常积极,这可能与刚进城的新鲜感有关;在自控力低下方面,进城工作 1~2 年的农民工、进城工作 2~3 年的农民工、进城工作 5 年以上的农民工得分均显著高于进城工作不到 1 年的农民工,这与猜想不符合,可能与刚进城工作不满 1 年的农民工因为周边环境和人物的不熟悉,因此对自己较为控制有关;在偏好不良方面,进城工作 1~2 年的农民工得分显著高于进城工作不到 1 年的农民工,可见进城工作 1~2 年后或许部分农民工已经养成一些恶习。

2. 不同职业类型农民工的犯罪倾向性差异分析

对不同职业类型农民工的犯罪倾向性作方差齐性检验,结果如表 7-22 所示。其中,"社交障碍""偏好不良"变量检验 p 值大于 0.05,接受虚无假设,采用 Scheffe 法进行比较;而"价值观扭曲"和"自控不良"两个变量检验 p 值都小于 0.05,拒绝虚无假设,采用 Tamhane's T2 法进行差异比较。

表 7-22　不同职业类型的农民工犯罪倾向性的方差齐性检验

检验变量	Levene 统计量	分子自由度	分母自由度	显著性
价值观扭曲	2.384	4	651	0.050
社交障碍	1.773	4	660	0.132
自控力低下	4.123	4	656	0.003
偏好不良	1.039	4	659	0.386

表 7-23　不同职业类型农民工犯罪倾向性的方差分析结果摘要

检验变量	变异来源	平方和	自由度	均方和	F 检验	Scheffe 法	Tamhane's T2 法
价值观扭曲	组间	3.480	4	0.870	2.588*		事务型组 > 管理型组
	组内	218.843	651	0.336		/	
	总和	222.323	655				
社交障碍	组间	2.423	4	0.606	1.077		
	组内	371.159	660	0.562		n.s.	/
	总和	373.582	664				

续表

检验变量	变异来源	平方和	自由度	均方和	F 检验	Scheffe 法	Tamhane's T2 法
自控力低下	组间	1.528	4	0.382	0.453		
	组内	552.859	656	0.843		n.s.	/
	总和	554.387	660				
偏好不良	组间	2.876	4	0.719	1.237		
	组内	383.102	659	0.581		n.s.	/
	总和	385.978	663				

注：①n.s.(no significance)p＞.05，*p＜0.05；②"/"表示事后比较未用该法。

由表7-23可知，不同职业类型农民工在"价值观扭曲"上存在着显著差异。事务型农民工(如家政人员、企业生产工人、建筑装修工人等)的得分显著高于管理型农民工。而一般事务型农民工相较管理型农民工而言，学历普遍偏低，因此间接反映了教育对于抑制农民工犯罪有一定作用。

3. 不同月收入农民工的犯罪倾向性差异分析

对不同月收入的农民工犯罪倾向性作方差齐性检验。其中，"价值观扭曲""偏好不良"变量检验p值大于0.05，接受虚无假设，采用Scheffe法进行比较；而"社交障碍"和"自控力低下"两个变量检验p值均小于0.05，拒绝虚无假设，采用Tamhane's T2法进行差异比较。

F检验发现，不同月收入农民工在犯罪倾向性四个维度上均无显著差异(表格省略)。

4. 不同家庭年收入农民工犯罪倾向性差异分析

对家庭年收入不同的农民工犯罪倾向性作方差齐性检验，结果见表7-24。

表7-24　家庭年收入不同的农民工犯罪倾向性方差齐性检验结果

检验变量	Levene 统计量	分子自由度	分母自由度	显著性
价值观扭曲	3.174	4	649	0.013
社交障碍	0.349	4	658	0.845
自控力低下	1.610	4	654	0.170
偏好不良	1.786	4	657	0.130

由表7-24可知，"社交障碍""自控力低下""偏好不良"这三个变量检验p值均大于0.05，接受虚无假设，采用Scheffe法进行比较；而"价值观扭曲"变量检验p

值小于 0.05,拒绝虚无假设,采用 Tamhane's T2 法进行差异比较。

表 7 - 25　不同家庭年收入农民工犯罪倾向性方差分析结果摘要

检验变量	变异来源	平方和	自由度	均方和	F 检验	Scheffe 法	Tamhane's T2 法
价值观扭曲	组间	2.692	4	0.673	1.993*		2 万元以下组
	组内	219.131	649	0.338		/	>2~5 万元组
	总和	221.823	653				
社交障碍	组间	3.025	4	0.756	1.347*	2 万元以下组	
	组内	369.342	658	0.561		>2~5 万元组	/
	总和	372.366	662				
自控力低下	组间	11.535	4	2.884	1.082		
	组内	541.602	654	0.828		n.s.	/
	总和	553.136	658				
偏好不良	组间	2.513	4	0.628	1.079		
	组内	382.546	657	0.582		n.s.	/
	总和	385.059	661				

注:①n. s. (no significance) p > .05 ,* p <0.05;②"/"表示事后比较未用该法。

由表 7 - 25 可知,不同家庭年收入农民工在"价值观扭曲"和"社交障碍"上存在着显著差异。在价值观扭曲方面,家庭年收入在 2 万元以下的农民工的得分显著高于 2~5 万元的农民工;在社交障碍方面,家庭年收入在 2 万元以下的农民工得分也显著高于 2~5 万元的农民工。推断原生家庭经济条件对于农民工犯罪倾向性可能有一定程度的影响。

第三节　已犯罪农民工的调查分析

一、问卷设计与数据收集

(一)问卷设计过程

本节使用的数据来源于教育部人文社会科学重点研究基地项目——《教育培训和市民化对城市外来务工人员犯罪行为影响的实证研究》第三阶段实地问卷调查资料,调查地点为江苏省苏州市和南京市的三所监狱。问卷内容共由三个部分构成:第一部分为个人背景信息;第二部分为已犯罪农民工的教育培训情况;第三部分为农民工犯罪倾向性调查。

调查问卷的第一部分"个人背景信息",主要包含性别、年龄、来源地、户籍性质、受教育程度、婚姻状况、配偶所在地、服刑之前所从事的职业类型、服刑之前的月平均收入、本次犯罪类型、本次犯罪受到处罚的刑期、犯罪之前是否想过被处罚以及现在所受刑罚与预期相比如何、服刑之前的家庭年收入、你认为对自身犯罪行为影响最大的因素、犯罪前进城工作期间是否接受过相关培训等。

调查问卷的第二部分"已犯罪农民工的教育培训情况",是在第一阶段子课题有关城市农民工教育培训情况调查问卷的基础上,为增强研究的实际效果,课题组成员深入关押场所进行调研,与三所监区主要负责人对话交流,以了解他们实施教育改造的真实情况,尤其关注服刑农民工的犯罪倾向性以及教育培训的作用。同时,为保证问卷质量和研究真实性,在每所监狱里随机选择2~3名农民工犯罪服刑人员做结构化访谈,以现场摘记和录音相结合的方式收集资料,便于辅助问卷修订。最终,编制包括服刑之前的教育培训和服刑期间的教育改造在内的具体题项。

调查问卷的第三部分"农民工犯罪倾向性调查",继续使用第一阶段子课题通过质量鉴定的农民工犯罪倾向性量表,由价值观扭曲、社交障碍、自控力低下、偏好不良四个具体维度构成。

(二)数据收集

从2015年9月开始,课题组成员分成三组深入监狱现场调研。由于本次调查对象为江苏省监狱正在服刑的犯罪人,不便于在现场直接区分出调查对象在服刑之前是否为农民工,同时尽可能克服农民工群体的心理抵制问题,为了使样本具有真实性和代表性,因此课题组工作成员在监狱管理人员的帮助下,采用分层随机抽样方法,从江苏省26所监狱中[①],根据刑期以及性别分布,分层抽取3所监狱:苏州S监狱、南京T监狱、南京F女子监狱,在每所监狱里先随机抽取不同的分监区,再从分监区简单随机抽取部分或全部样本。苏州市和南京市为我国东部典型的发达城市,苏州市是长三角城市群中最重要的枢纽城市之一,南京市作为江苏省会、副省级市,也是长三角及华东唯一的特大城市,社会经济发达,人口密集,广泛吸纳和集聚了全国大量外来务工人员,因此选择上述两座城市作为调研地点具有典型性。

在3所监狱随机抽取分监区,或者在罪犯改造区、罪犯生活区等主要功能区抽样。其中,S监狱抽样664人,T监狱抽样680人,F女子监狱抽样240人,合计抽取

---

① 江苏省监狱管理局. http://jssjyglj.jiangsu.gov.cn/art/2016/6/29/art_49349_3601203.html.

样本共计 1 584 人。为确保调查的信效度和安全有序,现场调查工作由各个监狱管理人员和本次课题组成员共同完成。监狱管理人员负责组织罪犯有序集合事宜,确保调查现场安全有序。课题组成员负责实施问卷调查事宜,现场解释如何开展问卷调查,采取集中填答的方式由调查对象完成调查问卷表,对于一些文盲罪犯,其问卷调查表由课题组工作人员采取现场一对一询问的方式完成填答。

上述整个抽样不限制抽取样本的身份,即不仅包括农民工罪犯,还包括市民、农民等其他各种身份在内的罪犯。关于分析样本,本研究依次做如下筛选:第一,由于本次问卷调查不限制抽取样本的身份,而研究对象为已犯罪的农民工群体,因此本研究首先以户籍性质为筛选条件,删除非农业户口的调查样本,其次以服刑之前所从事的职业类型为二次筛选条件,删除农业户口样本中的"失业或无业"以及"在乡镇务工"样本,从而仅保留城市农民工样本。第二,通过再审核,手动删除存在关键变量缺失、异常值以及前后矛盾的样本。最后用于研究的服刑农民工样本量为 882 人。[①]

本研究对象来自江苏省 3 所监狱,其主要犯罪地在江苏省,全部服刑农民工样本涵盖了 28 个省份,按其籍贯排名的前五位依次为:江苏省(53.7%)、安徽省(7.6%)、河南省(6.9%)、四川省(6.7%)、湖北省(3.4%),因此样本具有广泛性。另外,在本次调查中了解到,国内监狱系统有定期犯罪人异地交换羁押的规定,由此可知调查样本中包括部分由其他省份调遣的服刑罪犯。这提高了本次调查样本的代表性。

二、已犯罪农民工样本总体情况及分样本比较

为了比较已犯罪农民工和未犯罪农民工的差异情况,首先对两类调查样本的基本信息及属性分布作描述性统计,见表 7-26。

表 7-26 已犯罪农民工和未犯罪农民工的基本信息及差异检验

项 目		已犯罪农民工		未犯罪农民工		卡方检验	
		样本数	占比/%	样本数	占比/%	Pearson 卡方	p 值
性别	男	736	83.4	404	60.2	105.416	0.000
	女	146	16.6	267	39.8		

---

① 纳入分析的样本量锐减,主要由于初始调查样本既包括农民工服刑罪犯(903 人),也包括一定数量的非农业户口服刑罪犯(376 人)、农民服刑罪犯(223 人)、进入城市无业或失业的农业户口服刑罪犯(82 人),经过第一次筛选后将后三类服刑罪犯全部予以删除,二次删除无效样本 21 个。

续表

项　　目		已犯罪农民工		未犯罪农民工		卡方检验	
		样本数	占比/%	样本数	占比/%	Pearson 卡方	p 值
年龄	20 岁以下	22	2.5	13	1.9	43.461	0.000
	20~29 岁	300	34.0	203	30.3		
	30~39 岁	283	32.1	223	33.8		
	40~49 岁	202	22.9	216	32.2		
	50~59 岁	65	7.4	10	1.8		
	60 岁及以上	7	0.8	2	0.3		
	缺失值	3	0.3	4	0.6		
受教育程度	小学及以下	209	23.7	67	10.0	164.295	0.000
	初中	458	51.9	284	42.3		
	高中(中专、技校)	178	20.2	163	24.3		
	大专	28	3.2	100	14.9		
	本科及以上	9	1.1	57	8.5		
婚姻状况	未婚	316	35.8	149	22.2	201.200	0.000
	已婚	372	42.2	504	75.1		
	离异	164	18.6	14	2.1		
	丧偶	30	3.4	4	0.6		
配偶所在地	无配偶	397	45.0	149	22.2	364.707	0.000
	老家	215	24.4	63	9.4		
	同城	157	17.8	437	65.1		
	别的城市	98	11.1	17	2.5		
	缺失值	15	1.7	5	0.7		
(服刑前的)职业类型	劳务型	319	36.2	225	33.5	120.204	0.000
	商务型	241	27.3	125	18.6		
	事务型	247	28.0	124	18.5		
	管理型	42	4.8	134	20.0		
	其他	33	3.7	57	8.5		
	缺失值	—	—	6	0.9		

续表

项目		已犯罪农民工		未犯罪农民工		卡方检验	
		样本数	占比/%	样本数	占比/%	Pearson 卡方	p 值
（服刑前的）平均月收入	2 000 元以下	375	42.5	49	7.3	283.733	0.000
	2 000～3 000 元	164	18.6	225	33.5		
	3 000～4 000 元	132	15.0	229	34.1		
	4 000～5 000 元	62	7.0	86	12.8		
	5 000 元以上	137	15.5	80	12.0		
	缺失值	12	1.4	2	0.3		
（服刑前的）家庭年收入	2 万元以下	488	55.3	280	41.7	167.337	0.000
	2～5 万元	166	18.8	223	33.2		
	5～7 万元	137	15.5	103	15.4		
	7～10 万元	46	5.2	43	6.4		
	10 万元以上	34	3.9	19	2.8		
	缺失值	11	1.2	3	0.4		
（服刑前）进城前是否接受过培训	接受过	221	25.0	205	30.6	4.530	0.033
	没接受过	656	74.4	464	69.1		
	缺失值	5	0.6	2	0.3		

注：①Pearson 卡方值为百分比同质性卡方检验统计量，p 值为显著性概率值（双尾）。下文相同。

②为了便于对同类属性进行比较，对部分题目的选项进行适当合并。例如：将两类农民工群体受教育程度题目下的原有 7 个选项"小学及以下、初中、普通高中、中专或职业高中、大专、本科、研究生"统一合并成"小学及以下、初中、高中（包括中专、技校）、大专、本科及以上"5 个选项；已犯罪农民工服刑前的家庭年收入，将原有的 6 个选项"1 万元以下、1～2 万元、2～5 万元、5～7 万元、7～10 万元、10 万元以上"合并成"2 万元以下、2～5 万元、5～7 万元、7～10 万元、10 万元以上"5 个选项。另外，在选项合并之前对已犯罪农民工样本进行单独统计，显示，服刑前家庭年收入为 1 万元以下的为 301 人，占 34.1%；1～2 万元的为 187 人，占 21.2%。

数据来源：分别来源于两次实地问卷调查资料，其中：已犯罪农民工的有效总样本数为 882 人；未犯罪农民工的有效总样本数为 671 人。

如表 7-26 所示，就样本总体而言，已犯罪农民工群体的个人基本特征与未犯罪农民工群体相比有明显差异。

首先，两类群体在性别、年龄、受教育程度以及婚姻等个体自然特征上有明显差异。具体来看,在性别构成上,女性农民工所占的比例均少于男性农民工,只是女性已犯罪农民工的比例更要远远小于女性未犯罪农民工比例,在被调查的882名已犯罪农民工当中,男性所占比例高达83.4%,女性仅占16.6%;而在671名未犯罪农民工当中,男、女所占比例分别为60.2%、39.8%。在年龄分布上,二者表现出显著差异(p=0.000<0.05),考虑到本次统计已犯罪农民工的年龄为截至调查抽样时点的年龄而非初次犯罪年龄,而且40岁以下已犯罪农民工的比例(合计68.6%)仍然略高于未犯罪农民工(66.0%),基本可以认为已犯罪农民工群体年龄普遍小于未犯罪农民工群体。在受教育程度上,有75.6%的已犯罪农民工只具有初中及以下教育水平,他们当中还有23.7%的人受教育程度为小学及以下,教育水平接近于文盲。与此形成鲜明对比的是,未犯罪农民工中只有10.0%的人受教育程度为小学及以下。可见,已犯罪农民工相比未犯罪农民工而言,有着更低受教育水平,而且两类群体受教育程度分布具有统计显著性(p=0.000<0.05)。这也是本研究重点关注教育培训因素之一。在婚姻状态及配偶所在地方面,已犯罪农民工群体中不足一半呈已婚状态,而在这些已婚人当中大部分配偶都与自己异地(老家或别的城市);另有35.8%的人处于未婚状态,并且有18.6%的人至少离过一次婚,也还有3.4%的人丧偶。相比之下,未犯罪农民工的家庭婚姻结构较稳定,75.1%的人都表示已经结婚组建了自己的家庭,并且绝大多数人(65.1%)的配偶都与自己在同一座城市;而离异和丧偶的不足3%。结合差异显著性检验结果p值均小于0.05,可以初步判断婚姻状态及配偶所在地对农民工个体犯罪行为具有显著影响。

其次,两类群体在职业类型、个人月收入、家庭年收入、有无培训经历等社会经济属性上也具有一定差异。从职业类型的分布情况来看,90%以上的已犯罪农民工在服刑之前所从事的职业类型主要为劳务型(36.2%)、事务型(28.0%)、商务型(27.3%),而从事管理型职业的人仅有4.8%;与其形成鲜明对比的是,在未犯罪农民工群体当中,仍然有20.0%的人当前从事管理型职业。这说明已犯罪农民工在服刑之前相比未犯罪农民工而言,普遍从事层次和声望更低的职业,表现出显著差异性(p=0.000<0.05)。由此可见,农民工个体犯罪行为发生与否与其职业类型,特别是是否能从事较高层次和声望的职业息息相关。从个人月平均收入方面来看,已犯罪农民工在服刑之前的月平均收入水平整体显著低于未犯罪农民工(p=0.000<0.05),特别是有42.5%的已犯罪农民工在服刑之前的月平均收入水平低于2 000元,然而仅有7.3%的未犯罪农民工低于该收入水平。从家庭年总收入方面来看,有41.7%的未犯罪农民工其家庭年总收入低于2万元;有55.3%的已犯罪农民工也低于该收入水平,这其中还包括一半以上的人其家庭年总收入处

于 1 万元以下的极低水平。可见,农民工群体的整体家庭收入状况较差,并且已犯罪农民工群体相对更差,可以认为已犯罪农民工起初在经济条件上处于明显的弱势地位,久而久之,由于微薄的收入来源,这部分人既难以退回农村又难以融入城市,他们当中一些人甚至为了生计,难免铤而走险通过违法犯罪的方式来获取利益或满足。因此,收入水平低下或者贫富差距拉大导致犯罪率增高的犯罪经济学理论也间接得到佐证。从有无培训经历来看,无论是未犯罪农民工还是已犯罪农民工,他们绝大多数人在进城工作前都没有接受过相关培训,其中:在未犯罪农民工样本中有 69.1% 的人没有接受过任何相关培训,而已犯罪农民工样本中这一比例更是高达 74.4% 。两类群体在进城前有无培训经历的对比上也表现出统计学意义上的显著差异(p = 0.033 < 0.05),从某种程度上我们可以认为,正是进城之前普遍存在的"先赋"劣势地位增加了他们在城市劳动力市场遭到排斥的可能性,从而没有培训经历这一比例在他们中甚高,只是已犯罪农民工更为凸出。至于培训因素对于农民工犯罪倾向性的高低产生何种影响,也是本研究重点关注的内容,后文将做进一步分析。

表 7 - 27 给出了本次服刑农民工样本基本情况统计信息。

表 7 - 27　服刑农民工样本基本情况的描述性统计

单位:人、%

项　　目		样本数	占比
本次犯罪类型	危害国家或公共安全罪	27	3.1
	破坏社会主义市场经济秩序罪	27	3.1
	侵犯公民人身权利、民主权利罪	171	19.4
	妨害社会管理秩序罪	220	24.9
	贪污贿赂罪	2	0.2
	侵犯财产罪	315	35.7
	其他类型	120	13.6
本次处罚刑期	三年以下(不含三年)有期徒刑	142	16.1
	三年以上(含三年),五年以下(不含五年)	102	11.6
	五年以上(含五年),十年以下(不含十年)	124	14.1
	十年及以上有期徒刑	413	46.8
	无期徒刑或死刑缓期执行	88	10.0
	缺失值	13	1.5

续表

项目		样本数	占比
犯罪之前是否想过被处罚,现在所受刑罚与预期相比	没想过	383	43.4
	想过,但没想到处理这么严重	347	39.3
	想过,与处理结果差不多	83	9.4
	想过,此次处罚没想象中的严重	57	6.5
	缺失值	12	1.4
犯罪行为的最大影响因素	实际生活困难解决不了	161	18.3
	家庭不和睦	78	8.8
	社会贪腐和不公平	49	5.6
	没有受到良好教育	58	6.6
	别人挣钱比我多比我容易,心里不平衡	38	4.3
	交友不慎	271	30.7
	错误思想观念和习惯	171	19.4
	难以融入城市主流社会	35	4.0
	其他	21	2.4

注:①我国刑法规定了以下十大类犯罪:危害我国安全罪;危害公共安全罪;破坏社会主义市场经济秩序罪;侵犯公民人身权利、民主权利罪;侵犯财产罪;妨害社会管理秩序罪;危害国防利益罪;贪污贿赂罪;渎职罪;军人违反职责罪。

②对于有多个罪名(犯罪类型)的服刑罪犯,我们对其第一罪名进行数据录入和统计。

③受限于调研范围,本次调查地点为关押重刑犯人的监狱,不包括看守所、戒毒所和管教所,未设置"管制""拘役"等刑罚选项。

④对于题项"你认为下列哪一项对你的犯罪行为影响最大",在问卷调查表中限定只能选1个选项。

本次调查结果显示,农民工犯罪类型位居前三位的依次为:侵犯财产罪(35.7%)、妨害社会管理秩序罪(24.9%)、侵犯公民权利罪(19.4%),其次是其他类型犯罪(13.6%),而危害国家或公共安全罪和破坏社会主义市场经济秩序罪所占比例较小,分别只占全样本的3.1%、3.1%。同时根据监狱管理人员提供信息,我们还了解到,在侵犯财产罪当中,抢劫、盗窃、诈骗等成为农民工服刑罪犯中最为常见的犯罪活动;在妨害社会管理秩序罪当中,农民工服刑罪犯主要涉及的罪名有:聚众斗殴,组织、强迫、引诱、容留、介绍卖淫罪,制作、贩卖、传播淫秽物品罪,走私、贩卖、运输、制造毒品罪等;在侵犯公民权利罪当中,服刑农民工的主要罪名包括侵犯他人生命的犯罪(故意杀人或过失杀人)、强奸罪、拐卖人口罪等。可见,当前农民工犯罪集中于侵财、扰乱公共秩序、性侵害和侵害他人生命等具体方面,也间接反映出他们的犯罪目的多是为了钱财获得、性满足以及报复等,这与前文关于已犯罪农民工群体收入状况更差及家庭婚姻结构不稳定的统计结果十分吻合。另外,需要指出的是,仅有2个样本自我报告本次的犯罪类型为贪污贿赂罪,主要与农民工整体从事的职业类型有关,上文已述农民工以从事层次和声望较低的职业为主,因此几乎不可能利用职务从事犯罪活动。对于这2个样本,有可能是调查对象认知偏差或谎报造成,也有可能确实是从事管理型职业的农民工所为,但样本量极低,在下文实证分析中将忽略不计,主要研究结论不会因此而改变。

从本次犯罪受到的刑事处罚分布来看,十年及以上有期徒刑所占比例最高,为46.8%;其他刑期均各占一成左右的比例。其中,三年以下(不含三年)有期徒刑占总样本的16.1%,三年以上(含三年)五年以下(不含五年)有期徒刑占总样本的11.6%,五年以上(含五年)十年以下(不含十年)有期徒刑占总样本的11.6%,无期徒刑或死刑缓期执行占总样本的10.0%。还有13个样本不知何种原因未答此题。整体而言,被调查的已犯罪农民工其刑期较长,反映他们相对较高的犯罪程度,往往这类群体的犯罪倾向性会更高。

从服刑农民工的犯罪前后认知及对比来看,他们当中大约有四成左右(43.4%)的人都表示在犯罪前没想过会受到法律的处罚,所占比例最高,从另一个角度来讲,这部分人群很可能有着极低的法律意识和较强的冒险性,从而具有较高的犯罪倾向性或情感冲动,因此需要全社会加强对公民的法律教育,尤其是受教育程度普遍低的农民工群体。除此之外,还有一半左右(55.2%)的人在犯罪前想过这样会受到法律的处罚,但是这些人中绝大多数表示自己现在受到的刑罚与预期相比,没想到处理这么严重,再次说明农民工群体的法律常识不足、法律意识淡薄,也折射出我国普法教育的缺陷;当然也还有一些人表示与处理结果差不多,甚至有少数人认为此次处罚没想象中的严重,这部分人很可能属于预谋犯罪而非偶发犯罪,犯罪的危险性较大,相比而言他们有着更高的犯罪倾向性,从而增加其中一些人累犯、惯犯的可能性,这需要引起我们足够重视。

从本次犯罪行为的最大影响因素来看,除了其他未做分类的影响因素之外,服刑农民工当中认为交友不慎(30.7%)的最为普遍,其次是错误思想观念和习惯(19.4%)、实际生活困难解决不了(18.3%)。由于农民工群体普遍有着低教育水平、低收入水平,认知、辨别是非能力相对差,生计艰难,社交网络又是与自己层次相近的人群,他们之间极容易相互传播恶习、误入歧途,最终走上违法犯罪之路。需要关注的是,认为难以融入城市主流社会的人所占比例最低,仅占 4.0% ,说明在众多影响因素中这一因素尚未成为农民工犯罪的关键性原因。但也有研究表明(金小红、陈明香,2011①),新生代农民工在城市的社会交往状况与他们的犯罪行为存在内生关联性。由于从农村流入城市,农民工原有的家乡社会支持网络开始变得松散,而城市提供的社会支持系统又十分薄弱,当他们在城市遇到困难时,却无法寻求正面有效的支持,一些特殊方式包括违法犯罪就成为他们"走捷径"的选择。农民工城市融入程度(以"市民化水平"为代理变量)与犯罪行为(以"犯罪倾向性"为代理变量)之间的关系研究结果在后文第九章中呈现。

三、已犯罪农民工的教育培训情况

为了与未犯罪农民工教育培训情况进行区分和比较,在本阶段调查问卷设计的第二部分,同时编制了已犯罪农民工在入监服刑前的教育培训题项和当前在监狱服刑期间的教育培训题项两大类。其中,在服刑前的教育培训上,主要调查农民工进城及工作期间教育培训的需求与意愿、外部环境、具体内容、对减少犯罪行为的作用感知、最大困难等;在服刑期间的教育培训上,主要调查接受监狱教育培训的意愿与目的、具体需求、现实情况等。通过上述问卷调查内容,试图更全面地了解已犯罪农民工在服刑前后的教育培训整体情况。

(一)服刑前的教育培训情况及比较

1. 有无犯罪农民工接受教育培训的意愿及其比较

(1)自我知识水平的满意度及比较

表 7 - 28 显示了农民工对自身知识水平满意度的评价结果,除了四成左右(已犯罪农民工中占40.2% ,未犯罪农民工中占48.9%)的农民工持"一般"态度之外,两类农民工群体中不满意者所占比例远高于满意比例,其中:已犯罪农民工表示对自己知识水平不满意甚至非常不满意者的比例高达五成以上,而满意及非常满意者不足一成;未犯罪农民工当中不满意及非常不满意者所占的比例也达到了四成,满意及非常满意者也不足一成。值得注意的是,在非常不满意自己知识水平选项

① 金小红,陈明香. 新生代农民工犯罪的现状与原因分析——以武汉市的调查为例[J]. 学习与实践. 2011(12):113 - 119.

上,已犯罪农民工的比例显著高于未犯罪农民工(p = 0.000 < 0.05)。可见,当前农民工对自身知识水平的满意度整体较低,并且已犯罪农民工的满意度更是低于未犯罪农民工。再一次印证了农民工群体的人力资本存量低,亟须通过教育培训等途径弥补这一缺陷。

表 7 - 28   农民工自我知识水平的满意度及比较

项　　目		已犯罪农民工		未犯罪农民工		Pearson 卡方	p 值
		样本数	占比/%	样本数	占比/%		
知识水平满意度	非常不满意	150	17.2	44	6.7	45.024	0.000
	不满意	320	36.7	231	35.3		
	有点满意也有点不满意	350	40.2	320	48.9		
	满意	46	5.3	52	7.9		
	非常满意	5	0.6	8	1.2		

注:在数据处理中,剔除了缺失值和异常值,下同。已犯罪农民工样本的总数为871,未犯罪农民工样本的总数为655。

(2)教育培训意愿及比较

在培训意愿方面,未犯罪农民工愿意(包括"愿意"和"非常愿意")接受教育培训的比例(59.0%)显著高于已犯罪农民工(33.3%),累计高出25.7%(根据表7-29计算)。相比而言,已犯罪农民工的教育培训意愿明显弱于未犯罪农民工。这可能与他们当中很多人从未接受过任何培训的经历有关,前述分析结果表明,是否犯罪的农民工在进城前有无培训经历上具有显著差异,已犯罪农民工中没有接受过培训的比例比未犯罪农民工高。因此,在数据分析中,我们还将进城前是否接受过相关教育培训的农民工在培训意愿方面进行比较,调查结果显示:在合并已犯罪农民工和未犯罪农民工两类样本之后,整体而言,进城前接受过培训的农民工和没有接受过培训的农民工在培训意愿上有显著差异(p = 0.000 < 0.05),接受过培训的农民工表示"愿意""非常愿意"参加培训的比例都明显高于没有接受过培训的农民工,并且接受过培训的农民工持"非常不愿意""不愿意"和"一般"态度的比例都明显低于没有接受过培训的农民工(见图7-2)。因此,我们认为,有无培训经历对农民工参加培训的意愿具有积极正向影响,进城前接受过培训的农民工在一定程度上会产生路径依赖,即他们具有更高的培训动力或意愿。从这一角度发现已犯罪

农民工有着更低比例的培训意愿,并不难理解。

表 7 – 29　农民工接受教育培训的意愿及比较

项　目		已犯罪农民工		未犯罪农民工		Pearson 卡方	p 值
		样本数	占比/%	样本数	占比/%		
培训意愿	非常不愿意	68	8.0	13	1.9	111.731	0.000
	不愿意	165	19.3	69	10.3		
	一般	337	39.4	186	27.7		
	愿意	231	27.0	314	46.8		
	非常愿意	53	6.3	82	12.2		

注:已犯罪农民工样本的总数为855,未犯罪农民工样本的总数为653。

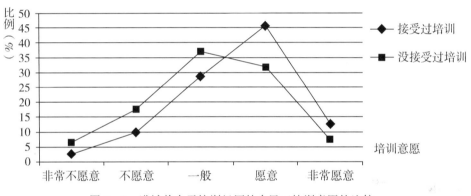

图 7 – 2　进城前有无培训经历的农民工培训意愿的比较

2. 有无犯罪农民工接受教育培训的实际状况及比较

(1)教育培训的外部环境及比较

两次调查结果整体表明农民工工作所在城市的政府及社区在教育培训方面的作为不容乐观(见表 7 – 30)。首先,农民工对于政府及社区宣传的教育培训政策和内容了解情况不佳,并且已犯罪农民工的情况更差于未犯罪农民工(p = 0.005 < 0.05)。在未犯罪农民工当中,已有高达43.1%的被调查者表示从来没有听说过,而已犯罪农民工在此项上的比例更是超过五成。对于政策和内容非常了解的不同群体农民工各自所占的比例都极低,未犯罪农民工仅有0.9%,已犯罪农民工也只有1.2%。这些数据反映了政府及社区对于教育培训的宣传效果极为不佳。

为了更好地了解政府及社区组织的农民工教育培训活动,我们在该问题上将教育培训简单分为职业技能培训和除了职业技能培训之外的其他培训(例如心理、法律、创业、生活、艺术等)两大类。令人遗憾的是,无论是职业技能培训还是非职业技能培训,政府及社区的组织力度均不大,都有高于五成以上的被调查农民工表示其工作所在的城市政府及社区没有组织过职业技能培训,六成以上的被调查农民工都认为政府及社区没有组织过非职业技能培训。更令人遗憾的是,即使有组织,组织培训的时间间隔也较长,基本上4个月以上才一次,并且农民工的参与程度也不高,参与率较低。同时,已犯罪农民工在上述方面的整体情况依然不如未犯罪农民工,两类群体表现出显著差异。

表 7-30　农民工所在城市的政府及社区开展教育培训情况及比较

项　　目		已犯罪农民工		未犯罪农民工		Pearson 卡方	p 值
		样本数	占比/%	样本数	占比/%		
相关培训政策和内容	从来没听说过	449	51.8	277	43.1	14.997	0.005
	偶尔听说过	263	30.4	214	33.3		
	一般了解	131	15.1	128	19.9		
	比较了解	13	1.5	18	2.8		
	非常了解	10	1.2	6	0.9		
	合计	866	100.0	643	100.0		
职业技能培训	没组织过	493	56.4	411	64.8	12.255	0.007
	组织了但我没参加	182	20.8	102	16.1		
	组织了我偶尔参加	156	17.8	101	15.9		
	组织了我经常参加	43	4.9	20	3.2		
	合计	874	100.0	634	100.0		
除职业技能之外的其他培训	没组织过	534	61.9	436	69.1	16.265	0.001
	组织了但我没参加	184	21.3	84	14.9		
	组织了我偶尔参加	113	13.1	90	14.3		
	组织了我经常参加	32	3.7	11	1.7		
	合计	863	100.0	631	100.0		
培训时间间隔	没组织过	630	73.2	470	74.4	13.519	0.009
	半年以上一次	94	10.9	91	14.4		
	4~6 个月一次	64	7.4	37	5.9		
	2~3 个月一次	55	6.4	19	3.0		
	每个月一次	18	2.1	15	2.4		
	合计	861	100.0	632	100.0		

（2）教育培训的内容及比较

在调查已犯罪农民工入监服刑之前曾经参加过哪些培训时,他们当中仍有超过一半以上(53.2%)的人表示从没参加过任何培训,[1]再次说明这类人群早在犯罪之前的教育培训情况就令人担忧。

对于接受过教育培训的农民工来说,在培训内容上,接受职业技术及技能培训(28.8%)的人群最多,其次是企业安排的上岗前培训(18.8%),并且在这两项培训内容中,未犯罪农民工占总样本的百分比高于已犯罪农民工(见表7-31)。而需要特别注意的是,在所有列出的培训内容之中,法律权益培训的百分比最低,仅有4.7%,并且不论是哪一类农民工人群,各自接受法律权益培训占总样本的百分比都极低,这与前文服刑农民工犯罪前后的认知对比结果是相符的,一方面反映了农民工法律意识淡薄,另一方面也折射出我国普法教育的缺陷。往往这种法律权益培训的缺失,也许会导致违法犯罪隐患的滋生,因此如何加强和引导农民工接受法律教育培训,也应当成为今后国家和政府开展农民工教育培训工作的重中之重。

表7-31　农民工接受教育培训的内容及比较

| | | 是否犯罪 | | 总计 |
		已犯罪农民工	未犯罪农民工	
从没参加过任何培训	个数	460	213	673
	是否犯罪中的%	53.2%	32.7%	
	总数的%	30.3%	14.0%	44.4%
职业技术及技能培训	个数	194	243	437
	是否犯罪中的%	22.4%	37.3%	
	总数的%	12.8%	16.0%	28.8%
法律权益培训	个数	37	35	72
	是否犯罪中的%	4.3%	5.4%	
	总数的%	2.4%	2.3%	4.7%
安全生产知识培训	个数	49	134	183
	是否犯罪中的%	5.7%	20.6%	
	总数的%	3.2%	8.8%	12.1%

[1]　这里所调查的培训有别于问卷第一部分的"服刑前,进城工作之前是否接受过相关培训",它既包括进城前接受的培训也包括进城工作期间接受的培训,有些人在进城前无培训经历但在进城工作期间可能接受培训,因此选项"从没有参加过培训"的比例(53.2%)会低于前文"(服刑前)进城前没有接受过培训"的比例(74.4%)。

续表

		是否犯罪		总计
		已犯罪农民工	未犯罪农民工	
学历证书培训	个数	35	53	88
	是否犯罪中的%	4.0%	8.1%	
	总数的%	2.3%	3.5%	5.8%
企业安排的上岗前培训	个数	122	163	285
	是否犯罪中的%	14.1%	25.0%	
	总数的%	8.0%	10.7%	18.8%
其他	个数	82	54	136
	是否犯罪中的%	9.5%	8.3%	
	总数的%	5.4%	3.6%	9.0%
总数	个数	865	652	1 517
	总数的%	57.0%	43.0%	100.0%

注:百分比及总数根据填答者的勾选次数计算得到。

（3）对教育培训有助于减少犯罪行为的感知

根据表7－32的统计结果,从总体上来看,86.9%的已犯罪农民工认为小时候多接受教育、工作中多接受培训对减少犯罪行为有作用,只有13.1%的人认为教育和培训对此根本没用。虽然,在认为有作用的农民工服刑罪犯当中,大多数人都认为有比较大作用甚至非常有用,可见接受教育培训对农民工来说还是大有裨益的,但是也有一部分人认为偶尔有一点儿作用或不明显,这说明针对农民工的教育培训其作用和效果依然有较大的提升空间。

进一步分析发现,从受教育程度和培训经历迥异的人群来看（见表7－33）,入监服刑前没有培训经历的农民工比有培训经历的农民工更多认为教育培训对减少犯罪行为根本没有作用,有培训经历的农民工则更倾向于有作用的感知,而且这种差异通过显著性检验（p＝0.000＜0.05）。而在受教育程度上,初中及以下较低教育水平的农民工与初中以上相对较高教育水平的农民工对教育培训作用的感知没有显著差异（p＝0.613＞0.05）,可能是由于农民工服刑罪犯的受教育水平整体较低所致。

表7-32　已犯罪农民工对教育培训有助于减少犯罪行为的感知统计结果

作　　用	频数（人）	有效百分比（%）
根本没用	113	13.1
偶尔有一点儿	153	17.6
有但不明显	159	18.3
有比较大的作用	207	23.9
非常有用	235	27.1
合计	867	100.0

数据来源：监狱调查数据。以882名服刑农民工罪犯为分析样本,867是系统剔除缺失值后的样本量。下文所有分析农民工服刑期间的数据来源均相同,故不再重复说明。

表7-33　受教育程度、培训经历与减少犯罪行为作用感知的交叉列联表分析结果

作　　用	受教育程度				服刑前培训经历			
	初中及以下		初中以上		没有		有	
	频数	比例/%	频数	比例/%	频数	比例/%	频数	比例/%
根本没用	95	14.5	18	8.6	78	17.1	35	8.5
偶尔有一点儿	123	18.7	30	14.3	85	18.6	68	16.5
有但不明显	107	16.3	52	24.8	67	14.7	92	22.4
有比较大的作用	153	23.3	54	25.7	100	21.9	107	26.0
非常有用	179	27.2	56	26.7	126	27.6	109	26.5
合计	657	100.0	210	100.0	456	100.0	411	100.0
卡方检验	$\chi^2 = 2.653 (p = 0.613)$				$\chi^2 = 21.371 (p = 0.000)$			

（4）参加教育培训的最大困难因素

为了解农民工接受教育培训的困境及归因,我们编制了一道多选题,调查样本的选填分布情况如表7-34所示。总体上,可将农民工教育培训的困难划分为个人因素和环境因素两大方面。个人方面,时间不充足（39.1%）成为阻碍农民工接受教育培训的最大困难,自身能力较差——听不懂课程内容（18.1%）也是一个重要归因。而在环境方面,最为突出的困难是教育培训花费高昂（25.0%）,不知道相关信息（16.6%）、课程设置不合适（16.1%）以及培训效果不明显（10.3%）等因素也是阻碍农民工接受教育培训的原因。进一步比较是否犯罪的两类人群,结果发现个人方面,已犯罪农民工认为时间不充足（16.1%）、自身能力较差（5.3%）所占总样本的百分比均小于未犯罪农民工;环境方面,已犯罪农民工勾选花费太大（11.0%）、没有合适的学习课程（9.0%）以及培训效果不明显（4.6%）等选项所占总样本的百分比也都小于未犯罪农民工。有趣的是,已犯罪农民工在不知道相关信息

(9.9%)、感觉没必要学习(7.0%)等选项上所占百分比均大于未犯罪农民工,这说明服刑农民工在犯罪之前存在教育培训信息获取困难问题或者已经对教育培训产生了消极认知。当他们产生消极认知时,接受教育培训的意愿或可能性就会大大降低。因此,在克服农民工教育培训个人和环境方面的主要困难时,也有必要针对两类不同群体,实施差异性对策,例如,对于已犯罪农民工,可在他们服刑期间重点加强教育培训宣传、改变其消极认知,提升其参加教育培训的兴趣和热情。

表7-34　农民工参加教育培训的困难及比较

| | | 是否犯罪 | | 总计 |
		已犯罪农民工	未犯罪农民工	
教育培训花费太大	个数	166	210	376
	是否犯罪中的%	19.2%	32.9%	
	总数的%	11.0%	14.0%	25.0%
没有充足时间	个数	242	346	588
	是否犯罪中的%	28.0%	54.1%	
	总数的%	16.1%	23.0%	39.1%
没有合适的学习课程	个数	135	107	242
	是否犯罪中的%	15.6%	16.7%	
	总数的%	9.0%	7.1%	16.1%
感觉没必要学习	个数	105	19	124
	是否犯罪中的%	12.1%	3.0%	
	总数的%	7.0%	1.3%	8.3%
培训效果不明显	个数	69	86	155
	是否犯罪中的%	8.0%	13.5%	
	总数的%	4.6%	5.7%	10.3%
听不懂课程内容	个数	80	192	272
	是否犯罪中的%	9.2%	30.0%	
	总数的%	5.3%	12.8%	18.1%
交通不方便	个数	29	84	113
	是否犯罪中的%	3.4%	13.1%	
	总数的%	1.9%	5.6%	7.5%

续表

| | | 是否犯罪 | | 总计 |
		已犯罪农民工	未犯罪农民工	
不知道相关信息	个数	149	101	250
	是否犯罪中的%	17.2%	15.8%	
	总数的%	9.9%	6.7%	16.6%
其他	个数	92	26	118
	是否犯罪中的%	10.6%	4.1%	
	总数的%	6.1%	1.7%	7.8%
总数	个数	865	639	1 504
	总数的%	57.5%	42.5%	100.0%

注:百分比及总数根据填答者的勾选次数计算得到。

（二）服刑期间的矫正教育培训情况

1. 已犯罪农民工接受监狱教育培训的意愿与目的

（1）接受监狱教育培训的意愿

已犯罪的服刑农民工接受监狱教育培训的意愿总体来说还是比较积极的（见表7-35）。仅有一成左右的人表示当前不愿意参加监狱内组织的教育培训，其中非常不愿意者只占总样本的6.0%。有六成以上的农民工罪犯表示愿意参加监狱内组织的教育培训，其中17.7%的人甚至表达了非常愿意参加教育培训的强烈愿望。

同时，我们引入受教育程度变量用于考察教育水平在具体教育培训意愿的表达上是否存在差异,结果显示:教育水平的高低对已犯罪农民工当前接受教育培训的意愿没有显著差异（p = 0.758 > 0.05）。

表7-35　接受监狱教育培训的意愿与受教育程度的交叉列联表分析结果

| 意　　愿 | 受教育程度 | | | | 合　　计 | |
| | 初中及以下 | | 初中以上 | | | |
	频数	比例（%）	频数	比例（%）	频数	比例（%）
非常不愿意	40	6.2	12	5.6	52	6.0
不愿意	45	6.9	10	4.7	55	6.4
一般	173	26.7	63	29.4	236	27.4
愿意	274	42.3	92	43.0	366	42.5

续表

意　　愿	受教育程度				合　　计	
	初中及以下		初中以上			
	频数	比例(%)	频数	比例(%)	频数	比例(%)
非常愿意	116	17.9	37	17.3	153	17.7
合计	648	100.0	241	100.0	862	100.0
卡方检验	$\chi^2 = 1.881$ (p = .758)					

（2）接受监狱教育培训的目的

结合前述未犯罪农民工教育培训目的的统计结果，从已犯罪的服刑农民工接受监狱教育培训的目的来看（见表7－36），农民工罪犯仍然倾向于增加个人就业机会和工作收入，有48.5%的已犯罪农民工认为可以增加出狱后的就业机会和工作收入，说明农民工群体依然对最基本的生计问题更加关注，这与本次侵犯财产罪比例最高的统计结果相符。其次，表示培养兴趣爱好（32.1%）、满足自己的求知欲望（27.5%）以及加分减刑（26.7%）的人群也相对较高，而认为没有任何好处的只占全部调查样本的5.6%。在一定程度上反映了当前农民工服刑罪犯更多地对监狱内组织的教育培训抱有眼前及长远希冀，认为可以通过教育培训改善自身现状。对此，监狱今后可进一步加强针对不同服刑群体的教育培训。

表7－36　接受监狱教育培训的目的统计结果

目的	反应值		观察值
	个数	百分比(%)	百分比(%)
没有任何好处	47	3.2	5.6
获取学历文凭	156	10.6	18.5
满足自己的求知欲望	232	15.8	27.5
培养兴趣爱好	271	18.5	32.1
增加出狱后的就业机会和工作收入	409	27.9	48.5
可以加分减刑	225	15.3	26.7
可以减少体力劳动	39	2.7	4.6
可以提高自己的地位和身份	53	3.6	6.3
其他	34	2.3	4.0
合计	1 466	100.0	173.7

2. 已犯罪农民工对监狱教育培训内容和形式的需求

从培训内容和培训形式两方面调查已犯罪农民工对监狱内组织教育培训的具体需求,目的在于了解已犯罪农民工对矫正教育与培训的需求状况。

(1)监狱教育培训内容的需求

从培训的具体课程内容来看,如图7-3所示:职业技能(30.8%)、创业知识(33.5%)、计算机与上网知识(28.0%)位列所有列举题项的前三位,一定程度上反映了农民工需要通过就业、创业等方式谋求生存和发展,学会使用计算机和上网又将是其适应当前信息时代的必要技能;而表示在监狱中不愿意参加任何培训所占的比例只有6.6%。与前述未犯罪农民工在教育培训内容需求上的调查结果相比,相同的是,农民工最需要的培训课程内容中都有职业技能培训和创业知识培训;表现出明显不同的是,已犯罪农民工在所列选项中,关于心理辅导和思想道德的教育培训需求明显多于未犯罪农民工,恰恰是前期这方面的培训意识不足,不少农民工因一些错误思想观念和习惯走上违法犯罪之路,因此入监服刑期间重新认识到这种培训的重要性,也在情理之中。防患于未然,如何将心理辅导、思想道德教育课程等有效融入未犯罪农民工的教育培训之中,是一个值得思考的话题。

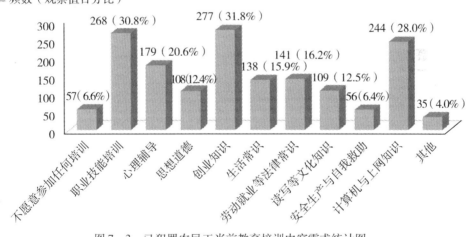

图7-3　已犯罪农民工当前教育培训内容需求统计图

(2)监狱教育培训形式的需求

从培训的具体形式来看(见图7-4),已犯罪农民工当前最愿意接受的培训形式是课堂授课(46.2%),其次是广播电视学习(19.6%),选择网络远程教学(13.1%)和自学(13.8%)的比例相对较低,可见大多数农民工依然喜欢传统培训形式,这主要是因为传统培训形式简单易接受,但这种培训形式更多属于被动的、较低层次的方式,需要综合多种方式加以改进。与前述研究未犯罪农民工的调查结果形成鲜明对比的是,广播电视学习是未犯罪农民工群体最不欢迎的一种培训形式,而有较多人倾向于网络远程教学的形式。但上文数据显示,农民工有着较高的计算机与上网知识方面的培训需求,可能限于自身更低的知识水平,对网络远程教学,缺乏驾驭能力或无足够时间接触。

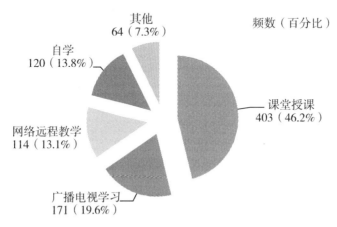

图 7-4　已犯罪农民工当前教育培训形式需求统计图

3. 已犯罪农民工接受监狱教育培训的现实情况

表 7-37 显示了已犯罪农民工所在监狱的教育培训情况,当前监狱针对服刑人员开展的教育培训频繁度和参培次数方面整体比较乐观。近七成的被调查者都表示自己所在的监狱经常开展针对服刑人员的教育培训,而表示没开展过(6.6%)、很少开展(6.9%)及不清楚(7.0%)的人群均占极少数。而且,在开展的这类教育培训中,已犯罪农民工服刑人员的参与程度也很高,除了 12.9% 的被调查者表示从来没接受过任何教育培训之外,87.1% 的人每一年都或多或少参加过监狱组织的教育培训,调查数据显示,当前监狱对服刑罪犯的教育培训数量有保证,只是质量仍不得而知,还需要有更为翔实的数据来论证。

在实地调研中我们了解到,监狱对罪犯的教育和培训属于矫正与改造范畴,狱中设有教室、图书阅览室等必要的教育设施,有条件的还会根据监狱生产和未来罪犯刑满释放后的就业需要对服刑罪犯进行技能培训。令人欣慰的是,这种监狱教育改造和培训的出发点值得肯定,坚持教育改造效能导向,有望使更多更有用的矫正教育与培训途径和方式得以探索与开发。

表 7 - 37　已犯罪农民工所在监狱的教育培训情况统计结果

项　　目		样本数	百分比（%）
所在监狱是否开展 针对服刑人员的教育培训	没开展过	57	6.6
	很少开展	59	6.9
	不清楚	60	7.0
	偶尔开展	89	10.3
	经常开展	595	69.2
	合计	860	100.0
服刑期间每年参加 教育培训的次数	0 次	109	12.9
	1～2 次	335	39.5
	3～5 次	138	16.3
	6～7 次	144	17.0
	8～9 次	33	3.9
	10 次及以上	89	10.5
	合计	848	100.0

四、已犯罪农民工犯罪倾向性的总体分析及比较

表 7 - 38 显示了已犯罪农民工与未犯罪农民工的犯罪倾向性及其各维度的平均分。从整体犯罪倾向性得分来看，已犯罪农民工的整体犯罪倾向性（M = 2.47）显著高于未犯罪农民工（M = 1.70）。一般认为农民工犯罪倾向界定主要依赖于农民工的主观感受和自我评价，已有研究表明农民工服刑人员和不涉罪普通农民工的犯罪倾向在个人特征、家庭特征和行为特征等方面存在总体和内部差异，整体背景较差的农民工表现出更高的犯罪倾向，[1]实际上具有较高犯罪倾向的人群也更可能产生犯罪动机，发生犯罪行为。对于未犯罪农民工群体而言，他们的整体犯罪倾向得分较低，可以说犯罪倾向并不严重。但从另一个角度来说，也需要更加关注那些背景相对差的农民工（受教育程度低、收入水平低、家庭婚姻结构不稳定等），给予他们更多指导和帮助，提供更多教育培训机会，进行思想观念和行为纠偏，从而有可能降低犯罪倾向性。

从四个维度的均值得分来看，已犯罪农民工的得分按高低排序为：自控力低下

---

① 王欣、王雷，等. 农民工犯罪倾向的影响因素分析[J]. 西北农林科技大学学报：社会科学版，2017，17（1）：74 - 82.

>偏好不良>社交障碍>价值观扭曲;未犯罪农民工的得分排序为:自控力低下>社交障碍>偏好不良>价值观扭曲。两类人群在社交障碍和偏好不良的排序上不同,已犯罪农民工存在更为严重的偏好不良问题,而未犯罪农民工相比而言社交障碍更为凸出,因此在通过教育培训树立农民工正确社交观、改善人际交往关系的同时,更要加强对服刑农民工的偏好纠正。相同的是,无论是已犯罪农民工还是未犯罪农民工,他们在犯罪倾向性各维度上得分最高的都是自控力低下,最低的都是价值观扭曲,可见自控力低下是他们最为严重的现象,价值观则相对好一些。但是在所有维度上(实际得分范围为1~5),已犯罪农民工的得分都大于2,并且也都在0.001的显著性水平上高于未犯罪农民工的得分,可见已犯罪农民工的犯罪倾向性更高,与其既有犯罪事实十分一致。

表7-38 已犯罪农民工犯罪倾向性与未犯罪农民工的比较

检验变量	是否犯罪								t检验
	已犯罪农民工				未犯罪农民工				
	样本量	均值	标准差	标准误	样本量	均值	标准差	标准误	
价值观扭曲	882	2.25	0.82	0.028	671	1.50	0.58	0.023	20.785 ***
社交障碍	882	2.43	0.71	0.024	671	1.78	0.75	0.030	17.380 ***
自控力低下	882	2.92	0.78	0.026	671	2.27	0.92	0.031	10.035 ***
偏好不良	882	2.62	0.96	0.032	671	1.55	0.76	0.029	24.908 ***
整体犯罪倾向性	882	2.47	0.58	0.019	671	1.70	0.53	0.020	26.193 ***

注:t检验一列中的数值为t统计量及显著性,*** $p < 0.001$。

第四节 本章小结

本章首先介绍了城市农民工犯罪倾向性调查问卷的设计和编制过程。采用问卷调查和访谈方式搜集资料,先后通过探索性因子分析、验证性因子分析等对问卷量表质量进行一系列检验,证明问卷量表质量理想。在此基础上,构造价值观扭曲、社交障碍、自控力低下、偏好不良四个维度来表征城市农民工犯罪倾向性。

依据未犯罪农民工犯罪倾向性调查分析结果,得到以下结论:

第一,通过计算农民工的犯罪倾向性以及四个维度的平均得分,分析了苏州市农民工犯罪倾向性的总体情况,据此可以推论,目前农民工犯罪倾向性平均分值较低,可以认为他们的犯罪倾向并不严重。四个维度的得分由高到低依次为:自控力低下、社交障碍、偏好不良、价值观扭曲。

第二，差异分析结果显示，四个维度在性别、年龄、婚姻状况、受教育程度、进城工作时间、职业类型、家庭年收入等人口统计学变量上存在不同程度的显著差异；在户籍地、培训经历、月收入等人口统计学变量上并无显著差异。具体结论是：(1)不同性别的农民工犯罪倾向性有显著差异。男性农民工在价值观扭曲、社交障碍、偏好不良三方面的情况比女性农民工严重，犯罪倾向性更强。(2)不同年龄的农民工在价值观扭曲上有显著差异。20~29岁的农民工在价值观扭曲上最为严重。(3)不同婚姻状况的农民工在价值观扭曲上均有显著差异。未婚农民工的认知偏差最为严重。(4)不同受教育程度的农民工在价值观扭曲上有显著差异。本科学历的农民工认知偏差最为严重。(5)进城工作时间长短不同的农民工在犯罪倾向性各因子上的差异显著。进城时间越短，认识偏差越严重；进城时间越长，社交障碍越严重；进城时间越长，自控能力越差；进城时间越长，沾染恶习情况越严重。(6)不同职业类型的农民工在价值观扭曲上存在着显著差异。从事体力型和事务型工作的农民工价值观扭曲更严重。(7)不同家庭年收入的农民工在价值观扭曲上存在着显著差异。原生家庭的经济条件越差的农民工，其价值观扭曲越严重。

利用监狱调查数据，对已犯罪农民工的犯罪倾向性状态进行统计分析，并与未犯罪农民工群体进行比较。结果显示，(1)已犯罪农民工的整体犯罪倾向性显著高于未犯罪农民工。(2)已犯罪农民工犯罪倾向性四个维度的得分由高到低依次为：自控力低下、偏好不良、社交障碍、价值观扭曲；与未犯罪农民工相比，得分最高的维度都是"自控力低下"，最低的都是"价值观扭曲"，说明农民工群体普遍存在自控力低下的严重问题，而价值观扭曲问题相对轻一些；另外，两类人群在"偏好不良""社交障碍"维度上的得分高低排序恰好相反。

已犯罪农民工教育培训的调查范围，包括入监服刑前的教育培训和监狱内接受的教育培训，将前者与未犯罪农民工的部分教育培训情况进行比较。结果如下：

第一，已犯罪农民工入监服刑前的教育培训情况及比较。(1)在服刑前接受教育培训的需求和意愿方面，当前农民工对自身知识水平的满意度整体较低，已犯罪农民工的满意度显著低于未犯罪农民工；已犯罪农民工接受教育培训的意愿并不强烈，且明显弱于未犯罪农民工。(2)在服刑前接受教育培训的外部环境方面，无论是已犯罪农民工还是未犯罪农民工，他们所在城市的政府及社区在教育培训作为上都不容乐观，农民工对相关教育培训政策和内容较为陌生，政府及社区组织教育培训的力度不大，而且即便有组织，农民工参与率也不高，其中已犯罪农民工的整体情况依然糟糕。(3)在服刑前接受教育培训的内容方面,大部分农民工都没有接受过相关培训,接受最多的是职业技术及技能培训、企业安排的上岗培训,而法律权益培训十分少,而且已犯罪农民工在这些方面更是不如未犯罪农民工。(4)在教育培训对减少犯罪行为的作用感知方面,表现出"乐观"趋势,即农民工自我感觉接受教育培训有助于遏制犯罪。(5)在服刑前接受教育培训的困境及归因方面,已犯罪农民工与未犯罪农民工在个体因素和环境因素上存在较大差异,整体而言,已犯罪农民工主要因为不知道相关信息或者自身消极对待,未犯罪农民工更多因为客观障碍。

第二,已犯罪农民工的监狱矫正教育培训情况。(1)在接受监狱教育培训的意愿方面,已犯罪农民工表现出较为强烈的参与意愿,与犯罪前形成鲜明对比。(2)在接受监狱教育培训的目的方面,已犯罪农民工在一定程度上持有眼前及长远打算,大多为了借此增加出狱后的个人就业机会和工作收入、培养兴趣爱好、满足求知欲望、加分减刑等。(3)在接受教育培训的内容和形式需求方面,已犯罪农民工群体对职业技能、创业知识、计算机与上网知识等具体培训内容有着较高需求,对心理辅导和思想道德方面的教育需求明显比未犯罪农民工强烈;他们依然倾向于课堂授课、广播电视等传统培训形式。(4)当前已犯罪农民工对监狱教育培训的现实情况持"乐观"态度。

第八章　教育培训对农民工
犯罪倾向性的影响

以第七章呈现的两次问卷调查数据为基础,本章再次以教育培训的非货币收益为分析视角,分别基于未犯罪农民工和已犯罪农民工两类人群的调查数据,分析教育培训对农民工犯罪倾向性的影响。

第一节　教育培训对未犯罪农民工犯罪倾向性的影响

一、教育培训与未犯罪农民工犯罪倾向性的相关性

为研究城市农民工教育培训与其犯罪倾向性的相互关系,本节先对教育培训与农民工犯罪倾向性的四个维度做相关分析。其中,农民工教育培训从受教育年限(由受教育程度转化而来)、进城前的培训经历以及进城后工作期间的培训经历(培训需求、过程和效果)分别做分析;犯罪倾向性四个维度分别为价值观扭曲、社交障碍、自控力低下、偏好不良。具体分析如下:

(一)未犯罪农民工受教育年限与犯罪倾向性得分的相关性

对受教育年限与农民工犯罪倾向性及各维度进行双变量积差相关分析,皮尔逊积差相关系数值如表8-1所示。

表 8 - 1　　未犯罪农民工教育年限与犯罪倾向性的相关分析

变　　量		价值观扭曲	社交障碍	自控力低下	偏好不良	整体犯罪倾向性
受教育年限	相关系数	0.326[**]	- 0.264[*]	- 0.303[**]	- 0.325[**]	- 0.235[*]
	显著性	0.001	0.011	0.008	0.001	0.019
	N	651	656	650	658	640

注:[**] 在 0.01 水平(双侧)上具有显著相关性;[*] 在 0.05 水平(双侧)上具有显著相关性。

由表 8 - 1 可知:农民工的受教育年限与其整体犯罪倾向性之间具有显著负相关关系,受教育年数越多,其犯罪倾向性得分越低。在四个维度上,除了价值观扭曲之外,受教育年数与其他三个维度之间都存在显著负相关关系,表明受教育程度越高的农民工其社交能力越强、自控力越好、爱好越健康。虽然对于价值观而言,农民工整体受教育年数越多,其价值观扭曲越严重,与推测不同,但是具体的教育年限或教育层次和价值观扭曲之间是否具有正向因果关系,还需要通过回归分析进一步验证。

(二)未犯罪农民工进城前培训经历与进城后犯罪倾向性的相关性

对农民工进城前是否接受过相关培训与犯罪倾向性及各维度进行相关分析,计算两个有序分类变量的 Kendall tau - b 等级相关系数,检验结果表明(见表 8 - 2),农民工进城前有无培训经历与其犯罪倾向性各变量得分之间的相关系数均未通过显著性检验,因此,二者不存在显著的相关关系。

表 8 - 2　　未犯罪农民工进城前培训经历与犯罪倾向性的等级相关分析结果

变　　量		价值观扭曲	社交障碍	自控力低下	偏好不良	整体犯罪倾向性
进城前是否接受过相关培训	相关系数	- 0.017	- 0.030	- 0.043	- 0.020	- 0.035
	显著性	0.659	0.443	0.269	0.610	0.374
	N	650	655	649	658	639

(三)未犯罪农民工进城后培训经历与犯罪倾向性的相关性

1. 培训需求与犯罪倾向性的相关关系

农民工培训需求主要包括自我知识水平满意度和接受培训的意愿,分别计算这两个变量与犯罪倾向性四个维度之间的 Kendall tau - b 等级相关系数,结果如表 8 - 3 所示。

表 8 - 3   未犯罪农民工培训需求与犯罪倾向性的相关分析

变	量	价值观扭曲	社交障碍	自控力低下	偏好不良	整体犯罪倾向性
知识水平满意度	相关系数	-0.044	-0.053	-0.118**	-0.033	-0.083*
	显著性	0.268	0.179	0.003	0.404	0.038
	N	640	645	639	648	629
培训意愿	相关系数	-0.048	-0.044	0.019	-0.046	-0.045
	显著性	0.224	0.265	0.624	0.243	0.259
	N	638	643	637	646	627

注:** 在 0.01 水平(双侧)上有显著相关性;* 在 0.05 水平(双侧)上有显著相关性。

由表 8 - 3 可知:农民工的知识水平满意度与其整体犯罪倾向性具有显著负相关关系,对自己知识水平满意程度越高的农民工,有着越低的犯罪倾向性。其中,知识水平满意度与自控力低下之间在 0.01 的水平上相关性显著,并且对自己知识水平越满意的农民工,其"自控力低下"得分越低,即对自己知识水平越满意的人,其自控能力越强。而农民工接受培训的意愿与其犯罪倾向性之间并不具有显著相关性。

2. 培训过程与犯罪倾向性的相关性

在农民工培训过程中选择了培训次数和培训周期两个变量,分别计算培训次数和培训周期与犯罪倾向性的四个维度之间的 Kendall tau - b 等级相关系数,结果如表 8 - 4 所示。

表 8 - 4   未犯罪农民工培训过程与犯罪倾向性的相关分析

变	量	价值观扭曲	社交障碍	自控力低下	偏好不良	整体犯罪倾向性
培训次数	相关系数	0.045	-0.093*	-0.061	-0.039	-0.023
	显著性	0.258	0.018	0.129	0.320	0.561
	N	632	637	631	640	621
培训周期	相关系数	0.051	-0.031	-0.013	-0.058	-0.026
	显著性	0.217	0.447	0.746	0.163	0.583
	N	639	645	639	647	630

注:* 在 0.05 水平(双侧)上相关性显著。

由表 8 - 4 可知:农民工接受培训的次数与其整体犯罪倾向性之间不存在显著相关关系,只与"社交障碍"这一维度在 0.05 的显著性水平上呈现负相关关系,且接受培训次数越多的农民工,其社交障碍得分越低。可见,多次参加教育培训的农民工,会有机会接触更多人,结交朋友、扩宽人脉关系,因此对提高社交能力具有一定帮助。而农民工接受培训的周期与其整体犯罪倾向性及各维度之间均无显著相关关系。

3. 培训效果与犯罪倾向性的相关性

对农民工的培训效果(作用感知)与犯罪倾向性包括四个维度进行等级相关分析,表 8 – 5 所示的相关系数为 Kendall tau – b 等级相关系数。

表 8 – 5　未犯罪农民工培训效果与犯罪倾向性的相关分析

变　量		价值观扭曲	社交障碍	自控力低下	偏好不良	整体犯罪倾向性
培训效果	相关系数	− 0. 164 **	− 0. 255 **	− 0. 058	− 0. 122 **	− 0. 231 **
	显著性	0. 000	0. 000	0. 218	0. 009	0. 000
	N	452	457	453	460	444

注:① ** 在 0. 01 水平(双侧)上相关性显著。

②样本数骤减,是因为删除了选择"从没参加过培训"选项的样本,这类人群并无实际的作用感知。

由表 8 – 5 可知:农民工参加培训后的作用感知与整体犯罪倾向性之间具有显著负相关关系,且农民工自我感知培训效果越好,其整体犯罪倾向性的得分就越低。从四个具体维度来看,除了"自控力低下"之外,培训效果与其他三个维度之间都在 0. 01 的显著水平上存在负相关关系。培训效果与社交障碍的相关性相对而言最高(r = − 0. 255,p = 0. 000 < 0. 01),其次是价值观扭曲(r = − 0. 164,p = 0. 000 < 0. 01),最低的是偏好不良(r = − 0. 122,p = 0. 009 < 0. 01),可见培训效果越佳,农民工的社交情况会越好,并且表现得更为明显,价值观扭曲和偏好不良等现象也会在一定程度上得以抑制。总体而言,可以推测,教育培训质量的提高对于抑制城市农民工犯罪有着一定的积极作用。

二、未犯罪农民工犯罪倾向性对教育培训的回归分析

根据上文分析,初步判断城市农民工教育培训与其犯罪倾向性之间存在相关性,但是这种相关并不能说明存在因果性联系,故在理论分析和经验观察的基础上,通过回归分析结果来检验其因果性假设是否成立。在回归分析过程中,分别从教育和培训两个方面确立自变量,选择了"受教育程度""月收入""是否参加过教育培训""培训次数"这四个变量;将犯罪倾向性的四个维度得分(即"价值观扭曲""社交障碍""自控力低下""偏好不良")和"犯罪倾向性平均分"设定为因变量;考虑到自变量均属于定类或定序变量,因此采用最优尺度回归分析方法。

（一）未犯罪农民工犯罪倾向性对教育培训的回归分析

将犯罪倾向性四个维度的平均得分加总，得到犯罪倾向性总得分，并将其作为被解释变量引入回归模型。

表8-6检验结果显示，农民工"犯罪倾向性平均分"对教育培训的回归模型拟合优度 R 方为0.038，调整 R 方为0.028，拟合优度不佳，但是整个模型方差统计量的相伴概率显著小于0.05，说明模型具有统计学意义。

表8-6　未犯罪农民工总犯罪倾向性对教育培训的回归模型检验

	平方和	df	均方	F	Sig	R 方	调整 R 方
回归项	24.302	7	3.472				
残差项	609.698	626	0.974	3.565	0.001	0.038	0.028
F	634.000	633					

表8-7中，该模型转换前后的容差值或容忍度均大于0.2，表明自变量之间没有严重的多重共线性问题。培训次数对犯罪倾向性有显著影响，其标准北回归系数为-0.183，说明培训次数越多，犯罪倾向性越低，这一点亦符合逻辑和常理。

表8-7　未犯罪农民工总犯罪倾向性对教育培训的回归估计及检验

	标准化系数		df	F	Sig	容差	
	B	标准误差				转换前	转换后
受教育程度	0.017	0.068	2	0.060	0.942	0.927	0.894
月收入	-0.060	0.066	2	0.825	0.439	0.982	0.966
是否参加培训	0.052	0.053	2	0.977	0.377	0.903	0.627
培训次数	-0.183	0.088	1	4.298	0.039	0.944	0.606

（二）未犯罪农民工价值观扭曲维度对教育培训的回归分析

表8-8显示了，农民工"价值观扭曲"对教育培训的回归拟合优度 R 方为0.041，调整 R 方为0.032，均较小，但是整个模型方差统计量的相伴概率显著小于0.05，说明模型具有统计学意义。

表8-8　未犯罪农民工价值观扭曲维度对教育培训的回归模型检验结果

	平方和	df	均方	F	Sig	R 方	调整 R 方
回归项	26.280	6	4.380				
残差项	616.720	636	0.970	4.517	0.000	0.041	0.032
总计	643.000	642					

表 8-9 报告了各变量标准化回归系数、显著性检验结果和转换前后的容差。转换前后的容差值均大于 0.2,表明自变量之间没有很强的共线性。受教育程度是影响价值观是否扭曲的关键因素,其标准化系数为 0.157(P = 0.001 < 0.01),说明自身受教育程度越高,其价值观扭曲的现象越严重,这一点与推测不同,但可能是真实情况,因为受教育程度越高的农民工,改变命运的欲望越强烈,越不满足自身的身份与地位,越容易对正统价值观产生逆反心理。

表 8-9 未犯罪农民工价值观扭曲维度对教育培训的回归估计及检验

	标准化系数		df	F	Sig	容 差	
	B	标准误差				转换前	转换后
受教育程度	0.157	0.049	1	10.311	0.001	0.952	0.895
月收入	-0.073	0.052	2	1.954	0.142	0.975	0.963
是否参加培训	0.079	0.063	2	1.602	0.202	0.942	0.607
培训次数	-0.073	0.084	1	0.751	0.386	0.924	0.628

(二)未犯罪农民工社交障碍维度对教育培训的回归分析

表 8-10 显示,农民工"社会障碍"对教育培训的回归拟合优度 R 方为 0.062,调整 R 方为 0.050,均较小,但是整个模型的方差统计量显著(P < 0.05),模型具有统计学意义。

表 8-10 未犯罪农民工社交障碍维度对教育培训的回归模型检验

	平方和	df	均方	F	Sig	R 方	调整 R 方
回归项	40.276	8	5.034				
残差项	611.724	643	0.951	5.292	0.000	0.062	0.050
F	652.000	651					

表 8-11 报告了各变量标准化回归系数、显著性检验结果和转换前后的容差。该模型转换前后的容差值均大于 0.2,表明自变量之间没有很强的多重共线性关系。从显著性结果来看,"培训次数"的标准化回归系数为 -0.228(P = 0.029 < 0.05),对社交障碍有着显著的负向影响,说明参加培训次数越多,社交障碍的程度越低,即积极参加教育培训有助于改善人际关系,减少社交障碍,一般而言,这符合常理。

表 8 - 11　未犯罪农民工社交障碍维度对教育培训的回归估计及检验

| | 标准化系数 | | df | F | Sig | 容　差 | |
	B	标准误差				转换前	转换后
受教育程度	-0.016	0.090	2	0.031	0.970	0.961	0.895
月收入	-0.092	0.074	2	1.539	0.215	0.982	0.965
是否参加培训	0.057	0.071	2	0.652	0.521	0.891	0.629
培训次数	-0.228	0.121	2	3.570	0.029	0.894	0.606

（四）未犯罪农民工自控力低下维度对教育培训的回归分析

表 8 - 12 显示，农民工"自控力低下"对教育培训的回归拟合优度 R 方为 0.025，调整 R 方为 0.015，数值均较小，但是整个模型的方差统计量（P<0.05）显著，表明模型具有统计学意义。

表 8 - 12　未犯罪农民工自控力低下维度对教育培训的回归模型检验

	平方和	df	均方	F	Sig	R 方	调整 R 方
回归项	15.927	6	2.655				
残差项	632.073	641	0.986	2.692	0.014	0.025	0.015
F	648.000	647					

表 8 - 13 中的回归估计结果显示，模型转换前后的容差值均大于 0.2，表明自变量之间没有严重的共线性问题。"培训次数"的标准化回归系数为 -0.135（P = 0.005<0.01），说明培训次数的多少对是否存在自控力低下具有显著影响，也就是说，参加培训次数越多，越有利于提高自控力水平。

表 8 - 13　未犯罪农民工自控力低下维度对教育培训的回归估计及检验

| | 标准化系数 | | df | F | Sig | 容　差 | |
	B	标准误差				转换前	转换后
受教育程度	-0.021	0.114	1	0.033	0.856	0.984	0.893
月收入	-0.062	0.072	2	0.750	0.473	0.975	0.962
是否参加培训	0.066	0.067	1	0.969	0.325	0.926	0.629
培训次数	-0.135	0.059	2	5.293	0.005	0.911	0.606

（五）未犯罪农民工偏好不良维度对教育培训的回归分析

表 8 - 14 显示，农民工"自控力低下"对教育培训的回归拟合优度 R 方为 0.033，调整 R 方为 0.024，均较小，但是整个模型的方差统计量（P<0.01）表明模型具有统计学意义。

表 8 - 14　未犯罪农民工偏好不良维度对教育培训的回归模型检验

	平方和	df	均方	F	Sig	R 方	调整 R 方
回归项	21.253	6	3.542				
残差项	629.747	644	0.978	3.622	0.002	0.033	0.024
F	651.000	650					

表 8 - 15 中的回归估计结果显示,模型转换前后的容差值均大于 0.2,表明自变量之间无较强的多重共线性关系。"受教育程度"的标准化回归系数为 - 0.168(P = 0.000 < 0.001),对"偏好不良"变量有非常显著的影响,说明受教育程度越高,偏好不良程度越低。

表 8 - 15　未犯罪农民工偏好不良维度对教育培训的回归估计及检验

	标准化系数		df	F	Sig	容　差	
	B	标准误差				转换前	转换后
受教育程度	- 0.168	0.044	1	14.687	0.000	0.898	0.897
月收入	0.082	0.078	2	1.100	0.333	0.952	0.963
是否参加培训	- 0.028	0.066	2	0.178	0.837	0.803	0.630
培训次数	0.022	0.088	1	0.064	0.801	0.800	0.606

第二节　教育培训对已犯罪农民工犯罪倾向性的影响

一、教育培训与已犯罪农民工犯罪倾向性的相关性

为了与前述研究做必要对比,本节使用相同方法分析已犯罪农民工教育与培训与其犯罪倾向性的相互关系。其中,犯罪倾向性依然包括价值观扭曲、社交障碍、自控力低下、偏好不良四个维度。与未犯罪农民工的教育培训不同,已犯罪农民工的教育培训不仅包括早期的受教育程度、进城前接受的相关培训以及进城工作期间接受的教育培训,还包括服刑期间接受监狱内组织的矫正教育培训。

(一)已犯罪农民工教育水平与犯罪倾向性的相关性

对已犯罪农民工的受教育程度与犯罪倾向性进行 Kendall tau - b 等级相关分析,检验结果表明(见表 8 - 16),已犯罪农民工的受教育程度与其犯罪倾向性之间

均存在显著的相关关系。

表 8 - 16　已犯罪农民工教育水平与犯罪倾向性的等级相关系数及其检验

变量		Edu	Y1	Y2	Y3	Y4	Y
Edu	相关系数		0.230**	-0.229**	-0.261**	-0.237**	-0.214**
	显著性概率		0.001	0.001	0.000	0.000	0.008
	N	882	882	882	882	882	882
	均值	2.06	2.25	2.43	2.92	2.62	2.47
	标准差	0.81	0.82	0.71	0.78	0.96	0.58

注:① ** 在 0.01 水平(双侧)上显著相关。

②Edu = 受教育程度,实际赋值:小学及以下 = 1,初中 = 2,高中 = 3,大专 = 4,本科及以上 = 5。

③Y1 = 价值观扭曲,Y2 = 社交障碍,Y3 = 自控力低下,Y4 = 偏好不良,Y = 整体犯罪倾向性;它们的实际分值范围都为 1 ~ 5。

观察表 8 - 16 发现,与前述未犯罪农民工教育水平与犯罪倾向性相关分析结果较为一致,已犯罪农民工的受教育程度与其总犯罪倾向性、社交障碍、自控力低下、偏好不良等变量之间也存在显著负相关性(p < 0.01),与价值观扭曲之间存在显著正相关性(p < 0.01)。对此,下文将使用回归模型估计结果验证受教育程度与犯罪倾向性及其各维度之间的因果作用,揭示这种正、负影响的实际意义及原因。

(二)已犯罪农民工服刑前培训经历与服刑后犯罪倾向性的相关性

对已犯罪农民工在进城前的培训经历、进城工作期间的培训经历(包括知识水平满意度、培训意愿、是否接受过培训、教育培训作用感知等)与服刑后的犯罪倾向性及各维度之间的相关性,进行 Kendall tau - b 等级相关分析,结果如表 8 - 17 所示。

表 8 - 17　已犯罪农民工服刑前培训经历与服刑后犯罪倾向性的相关分析

变量		GT	T1	T2	T3	T4	Y1	Y2	Y3	Y4
GT	相关系数		0.133**	0.180**	1.00**	0.077*	-0.011	-0.037	-0.086**	-0.019
	显著性概率		0.000	0.000	0.000	0.024	0.693	0.195	0.003	0.511
	N		871	855	879	867	882	882	882	882
T1	相关系数			0.029	0.034	0.064	-0.007	-0.052	-0.060	-0.067
	显著性概率			0.398	0.270	0.059	0.839	0.125	0.077	0.052
	N			848	870	859	871	871	871	871

续表

变　量		GT	T1	T2	T3	T4	Y1	Y2	Y3	Y4
T2	相关系数				0.180 **	0.210 **	− 0.111 **	− 0.049	− 0.057	− 0.135 **
	显著性概率				0.000	0.000	0.001	0.149	0.096	0.000
	N				855	845	855	855	855	855
T3	相关系数					0.077 *	− 0.012	− 0.101 **	− 0.044	− 0.024
	显著性概率					0.024	0.731	0.003	0.196	0.480
	N					867	879	879	879	879
T4	相关系数						− 0.389 **	− 0.238 **	− 0.228 **	− 0.239 **
	显著性概率						0.000	0.000	0.000	0.000
	N						867	867	867	867
	均值	1.48	2.35	3.05	1.52	3.34	2.25	2.43	2.92	2.62
	标准差	0.50	0.85	1.02	0.50	1.38	0.82	0.71	0.78	0.96

注:① ** 在 0.01 水平(双侧)上显著相关; * 在 0.05 水平(双侧)上显著相关。

②GT = 进城前是否接受过相关培训,实际赋值为:没接受过 = 1,接受过 = 2;T1 = 知识水平满意度,实际赋值:非常不满意 = 1,不满意 = 2,一般 = 3,满意 = 4,非常满意 = 5;T2 = 服刑前接受教育培训的意愿,实际赋值:非常不愿意 = 1,不愿意 = 2,一般 = 3,愿意 = 4,非常不愿意 = 5;T3 = 服刑前是否接受过教育培训,实际赋值:没接受过 = 1,接受过 = 2;T4 = 服刑前接受教育培训对减少犯罪的作用感知,实际赋值:根本没有用 = 1,偶尔有一点儿 = 2,有但不明显 = 3,有比较大的作用 = 4,非常有用 = 5。

③Y1 = 价值观扭曲,Y2 = 社交障碍,Y3 = 自控力低下,Y4 = 偏好不良,Y = 总犯罪倾向性;它们的实际分值范围都为 1 ~ 5。

表 8 - 17 显示,已犯罪农民工进城前和进城工作期间的培训经历与总犯罪倾向性有着某种相关性,各变量间相关程度存在一定差异。

从进城前的培训经历来看,已犯罪农民工在进城前是否接受过相关培训仅与自控力低下维度有显著负相关关系(p = 0.003 < 0.01),且接受过相关培训的农民工,其"自控力低下"维度得分越低,即进城前接受相关培训的农民工有着较强自控力。而已犯罪农民工进城前的培训经历与整体犯罪倾向性及其他三个维度之间均无显著相关性,这与前述研究未犯罪农民工的分析结果一致。

从进城工作期间的培训经历来看,(1)就知识水平满意度而言,与前述研究未犯罪农民工的相关分析结果不同,已犯罪农民工的知识水平满意度不论与其整体犯罪倾向性还是各个维度之间均不存在显著相关关系(p > 0.05)。(2)就培训意愿而言,已犯罪农民工的培训意愿与其整体犯罪倾向性以及"价值观扭曲""偏好不良"之间有显著负相关关系,即越是愿意参加培训的农民工,其整体犯罪倾向性越弱、价值观越端正、爱好越健康。而培训意愿与"社交障碍""自控力低下"之间并无显著相关性。(3)就是否接受过培训而言,已犯罪农民工在服刑前是否接受过培训只与"社交障碍"在 0.01 的显著水平上具有负相关关系,与其他变量之间均无显著相关性,且接受过培训的农民工在"社交障碍"上得分更低。这一点与前述未犯罪农民工培训次数与"社交障碍"之间的相关性类似,都表明通过参加教育培训能使农民工有机会接触更多人,结交朋友、扩宽人脉,从而提高他们的社交能力。(4)就感知教育培训对减少犯罪的作用而言,农民工教育培训作用感知与其犯罪倾向性及其各维度之间均在 0.01 的显著性水平上呈负相关。对于已犯罪的农民工群体来说,教育培训对减少犯罪的作用感知与价值观扭曲之间的相关度最高(r = - 0.389,p = 0.000 < 0.01),其次分别是偏好不良(r = - 0.239,p = 0.000 < 0.01)、社交障碍(r = - 0.238,p = 0.000 < 0.01),相对最低的是自控力低下(r = - 0.228,p = 0.000 < 0.01),可见在与具体维度的相关性上存在差异。但总体而言,可以推断,农民工多接受高质量教育培训对降低犯罪倾向性、抑制犯罪具有积极作用。

(三)已犯罪农民工监狱内教育培训与犯罪倾向性的相关性

对已犯罪农民工服刑期接受监狱内教育培训的意愿、次数与犯罪倾向性及各维度之间的相关性,进行 Kendall tau - b 等级相关分析,结果如表 8 - 18 所示。

表 8 - 18　已犯罪农民工监狱内教育培训与犯罪倾向性的相关分析

变量		PT1	PT2	Y1	Y2	Y3	Y4	Y
PT1	相关系数		0.107 **	- 0.189 **	- 0.076 *	- 0.071 *	- 0.070 *	- 0.177 **
	显著性概率		0.002	0.000	0.026	0.033	0.036	0.000
	N		835	862	862	862	862	862
PT2	相关系数			0.089 **	0.134 **	0.070 *	0.090 **	1.33 **
	显著性概率			0.009	0.000	0.042	0.009	0.000
	N			848	848	848	848	848
	均值	3.60	2.91	2.25	2.43	2.92	2.62	2.47
	标准差	1.04	1.47	0.82	0.71	0.78	0.96	0.58

注:① ** 在 0.01 水平(双侧)上显著相关; * 在 0.05 水平(双侧)上显著相关。

②PT1 = 服刑期间接受监狱教育培训的意愿,实际赋值:非常不愿意 = 1,不愿意 = 2,一般 = 3,愿意 = 4,非常愿意 = 5;PT2 = 服刑期间接受监狱教育培训的次数,实际赋值:0 次 = 1,1 - 2 次 = 2,3 - 5 次 = 3,6 - 7 次 = 4,8 - 9 次 = 5,10 次及以上 = 6。

③Y1 = 价值观扭曲,Y2 = 社交障碍,Y3 = 自控力低下,Y4 = 偏好不良,Y = 总犯罪倾向性;它们的实际分值范围都为 1~5。

由表 8-18 可知:已犯罪农民工接受监狱内教育培训的意愿与其犯罪倾向性及各维度之间均存在显著的负相关关系。其中,监狱内教育培训意愿与整体犯罪倾向性、"价值观扭曲"均在 0.01 的显著性水平上存在相关性,且越是愿意接受监狱内组织教育培训的农民工服刑罪犯,其"价值观扭曲"得分越低,整体犯罪倾向性也会越低;与"社交障碍""自控力低下""偏好不良"均在 0.05 的显著性水平上存在相关性,且越是愿意接受监狱内组织教育培训的农民工服刑罪犯,社交障碍越小、自控力相对更强、不良偏好越轻。

有趣的是,已犯罪农民工接受监狱内教育培训的次数与其犯罪倾向性及各维度之间却呈现显著的正相关关系,并且与"价值观扭曲""社交障碍""偏好不良"等具体维度之间的相关系数均在 0.01 的显著性水平上通过统计检验。接受监狱内组织教育培训次数越多的农民工服刑罪犯,其整体犯罪倾向性明显越强,尤其是价值观更加扭曲、社交障碍更凸出、偏好更加不健康。为什么这种罪犯矫正教育没能起到弱化农民工犯罪倾向性的作用,反倒是强化了呢? 这一疑问最终令我们将注意力投向"监狱化"的根本问题。[①] "监狱化"一词,由美国社会学家唐纳德·克莱默首先提出。20 世纪 30 年代,他率先对美国男犯监狱的亚文化现象进行了调查研究,并在此基础上写成了《监狱社会》(1940 年)一书,"监狱化"即首先出现在该书中。根据作者解释,监狱化是指罪犯对监狱亚文化的学习与内化过程,具体内容可分为三方面:一是对监狱亚文化的学习与接受;二是对监狱当局制定的正式规则和制度的学习与接受;三是对监狱普通文化的学习与接受。可见,监狱化的核心内容和主要结果是对罪犯亚文化的学习与接受,其本质是一种反文化。在监狱化过程中,罪犯彼此传习犯罪技巧和不良习惯,由原来的"单面手"转变成"多面手",道德观念进一步衰退,廉耻之心进一步丧失,而被监狱化的罪犯学习与接受了罪犯群体的非正式价值观,同时会产生一种对社会主导价值、监狱当局正式规则和制度的"免疫力",尤其是农民工罪犯群体早在犯罪之前就长期处于社会弱势地位,他们在犯罪入监之后会发生一系列的情感、态度、行为变化,犯罪人格也会随之发生一定程度的变异甚至重塑,这就使得教育改造功能大打折扣,甚至此时教育培训的主观改造追求,在客观上明显弱于监狱化带来的负向消极影响。另外,唐纳德·克莱默还认为,每个在押罪犯都会在不同程度上经历监狱化过程,而且服刑期越长监狱

---

① 赵宝成. 罪犯"监狱化"初探[J]. 政法论坛:中国政法大学学报,1992(04):34-38.

化程度越深。然而,接受监狱内教育培训次数越多的农民工罪犯,其服刑时间自然相对较长,他们的监狱化程度已经逐年加深。因此从监狱化视角并不难理解此"怪象",监狱化过程的本身不仅可能使罪犯改造和再社会化倍加困难,而且可能加剧犯罪倾向心理,加深犯罪的反社会程度,甚至产生更多的重新犯罪者。基于这样的研究结果,我们并非声称罪犯矫正教育对于改造罪犯毫无作用,而是说明在监狱化过程中,已犯罪农民工单纯依靠监狱内教育培训并不能抑制犯罪倾向性,甚至是强化了,必须强化劳动改造和心理与行为矫治。监狱内此类教育培训的质量与效果问题值得我们反思,并且监狱矫正教育与犯罪之间的关系错综复杂,还需要进一步深入研究。

二、已犯罪农民工犯罪倾向性对教育培训的回归分析

上文分析了教育培训与已犯罪农民工犯罪倾向性的相关关系,初步揭示了教育和培训因素与服刑农民工犯罪倾向性之间存在关联。以下采用多元线性回归分析方法,建立服刑农民工犯罪倾向性与其影响因素的因果关系模型,进一步检验这些影响因素特别是本研究重点关注的教育和培训因素对犯罪倾向性影响的方向及大小。在回归分析中,先后两次分别将教育变量和培训变量单独纳入回归模型,考察两类变量与已犯罪农民工犯罪倾向性之间的关系;在第三次回归分析中将教育和培训变量共同纳入回归模型,通过嵌套模型的对比,综合分析教育培训与已犯罪农民工犯罪倾向性之间的因果性联系,同时更加清晰地显示农民工教育培训因素的影响力。

需要指出的是,本节仍然使用横向截面数据分析农民工的教育培训与犯罪倾向性之间的关系,存在局限性。这是因为服刑农民工的犯罪倾向性受到监狱教育改造及自我保护心理的影响。长期处于劣势地位的农民工一旦犯罪入监后,会遭受更加恶劣的非社会化环境影响,一部分人悔悟改造、格面自新,一部分人急剧恶化,这就导致研究者低估或高估已犯罪农民工的犯罪倾向性,因此利用截至某一时点的服刑农民工调查数据,分析他们的犯罪倾向性可能存在一定偏差。但是考虑到大样本研究可以在一定程度上使这种低估或高估偏差相互抵消,因此这些偏差对研究结果和结论的影响有限。况且,本研究的主要目的之一是基于教育培训的非货币化收益视角,检验论证农民工教育培训对其犯罪倾向性的影响,并非为了描述农民工的犯罪倾向性或犯罪行为特征。

在进行整体犯罪倾向性和分维度影响因素的回归分析之前,首先对主要变量进行说明、描述与赋值,如表 8 – 19 所示。

表 8 - 19   主要变量描述与赋值

变量名称	变量说明	均值	标准差
因变量			
价值观扭曲	测量题项得分的平均数(8 道题)	2.25	0.819
社交障碍	测量题项得分的平均数(4 道题)	2.43	0.706
自控力低下	测量题项得分的平均数(3 道题)	2.92	0.780
偏好不良	测量题项得分的平均数(3 道题)	2.62	0.961
整体犯罪倾向性	农民工犯罪倾向性量表所有题项得分的平均数	2.47	0.578
控制变量			
性别	男 = 1;女 = 0	0.83	0.372
年龄	实际年龄(岁)	35.17	10.059
婚姻状态	未婚 = 1;已婚 = 2;离异或丧偶 = 3	1.86	0.748
服刑前的职业类型	劳务型 = 1;商务型 = 2;事务型 = 3;管理型 = 4;其他 = 5	2.13	1.074
服刑前的月收入水平	2 000 元以下 = 1;2 000～3 000 元 = 2;3 000～4 000元 = 3;4 000～5 000 元 = 4;5 000 元以上 = 5	2.34	1.475
自变量			
受教育程度	小学及以下 = 1;初中 = 2;高中(中专、技校) = 3;大专 = 4;本科及以上 = 5	2.06	0.809
进城前培训经历	接受过培训 = 1;没接受过培训 = 0	0.25	0.434
工作期间培训经历 接受意愿	不愿意 = 1;有点愿意也有点不愿意 = 2;愿意 = 3	2.06	0.776
是否接受过	接受过培训 = 1;没接受过培训 = 0	0.52	0.500
作用感知	没用 = 1;有点作用 = 2;有用 = 3	2.38	0.705
服刑期间教育培训 接受意愿	不愿意 = 1;有点愿意也有点不愿意 = 2;愿意 = 3	2.48	0.706
接受次数	0 次 = 1;1～2 次 = 2;3～5 次 = 3;6 次及以上 = 4	2.66	1.053

注:①部分变量已根据回归分析需要,进行重新定义并赋值,不同于前文相关分析中的实际分值。另外,初步分析显示"知识水平满意度"与犯罪倾向性及各维度无显著相关性,因此不再进入下文回归分析。

②对培训意愿变量,将选项"非常不愿意""不愿意"合并为"不愿意",将"愿意""非常愿意"合并为"愿意";对作用感知变量,将选项"偶尔有一点儿用""有用但不明显"合并为"有点作用",将"有比较大的作用""非常有用"合并为"有用"。

(一)已犯罪农民工总犯罪倾向性对教育培训的回归分析

以"总犯罪倾向性"作为因变量,对性别、年龄、婚姻状态、服刑前的职业类型和月收入水平等个人特征进行控制,特别是加入月收入水平变量可以控制教育培训的货币收益,从而更准确估计收入之外的非货币收益。在第一次回归分析中,单独将受教育程度自变量纳入模型Ⅰ;在第二次回归分析中,单独将培训经历自变量纳入模型Ⅱ;在第三次回归分析中,将所有教育和培训自变量共同纳入模型Ⅲ。教育培训对已犯罪农民工整体犯罪倾向性的具体回归结果如表8-20所示。

表8-20　已犯罪农民工总犯罪倾向性对教育培训的 OLS 回归结果

变量	犯罪倾向性					
	模型Ⅰ		模型Ⅱ		模型Ⅲ	
	系数	标准误	系数	标准误	系数	标准误
性别	0.453***	0.051	0.437***	0.054	0.431***	0.054
年龄	-0.002	0.002	-0.002	0.002	-0.002	0.002
婚姻状态(参照"已婚")						
未婚	0.218**	0.048	0.212**	0.049	0.210**	0.049
离异或丧偶	0.229**	0.050	0.225**	0.051	0.226**	0.051
服刑前职业类型(参照"劳务型")						
商务型	0.090#	0.049	0.083#	0.050	0.091#	0.050
事务型	-0.050	0.053	-0.046	0.054	-0.037	0.054
管理型	-0.119+	0.097	-0.102+	0.096	-0.199*	0.096
其他	-0.175*	0.113	-0.217**	0.116	-0.227**	0.116
服刑前月收入(参照"2 000 元以下")						
2 000~3 000 元	-0.236**	0.053	-0.241***	0.054	-0.233**	0.054
3 000~4 000 元	-0.206*	0.059	-0.230***	0.062	-0.225***	0.062
4 000~5 000 元	-0.262***	0.080	-0.234**	0.083	-0.241***	0.083
5 000 元以上	0.202*	0.065	0.253***	0.067	0.244***	0.067
受教育程度(参照"小学及以下")						
初中	-0.225**	0.048			-0.232***	0.050
高中(中专、技校)	-0.242***	0.059			-0.247***	0.064
大专	0.043	0.012			0.015	0.014
本科及以上	0.367***	0.190			0.404***	0.187
进城前培训经历			-0.052	0.050	-0.057	0.051

续表

变量		犯罪倾向性					
		模型Ⅰ		模型Ⅱ		模型Ⅲ	
		系数	标准误	系数	标准误	系数	标准误
工作期间培训经历	接受意愿(参照"不愿意")						
	有点愿意也有点不愿意			-0.108^{+}	0.050	-0.110^{+}	0.050
	愿意			-0.142^{*}	0.053	-0.147^{*}	0.053
	是否接受过培训			-0.031	0.044	-0.032	0.044
	作用感知(参照"没用")						
	有点作用			-0.152^{*}	0.065	-0.167^{*}	0.065
	有用			-0.344^{***}	0.094	-0.328^{***}	0.064
服刑期间教育培训	接受意愿(参照"不愿意")						
	有点愿意也有点不愿意			-0.144^{*}	0.064	-0.145^{*}	0.068
	愿意			-0.180^{**}	0.064	-0.179^{**}	0.065
	接受培训次数(参照"0次")						
	1~2次			-0.157^{*}	0.062	-0.160^{*}	0.062
	3~5次			0.180^{**}	0.065	0.179^{**}	0.065
	6次及以上			0.186^{*}	0.073	0.185^{**}	0.073
常数项		2.165^{***}	0.111	2.347^{***}	0.142	2.353^{***}	0.146
R^2		0.161		0.183		0.219	
调整后的 R^2		0.145		0.159		0.191	
F 值		6.656^{***}		7.506^{***}		6.639^{***}	
样本量		867		794		794	

注:①"监狱内教育培训"视为培训变量之一。这是为了分离出早期学历教育和后期培训经历,仅以"受教育程度"表示早期学历教育,其他所有发生在这一教育之后的教育培训,一律统称为培训经历。下同。

②所有多重共线性诊断结果显示,VIF 值均小于 10,TOL 值均大于 0.1,故不存在严重的多重共线性问题。

③*** $p<0.001$,** $p<0.01$,* $p<0.05$,$^{+}$ $p<0.1$,$^{\#}$ $p<0.15$(双尾检验)。

表 8-20 的回归结果显示,教育和培训变量均对已犯罪农民工的犯罪倾向性具有不同程度的影响,且通过显著性水平检验的非标准化回归系数有负有正,表明在控制其他影响因素的情况下,教育培训对已犯罪农民工犯罪倾向性同时具有抑

制效应和助推作用。进一步将模型Ⅰ和Ⅱ与模型Ⅲ的回归结果进行比较,发现教育培训变量单独进入模型和共同进入模型对总犯罪倾向性影响的方向和显著性的区别不大。因此,这里仅以模型Ⅲ为例,分析教育培训对已犯罪农民工总犯罪倾向性的影响。

第一,已犯罪农民工受教育程度对犯罪倾向性的影响效应具有非单调性,且在各个学历层次上的影响效应存在内部差异。对于当前农民工服刑罪犯来说,以"小学及以下"为参照组,初中到高中(包含中专、技校)变量系数的回归结果都显示,初中和高中的回归系数均为负,可见具有初中及以上受教育程度的农民工,其整体犯罪倾向性均显著低于小学及以下受教育程度的农民工,而且会随着受教育程度的提高而依次显著递减。其中,受教育程度为初中的农民工比小学及以下整体犯罪倾向性低 23.2% ,高中比小学及以下整体犯罪倾向性低 24.7% 。如果说小学及以下受教育者为文盲或半文盲,那么文盲或半文盲的农民工犯罪人群则有着较高的犯罪倾向性。但需要特殊注意的是,从大专开始,受教育程度越高的已犯罪农民工相比小学及以下人群而言,其整体犯罪倾向性反而随着受教育程度的提高而递增。尽管大专的回归系数未能通过显著性检验,因此没有统计学意义上的显著影响,但是本科及以上的回归系数相对很大($\beta=0.404$,$p=0.000<0.001$),可见当前本科及以上的高学历农民工罪犯比小学及以下的文盲或半文盲农民工罪犯,有着更高的犯罪倾向性。可能的原因解释主要有三个方面:一是当前普遍扩张的教育规模,在质量上令人担忧,而更高质量的教育可能会具有更好的预防犯罪的作用(Lochner,2004[①]);二是因为我国现阶段存在的劳动力市场分割和过度教育(主要是高等教育)问题可能对教育与犯罪间的关系带来负面冲击,导致一些受过高等教育的劳动力无法在合法劳动力市场上获得预期回报和待遇,这就将促使他们产生在非法劳动力市场上从事谋生活动的意愿和冲动;三是因为农民工"身份"的特殊性,特别是那些受过高等教育反而由于种种原因导致他们不能实现早期教育期望和理想抱负的高学历农民工,梦想的破灭与现实的残酷使得他们产生强烈的相对剥夺感,久而久之,他们容易滋生厌世、报复社会等病态心理,这种心理状态积累到一定程度就会产生强烈的犯罪倾向性,最终导致犯罪行为,亦是符合现实逻辑。总体而言,针对已犯罪的农民工群体,教育同时具有削减犯罪倾向性的

①　Lochner, L.. Education, Work, and Crime: a Human Capital Approach[J]. International Economic Review, 2004,45(3): 811 – 843.

抑制效应和推动犯罪倾向性增强的作用,因此可以认为,教育对犯罪农民工犯罪倾向性的影响效应是不确定的,同时,不同学历层次的受教育程度对犯罪倾向性的影响也并非单调。虽然已有研究表明教育对犯罪的净影响不仅在理论上是不确定的,而且基于国外数据样本的经验研究也未能达成一致性结论(Witte,1994[①];Buonanno,2009[②]),但是却没有文献系统研究教育对已犯罪农民工犯罪倾向性的影响。本研究基于农民工罪犯调查数据,发现总体教育水平提升显著降低了农民工的犯罪倾向性,这主要受益于初中和高中教育,且其犯罪倾向性的抑制作用随着受教育程度的提高而增强;但是,本科及以上教育程度不仅未能发挥降低已犯罪农民工犯罪倾向性的作用,反而还有着显著的助推作用。

第二,培训经历对已犯罪农民工犯罪倾向性的影响效应相对复杂,且农民工的培训意愿、作用感知对其犯罪倾向性都具有显著负向影响,是否接受过培训对犯罪倾向性没有显著影响,监狱内教育培训次数对犯罪倾向性的影响效应随着次数的累加先负后正。具体而言,(1)从是否接受过培训的经历来看,无论是在进城之前还是在进城工作期间,已犯罪农民工接受过相关培训变量的回归系数都为负,但也都未能通过显著性检验,表明是否接受过培训的经历对已犯罪农民工犯罪倾向没有显著影响。(2)从培训意愿来看,对于农民工服刑罪犯来说,工作期间接受培训意愿和入监服刑期间接受培训意愿的回归系数都显著为负,尤其是"愿意"相对更加显著,表明已犯罪农民工接受培训的意愿越高,其犯罪倾向性就越低。(3)从教育培训有助于减少犯罪的感知来看,以"没用"为参照组,"有点作用"和"有用"的回归系数都显著为负,尤其是"有用"的系数值十分显著($\beta = -0.328$,$p = 0.000 < 0.001$),表明农民工服刑罪犯关于教育培训减少犯罪的作用感知对整体犯罪倾向性具有显著负向影响,即越是认为教育培训对减少犯罪有用的农民工,其整体犯罪倾向性越低。(4)从接受监狱内教育培训的次数来看,以"0 次"为参照组,只有"1~2次"的回归系数显著为负,2 次以上的回归系数均显著为正,而且系数值会随着次数的增加而变大。可见农民工在犯罪入监服刑后,接受一两次教育培训比未接受者的犯罪倾向性有所降低,但总体上,多接受矫正教育培训并不能显著抑制其整体犯罪倾向性,甚至随着矫正教育培训次数的增加而犯罪倾向性增强了。其主

① Witte, A. D., H. Tauchen. Work and Crime: an Exploration Using Panel Data[Z]. NBER Working Paper, 1994: 47-94.

② Buonanno, P., L. Leonida. Non Market Effects of Education on Crime: Evidence from Italian Regions [J]. Economics of Education Review, 2009,28(1): 11-17.

要原因正如前文指出的那样,从监狱化的视角理解此"怪象",可能是因为刑期较长,监狱化程度随着加深,尽管农民工罪犯接受教育培训的次数增多,但监狱化的负向影响远远覆盖和抑制了监狱教育培训的矫正及改造效果,其结果是农民工罪犯接受监狱内教育培训的次数越多,其整体犯罪倾向性并不能得到有效抑制反而可能更加恶化。另一种原因是内生性问题所致,在押的犯罪人犯罪倾向性越强,刑期越长,越有可能获得更多的矫正教育或教育改造的机会。本回归分析模型没有解决可能存在的内生性问题,因此,回归结果的可靠性有待进一步检验。

第三,进一步比较教育变量和培训变量各自的影响效应,还发现教育对已犯罪农民工整体犯罪倾向性的影响效应总体强于培训。除了教育培训对减少犯罪的作用感知之外,受教育程度与整体犯罪倾向性的回归系数绝对值基本都大于培训经历方面的系数值,表明受教育程度对整体犯罪倾向性的影响效应明显要比培训经历的影响效应强。如果将受教育程度视为一种初始人力资本表征的话,那么后期所有的教育培训经历则是一种后续人力资本表征。我们的研究结果说明,对于已犯罪农民工群体来说,初始人力资本的影响作用仍然是根本且持续的,而后续人力资本的影响作用相对较弱且复杂。究其原因可能在于早期教育这种初始人力资本对于个体的人格塑造、行为习惯养成等都具有潜移默化的根本影响,并且受教育程度不同的群体往往存在较大差别;然而后期教育培训经历,一方面服刑前的相关培训更加侧重于职业技能方面的培训,重在提升农民工从业就业技能、适应经济生产需要,因此这种短效培训很难改变既有的人格特质和行为倾向,俗话说"江山易改,禀性难移","禀性"说的就是个体的人格特质和行为倾向;另一方面服刑期间的教育培训虽然以矫正和改造为目的,但鉴于监狱化的客观存在以及以劳动改造为主,什么样的教育培训才真的能够有效抑制犯罪倾向性还是一个需要进一步审慎研究的问题。

(二)已犯罪农民工犯罪倾向性对矫正教育培训的回归分析

前文已述已犯罪农民工在犯罪倾向性的各个维度上仍然存在较大差异,而且矫正教育培训与犯罪倾向性各维度之间的相关性也表现出一定差异,因而,监所矫正教育培训对已犯罪农民工的犯罪倾向性的影响有待检验,同时需要进一步对这种内部差异进行比较。对此,我们依次以"价值观扭曲""社交障碍""自控力低下""偏好不良"为因变量,控制性别、年龄、婚姻状态、服刑前的职业类型等影响因素之后,进行多元线性回归。主要回归结果如表8-21所示。

表 8 - 21 已犯罪农民工犯罪倾向性各维度对矫正教育培训的 OLS 回归分析结果

变量	模型 Ⅲ							
	价值观扭曲		社交障碍		自控力低下		偏好不良	
	系数	标准误	系数	标准误	系数	标准误	系数	标准误
性别	0.707***	0.074	0.049	0.070	-0.410***	0.078	0.645***	0.093
年龄	-0.005	0.003	0.003	0.003	-0.003	0.003	0.000	0.004
婚姻状态(参照"已婚")								
未婚	0.041	0.067	0.055	0.064	0.021	0.071	0.155*	0.084
离异/丧偶	0.013	0.070	0.083#	0.066	0.183*	0.114	0.263***	0.118
服刑前职业类型(参照"劳务型")								
商务型	0.115+	0.069	-0.169*	0.071	0.088	0.053	-0.073	0.086
事务型	-0.135*	0.075	-0.141*	0.075	-0.197**	0.119	-0.182**	0.104
管理型	0.171*	0.101	-0.177*	0.101	-0.162*	0.082	-0.178*	0.101
其他	-0.195*	0.116	-0.163*	0.082	-0.161**	0.081	-0.195**	0.117
服刑前月收入(参照"2 000 元以下")								
2 000 ~ 3 000 元	-0.288***	0.173	-0.298***	0.176	-0.363***	0.189	-0.239***	0.154
3 000 ~ 4 000 元	-0.048	0.086	-0.211**	0.141	-0.289***	0.173	-0.244***	0.161
4 000 ~ 5 000 元	-0.200**	0.104	-0.227***	0.148	-0.236***	0.151	-0.251***	0.164
5 000 元以上	0.061	0.093	-0.217***	0.143	-0.232***	0.149	0.211***	0.140
受教育程度(参照"小学及以下")								
初中	-0.220**	0.114	-0.230***	0.115	-0.307***	0.173	-0.235***	0.118
高中(中专,技校)	-0.264***	0.148	-0.296***	0.163	-0.325***	0.193	-0.246***	0.126
大专	0.169*	0.127	-0.305***	0.189	-0.290***	0.273	-0.254***	0.134
本科及以上	0.509***	0.259	-0.326***	0.194	-0.378***	0.266	-0.337***	0.224
进城前培训经历	0.071	0.070	-0.077	0.067	-0.229*	0.097	-0.028	0.066

续表

变量	模型Ⅲ							
	价值观扭曲		社交障碍		自控力低下		偏好不良	
	系数	标准误	系数	标准误	系数	标准误	系数	标准误
工作期间 接受意愿（参照"不愿意"）								
有点愿意也有点不愿意	-0.021	0.069	-0.019	0.065	-0.030	0.073	-0.158*	0.096
愿意	-0.149*	0.083	-0.140*	0.079	-0.098#	0.078	-0.333***	0.102
是否接受过	-0.041	0.061	-0.194**	0.094	-0.088	0.057	-0.046	0.077
培训经历 作用感知（参照"没用"）								
有点作用	-0.153*	0.092	-0.117+	0.085	-0.102#	0.096	-0.108#	0.099
有用	-0.322***	0.183	-0.249***	0.148	-0.111+	0.093	-0.133+	0.111
接受意愿（参照"不愿意"）								
有点愿意也有点不愿意	-0.230***	0.114	-0.107+	0.078	-0.117+	0.085	-0.131+	0.088
愿意	-0.329***	0.108	-0.236**	0.093	-0.227**	0.093	-0.204**	0.089
服刑期间 接受次数（参照"0次"）								
1~2次	-0.156***	0.086	-0.199**	0.081	-0.122+	0.051	-0.190**	0.088
3~5次	0.100*	0.090	0.332***	0.085	0.173*	0.106	-0.160*	0.106
6次及以上	0.134+	0.100	0.379***	0.095	0.190**	0.115	0.155+	0.113
矫正教育 与培训								
常数项	2.133***	0.201	2.357***	0.190	2.964***	0.213	2.321***	0.252
R^2	0.232		0.178		0.169		0.233	
调整后的 R^2	0.204		0.145		0.136		0.202	
F值	8.547***		4.395***		4.102***		6.332***	
样本量	794		794		794		794	

注：①对于"价值观扭曲""社交障碍""自控力低下""偏好不良"四个因变量都采用了上述相同的三次回归策略，并对模型Ⅲ的回归结果依次与模型Ⅰ、模型Ⅱ进行比较，发现教育培训变量单独进入模型和共同进入模型对因变量影响的方向和显著性均无本质区别，而且这种区别不大。同时，限于篇幅和研究问题的界限，这里只给出了在模型Ⅲ下的所有回归结果。模型Ⅰ、Ⅱ均未列出。主要研究结果和结论不会因此而改变。

②所有多重共线性诊断结果显示，VIF值均小于10，TOL值均大于0.1，故不存在严重的多重共线性问题。

③***$p < 0.001$，**$p < 0.01$，*$p < 0.05$，+$p < 0.1$，#$p < 0.15$（双尾检验）。

表 8-21 提供了已犯罪农民工的教育培训对犯罪倾向性各维度作用的回归结果,模型能够解释各自因变量变异的 R^2 值依次为 23.2%、17.8%、16.9%、23.3%,且 F 统计量的显著性概率值都等于 0.000,意味着模型的拟合优度达标、具有统计学意义。总体上,研究发现,教育和培训均对四个维度具有不同程度的影响。一方面,农民工受教育程度只对"价值观扭曲"一个维度同时具有抑制效应和助推作用,而对"社交障碍""自控力低下""偏好不良"三个维度均产生负向抑制效应。另一方面,农民工培训经历对四个维度的影响相对复杂,其中:进城前的培训经历仅对"自控力低下"具有显著负效应,对其他维度无影响;进城工作期间的培训经历对四个维度的影响方向都为负,只是影响的大小和显著性存在差异;服刑期间接受监狱内教育培训的意愿对四个维度都具有显著负向预测效应,只不过对"价值观扭曲"的效应最大,而"次数"的效应较为特殊,总体呈现先负向后正向的趋势。

接下来,我们依次单独以各个维度为分析对象,揭示已犯罪农民工的教育培训对其犯罪倾向性各个维度的影响力和预测效应。具体分析如下:

1. 教育培训对已犯罪农民工"价值观扭曲"的影响

已犯罪农民工教育培训与"价值观扭曲"的回归结果显示(见表 8-21),教育和培训变量均对价值观扭曲具有不同程度的影响,且通过显著性水平检验的非标准化回归系数有负有正,表明当控制其他影响因素之后,与其整体犯罪倾向性较为一致的是,教育培训对农民工罪犯的价值观扭曲也同时具有抑制效应和一定的扩张效应。

第一,受教育程度对已犯罪农民工价值观扭曲的影响效应呈现非单调性,不同学历层次的教育对价值观扭曲的影响有着明显差异,这一点与前文研究整体犯罪倾向性的结果基本一致。具体来说,以"小学及以下"为参照组,初中、高中的回归系数分别为 -0.220、-0.264,可见初中、高中受教育程度均显著改善了已犯罪农民工的价值观扭曲现象,并且其价值观扭曲得分随着教育层次的提高而递减。从这一角度,还可以帮助我们进一步理解初中、高中教育为何能够有效抑制农民工整体犯罪倾向性的问题,正因为这类教育较早影响个人身心发展,提高了人们的道德标准,自然会增加犯罪的心理成本(Fajnzylber 等,2002[①])。但是,大专、本科及以上教育不仅未能降低已犯罪农民工在价值观扭曲维度上的得分,反而还显著加剧了价值观扭曲现象,其中:大专受教育程度的农民工罪犯,其价值观扭曲得分比小学

① Fajnzylber, P., Lederman, D., Loayza, N.. What Causes Violent Crime[J]. European Economic Review, 2002(46):1323-1357.

及以下者高出了16.9%;本科及以上受教育程度的农民工罪犯,其价值观扭曲得分比小学及以下者更是高出了50.9%。主要原因可能是,农民工早期受教育程度越高,尤其当达到大学这类高层次教育时,会对教育有着更多的"希望",希望通过读书改变命运的欲望会愈加强烈,但是农民工主要就业在"次级劳动力市场",无法很好地实现预期教育回报率,从而使得受教育程度高的农民工对自己的就业、经济和生活状况产生不满等负面情绪;而且长期的"身份"弱势容易加剧心理失衡,越是不满足自身身份和地位,也就越容易对正统价值观产生逆反心理,同时对社会和自我持消极、敌视的态度,甚至产生一些病态心理,此时教育对价值观扭曲的抑制效应和扩张效应可能相互抵消,或者抑制效应远小于其扩张效应。现在看来,这一结果似乎更好地佐证了上述受教育程度对已犯罪农民工整体犯罪倾向性净影响"不确定"的研究结论。

第二,培训经历对已犯罪农民工价值观扭曲的预测效应,也与整体犯罪倾向性的研究结果比较一致。工作期间的培训意愿、作用感知对价值观扭曲都具有显著负效应,是否接受过培训对价值观扭曲没有显著效应,监狱教育培训次数对价值观扭曲的效应随着次数增加表现出显著的先负后正。具体而言,(1)从是否接受过培训的经历来看,进城前接受过培训的回归系数为正($\beta = 0.071, p > 0.15$),符号与推测不同,但是这种效应方向并不具有统计显著性;而进城工作期间接受过培训的回归系数虽然为负($\beta = -0.041, p > 0.15$),但也未通过显著性检验,表明是否接受过培训的经历对已犯罪农民工价值观扭曲无显著作用。(2)从培训意愿来看,已犯罪农民工工作期间和入监服刑期间接受培训的意愿都对其价值观扭曲具有显著负向效应,只不过入监服刑期间培训意愿产生的这种负向效应明显强于工作期间的。以"不愿意"为参照组,已犯罪农民工入监服刑期间,"一般"和"愿意"组对价值观扭曲均在0.001的显著性水平上具有负向效应;而工作期间,仅有"愿意"组对价值观扭曲在0.05的显著性水平上具有负向效应。但无论如何,结果一致指向,越是愿意参加教育培训的农民工,其价值观扭曲程度越可能较轻。(3)从培训对减少犯罪的作用感知来看,以"没用"为参照组,"一般"和"有用"的回归系数都显著为负,尤其是"有用"的系数值更显著($\beta = -0.322, p = 0.000 < 0.001$),表明培训作用感知对于农民工服刑罪犯的价值观扭曲有着显著的负向预测效应。(4)从接受监狱内培训的次数来看,以"0次"为参照组,农民工服刑罪犯接受监狱教育培训"1~2次"比"0次"的价值观扭曲得分显著降低了,但随着次数的增加,价值观扭曲得分反而显著递增了。这仍然说明,农民工罪犯在服刑期间,接受一两

次教育培训能够负向预测其价值观扭曲,但是这种预测作用是有限的,其中的机理与机制有待探讨。

2. 教育培训对已犯罪农民工"社交障碍"的影响

已犯罪农民工教育培训与"社交障碍"的回归结果显示(见表8-21),教育和培训变量对社交障碍具有不同程度的影响,且通过显著性水平检验的非标准化回归系数以负数居多,表明当控制其他影响因素之后,教育培训对农民工罪犯的社交障碍具有一定抑制作用。

第一,已犯罪农民工的受教育程度均显著降低了他们在社交障碍上的平均得分,同时,这种抑制效应随着教育层次的提升依次递增,这一点与前文研究整体犯罪倾向性和价值观扭曲的结果都不尽相同。受教育程度变量的回归系数都显著为负,说明教育能够有效抑制已犯罪农民工的社交障碍,这就在很大程度上佐证了发展教育是一项积极政策。同时,以"小学及以下"为参照组,如果说这类文盲或半文盲人群有着一定程度的社交障碍,那么估计结果还可以说明,随着教育层次提升的非文盲人群则有着更好的社交能力。具体来看,已犯罪农民工的社交障碍得分,相比受教育程度为小学及以下者而言,初中、高中、大专、本科及以上受教育程度者的得分依次降低了23.0%、29.6%、30.5%、32.6%。

第二,培训经历对已犯罪农民工社交障碍的影响效应,也与前文整体犯罪倾向性、价值观扭曲的研究结果有一定差异。农民工的培训意愿、工作期间是否接受过培训、培训作用感知对社交障碍都具有显著负向预测效应,进城前是否接受过培训对社交障碍并无影响,而监狱培训次数对社交障碍的效应仍然先负后正。具体而言,(1)从是否接受过培训的经历来看,分为进城前和进城工作期间两种情况,只有工作期间接受过培训对社交障碍具有显著负向影响($\beta = -0.194, p < 0.01$),而进城前接受过培训对社交障碍没有显著影响($\beta = -0.077, p > 0.15$)。这可能是因为农民工在进城之前普遍未接受相关培训,即便一些人表示接受过,大多也是一种引导性培训,以理论为主的这类培训在短期内并不能明显提高他们的社交能力,而他们大多数人进入城市工作才真正开始踏上社会,但是常常处于一种"内卷化"状态,社交网十分狭隘,而通过参加一些教育培训项目和活动,在学习过程中有机会接触更多人、扩宽社会网络、建立人际关系,从而有助于提高个体的社会适应能力和社会交往能力。(2)从培训意愿来看,对于农民工服刑罪犯来说,工作期间和入监服刑期间接受教育培训意愿的回归系数都为负,且入监服刑期间接受教育培训意愿的估计结果更加显著,由此判断,越是愿意参加教育培训尤其是监狱内组织的教育培训的农民工,其社交障碍程度越低。(3)从教育培训对减少犯罪的作用感知来看,估计系数显著为负,与前文整体犯罪倾向性和价值观扭曲的研究结果趋于一致,即这种作用感知对社交障碍也具有显著负向预测效应。也就是说,越是认为教育培训对减少犯罪有作用的农民工,其社交障碍的程度越低。(4)从接受监狱内教育培训的次数来看,以"0次"为参照组,"1~2次""3~5次""6次及以上"的估计系数依次为 -0.199(p<0.01)、0.332(p<0.001)、0.379(p<0.001),可见估计系数亦先负后正,再次说明农民工罪犯入监服刑后接受一两次教育培训比未接受者社交障碍的程度降低了,但总体上,随着次数累加其加剧社交障碍的扩张效应反而显著递增了。这一点仍然可以从监狱化的角度来解释,正因为监狱化与重新社会化是截然相反的两个过程,同时监狱化实质上又是一种反社会化过程,前一个过程的发生与长期存在致使后一个过程受到阻碍或抵消,从而使在剥夺罪犯自由的非社会化环境下改造他们的种种设想与尝试(包括监狱内针对服刑人员的教育改造)归于失败,其中罪犯人格退化或萎缩、社会化程度降低就是后果之一。对此,有学者还做过详细的描述,例如,列出一些主要表现包括极度自卑,自我封闭,缺乏自主性、自尊心和责任感,刻板、麻木以及对外界事物感知迟钝等(赵宝成,1992[①])。

综合上述两个层面,教育培训总体上对已犯罪农民工社交障碍具有一定阻止效应。而教育和培训同属于人力资本投资的重要途径,也可以说,具有较高人力资本水平的农民工一定程度上能够有效阻止其社交障碍。一般认为,受过良好教育与培训的个体会有较强的社会交往能力,往往能够更好地接触、适应和融入资源丰富社会圈子中。因此,发展教育事业和加强农民工相关培训工作必然是有效的积极政策,可以带来较高的非货币化收益。

3. 教育培训对已犯罪农民工"自控力低下"的影响

已犯罪农民工教育培训与"自控力低下"的回归结果显示(见表8-21),教育和培训变量对自控力低下具有不同程度的影响,通过显著性水平检验的非标准化回归系数以负数居多,表明当控制其他影响因素之后,教育培训对农民工罪犯的自控力低下也具有阻止作用,而且因教育带来的这种阻止效应明显强于培训的阻止效应。

第一,总体来看,教育的确能够显著降低已犯罪农民工在自控力低下方面的平均得分,这一点与前文研究整体犯罪倾向性和价值观扭曲的结果亦不相同,也与研

---

① 赵宝成. 罪犯"监狱化"初探[J]. 政法论坛:中国政法大学学报,1992(04):34-38.

究社交障碍的结果不完全一样,因为不同层次的受教育程度对自控力低下的影响力大小略有差异,且非单调。具体来说,以"小学及以下"已犯罪农民工为参照,初中、高中、大专、本科及以上受教育程度者相比小学及以下,其自控力低下的平均得分依次降低了30.7%、32.5%、29.0%、37.8%,说明本科及以上受教育程度者的自控力相对更强。由此可见,农民工的教育水平能够有效抑制其自控力低下问题。对于农民工群体而言,非文盲与文盲或半文盲在自控力方面存在如此差异,除了先天因素(如神经系统发育的成熟与否、不同的气质类型等),可能是因为接受教育的人培养了较高的认知能力,在日常生活中能够趋利避害,会自觉地抑制一些不合理想法和行为,选择更加健康的处事方式。

第二,培训经历对已犯罪农民工自控力低下的影响效应,相比前文研究社交障碍的结果,只在进城前后的培训经历上有所不同,其他结果基本保持一致。农民工进城前是否接受过培训、培训意愿、教育培训作用感知都对自控力低下具有显著负向效应,进城工作期间是否接受过培训对自控力低下没有影响,而监狱教育培训次数对自控力低下的效应同样先负后正。具体来说,(1)从是否接受过培训的经历来看,对于进城前和进城工作期间两种情况而言,进城前接受过相关培训对自控力低下具有显著负向效应($\beta = -0.229, p < 0.01$),但工作期间接受过培训对自控力低下却无显著效应($\beta = -0.088, p > 0.15$)。虽然自控力在某种程度上受到后天环境和认知能力的影响,因而通过参加教育培训活动可能改善认知能力、调节自我控制能力,但是农民工进城工作出于生计的根本目的,如果工作期间能够参加教育培训,可能帮助他们建立人际关系和社会网络,只不过对于自控力的影响不像社交那样明显。(2)从培训意愿来看,总体上,已犯罪农民工工作期间和服刑期间接受教育培训的意愿都对其自控力低下产生一定预测作用。两个变量都以"不愿意"为参照组,在工作期间,只有"愿意"组($\beta = -0.098, p < 0.15$)对自控力低下具有负向效应;而在服刑期间"一般"组($\beta = -0.117, p < 0.1$)和"愿意"组($\beta = -0.227, p < 0.01$)都对自控力低下具有负向效应,可见越是愿意参加教育培训的已犯罪农民工,其自控力会相对较好,而且在犯罪服刑期间更加显著。(3)从教育培训对减少犯罪的作用感知来看,以"没用"为参照组,"一般"和"有用"分别在0.15、0.1的显著性水平上对自控力低下产生负向效应,表明农民工教育培训的作用感知可以有效预测其自控力低下问题。(4)从接受监狱内教育培训的次数来看,以"0次"为参照组,同样是,只有"1~2次"的回归系数显著为负,2次以上的回归系数均显著为正,而且系数值也随着次数的增加而显著增大。由此,我们仍然认

为,在监狱化过程中,通过增加监所内教育培训次数来消减农民工犯罪倾向性,其作用十分有限。

第三,通过比较受教育程度和培训经历各自的回归系数大小及显著性,发现教育对已犯罪农民工自控力低下的阻止效应明显强于培训。这是因为自控力是侧重于心理学角度的界定,是指当个体面对一些事物、突发事件、感情问题、金钱权力等一系列的诱惑时,对自身冲动、感情、欲望等进行自我控制的能力(Self - control),这种自我控制能力实际上是稳定人格的重要组成部分,而人格的塑造更多是在人成长发育的早期阶段,一旦形成则具有相对稳定性。而教育正是处于这一阶段,因此对于农民工自控力的影响自然较大。或者说,培训是发生在农民工人格相对稳定之后的活动,尽管对自控力低下有一定阻止作用,但不如早期教育带来的影响大。

4. 教育培训对已犯罪农民工"偏好不良"的影响

表8 - 21还显示了已犯罪农民工教育培训与"偏好不良"的回归结果。研究发现教育和培训变量也对偏好不良维度有一定程度的影响,通过显著性水平检验的非标准化回归系数基本为负数(不包括服刑期间监狱教育培训次数为"6次及以上"的估计结果),表明在控制其他影响因素的情况下,教育培训对农民工罪犯的不良偏好相对具有抑制作用。

第一,教育能够显著降低已犯罪农民工在偏好不良方面的平均得分,并且与前文研究社交障碍的结果基本一致,即教育对不良偏好的抑制效应随着教育层次的提升依次递增。具体来看,已犯罪农民工的偏好不良得分,相比受教育程度为小学及以下者而言,初中、高中、大专、本科及以上受教育程度者的平均得分依次降低了23.5%、24.6%、25.4%、33.7%,其中本科及以上受教育程度者的偏好也相对更加趋向健康。进一步说,教育能够促进农民工偏好的健康水平。已有研究证实,教育对健康存在一种独立的因果关系,并且教育能够显著改善健康水平(Adams,2002[1];Arendt,2005[2];程令国等,2014[3])。然而,一般认为偏好的健康与否(认知能力和行为选择)可以在一定程度上反映一个人的健康水平,如果教育能够改善健

---

① Adams,S.. Educational Attainment and Health: Evidence from a Sample of Older Adults[J]. Education Economics,2002(10):97 - 109.

② Arendt,J.. Does Education Cause Better Health a Panel Data Analysis Using Schooling Reforms for Identification[J]. Economics of Education Review,2005(22):149 - 160.

③ 程令国,张晔,沈可. 教育如何影响了人们的健康?——来自中国老年人的证据[J]. 经济学:季刊,2014,14(1):306 - 330.

康,那么教育也将或多或少会影响偏好的健康程度,因此随着农民工受教育程度的提升其偏好会趋向健康。

第二,培训经历对已犯罪农民工不良偏好的效应相对较弱且复杂。农民工的培训意愿、作用感知对偏好不良都具有显著负向预测效应,是否接受过培训对偏好不良无影响,监狱教育培训次数对偏好不良的净效应具有某种"不确定"性。具体而言,(1)从是否接受过培训的经历来看,无论是进城前还是工作期间,接受过相关培训的估计结果均未能通过显著性检验,表明是否接受过培训的经历对已犯罪农民工的偏好不良无显著影响。(2)从培训意愿来看,已犯罪农民工在工作期间和入监服刑期间接受教育培训意愿的回归系数都显著为负,表明培训意愿对其偏好不良具有显著的预测作用。也就是说,越是愿意参加教育培训的农民工,其偏好不良程度越低。(3)从教育培训对减少犯罪的作用感知来看,估计结果也显著为负,只不过系数的绝对值小于前文"价值观扭曲""社交障碍"等具体维度的回归系数绝对值,说明教育培训作用感知可以有效预测农民工的不良偏好,但总体上对于价值观扭曲、社交障碍等方面的预测作用会更大。(4)从接受监狱内教育培训的次数来看,同样以"0次"为参照组,与前述研究结果明显不同的是,只有"6次及以上"的估计结果显著为正,而"1～2次"和"3～5次"的估计结果均显著为负。似乎并不能就此认为,对农民工罪犯增加更多次的监狱教育培训会促增其不良偏好,但也不能否认更多"次数"对不良偏好的扩张产生助推作用,只能说明这种监狱教育培训次数对于农民工罪犯偏好不良的净影响是"不确定"的。

另外,与"自控力低下"相同的是,教育对已犯罪农民工偏好不良的抑制效应也明显强于培训对此产生的抑制效应。综上足以说明,发展正规学历教育理应成为一项有效的犯罪预防策略,而且与培训策略相比,通过发展教育来抑制农民工犯罪倾向性,还可以为农民工个体带来较大的非货币化收益以及巨大的社会价值。

第三节　本章小结

本章在第七章实地调查的基础上,进一步利用两类样本数据,分别验证教育培训对城市未犯罪农民工和已犯罪服刑农民工犯罪倾向性的影响,证明了通过教育培训提升农民工人力资本、文化资本和社会关系资本水平来有效抑制犯罪倾向性的可能性,以及为农民工带来非货币收益的判断。具体研究结论如下:

　　首先,对于城市未犯罪农民工来说,农民工教育培训与其犯罪倾向性之间存在着相关关系和一定程度因果性联系,总体上看,可以通过教育和培训来抑制农民工犯罪倾向性从而有效预防犯罪行为发生。具体而言,(1)农民工受教育程度与总犯罪倾向性及"社交障碍""自控力低下""偏好不良"三个维度存在显著负相关性,而与"价值观扭曲"维度存在显著正相关关系。(2)农民工教育培训需求与犯罪倾向性有一定相关性。其中,农民工知识水平满意程度与总犯罪倾向性及"自控力低下"维度存在显著负相关,对自己知识水平越满意的人,其自我控制能力越强,总犯罪倾向性越低;而参与教育培训主动性与犯罪倾向性及各维度之间不存在显著相关性。(3)农民工教育培训过程与犯罪倾向性有一定程度相关性。其中,农民工培训次数与"社交障碍"维度呈显著负相关,接受培训次数越少的农民工,其社交障碍越明显;而培训周期与犯罪倾向性及各维度之间均无显著相关性。(4)农民工教育培训效果与犯罪倾向性有相关性。农民工对培训作用的认识与总犯罪倾向性及"价值观扭曲""社交障碍""偏好不良"三个维度均呈显著负相关,即感知的培训效果越佳,犯罪倾向性得分越低。

　　其次,回归分析结果显示,农民工教育培训对犯罪倾向性及其各维度有着不同程度影响或预测作用。(1)受教育程度对价值观扭曲有显著正向影响,自身受教育程度越高,其价值观扭曲程度越严重,这一点与推测不同;但同时对偏好不良具有显著负向影响,说明受教育程度越高,不良偏好越少。(2)培训次数多少对是否存在社交障碍有着显著预测作用,参加培训次数越多,社交障碍程度越低;同时对自控力低下也有着显著预测作用,参加培训次数越多,自控力低下水平越高。

　　再次,对已犯罪服刑的农民工来说,教育培训与其犯罪倾向性之间存在一定相关性和因果性联系,教育和培训均对农民工犯罪倾向性具有不同程度的效应。在控制其他影响因素的情况下,教育培训总体上对农民工犯罪倾向性同时具有抑制效应和预测效应,并且学历教育带来的效应总体强于培训的效应,而在培训变量中,"意愿""作用感知"的预测效应相对最强。具体而言,对已犯罪服刑农民工犯罪倾向性四个维度的回归估计结果显示,(1)教育培训对"价值观扭曲"具有不同程度效应。受教育程度对价值观扭曲的效应呈现非单调性,不同教育层次对价值观扭曲的效应存在明显差异;在培训经历中,培训意愿、作用感知都对价值观扭曲具有显著负向效应,进城前后是否接受过培训对价值观扭曲无显著影响,监狱教育培训次数对价值观扭曲的效应,随着次数增加,其效应系数先负后正。(2)教育培训对"社交障碍"具有不同程度的影响。受教育程度能够有效阻止农民工社交障碍,同时这种阻止效应随着教育层次的提升依次递增;在培训经历中,培训意愿、工作期间是否接受过培训、教育培训作用感知都对社交障碍具有显著负向效应,进城前是否接受过培训对社交障碍无影响,监狱教育培训次数对社交障碍的效应先负后正。(3)教育培训对"自控力低下"具有不同程度的效应。受教育程度能够显著改善自控力低下,但不同教育层次对自控力低下的影响力大小存在差异,且非单调变化;在培训经历中,进城前是否接受过培训、培训意愿、教育培训作用感知都对自控力低下具有显著负向效应,进城工作期间是否接受过培训对自控力低下无显著影响,监狱教育培训次数对自控力低下效应同样先负后正。(4)教育培训对"偏好不良"也具有不同程度效应。受教育程度提升能够有效抑制不良偏好,且这种抑制效应随着教育层次的提升依次递增;在培训经历中,培训意愿、作用感知都对偏好不良具有显著负向效应,进城前后是否接受过培训对偏好不良无显著影响,而监狱教育培训次数对偏好不良的效应,与对其他维度效应相比,呈现出某种"不确定"性。

第九章　教育培训、市民化与农民工犯罪倾向性的关系①

第一节　研究假设

基于理论基础和前期子课题研究结果,构建研究模型如图9－1所示,试图在教育培训、市民化和犯罪倾向性之间建立关联,认为农民工教育培训和农民工市民化分别直接影响着农民工犯罪倾向性,同时教育培训通过市民化间接影响到犯罪倾向性。基于此,揭示教育培训影响农民工犯罪倾向性的内在机理和作用机制。

假设1:农民工教育培训对农民工市民化具有积极促进作用,即存在直接正向影响。

假设2:农民工教育培训对农民工犯罪倾向性产生抑制作用,即存在直接负向影响。

假设3:农民工市民化对农民工犯罪倾向性产生抑制作用,即存在直接负向影响。

假设4:市民化是联系教育培训和农民工犯罪倾向性之间关系的重要纽带,是教育培训抑制农民工犯罪倾向性的中介变量。也就是说,市民化在教育培训与犯罪倾向性的关系中发挥中介作用。

---

① 说明:本章仅针对未犯罪的城市农民工群体做实证研究,本节简称"农民工"为未犯罪的城市农民工。

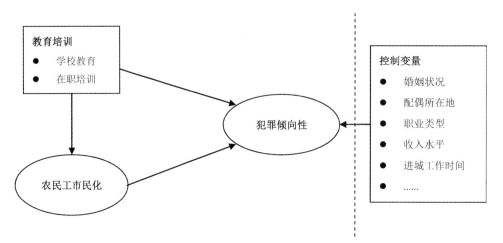

图 9 - 1　教育培训、市民化与犯罪倾向性关系的理论模型图

　　本章以下部分将使用城市农民工微观调查数据,对上述四项假说给予验证。这里特别说明,由于教育培训活动发生在农民工犯罪倾向性反应调查之前,且纳入分析的数据属于截面数据,因而可以认为教育培训与犯罪倾向性之间不存在严重的双向因果关系问题。

第二节　数据、变量和方法

一、问卷设计与数据收集

（一）问卷设计程序

　　本章研究数据来源于课题项目的第四阶段问卷调查资料。调查样本覆盖了苏州市不同区域、不同年龄层次以及不同职业类型的农民工群体,具有较好的代表性。问卷根据研究需要修改了前两个阶段的问卷调查内容,[1][2]由以下三部分构成:第一部分,个人背景信息;第二部分,农民工市民化水平量表;第三部分,农民工犯罪倾向性量表。

　　问卷的第一部分"个人背景信息"与前两个阶段的子课题,即《教育培训对农民工收入和市民化水平影响的实证研究》和《教育培训对(未犯罪)农民工犯罪倾

---
①　董筱文.教育培训对农民工犯罪倾向性影响的实证研究[D].苏州大学硕士学位论文,2015.
②　吴颖.教育培训对农民工收入和市民化水平影响的实证研究[D].苏州大学硕士学位论文, 2017.

向性影响的实证研究》的调查内容基本一致,只是适当增、删了个别选项。此部分的调查内容具体包括:性别、年龄、户籍、来源地、受教育程度、婚姻状况、配偶所在地、职业类型、当前月平均收入、进城工作时间、接受在职培训情况(如次数、周期、效果)等。

问卷的第二部分为"农民工市民化水平量表",直接使用第一阶段子课题通过质量鉴定的市民化水平量表(共 16 题),包括市民化意愿、经济生活条件、社会关系融合、政治参与程度四个维度。采用 Likert 五点计分法,即"非常不符合 =1……完全符合 =5",得分越高表示农民工自评市民化水平越高。

问卷的第三部分为"农民工犯罪倾向性量表",直接使用第二阶段子课题通过质量鉴定的犯罪倾向性量表(共 18 题),包括价值观扭曲、社交障碍、自控力低下、偏好不良四个维度。亦采用 Likert 五点计分法,即"很不同意 =1……非常同意 =5",得分越高表示犯罪倾向性越强。

(二)数据收集与检验

问卷设计之后,根据研究目的,课题组成员再次采用非随机抽样调查的判断抽样法,在苏州大市地区进行现场问卷调查。之所以再次选择苏州市农民工作为调查对象是因为本次调查问卷的核心内容均来源于前两个子课题已有成熟问卷,一方面已有问卷均具有良好的信效度,另一方面便于展开深度研究和比较。问卷试测之后,围绕问卷题项设置和内容表述方面的问题,访谈若干调查对象。依据试测数据,对量表进行项目分析、信度分析和效度分析,[①]结果显示:问卷的题项均达到了项目鉴别度要求;"农民工市民化水平量表"和"农民工犯罪倾向性量表"的总体信度系数(Cronbach's α)分别为 0.874 和 0.899,各维度的信度系数也都在 0.70 以上,说明问卷信度甚佳;各题项因子分析的标准化因子载荷均大于 0.50,且因子交叉载荷小于 0.40。在此基础上,进一步根据访谈结果对问卷语言表述进行修改和完善,形成最终调研问卷,向在苏州打工的农民工大面积发放。

自 2017 年 3 月初至 4 月底,课题组进行为期两个月的正式调查,共发放问卷 500 份,通过审核、筛选,剔除存在大量缺失值、异常值及前后矛盾的样本问卷,最终收集有效问卷 419 份,有效率为 83.8%。首先对问卷量表数据进行信度和效度检验(见表 9—1),结果显示:所有因子的 Cronbach's α 系数均在 0.70 以上,组合信度(CR)都高于 0.60 的最低标准,平均方差抽取量(AVE)都高于 0.50 的最低标准,表明本阶段所使用的问卷量表内在质量良好。

---

① "农民工市民化水平量表"和"农民工犯罪倾向性量表"的具体分析方法和过程,与前两个子课题的问卷质量鉴定程序一样,为避免重复,不再赘述。

表9-1　量表因子构念的均值、方差贡献率、Cronbach's α 系数、CR 和 AVE

分量表名称	因子名称	题项数	均值 M ± SD	特征值	旋转后的方差贡献率（%）	Cronbach's α	CR	AVE
市民化	FB1. 市民化意愿	6	3.608 ± 0.700	5.447	22.198	0.862	0.916	0.648
	FB2. 经济生活条件	3	3.906 ± 0.779	2.418	18.292	0.800	0.853	0.659
	FB3. 社会关系融合	4	3.237 ± 0.711	1.700	14.878	0.839	0.811	0.518
	FB4. 政治参与程度	3	2.394 ± 0.846	1.344	12.562	0.765	0.862	0.676
犯罪倾向性	FC1. 价值观扭曲	8	1.612 ± 0.591	5.488	21.196	0.839	0.931	0.631
	FC2. 社交障碍	4	1.869 ± 0.787	2.070	15.176	0.800	0.872	0.631
	FC3. 自控力低下	3	2.579 ± 0.892	1.753	11.433	0.754	0.766	0.523
	FC4. 偏好不良	3	1.774 ± 0.887	1.218	10.692	0.749	0.794	0.565

其后，对农民工样本人口统计学特征作描述性统计分析，详见表9-2。

表9-2　农民工样本基本情况描述

单位：人、%

项目		样本数	占比	项目		样本数	占比
性别	男	245	58.5	职业类型	管理型	82	19.6
	女	174	41.5		事务型	59	14.1
年龄	16～19 岁	6	1.4		商务型	80	19.1
	20～29 岁	143	34.1		劳务型	162	38.6
	30～39 岁	135	32.2		其他	34	8.1
	40～49 岁	128	30.5		缺失值	2	0.5
	50～59 岁	6	1.4	当前月平均收入	2 000 元以下	23	5.5
	60～69 岁	1	0.2		2 000～3 000 元	150	35.8
受教育程度	小学及以下	64	15.3		3 000～4 000 元	144	34.4
	初中	178	42.5		4 000～5 000 元	60	14.3
	高中（包括中专、技校）	111	26.5		5 000 元以上	40	9.5
	大专	31	7.4		缺失值	2	0.5
	本科及以上	34	8.1	进城工作时间	不满 1 年	30	7.2
	缺失值	1	0.2		1～3 年	108	28.2
婚姻状况	未婚	132	31.5		3～5 年	34	8.1
	已婚	274	65.4		5 年以上	237	56.5
	离异	9	2.1	职业培训经历	0 次	155	37.0
	丧偶	2	0.5		1～2 次	145	34.6
	缺失值	2	0.5		3～4 次	71	16.9
配偶所在地	无配偶	143	34.1		5～6 次	21	5.0
	老家	35	8.4		6 次以上	27	6.4
	同城	225	53.7				
	别的城市	11	2.6				
	缺失值	5	1.2				

调查样本的统计结果显示,男性农民工 245 人(58.5%),女性农民工 174 人(41.5%),男女比例为 1.41∶1。年龄处在 20～49 岁之间的农民工占据绝大多数,说明中青年劳动力是当前城市农民工的主力军。已婚农民工占据绝大多数,且大多与其配偶在同一座城市。

从受教育程度来看,他们当中为小学及以下(15.3%)、初中(42.5%)、高中(26.5%)受教育程度者占据绝大多数;而高学历者甚少,其中大专受教育程度的农民工仅 31 人(7.4%),本科及以上受教育程度的农民工仅 34 人(8.1%),反映他们的整体学历层次较低,五成以上的农民工都处于初中及以下学历层次。

从进城工作后接受相关培训的次数来看,他们当中没有接受过培训(37.0%)和仅接受过 1～2 次培训(34.6%)占据绝大多数,接受 3～4 次培训(16.9%)次之,接受过 5～6 次培训(5.0%)和 6 次以上培训(6.4%)最少。

另外,农民工进城务工后大多从事以简单体力劳动为特征的劳务型职业,月平均收入大概处在 2 000～4 000 元之间,而其中超过一半以上进城务工时间在 5 年以上。实际上,婚姻状况、配偶所在地、职业类型和进城工作时间等人口学统计信息,反映了农民工迁居城市的"常住化""家庭化"和稳定性的趋势及特征,具有这些属性的农民工自然会有较高的市民化水平,通过较高水平的市民化可以强化针对犯罪倾向和行为的非正式社会控制,其犯罪倾向性可能相对减弱。因而在下文分析时有必要加以控制。

二、变量说明与赋值

(一)因变量

本研究的因变量是犯罪倾向性,取值来源于农民工犯罪倾向性量表的因子分析结果,具体包括:四个公因子属下题项的算术平均得分(即子维度得分)、四个子维度得分加权平均后的整体犯罪倾向性得分。以四个因子旋转后的方差贡献率(归一化)作为权数,分别乘以相应维度的平均得分(即四个公因子各自所辖题项的算数平均分),得到犯罪倾向性的加权平均分。因为犯罪倾向性是一个多维概念,各因子构念对犯罪倾向性的解释力不同,采用农民工犯罪倾向性各子维度的加权平均分,更加科学合理。

（二）自变量

本研究的关键自变量是教育培训。首先，通过问卷中"您的受教育程度"题项来反映农民工的教育水平，被调查者从"小学及以下""初中""普通高中""中专或职业高中""大专""本科""研究生"等备选项中做出单项选择，本研究将受教育程度重新编码为受教育年限："小学及以下"=6、"初中"=9、"高中（包括中专、职高）"=12、"大专"=15、"本科及以上"=16。其次，使用培训次数、培训周期以及培训效果来测量农民工的职业培训情况，具体包括如下三个题项：（1）"从进城工作以来，您一共参加了几次职业技能培训"，回答分为"0次""1~2次""3~4次""5~6次""6次以上"，分别赋值1~5分；（2）"您参与的职业培训，一般周期是多长"，回答分为"从没参加过培训""1周以内""1周~1个月""1个月~半年""半年以上"，分别赋值1~5分；（3）"您认为参加完职业培训对您的影响如何"，回答分为"从没参加过培训""没用，且给我带来不便""说不上来有用没用""有用，但不明显""非常有用"，分别赋值1~5分。本研究将这三道题得分进行累加并计算平均分。最后，对受教育年限和职业培训得分进行加总，得分越高表示农民工的教育培训水平越高。如此处理主要出于两方面的考虑：一是较为全面涵盖了正规学校教育和职业培训的两个层面及其主要内容，也有利于结构关系模型的简洁；二是一定程度上避免了简单对受教育程度和培训次数等权重赋值的问题。

（三）中介变量

使用市民化作为中介变量，通过农民工市民化水平量表获取数据信息。在分析时，采用加权平均法，以旋转后的四个因子方差贡献率作为权数，分别乘以相应维度的题项平均得分，得到市民化的加权平均分。

（四）控制变量

此外，考虑到遗漏变量偏误问题，本研究还选取了农民工的婚姻状况、配偶所在地、职业类型、收入水平以及进城工作时间等人口统计学变量作为控制变量。在数据分析过程中，全部以转换后的二分类虚拟变量（dummy variable）形式进入回归模型。

具体变量说明与赋值见表9-3。

表 9 - 3　变量说明与赋值

变量名称	调查问题	赋值	平均值	标准差
因变量				
价值观扭曲	8 个价值观扭曲方面的测量题项	算术平均得分	1.612	0.591
社交障碍	4 个社交障碍方面的测量题项	算术平均得分	1.869	0.787
自控力低下	3 个自控力低下方面的测量题项	算术平均得分	2.580	0.892
偏好不良	3 个偏好不良方面的测量题项	算术平均得分	1.774	0.887
犯罪倾向性	农民工犯罪倾向性量表	加权平均得分	1.110	0.308
自变量				
教育培训	受教育程度;在职培训次数、周期、效果	根据实际调研数据转换	13.934	3.135
中介变量				
市民化	农民工市民化水平自评量表	加权平均得分	2.298	0.335
控制变量				
婚姻状况	您现在的婚姻状况	1 = 已婚;0 = 其他	0.730	0.448
配偶所在地	您的丈夫(或妻子)目前在哪	1 = 同城;0 = 其他	0.674	0.557
职业类型	您现在从事的职业类型	1 = 非劳务型职业;0 = 劳务型	0.670	0.489
收入水平	您现在每月的平均收入	1 = 月平均收入高于 3 000 元;0 = 低于 3 000 元	0.600	0.517
进城工作时间	您在这座城市工作的时间	1 = 5 年以上;0 = 5 年及以内	0.570	0.523

三、分析方法

根据研究设想,除了简单的描述性统计和相关分析之外,本章主要采用层级回归分析法,同时使用 Hayes(2013)开发的 SPSS 宏 PROCESS 程序中的非参数 Boot-strap 法检验中介效应。[①] 本研究借鉴中介效应模型中的回归方程,假定所有变量都已均值中心化或者标准化之后,构建如下方程(随后会详述相应的中介效应模型

---

　① Hayes, A. F.. Introduction to Mediation, Moderation, and Conditional Process Analysis:A Regression - Based Approach[M]. New York:The Guilford Press, 2013.

及其检验方法）：

$$(1) M = aX + e_1$$
$$(2) Y = c'X + bM + e_2$$
$$(3) Y = cX + e_3$$

　　［变量解释：X、Y、M 依次分别代表自变量（教育培训）、因变量（犯罪倾向性）、中介变量（市民化）；a 表示教育培训对市民化影响的路径系数；b 表示控制了教育培训变量之后，市民化对犯罪倾向性影响的路径系数；c' 表示控制了市民化变量之后，教育培训对犯罪倾向性影响的路径系数；c 表示教育培训对犯罪倾向性影响的路径系数；e_1、e_2、e_3 为随机扰动项，包含估计误差］

第三节　教育培训、市民化与犯罪倾向性的关系

一、农民工市民化与犯罪倾向性的描述性统计

　　农民工市民化水平四个子维度以及犯罪倾向性四个子维度的平均得分的描述性统计结果显示在表 9-4 中。

表 9-4　市民化子维度与犯罪倾向性子维度得分的描述性统计

		个数	极小值	极大值	全距	平均数 本次	平均数 前期	标准差
农民工市民化水平	市民化意愿	419	1.33	5.00	3.67	3.61	3.47	0.70
	经济生活条件	419	1.00	5.00	4.00	3.91	3.42	0.78
	社会关系融合	419	1.00	5.00	4.00	3.24	3.11	0.71
	政治参与程度	419	1.00	5.00	4.00	2.39	2.37	0.85
农民工犯罪倾向性	价值观扭曲	419	1.00	4.38	3.38	1.61	1.50	0.59
	社交障碍	419	1.00	4.50	3.50	1.87	1.78	0.79
	自控力低下	419	1.00	5.00	4.00	2.58	2.27	1.09
	偏好不良	419	1.00	5.00	4.00	1.77	1.55	0.64

　　注：表中"前期"一列为前期农民工市民化子课题和城市（未犯罪）农民工犯罪倾向性子课题的调研结果。为了将本次调研结果与前期结果进行纵向比较（只比较各个子维度得分均值，不考虑整体市民化水平和犯罪倾向性的加权平均分），这里仅列出前期市民化水平子维度、犯罪倾向性子维度的平均数。

首先,比较农民工市民化水平不同维度的算术平均分,可以发现,城市农民工以经济生活条件的市民化水平得分为最高,平均分为3.91,标准差为0.78,说明作为农民工迁居城市获得常住生存能力的首要基础条件和其市民化的物质方面,已经达到相对较高水平(高于理论中值"3");其次是市民化意愿和社会关系融合,二者的平均分分别为3.61、3.24,也都高于理论中值;最后以政治参与程度的市民化水平得分为最低,平均分仅为2.39。而前期各维度的均值得分由高到低排序依次为市民化意愿(Mean = 3.47)、经济生活条件(Mean = 3.42)、社会关系融合(Mean = 3.11)、政治参与程度(Mean = 2.37)。

其次,观察农民工犯罪倾向性不同维度的得分情况,将各维度的均值得分由高到低排序,依次为自控力低下(Mean = 2.58,SD = 1.09)、社交障碍(Mean = 1.87,SD = 0.79)、偏好不良(Mean = 1.77,SD = 0.64)、价值观扭曲(Mean = 1.61,SD = 0.59)。比较前后两次调研结果发现,自控力低下的平均分都远高于其他三个维度,这在一定程度上揭示农民工群体自控力低下仍然是最为严重的问题;他们整体在价值观、偏好和社交方面的情况仍相对良好,且差异不大。

再次,针对城市农民工自评市民化水平与犯罪倾向性得分极小值、极大值的统计结果还显示,有些极小值低至1.00、极大值高达5.00,说明有部分农民工在上述方面极差或极佳。

二、教育培训、市民化与犯罪倾向性关系的分析结果

(一)相关分析

表9-5呈现了有关变量的相关系数矩阵。结果显示,农民工教育培训、市民化和犯罪倾向性之间呈现显著相关($p < 0.01$或0.05)。就自变量、中介变量与因变量的关系而言,教育培训与市民化呈显著正相关($r = 0.208, p < 0.01$);教育培训与犯罪倾向性呈显著负相关($r = -0.247, p < 0.01$),与价值观扭曲($r = -0.174, p < 0.01$)、社交障碍($r = -0.105, p < 0.05$)、自控力低下($r = -0.283, p < 0.01$)、偏好不良($r = -0.200, p < 0.01$)四个具体维度均呈显著负相关;市民化与犯罪倾向性之间也显著负相关($r = -0.408, p < 0.01$)。据此判断,本研究变量之间显著相关,这一结果初步支持了本研究相关假设,因此可以进一步分析市民化的中介效应。

表9-5 各变量的相关系数矩阵

变量	1	1.1	1.2	1.3	1.4	2	3	4	5	6	7	8
1 犯罪倾向性	(0.845)											
1.1 价值观扭曲	0.760**	(0.839)										
1.2 社交障碍	0.667**	0.227**	(0.800)									
1.3 自控力低下	0.644**	0.183**	0.104*	(0.754)								
1.4 偏好不良	0.709**	0.331**	0.153**	0.284**	(0.749)							
2 教育培训	-0.247**	-0.174**	-0.105*	-0.283**	-0.200**							
3 市民化	-0.408**	-0.175**	-0.347**	-0.304**	-0.330**	0.208**	(0.814)					
4 婚姻状况	-0.160**	-0.158**	-0.174**	-0.081	-0.190**	0.053	0.044					
5 配偶所在地	0.019	-0.096*	0.051	0.076	0.044	0.025	0.025	0.663**				
6 职业类型	-0.112*	-0.046	-0.106*	-0.078	-0.108*	0.233**	0.167**	-0.032	-0.092			
7 收入水平	-0.156**	0.001	-0.161**	-0.126**	-0.048	0.136**	0.191**	0.119**	0.119*	0.109*		
8 进城工作时间	-0.218**	-0.157**	-0.182**	-0.165**	-0.123**	-0.143**	0.113*	0.458**	0.541**	-0.072	0.130**	

注:①N=419,对于样本缺失值,在数据处理时,统一以数列平均数的方法置换,即以有效观察值的平均数填补缺失值,下文不再赘述。

②** 在0.01水平(双侧)上显著相关,* 在0.05水平(双侧)上显著相关。

③对角线上括号内的数字为Cronbach's α系数。

（二）分层回归及中介效应检验

对农民工教育培训、市民化与犯罪倾向性之间关系以及作用机制的深入分析，需要建立在回归分析及中介效应检验结果的基础上。

在社会科学研究领域中，通常认为中介变量作为研究变量间关系时重点关注的一个因素，它是在分析自变量 X 对因变量 Y 的效应的过程中，如果 X 对 Y 的效应中有部分或者全部通过变量 M 而实现，则称变量 M 为中介变量。假定所有变量都已经中心化或者标准化之后，各变量之间的关系如路径图（图 9 - 2）所示，其中：c 表示自变量 X 对因变量 Y 的总效应（total effect）；a 表示自变量 X 对中介变量 M 的效应；b 表示在控制了自变量 X 之后，中介变量对因变量 Y 的效应；c′表示在控制了中介变量 M 之后，自变量 X 对因变量 Y 的直接效应（direct effect）；e1 ~ e3 为回归残差。[①] 在中介模型中，中介效应（mediating effect）等于间接效应（indirect effect），即等于 a 与 b 的系数乘积，它与总效应和直接效应的关系是：c = c′ + ab。探讨中介效应的意义至少包括如下几点：第一，中介变量意味着自变量对因变量影响的一种传导机制，用于解释两个变量之间"如何"以及"为何"发生关系；第二，如果中介效应显著，便可通过中介变量寻找更多影响中介变量的自变量，有助于对因变量更为全面而深入的研究；第三，以实务统计角度分析，对中介变量的调整及操控，可以对因变量发挥预测及控制作用。总之，中介变量可以更深入地分析自变量对因变量影响的过程和作用机制。那么，如何知道市民化真正起到了中介变量的作用，或者说中介效应显著？目前，学界关于中介效应检验最为常用的方法有三种：一是因果步骤法（B - K method），即 Baron 和 Kenny（1986）的逐步法（causal steps approach），该方法首先将自变量显著影响因变量作为中介效应检验的前提条件，通过建立三个回归方程式，凭借依次回归系数对中介效应的显著性进行判定；二是系数乘积法，其中以 Sobel 法最为有名，检验统计量为 z 值，计算公式 $z = \hat{a}\hat{b} / SE_{ab}$，其中，$\hat{a}$ 和 $\hat{b}$ 分别是 a 和 b 的估计，$SE_{ab} = \sqrt{\hat{a}^2 SE_b^2 + \hat{b}^2 SE_a^2}$ 是 $\hat{a}\hat{b}$ 的标准误，SE_a 及 SE_b 分别为 $\hat{a}$ 和 $\hat{b}$ 的标准误，在 $\alpha = 0.05$ 的检验水准下 z 值 > ±1.96 即为中介效应显著；三是不对称置信区间法（asymmetric confidence interval），至少包括乘积分布法、Bootstrap 法和马尔科夫链蒙特卡罗（MCMC）法三类具体检验方法，其中以 Bootstrap 法最为常用，该方法以研究样本作为抽样总体，经多次重复抽样，重新建立起足以代表总体分布特征的新样本。换句话说，Bootstrap 抽样分析法是在总体

---

① 温忠麟，叶宝娟. 中介效应分析：方法和模型发展［J］. 心理科学进展，2014，22（5）：731 - 745.

样本分布情况未知时,以数据样本作为总体重新进行自抽样,产生若干子样本估计模型拟合并计算子样本中的平均拟合情况,从而根据显著性水平验证模型总体拟合,采用该方法检验模型的参数估计更为稳健,结论也更为可靠。[1] 相较而言,近年来逐步法不断受到批评和质疑,甚至有人呼吁停止使用其中的依次检验,同时,越来越多的模拟研究认识到 Sobel 法的局限性,因此多数学者推荐 Bootstrap 法(MacKinnon 等,2004[2];Pituch,Stapleton, and Kang,2006[3];Pituch and Stapleton,2008[4];Taylor 等,2008[5];Biesanz,Falk, and Savalei,2010[6];Fritz,Taylor, and MacKinnon 等,2012[7];Hayes, and Scharkow,2013[8])。所以到目前为止,Bootstrap 法成为国内外学者广泛认可及应用的中介效应检验法,它具有不需满足先验分布条件、检验效能高、操作简单等优点,具体的检验流程如图 9-3 所示。鉴于此,下文采用 Bootstrap 程序对农民工市民化的中介效应进行检验。利用重复随机抽样的方法在原始样本($N = 419$)中自抽样 1 000 次,生成近似抽样分布。如果间接效应 95% 的偏差校正置信区间,没有包括 0,表明中介效应有统计学意义;如果直接效应 95% 的偏差校正置信区间包括 0,表明完全中介(full mediating),否则部分中介(partial mediating)。实际上,由于中介效应的统计显著性是效果量(effect size)和样本量共同作用的结果,因此当中介效应显著时,还需要报告独立于样本量的效果量大小,目前使用最广的是 ab/c 或者 | ab/c′ |。[9] 本研究采用前一种方法测量效果量,将 ab/c 看成一个比值,表示中介效应 ab 占总效应 c 的比例;对应地,c′/c 则表示直接效应 c′ 占总效应 c 的比例。

---

[1] 李军锋,龙勇,杨秀苔. 质量管理在制造技术与企业绩效中的中介效应检验——基于 Bootstrap 法的结构方程分析[J]. 科研管理,2010,31(2):74-85,104.

[2] MacKinnon, D. P., Lockwood, C. M., Williams, J.. Confidence Limits for the Indirect Effect:Distribution of the Product and Resampling Methods[J]. Multivariate Behavioral Research, 2004(39):99-128.

[3] Pituch, K. A., Stapleton, L. M., Kang, J. Y.. A Comparison of Single Sample and Bootstrap Methods to Assess Mediation in Cluster Randomized Trials[J]. Multivariate Behavioral Research, 2006,41(3):367-400.

[4] Pituch, K. A., Stapleton, L. M.. The Performance of Methods to Test Upper - level Mediation in the Presence of NonnormalData[J]. Multivariate Behavioral Research, 2008,43(2):237-267.

[5] Taylor, A. B., MacKinnon, D. P., Tein, J. Y.. Tests of the Three - path Mediated Effect[J]. Organizational Research Methods,2008(11):241-269.

[6] Biesanz, J. C., Falk, C. F., Savalei, V.. Assessing Mediational Models:Testing and Interval Estimation for Indirect Effects[J]. Multivariate Behavioral Research, 2010,45(4):661-701.

[7] Fritz, M. S., Taylor, A. B., MacKinnon, D. P.. Explanation of Two Anomalous Results in Statistical Mediation Analysis[J]. Multivariate Behavioral Research, 2012(47):61-87.

[8] Hayes, A. F., Scharkow, M.. The Relative Trustworthiness of Inferential Tests of the Indirect Effect in Statistical Mediation Analysis:Does Method Really Matter? [J]. Psychological Science, 2013(24):1918-1927.

[9] 方杰,张敏强,邱皓政. 中介效应的检验方法和效果量测量:回顾与展望[J]. 心理发展与教育,2012(1):105-111.

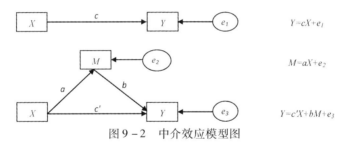

图9-2　中介效应模型图

资料来源:参见温忠麟、叶宝娟的论文《中介效应分析:方法和模型发展》,《心理科学进展》2014年第5期。

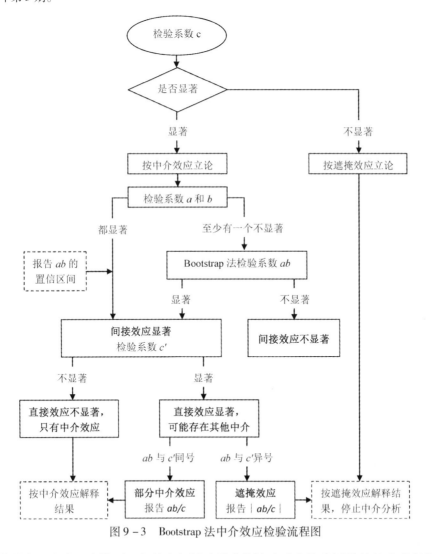

图9-3　Bootstrap法中介效应检验流程图

资料来源:根据温忠麟、叶宝娟的论文《中介效应分析:方法和模型发展》整理后,绘制得到。

下文采用分层多元线性回归,同时检验市民化在教育培训与犯罪倾向性(包括子维度)关系中的中介效应。具体操作如下:

1. 犯罪倾向性各维度对教育培训的分层回归:市民化的中介作用

表9-6呈现了农民工犯罪倾向性的子维度对教育培训的分层回归及中介效应检验结果。

首先,检验教育培训与农民工市民化的关系。M1回归模型估计结果显示,在控制了农民工婚姻状况、配偶所在地、职业类型、收入水平和进城工作时间等人口特征变量之后,教育培训对市民化具有显著正向影响($\beta = 0.286$, $p < 0.001$),研究假设1获得支持。

其次,检验教育培训与农民工犯罪倾向性各子维度之间的关系是否显著。M21、M31、M41、M51分别显示,在控制了人口特征变量之后,教育培训对价值观扭曲($\beta = -0.292$, $p < 0.001$)、社交障碍($\beta = -0.246$, $p < 0.01$)、自控力低下($\beta = -0.330$, $p < 0.001$)、偏好不良($\beta = -0.311$, $p < 0.001$)均具有显著负向影响。因此,研究假设2基本得到支持。

最后,当同时加入自变量和中介变量之后,对应的教育培训与犯罪倾向性各子维度的回归系数发生如下变化:

(1)教育培训与"价值观扭曲"的回归系数由-0.292^{***}变为-0.264^{***},但仍然显著。结合偏差校正的非参数百分位Bootstrap检验结果来看,教育培训通过市民化水平提升对农民工价值观扭曲产生的间接抑制作用达到显著性水平($\beta = -0.101$, S.E. $= 0.022$),95%的偏差校正置信区间([-0.126, -0.097])不包括0;教育培训对价值观扭曲的直接效应值为-0.264(S.E. $= 0.151$),95%的偏差校正置信区间([-0.351, -0.111])不包括0。这说明市民化在教育培训与价值观扭曲的负向关系中起到部分中介作用,中介效应占教育培训对价值观扭曲影响总效应的27.67%[①]。

(2)教育培训与"社交障碍"的回归系数由-0.246^{**}变为-0.183,且不显著。Bootstrap中介效应检验结果显示:市民化在教育培训与社交障碍之间的间接效应值为-0.185(S.E. $= 0.074$),95%的偏差校正置信区间([-1.029, -0.556])不包括0;而教育培训对社交障碍的直接效应值为-0.183(S.E. $= 0.095$, $p > 0.05$),且95%的偏差校正置信区间([-0.154, 0.002])包括0。由此表明市民化在教育

----

① $(-0.101)/[(-0.264) + (-0.101)] \times 100\% \approx 27.67\%$。

培训对社交障碍的影响中,能够发挥完全中介作用。

(3)教育培训与"自控力低下"的回归系数由原来的 -0.330^{***} 变为 -0.281^{***},但仍然显著。同时 Bootstrap 检验结果显示:市民化在教育培训与自控力低下之间的间接效应值为 -0.132(S. E. $=0.028$),95%的偏差校正置信区间($[-0.589,-0.083]$)不包括0;教育培训对自控力低下的直接效应值为 -0.281(S. E. $=0.175$),95%的偏差校正置信区间($[-0.382,-0.124]$)不包括0。这说明市民化在教育培训与自控力低下的关系中起到部分中介作用,中介效应占总效应的31.96%[①]。

(4)教育培训与"偏好不良"的回归系数由 -0.311(p < 0.001)变为 -0.255(p < 0.01)。Bootstrap 中介检验结果显示:市民化在教育培训与偏好不良之间的间接效应值为 -0.143(S. E. $=0.031$),95%的偏差校正置信区间($[-0.649,-0.041]$)不包括0;教育培训对偏好不良的直接效应值为 -0.255(S. E. $=0.140$),95%的偏差校正置信区间($[-0.377,-0.110]$)不包括0。可见市民化在教育培训对偏好不良的影响中也发挥部分中介作用,中介效应占总效应的35.93%[②]。

综上,研究假设3和4基本获得实证支持。

此外,农民工犯罪倾向性的具体维度在其收入水平和进城工作时间等方面存在一定差异。相较而言,月平均收入较高的农民工,其"社交障碍"及"偏好不良"两个维度的平均得分显著低于月平均收入较低的农民工;进城工作时间较长的农民工,其四个维度的平均得分显著低于时间较短者。

基于上述分析结果,得到教育培训对农民工犯罪倾向性子维度影响的中介结构模型,如图9-4所示。得到两项主要发现。一是分层回归分析验证了农民工市民化在教育培训对犯罪倾向性四个子维度的影响中发挥中介作用。二是市民化的中介作用并不完全相同,表现为间接影响程度存在一定差异。具体而言,市民化在"教育培训→价值观扭曲""教育培训→自控力低下"以及"教育培训→偏好不良"的关系中均发挥了部分中介作用,而在"教育培训→社交障碍"的关系中则发挥了完全中介作用。这意味着,就农民工的社交问题而言,市民化水平的提升对有效抑制社交障碍的助力更大。

[①]　$(-0.132)/[(-0.281)+(-0.132)]\times100\%\approx31.96\%$。
[②]　$(-0.143)/[(-0.255)+(-0.143)]\times100\%\approx35.93\%$。

表 9 - 6　犯罪倾向性各子维度对教育培训的分层回归及中介效应检验

变量	市民化	价值观扭曲		社交障碍		自控力低下		偏好不良	
	M1	M21	M22	M31	M32	M41	M42	M51	M52
婚姻状况	0.129	-0.153	-0.157	-0.161	-0.162	-0.105	-0.112	-0.179	-0.181
配偶所在地	0.162	-0.119	-0.110	0.026	0.015	0.054	0.070	0.030	0.049
职业类型	0.220*	-0.153	-0.134	-0.171	-0.130	-0.118	-0.114	-0.153	-0.117
收入水平	0.242**	0.168	0.180	-0.232**	-0.220*	-0.183	-0.156	-0.214*	-0.201*
进城工作时间	0.259***	-0.206*	-0.201*	-0.221**	-0.216*	-0.204**	-0.200*	-0.200*	-0.196*
教育培训	0.286***	-0.292***	-0.264***	-0.246***	-0.183	-0.330***	-0.281***	-0.311***	-0.255***
市民化			-0.352***		-0.648***		-0.462***		-0.501***
R^2	0.089	0.058	0.079	0.036	0.141	0.067	0.130	0.054	0.137
调整后的 R^2	0.076	0.044	0.063	0.022	0.126	0.054	0.115	0.040	0.122
ΔR^2			0.02		1.105		0.063		0.083
F	6.734***	4.226***	5.033***	2.592***	9.599***	4.962***	8.764***	3.918***	9.292***

中介效应检验	效应分解	价值观扭曲 效应值 (S. E.)	Bootstrap 95% CI	社交障碍 效应值 (S. E.)	Bootstrap 95% CI	自控力低下 效应值 (S. E.)	Bootstrap 95% CI	偏好不良 效应值 (S. E.)	Bootstrap 95% CI
	直接效应	-0.264** (0.151)	[-0.351, -0.111]	-0.183 (0.095)	[-0.154, 0.002]	-0.281** (0.175)	[-0.382, -0.124]	-0.255** (0.140)	[-0.377, -0.110]
	中介效应	-0.101*** (0.022)	[-0.126, -0.097]	-0.185*** (0.074)	[-1.029, -0.556]	-0.132*** (0.028)	[-0.589, -0.083]	-0.143*** (0.031)	[-0.649, -0.041]

注：①估计系数均为标准化回归系数。②基于95%偏差校正置信区间（bootstrap samples）为1 000；括号中的数字为标准误。
③ *** p<0.001, ** p<0.01, * p<0.05。

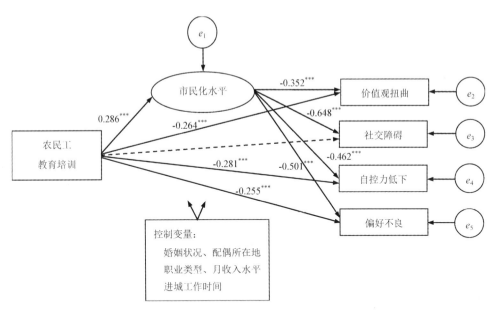

图 9 - 4　教育培训对犯罪倾向性子维度影响的中介结构模型

注:①所有路径系数均为标准化系数;虚线表示不显著。②*** p < 0.001。

2. 犯罪倾向性对教育培训的分层回归:市民化的中介作用

表 9 - 7 呈现了农民工犯罪倾向性对教育培训的分层回归分析结果。单独从 M1 回归模型的估计结果中可以看到,在控制农民工婚姻状况、配偶所在地、职业类型、收入水平以及进城工作时间等方面不变的情况下,教育培训对市民化发挥显著正向预测作用(β = 0.286***)。M61 的回归结果显示:在控制了一些人口统计学变量之后,教育培训对犯罪倾向性发挥直接的显著负向预测作用(β = -0.384, p < 0.001)。当同时加入自变量和中介变量后,对应的农民工整体犯罪倾向性对教育培训的回归系数绝对值变小但仍然显著(加入中介变量前 β = -0.384***,加入中介变量后 β = -0.251***)。进一步比较还发现,农民工的犯罪倾向性在其收入水平和进城工作时间等方面存在显著差异,且月平均收入较高者与较低者相比、进城工作时间较长者与较短者相比,前者的犯罪倾向性均显著低于后者。

表 9 - 8 还报告了中介效应显著性检验的非参数百分位 Bootstrap 分析结果。市民化的间接效应值为 - 0.164(S. E. = 0.043),95% 的偏差校正置信区间([-0.131, -0.110])没有包括 0,表明中介效应有统计学意义;教育培训的直接效应值为 - 0.251(S. E. = 0.105),95% 的偏差校正置信区间([- 0.325, -0.162])也不包括 0,这说明市民化在教育培训对整体犯罪倾向性的影响中起到

部分中介作用。通过计算,教育培训对农民工犯罪倾向性的总效应值为 -0.415,其中:直接效应占总效应的比例为 60.48%[①],中介效应占总效应的比例为 39.52%[②]。

表 9-7　犯罪倾向性对教育培训的分层回归结果

变　量	市民化	犯罪倾向性	
	M1	M61	M62
婚姻状况	0.129	-0.135	-0.146
配偶所在地	0.162	0.017	0.004
职业类型	0.220^{**}	-0.171	-0.127
收入水平	0.242^{**}	-0.198^{*}	-0.191^{*}
进城工作时间	0.259^{***}	-0.221^{**}	-0.200^{*}
教育培训	0.286^{***}	-0.384^{***}	-0.251^{***}
市民化			-0.573^{***}
R^2	0.089	0.078	0.204
调整后的 R^2	0.076	0.065	0.191
ΔR^2			0.126
F	6.734^{***}	5.807^{***}	15.087^{***}

注:①估计系数均为标准化回归系数。②*** $p<0.001$,** $p<0.01$,* $p<0.05$。

表 9-8　Bootstrap 中介效应检验结果

效应分解	路径系数	效应值	标准误	p 值	95%偏差校正置信区间(CI)		占总效应的比例(%)
					下限(LLCI)	上限(CLCI)	
直接效应	c′	-0.251	0.105	0.000	-0.325	-0.162	60.48
中介效应	ab	-0.164	0.043	0.000	-0.131	-0.110	39.52

注:偏差校正的非参数百分位 Bootstrap 自抽样 1 000 次。

为了更加直观地呈现教育培训、市民化与犯罪倾向性之间关系分析结果,特将三者之间的结构关系用图 9-5 呈现。其中:0.286 为自变量(教育培训)对中介变量(市民化)的直接效应值 a;-0.573 为控制了自变量(教育培训)之后,中介变量(市民化)对因变量(犯罪倾向性)的效应值 b;-0.164 为中介变量(市民化)在自

① $(-0.251)/[(-0.251)+(-0.164)]\times100\%\approx60.48\%$。
② $(-0.164)/[(-0.251)+(-0.164)]\times100\%\approx39.52\%$。

变量(教育培训)与因变量(犯罪倾向性)关系中的中介效应值 ab;−0.251 为控制
了中介变量(市民化)之后,自变量(教育培训)对因变量(犯罪倾向性)的直接效应
值 c′;−0.415 为自变量(教育培训)对因变量(犯罪倾向性)的总效应值 c。至此,
研究假设1、2、3、4 全部得到证实(详见表9−9),结果显示:教育培训对市民化有
显著的正向直接影响,教育培训对犯罪倾向性、市民化对犯罪倾向性均有显著的负
向直接影响,市民化在教育培训与犯罪倾向性的关系之间起到部分中介作用。

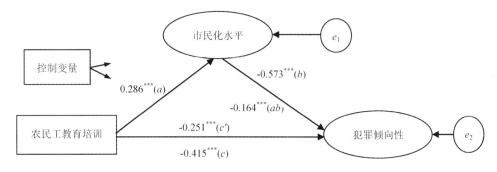

图9−5 教育培训对犯罪倾向性影响的中介结构模型

注:①图中"控制变量"均与上文一致,为了保证结构模型相对简洁,这里未逐一呈现。②
所有路径系数均为标准化回归系数;c = ab + c′。③*** p <.001。

表9−9 教育培训、市民化与犯罪倾向性的关系假设及验证结果

	研究假设	研究结果
假设1	教育培训对市民化具有直接正向影响	成立
假设2	教育培训对犯罪倾向性具有直接负向影响	成立
假设3	市民化对犯罪倾向性具有直接负向影响	成立
假设4	市民化在教育培训与犯罪倾向性之间具有中介作用	成立
	市民化在教育培训对犯罪倾向性的影响中发挥部分中介作用	
	市民化在教育培训对"价值观扭曲"的影响中发挥部分中介作用	
具体发现	市民化在教育培训对"社交障碍"的影响中发挥完全中介作用	
	市民化在教育培训对"自控力低下"的影响中发挥部分中介作用	
	市民化在教育培训对"偏好不良"的影响中发挥部分中介作用	

第四节 主要结论与讨论

本章基于课题组的第四阶段实地调查数据,从市民化层面探寻影响城市农民
工犯罪的因素和作用机制,试图弥补国内当前对城市农民工犯罪倾向性关注的不

足,并借此考察市民化水平在教育培训与农民工犯罪倾向之间产生影响的前因机制。依据相关分析、分层回归分析及中介效应检验的结果,主要回答了两大核心问题:一是教育培训是否对城市农民工犯罪倾向性产生一定程度的抑制作用;二是市民化对上述联系是否起到中介作用以及发挥的中介效应量如何。可以说,从更深层次证明了通过教育培训提升农民工人力资本水平可以显著提高农民工市民化水平,进而直接或间接抑制农民工犯罪倾向性,获得广泛的非货币性收益。主要研究结论包括以下几点。

第一,比较前后两次农民工市民化水平的调研结果,发现维度得分上的变化。(1)农民工市民化水平四个子维度的平均得分由高到低发生一定变化,由前期的"市民化意愿>经济生活条件>社会关系融合>政治参与程度"变为"经济生活条件>市民化意愿>社会关系融合>政治参与程度"。相同的是,唯独在政治参与程度方面的市民化水平比较特殊,都处于最低水平。一方面,反映了城市农民工的政治参与不容乐观,基本处于"政治边缘人"的尴尬处境;另一方面,从长期以来的市场经济体制及当前经济转型背景下的政治生态分析,这样的得分结果或许不算很低,因为即使是当地城市居民也未必都会参加党团组织或参与城市公共事务管理。不同的是,前期调研结果显示平均得分最高的维度为市民化意愿,而此次则为经济生活条件。这可能与抽样及测量偏差有关,也可能是因为在两次抽样时间差内,随着苏州经济转型发展、产业结构调整、社会环境改善以及农民工自身努力,农民工在市民化意愿和能力两方面自然会提升,只是能力提升更加明显,其中市民化能力方面以经济生活条件的市民化水平提升为根本,因此得分超过市民化意愿符合经验逻辑。(2)农民工犯罪倾向性四个子维度的平均得分由高到低,其先后次序仍然为"自控力低下>社交障碍>偏好不良>价值观扭曲",只是在具体得分值上不同,两次结果都表明需要重视自控力低下的问题。一般而言,基于特定诱因的刺激,当自我控制能力减弱时,极有可能引发强烈的犯罪冲动或欲望甚至产生违法犯罪行为,[1]有理由认为今后可以将提升城市农民工自控力作为抑制犯罪倾向的重中之重,从而尽可能避免不必要的冲动犯罪(或激情犯罪)。(3)市民化水平和犯罪倾向性各自子维度的平均得分在农民工群体内部存在两极分化,极大值可高达5分,极小值可低至1分。这启示我们未来在关注农民工整体时,尤其要更加关注那些需要重点给予关心和帮助的个体。

---

[1] 陈和华. 冲动犯罪:偶然性背后的必然性[J]. 政法论丛,2014(2):87-95.

第二,教育培训对农民工市民化水平具有直接的显著正向预测作用,或者说积极作用。再次表明且印证了投资和发展农民工教育培训事业,能够显著促进其整体市民化水平的提升。

第三,教育培训对农民工犯罪倾向性具有直接的显著负向预测作用,即负效应。当农民工接受更多更佳的学校教育和在职培训时,会通过较高的教育培训水平促进个体市场能力(如经济生活条件的提高)及非市场能力(如城市社会的高度融合、政治参与程度的增加)来抑制其犯罪倾向性,尽管这种负效应可能更加复杂而微弱。

第四,验证了"(高)教育培训水平→(高)市民化水平→(低)犯罪倾向性"的中介结构模型,明确了市民化的"中介角色",即市民化在"教育培训影响农民工犯罪倾向性"的关系中发挥中介作用,这为前期城市农民工犯罪倾向前因机制研究提供必要补充。

就农民工犯罪倾向性的具体维度而言,市民化在教育培训与犯罪倾向性四个子维度的关系之间均起到中介作用,只不过存在异质性。具体而言,市民化在教育培训对"价值观扭曲""自控力低下""偏好不良"三个维度的影响中均发挥部分中介作用,而在教育培训对"社交障碍"维度的影响中发挥完全中介作用。教育培训对价值观扭曲、自控力低下、偏好不良的直接效应值分别为 -0.264、-0.281、-0.255,对社交障碍的直接效应不显著;市民化对价值观扭曲、社交障碍、自控力低下、偏好不良产生的中介效应值依次为 -0.101、-0.185、-0.132、-0.143。其中值得引起重视的是,针对社交能力相对薄弱的农民工群体,国家层面需要精准施策,尤其重视推进农业转移人口市民化进程的重要性,农民工自身也必须努力提升市民化水平,在市民化过程中将有利于增强农民工的自信心和城市认同感、归属感、融入感,拓宽社交网络,从而提升他们的社交能力。

就农民工整体犯罪倾向性而言,市民化在教育培训对犯罪倾向性的影响中发挥部分中介作用。教育培训对农民工犯罪倾向性的直接效应值为 -0.251,市民化产生的中介效应值为 -0.164,直接效应、中介效应各自占总效应的比例分别为 60.48%、39.52%。可以说,在农民工犯罪倾向性的抑制效应中,教育培训通过提升农民工市民化水平,进而降低农民工整体犯罪倾向性的中介结构关系获得经验数据的支持。一方面研究结果彰显了市民化的重要"中介力量",另一方面市民化带来的中介效应尚且小于教育培训的直接效应。这启示我们,今后在有效减少和抑制城市农民工潜在犯罪的过程中,政府、社会多方必须继续加大投资和发展教育培训事业的力度,以帮助农民工群体更好地积累更多人力资本和文化资本,同时更进一步推进农业转移人口市民化进程,如此两方面的联动可以强化教育培训的犯罪预防与抑制效应,以期获得更高的非货币性回报及社会价值。

最后需要指出的是,本章构建的中介结构模型分析和检验了教育培训、市民化与犯罪倾向性变量之间的关系,尽管证实存在部分中介作用,但限于能力和精力,未将市民化涵盖的市民化意愿、经济生活条件、社会关系融合、政治参与程度四个具体维度进一步纳入分析程序,今后可围绕这些维度构建相对复杂的结构关系模型,以考察各维度的影响效应。另外,这里所使用的调查样本均为未犯罪的城市农民工样本,因而不足以比较和检验教育培训是否在未犯罪与已犯罪城市农民工犯罪倾向之间具有差异。这也构成本研究的局限。事实上,这个问题足以构成另一项相对独立的研究。因此,今后的研究可以尝试混动两类城市农民工样本,通过分析更大范围的调查样本或者对城市农民工进行较长期的追踪调查,专门探讨教育培训和城市农民工犯罪行为之间的关系。

第十章　政策建议与研究展望

第一节　提升农民工教育培训收益的政策建议

对于城市农民工来说,教育培训对其收入和市民化水平具有相当显著的正向影响,适合、适度的教育培训有助于遏制犯罪倾向性的滋生和膨胀,由此证明了农民工教育培训存在市场收益和非市场收益。也就是说,教育和培训作为农民工个体人力资本、文化资本和社会关系资本形成的根本途径,既能够有效促进农民工收入的增加,也能够加快市民化水平的提升,还能够预防和抑制犯罪行为的发生。因此,在当前和未来很长一段时间内,仍必须重视并加强对农民工教育和培训投资,建立一套适合农民工生存和发展需求的"'长线'教育 + '短线'培训"体系。

一、高度重视新生代农民工子女教育

当前新生代农民工的子女,在不久的将来绝大多数将成为城市建设者和产业工人,因此必须重视改善新生代农民工子女教育条件,提升后备劳动力受教育水平。尽管新生代农民工的子女教育问题目前还未凸显,但毋庸置疑的是,如果这些潜在的城市后备劳动力不能共享优质教育资源,很可能导致他们继续步父母后尘,甚至陷入长期贫困的代际传递中,这既不利于提高农民工群体未来增收能力,也不利于未来城镇化健康发展,更不符合国家精准扶贫、公平发展的目标。因此,必须预见新生代农民工子女教育问题,为提高学历水平做准备,通过早期正规学校教育投资来提升新生代农民工子女的人力资本储备,发挥好教育的"信号"功能,将有利于他们未来成为合格市民。

一要深化农村基础教育改革,切实加大义务教育投入力度,改善农村地区办学条件,提升师资水平和教育教学质量,改革农村教育内容,加大基本技能、基本素

质、就业和创业能力培养力度,财政资助农村儿童接受更好的基础教育,避免他们过早辍学进入劳动力市场。同时,城市幼儿园、中小学校还应扩大招收农民工随迁子女入学数量,使其与城市居民子女一样,共享优质教育资源。

二要加快普及农村高中教育。研究发现,只有受教育程度为高中及以上的农民工,其市民化水平才会随受教育程度的提高而提升。为此,应尽快将高中教育纳入义务教育体系,避免这一代人像他们父辈一样基本处于初中及以下学历层次。同时,城市需要消除依附于户籍制度上的教育歧视,允许农民工随迁子女在城市通过考试进入高中(包括中专、技校)继续接受更高级别的学历教育。

三要使更多农民工子女接受高等教育。研究结果显示,教育收益率呈非线性递增趋势,在不同教育层次上,尤其大专、本科及以上的农民工教育收益率最高,农民工培训收益率也随教育层次提升而提高,表明高等教育对农民工收入和市民化进程具有十分显著的促进作用。因此,农民工在进入城市劳动力市场之前,接受高等教育十分必要,为此,要注重学校教育的连续性,为那些打算进城务工的青少年提供足以适应现代城市生产生活方式的高级职业教育,降低高等教育门槛,给予政策倾斜和财力资助,让更多农村留守儿童和农民工子女有机会接受高等教育。

四要为城市农民工随迁子女提供与市民子女相同的教育机会、享受相同的教育资源。清华大学教授孙立平认为,农民工真正融入城市可能需要代际传递来实现,而代际传递实现的一个重要路径就是为流动人口随迁子女提供城市教育,使农民工子女有可能成为有知识、有技能的一代,这样就是向真正城市融入前进一步,期望其第三代拥有并享受与城市子女相同的教育机会与教育资源,再经过勤奋努力,才可能真正完成城市融入与市民化过程。[①] 因此,必须积极做好农民工随迁子女融入城市学校教育生活的工作。

二、多方力量协同参与,"五位一体"合力开展教育培训

尽管研究结果发现,受教育程度对农民工具有十分显著的外部效应,但调查数据显示,当前农民工整体受教育程度普遍偏低,绝大多数仅有初中及以下学历,说明这一群体出于各种原因已经早早选择中断或终止学历教育了。研究发现,对农民工进行教育培训是衔接正规学校教育、顺利推进城市农民工市民化进程并在城市获得更高工资收入的基础,可以说培训是一项积极的劳动力资源开发和市民化政策。但在调查中,发现当前大约有四成农民工从未接受过任何培训,他们绝大多

---

① 卢俊秀.和谐社会视野下的城市农民工问题学术研讨会综述[J].社会,2008(1).

数表示"为了更好地适应城市生活,愿意参加教育培训提升自己""为了增加就业机会和工作收入,愿意参加教育培训"等等。可见,培训是当前农民工改变现状的重要途径,也是他们的现实需求之一,农民工对教育培训尤其是职业技能培训的需求十分强烈。因此,国家和政府、社区组织、企业及用人单位、教育培训机构、农民工自身五个方面应该"五位一体"合力推进农民工教育培训工作,有效促进农民工通过人力资本积累与盘活的途径,增加收入,增强城市融入能力。上述五方面利益攸关者在教育培训工作上应该采取的行动路径如下:

(一)国家和政府提供制度安排和政策支持

一要推进农民工教育培训走向法治化轨道。早在2003年农业部、劳动保障部、教育部、科技部、建设部和财政部等政府部门联合下发了《2003—2010年全国农民工培训规划》,提出以面向工业化、面向现代化、面向城镇化为方向,以转移就业前的引导性培训和职业技能培训为重点,多渠道、多层次、多形式地开展农民工培训工作,逐步形成政府统筹、行业组织、重点依托各类教育培训机构和用人单位开展培训的工作格局。自2008年起,人力资源和社会保障部门实施"农村劳动力技能就业计划",以农村新成长劳动力、农村富余劳动力和已进城务工的农民劳动者为主要对象,开展职业技能培训。尽管政府出台了多项针对进城农民工教育培训的促进计划和意见,但是,目前中国还没有一部完整的、专门的农民职业教育法,导致农民工教育培训整体状况不佳。

国外有很多值得借鉴的经验,其中非常重要的一项就是加速专项立法工作,积极促进农民工职业教育管理体制的构建。修改现有的相关的法律,重新确立农民工教育培训的定位、制度和管理方式等;制定一系列新的法律,用法律的形式保障农民工的就业与生活。而政策的制定只是前提,政策的落实某种意义上说更为重要。政府应当关注政策措施贯彻执行情况,将农民工教育培训工作纳入各地方经济与社会发展的总体规划和实施计划中,同时纳入各级政府的目标考核之中。政府还应要出台相关的配套政策措施,加强对现有政策措施的梳理和把握,加快新生代农民工转移培训专项法规的建设,使农民工教育培训工作逐步走上规范化、法制化轨道。

二要深化农民工培训制度改革,创新农民工培训体制机制,为农民工个体人力资本水平的提升提供良好的制度环境和保障平台。经验观察和调查结果表明,人力资本水平较高的农民工,进城后一方面更容易获得较多的就有机会、相对稳定的职业以及较高的工资收入;另一方面又容易缩小与市民之间的差距,培育市民观念、承担市民义务、得到市民社会及其管理者的认同。为此,国家和政府应通过加强对进城农民工的培训来提高他们的人力资本水平,为农民工市民化提供助推力。虽然目前我国有关培训政策已在很大程度上推动了农民工培训的发展,但还存在许多不足,应借鉴国外成功经验,从农民工发展的角度出发,不断更新和完善农民工培训政策法规,将培训纳入法制轨道,进行制度创新(如,分类指导、分层培训),根据我国新型城镇化进程设计相关培训规划,建立与之配套的培训准入机制、投入机制、保障机制和评价体系等。政府尤其是农民工流入地政府应主动作为,制定合理的培训政策、搭建资源共享平台、加大培训资金投入力度,针对地方经济发展特点和产业需求,切实加强农民工的引导性培训和职业技能培训,力争达到促进农民工就业增加、收入增长和市民化水平提升的政策目标。

建立资源共享平台是一项系统性工程,它需要由政府部门主要牵头,社区、职业学校、培训机构等多方参与,这样才能真正做到在保证效果的基础上节省经费支出。而其中非常重要的环节就是政府应当扮演好"指挥者"的角色,充分发挥各部门在师资、组织、宣传等优势,提高各种教育活动的影响力。信息的发布需要积极拓展宣传渠道,让更多的农民工了解教育培训的充足信息,给他们提供更多的选择。

三要以政府为主导,整合社会多方力量,为农民工提供更多的培训机会,探索更新更高质量的"政府 + 市场"培训模式。一方面,发挥好政府的主导作用,加大对农民工培训专项资金的投入力度,结合农民工个体特性和当地城市特色开展各种短/中/长期农民工培训班,形成极具地方特色的培训项目,有效避免外来农民工"水土不服"问题,以此为基础增加培训频次、广度及深度。另一方面,引入市场机制,让企业用人单位以及各种培训机构彼此良性竞争,充分发挥教育培训资源的经济效益,让更多的培训主体依据农民工市民化发展需要提供与之相适应的个性化培训,例如,可以尝试分阶段、分步骤、分层次在当地试点建设一批示范性农民工培训指导中心,聘请行业专家尤其是创业精英、专家学者、专业技术人员等对农民工进行创新创业知识、市场经济理论、职业技术与技能、文化知识等专业性技能培训和社会主义核心价值观、职业生涯规划、法律权益、心理健康、思想道德、城市生活常识、交际与口才等通识性素养培训;也可以探索"校企合作"模式或"政府购买"模式,建立"土、兼、专"结构合理的农民工培训师资库,为农民工群体开展更有针对性的个性化技能培训。从根本上提升培训效果,提高农民工自身人力资本存量,帮助他们更好地融入城市工作和生活,推动以人为核心的新型城镇化建设,必然有利于提升农民工市民化水平。

除此之外,回顾最近几年的农民工培训政策,结合调研结果来看,培训重点主要是职业技能培训。虽然职业技能培训是保障农民工发展权的一个重要环节,但单一的职业培训或许解决了农民工的就业问题,这只能满足农民工低层次的发展需求,而农民工较高层次的需求,如提高文化素质和道德修养,融入城市,进一步了解现代化发展和工业文明,与市民平等和谐共处,成为真正的市民等多方面的需求,并不能通过职业技能培训获得。为此,培训政策不能单方面关注职业培训,还需要加强文化知识、心理常识、生活常识等方面的培训内容,并具体落实和执行好引导性培训,保障农民工的全面发展。

四要为农民工定向提供教育培训信息。结合农民工教育培训信息获取渠道的统计结果来看,各级政府和社会公益组织有必要通过电视、广播、报纸等传统媒体以及互联网新媒体,加强对农民工培训的宣传与指导,形成全社会关心支持农民工培训的良好氛围,引导农民工把眼光放长远,使其深刻认识到参加培训的重要性,认识到人力资本提升对于增加收入、改变现状和融入城市的重要作用。特别是针对新生代农民工群体,需进一步结合"互联网+"的时代特征,重点搭建互联网和电视电台等重要载体,创新培训信息服务体系,搭建农民工培训新平台,例如,推送免费的网络课堂、MOOCS课程、微信公众号等。力争做到不受时空限制,增加培训次数、延长培训周期、提升培训效果。

五要加大财政资助力度。现阶段,农民工教育培训面临的一大难题是资金不足。政府拨发的培训经费有限,经过层层审批等真正落实到位又有时间上的滞后,这对职业院校开展教育培训有着直接的影响:一方面导致职业院校培训的设备、设施严重滞后,师资力量短缺;另一方面收取的培训费用过高,影响农民工参加教育培训的积极性,这一点在前文调查中有所验证。人力资本投资是效益最大和回报率最高的投资,开展农民工教育培训是人力资源质量提高非常有效的手段,有利于增进公共福利,应该得到政府的大力支持和稳定的资金投入。政府还需进一步完善培训的专项补贴,同时在现有农民工培训的基础上加大资金预算,与中央或上级政府的培训经费配套,提高对农民工培训的补助额度。提高资金的使用效率,有计划、有步骤地加大对各个培训单位的资金扶持,改善办学条件,拓宽培训专业面,扩大培训规模。

六要完善激励表彰机制、推广积分落户制度。

在调查中可以发现,目前有很多农民工教育培训的形式新颖、效果良好,值得宣传和推广。政府应该通过新闻媒体或开展经验交流会加以宣传推广,一方面可以调动社会上教育培训机构对农民工教育培训的积极性,以扩大政府对农民工教育培训政策支持的影响力;另一方面,对于具有创新典型模式的职业院校而言,在农民工教育培训方面能够发挥更大的社会作用。建立农民工教育培训的激励机制,评选表彰并广泛宣传学习标兵,以感人励志的典型案例,影响和带动整个社会的学习积极性,营造良好的终身学习氛围,提高教育培训参与率。同时,积极开展农民工教育培训优秀组织单位、优秀工作者、"十佳"评选、表彰等活动。

在调查中,接触到了不少自身条件较好的农民工,他们通过自己的努力几乎与城市人口无异,但是他们仍然需要政府与社会给予他们身份的认可。积分落户指农民工通过自身综合条件与素质(如年龄、学历、职称、社保参保情况、房产情况、居住期限情况等)进行积分,积分分值达到一定标准并根据当年落户总指标情况进行排名,排名达到相应名次人员即可成功积分入户所在城市。这一举措已经在广州率先展开,随后多个城市都实行此项政策,通过前人的实证研究可以发现,该项制度对于推进新型城镇化具有重要的意义。例如,苏州市的积分落户政策实施效果就很好。《苏州市流动人口积分管理计分标准》规定,[1]流动人口积分管理计分标准由基础分、附加分、扣减分三部分组成,其中基础分指标包括个人基本情况、参加社会保险情况和居住情况三项内容,个人基本情况积分 =年龄 + 文化程度得分 + 职业技能等级或专业技术职称资格得分。通过提升个人文化程度和技术技能分值权重,使那些有市民化需求的农民工更加重视接受教育和培训。

(二)社区等基层组织向农民工开放教育资源和社区学习平台、吸收农民工参与社区活动

社区等基层组织要面向农民工开放文化教育资源。根据农民工的特点和学习需求,进一步充实和完善社区学校现有的课程体系、教学形式等,鼓励农民工参与学习。一是要引导农民工参加专业培训,在社区学校积极开设各类专业培训班,工会工作人员积极到企业开展宣传工作,吸引有一定水平的农民工参加专业培训。二是要为农民工的学习活动创造条件,将农民工教育培训与安全生产培训、职业技能培训、岗前培训、特种技术人员培训、初级工商管理(EBA)培训等各类职业和技能培训贯穿起来,争取实现对接。

定期开展农民工相关教育活动,引导农民工树立乐观向上、积极进取的自我意识,养成关心时事、积极沟通、互帮互助的良好习惯,最终实现在思想观念、文化素质、生活方式、法律意识、思想道德等各方面融入城市生活。首先,针对当前农民工市民化在政治参与程度上不容乐观的现状,有必要开展社区党团组织活动、法制教

---

① 苏州市流动人口积分管理办公室. 市政府关于印发苏州市流动人口积分管理计分标准的通知[EB/OL]. [2016 – 03 – 18]. http://www.jfgl.suzhou.gov.cn/homepage/jf2/news.jsp.

育活动、城市公共事务管理教育和其他一些富有地方特色的农民工教育培训特色项目，削减制度障碍，帮助农民工真正享有城市居民权利，提高农民工对新市民权益的认知度，努力扩大新市民活动的影响力，让农民工积极融入城市生活。其次，针对农民工自身特点和精神需求发生的变化，社区学校积极创新学习内容。一是组织农民工在社区范围内的实践活动中进行学习，组织他们参与文明城市的创建工作，例如，参加五四主题集会、地铁公交站点志愿者服务活动、社区文体活动，提高他们城市融入感。二是通过开展社区文化艺术培训活动、党团组织活动、法制教育活动和其他一些富有地方特色的农民工教育培训特色项目，积极帮助新生代农民工建立积极乐观的心态，顺利完成心理转换，增强对城市的认同感及对自己身份转变的紧迫感，减少心理隔膜。三是搭建展示平台，充分挖掘农民工自身的潜力，积极发挥优秀农民工特长，通过教育成果展等形式，展现社区教育成果，展现农民工尤其是新生代农民工的风采。

（三）企业及用人单位为农民工提供岗前培训、在职培训及转岗培训

农民工所在企业及用人单位应从战略高度上认识到农民工培训的重要性与地位，将农民工人力资本提升与自身发展目标和整体社会效益绑定在一起，为农民工职业培训提供更好的环境支持。在提高人力资本投资重要性认识的基础上，结合员工实际、岗位需求等情况制订新进员工岗前培训计划和在岗员工技能提升培训计划。

一要要以长期赢利和员工发展为共同目标，以企业和市场发展为导向，结合农民工实际和工作需要，合理制订农民工职业培训计划。对于培训动力和意愿特别强的农民工，应设法在培训内容、方式、时间和地点以及费用等方面满足他们的需求，增强他们的培训主动性；对于培训动力和意愿较弱的农民工，应设法引导激发他们的培训需求，增强他们对培训的信心。

二要承担一部分而非全部的农民工培训费用。原因在于，一是确保"谁受益，谁投入"的原则，农民工培训能够提高企业劳动生产率和经济收益；二是农民工流动性较大，培训后的农民工可能转入其他企业并带来外部经济效益，使得出资培训的企业遭受损失。不过，企业及用人单位还可以通过提高农民工待遇和福利等措施以减少"跳槽"，降低他们的培训投资风险；三是按照企业发展规划制定包括农民工在内的全体员工的培养规划，按照年度任务有所规划和侧重。此外，应当考虑到企业或公司内部农民工的文化水平和工作性质，为农民工提供较为合理的培训方案，让农民工与企业内其他职工与领导之间形成良性互动，对于农民工认同企业价值、了解企业文化都是大有裨益的。帮助农民工形成自己的职业生涯规划，让其

不仅将工作当成谋生的手段,更将工作当作是实现人生价值的过程,让他们快乐生活、快乐工作。

三要创造机会,加强与职业院校、培训机构的合作交流。一方面,可以"走出去",用人单位可以派行业内农民工骨干去职业院校、培训机构接受培训;另一方面,可以"引进来",邀请职业院校的老师、培训机构的培训师走入企业,为企业内部农民工提供培训。充分利用社会已有资源,真正形成资源的良性组合,形成多方合作共赢的良好局面。

四要帮助农民工规划职业生涯。当前农民工从农村来到城市,他们整体有着较强的市民化意愿,他们"闯荡世界"的动机已经有了深刻变化,他们中越来越多的人开始渴望扎根城市、追求自我价值实现。因此,与城市农民工生产活动有着密切联系的企业及用人单位,更要帮助他们进行自身职业生涯规划,最大限度地挖掘人力资源潜能,增强其竞争力和可持续发展能力。另外,本次调查结果还显示,一些用人单位已为员工提供诸如图书馆之类的免费学习场所,这一更高层次的支持值得在城市更大范围内落实,为农民工提供人文关怀和精神食粮,提升综合素质,帮助他们更好地融入城市工作和生活。

(四)教育培训机构注重提升教育培训的针对性和实效性

成功的培训机制应该既能获得口碑又能获得效益,还能促使政府、企业及用人单位、培训机构、农民工多方受益。因此,教育培训机构要在增强农民工培训效果的前提下,注重整个农民工培训生态系统的长效性和联动性。具体来说,首先,有关教育培训机构要积极践行政府的相关政策和规定,加强与职业学校、企业及用人单位等各方的合作交流,履行好以社会整体效益和农民工长远发展为目标的社会责任。其次,要注重培训的长期效应,不只关注当前市场需要,更要有前瞻性,将培训目标与产业结构的转型升级紧密结合起来。最后,要设法降低农民工参与培训的成本,合理安排,精心设计培训的收费、时间、内容和形式等。总之,在保证培训质量的前提下,尽可能降低培训成本和收费,吸纳更多农民工参与培训。

此外,对农民工收入和市民化水平影响因素的实证分析结果还表明,它们还可能受到农民工个体特征和环境因素的影响。为此,教育培训机构应该遵循农民工成长规律,依据个体特征提供个性化的培训引导和服务,使培训供给更务实,更能提高农民工的城市融入能力。例如,根据农民工不同的学历层次、不同的技术水平和不同的学习接受力,在培训中对学习内容和学习方法进行合理选择。对于受教育程度偏低、培训经历偏少的农民工,要尽可能降低培训教材难度,着重于技术技能培养,通过课堂讲授、现场指导学习等传统方式进行培训;对于初始水平较高的农民工学员,要求既学理论、又学操作,应在传统教学方式的基础上,辅之以自学、网络远程教学、公众号推送等方法,从而提高农民工的综合学习成效。又如,针对不同婚姻状况、不同进城工作时间的农民工制定差异化的培训策略,帮助他们谋求人力资本投资收益最大化。再如,鉴于来自相邻省区农民工的工资收入显著高于非相邻省区的现状,有必要对来自非相邻省区的农民工提供更多引导性教育培训,帮助他们更好地适应就业地城市生活,因为区域环境认同与同化对劳动力收入具有很大影响。当然,还需要健全城市劳动力市场,鼓励农民工自主创业和就业,打破因职业层次(或声望)高低而造成收入的"马太效应"。尽管本研究并未得出职业层次(或声望)显著影响农民工收入的结论,因为对于农民工而言,他们绝大多数仍以简单的体力劳动和重复作业为主,劳务型职业具有劳动强度大、工作时间长等特点,获得收入不一定低于其他职业类型。不过,已有研究指出新生代农民工不同职业层次间的人力资本投资收益率存在显著差异。

对教育培训机构的具体实践要求有如下三点:

第一,教育培训内容专业化。教育培训机构需要重视师资以保证培训内容的专业化,而为农民工量身定制培训内容也显得尤为关键。农民工培训成败关键就是看能否取得实效,是否学到了真本领,工作是不是更加顺手,用人单位评价是否更好,发展前景是否更宽广。教育培训的内容应根据教育培训的目的、目标、指导原则予以确定。课程是教育培训内容的载体,因此也需要精心设计,通过良好的课程设置为农民工提供针对性强的专业化就业指导或工作辅导。

第二,教育培训地点易于到达。研究发现,有一定比例的农民工在选择"教育培训过程中的困难"时选择路程遥远、耽误时间等,可见设立相对合适、科学的教育培训地点是保证教育培训到课率和学习质量的重要影响因素。因此,应该选择交通便捷的地段,方便农民工乘坐公交、地铁等公共交通工具过来上课;选择一个环境优雅、设施良好的地方,既要有通风条件良好、温度适宜、光线充足、安静舒适的环境,也要有设备精良、网络畅通的硬件条件。

第三,教育培训方式多样化。教育培训方式大体分为讲授法、演练法和操作示范法。对于安全常识培训之类的理论性比较强的培训,可以直接用讲授法;对于焊工、电工的培训等需要一些实际操作的就要用演练法,用设备进行实际的操作教授。学制上也可以采取系统培训和一技一能的短训或短训班结合的形式,使培训的形式更符合农民工实际需要。学习方式可以是集中班级学习,也可以是网络学习,其中网络学习模式值得推荐,它充分利用教育培训机构的多媒体教室、机房等硬件设施,以现代信息技术和网络技术为主要手段,借助各类网络资源组织相关活动,职业院校和培训机构负责提供各方面的软硬件服务,鼓励具备一定基础的农民工开展网上学习,享受不受时空限制、高速便捷的网络学习。在网络课堂的推进过程中,还需要注意考核手段的革新,采用更加合理和多样的方式考核农民工技能。

(五)农民工理当增强教育培训的主观能动性,提升城市就业和创业能力

调查中发现,不少农民工对教育培训的热情程度不高,认为参与教育培训没有意义。事实上,在这样一个竞争激烈的环境下,对农民工的教育并非"锦上添花"可有可无,而是属于"雪中送炭"般的迫在眉睫。新时期,农民工能否转变成为真正的市民,除了制度、法律、资金等因素之外,还取决于农民工自身素质和自我发展能力。因此,在农民工教育培训系统中,除了上文所述"'长线'教育 + '短线'培训"之外,更需要农民工从自身出发,自觉、自愿地接受教育培训。处在新型城镇化进程中的农民工,他们作为自我教育的主体,既是教育者,又是受教育者,需要正确引导广大农民工群体唤醒自我,树立自我教育、自谋发展的意识。

首先,农民工要从观念上充分认识到再学习的重要性,避免主体认知消极化倾向,并善于借助多种渠道获取相关培训信息,避免教育培训信息缺失等。要想教育培训效果好,农民工主观上要有强烈的学习意愿和主动性,这样才有可能主动了解各类培训信息。农民工需要拥有比较长远的眼光,不要只看到眼前的利益,应该相信教育投资终会有收益。

其次,要设置适宜的发展目标,结合自身实际制定自我教育发展规划,促进自主学习力的发展,从而为自谋发展和更好地融入城市生活打下坚实基础。

再次,要努力积累并盘活人力资本,逐步摒弃单向雇佣观念,善于利用他人物质资本为自己的人力资本增值。也就是说,农民工应该争取并利用好每一次培训机会,主动参加培训,努力学习知识技能并应用于工作实践当中,提高农民工参加培训的自我效能感。通过本次调查、结合访谈来看,当前农民工有着较为强烈的培训意愿,他们极度期望通过培训就业、创业变成城市人,而培训意愿对农民工市民化水平又有显著促进作用。因此,农民工群体理应珍惜培训机会,充分利用工闲时间参加多种培训,进而拓宽社会交往网络,增加自身人力资本及社会资本存量,改变当前所处的劣势地位,这将有利于提高市民化水平,特别是社会关系融入城市的水平。

最后,要积极争取免费的教育培训机会。农民工学习机会来之不易,尤其是免费学习的机会更是政府、社区、职业学校、培训机构多方出力协调的结果。对农民工来说,参加教育培训自身也承担了因接受教育培训而耽误挣钱或休息的机会成本。因此,如果争取到了接受教育培训的机会,应当以诚信为本,抓住学习机会,利

用好每一次机会,学出收获、学出成绩,努力将学习成果用于实践,坚持"投之以桃,报之以李"的原则,积极为家庭、为企业、为社会的发展做出贡献。

三、融通教育和培训的"双向通道",完善教育培训体系

前文已述在接受过教育培训的农民工群体中,大多数均没有获得相应的证书,值得反思。实际上,融通学校教育和培训"双向通道",继续推进、大胆创新学历证书和培训证书"双证书"制度,就显得极为必要。研究证实了教育培训对农民工收入和市民化水平的促进作用,但考虑到农民工群体具有流动性大、培训要求多样等实际特点,城市政府和教育主管部门有必要构建一个"能上能下,能进能出"的农民工教育培训模式,打破学校学历教育和培训之间的壁垒,引导参加培训的农民工接受学历教育,帮助无法完成学历教育的农民工获得培训认证。具体来说,包括以下三个层面:

第一,各职业学校可从现有培训项目出发,对已在校接受相关培训的农民工群体加以引导,将该群体顺势接收为学校学历教育对象,并认可已修完培训证书课程在学历教育课程体系中的学分,从而打通培训向学校学历教育转变的"上升通道"。这样,只要参加培训的农民工学员能在规定的年限内按照专业要求修完岗位能力性专业课程和通识性文化课程等模块,就可以圆满完成学校学历教育。

第二,政府特别是农民工输入地政府应大力支持当地各类职业学校,对那些由于各种原因中断或终止学业的农民工,给予充分的尊重和相应的学业成就认可,尽可能在职教联盟范围内实现学业成就、职业资格证书课程学分的跨校、跨区域认可,为学校教育融合职业培训提供"下行保障"。

第三,许可农民工学员已修完的职业资格证书课程学分在校际间自由流通,对于短期内无法继续修业的学员,只要本人愿意,可以允许其在中断后规定期限内迁移至同类学校学习剩余课程以获得完整的学校学历教育,从而拓展农民工职业教育迁移的"平行通道"。当然,鉴于农民工群体自身不可避免地存在流动性大、需求多样等特点,应为其提供"量身定做"的教育培训方案,而如何有效进行学业成就评价和学分互认仍有待探讨。

第二节　研究不足与展望

本书基于教育培训收益的新视角,结合多学科理论和方法,分别调查了城市未

犯罪农民工和已犯罪农民工的教育培训情况,在此基础上实证分析了教育培训对农民工收入、市民化以及犯罪倾向性等方面的影响,由此证明了通过发展教育培训既可以为农民工带来可观的货币收益,也可以带来一定非货币收益和价值。但是,受资料搜集、研究时间以及其他主客观因素所限,本书难免存在一些不足,也为今后进一步研究留下一定空间。

一、样本调查与数据收集需要进一步改进

如绪论所述,本研究课题涉及多个具体研究问题,决定了任务相对复杂。四阶段子课题均采用问卷调查法、访谈法,甚至辅之以必要的观察法来收集数据,对于课题组来说是一个不小的挑战,尤其面对文化程度普遍不高的农民工群体,在街头拦截当中经常遇到填写困难,课题组成员需要现场朗读以保证问卷作答质量。这就耗费了大量时间、人力,在今后的研究中,可以适当精简问卷题目数量,集中定点发放问卷。另外,本研究重点论证农民工教育培训的收益问题,对已犯罪农民工和未犯罪农民工两类人群的教育培训情况做了大量问卷调查和访谈,但对市场上的培训机构以及监狱机关只做了辅助性的访谈,因此本研究的数据来源更准确地说,应该是单方面的自陈数据,由此可能导致研究结果存在一定"上漂"或"下移"偏差,今后可考虑做进一步细致处理。而且,本次样本调查仅限江苏省,研究结论对于经济发达省份的城市农民工具有一定程度的解释力和预见性,但未必适用于全国或经济落后省份。从这一角度来说,更具普遍意义的结论尚需全国性、连续性大数据的支撑,后续研究应该进一步扩大调查范围。

二、农民工教育培训货币收益的估计偏差需要进一步修正

本书通过估算农民工的教育培训收益率来验证其货币收益。然而,在技术层面,本书仅使用截面统计数据,利用明瑟收入方程估计农民工教育和培训的人力资本投资收益率,不可避免地忽视了个体先天能力因素、教育培训质量、工作选择动机以及时间、空间等因素的影响,可能整体高估了农民工教育培训的货币收益。另外,尚未进一步区分不同培训类型(如岗前培训、在职培训)及其培训的实际效果对农民工收入的影响。这需要利用持续的追踪数据,对此进行改进和不断检验。

三、农民工教育培训非货币收益的研究范围有待继续扩展

由于本书试图从教育培训非货币收益的验证目的出发,探讨农民工教育培训对市民化、犯罪倾向性的影响,但全面的农民工教育培训非货币收益远不止这些,因此本书对这种收益的验证,更准确地说应是一项广泛研究教育培训经济的起点,笔者期待本书能为相关研究提供若干经验证据,以期发现和检验教育培训的更多价值所在。同时,在本书中,对于农民工市民化、犯罪倾向性在统计上具有显著影响的教育和培训变量,还需要使用工具变量等识别策略做进一步因果效应分析,从而更准确地估计农民工教育培训的非货币收益,这也是本研究未来的努力方向。

除此之外,本书仅针对农民工自身受教育程度和培训经历及其收益进行经验实证研究,并未将农民工子女教育问题系统地纳入研究当中。然而,农民工特别是新生代农民工的子女教育收益是事关农民工未来投资收益提升的重大课题,也是间接货币收益的重要方面。因此,关注和有效解决农民工子女教育问题还将成为未来继续研究的重点之一。

四、研究方法有待进一步改进

学历教育和培训变量对农民工市民化和犯罪倾向性在统计学上具有显著影响,虽然学历教育和岗前培训及就业前培训发生在前,而市民化及犯罪倾向性等行为心理发生在后,但是,为了检验解释变量的内生性,在怀疑存在异方差的情况下,应该使用"杜宾—吴—豪斯曼检验"(Durbin - Wu - Hausman Test,DWH),如果存在内生解释变量,应该使用工具变量法,进行两阶段最小二乘法回归。例如,在已犯罪农民工犯罪倾向性对监狱矫正教育与培训的回归中,解释变量"监狱教育与培训"是否与随机误差项相关、是否受被解释变量"犯罪倾向性"的影响,也就是说解释变量是否存在内生性问题,还需要做出进一步检验,以便更准确地验证农民工教育培训可以带来非货币化收益的判断,这也是需要改进的地方。

附录一　农民工教育培训访谈提纲

访谈对象一：在苏州工作的农民工

访谈内容：

1. 你来苏州工作后,曾经接受过哪些培训?
2. 这些培训是你所在单位组织的吗?（如果不是,追问主办方）
3. 你参加的教育培训是哪种形式的?
4. 你参加的教育培训一般周期多长?
5. 培训结束后,主办方给你哪种资格证书?
6. 你通过哪些渠道获得相关培训通知的信息?
7. 你觉得培训的效果是不是明显?
8. 你觉得目前培训机构存在哪些问题?

访谈对象二：教育培训机构工作人员

访谈内容：

1. 你所在的教育培训机构主要提供哪些针对农民工的培训?
2. 你们一般邀请哪些人为农民工上课?
3. 你们一般通过哪种方式宣传开班信息?
4. 你们的培训班一般每一期开课多久?
5. 培训结束之后,你们会颁发哪种证书?
6. 你们每一期的学费大概多少钱?
7. 你认为目前教育培训市场是饱和了还是大有可为? 请具体说说原因?

附录二 农民工四阶段
子课题调查问卷

子课题一:《教育培训对农民工收入和市民化的影响》

——城市农民工调查问卷(正式问卷)

亲爱的朋友:

您好!

教育部社科研究基地课题组正在做一项有关农业转移人口的社会调查,特邀请您参与本次调查,谢谢您的支持与合作!

本次调查采用不记名填写的方式,请您根据自己的真实情况填写,答案没有对错之分。本问卷如无特殊标注均只能在一个选项前的"□"内打"√"。整个调查包括三大部分,大概需要30分钟,课题组会送您一份小礼品以表示感谢。调查中不涉及个人隐私,所有资料只用于统计汇总。同时,课题组将对您的个人资料予以保密,请您不必担心。

再次感谢您的参与和帮助!

教育部社科研究基地课题组

第一部分 个人基本情况

Q1 您的性别是

□男 □女

Q2 您的年龄是

□16～19 岁　□20～29 岁　□30～39 岁　□40～49 岁　□50～59 岁

□60～69 岁

Q3 您来自：_____省_____市

Q4 您的户口是

□农业户口　□非农业户口

Q5 您的受教育程度是

□小学及以下　□初中　□高中（包括中专、技校）　□大专　□本科

□研究生

Q6 您现在的婚姻状况是

□未婚　□已婚　□离异　□丧偶

Q7 您的丈夫（或妻子）目前在

□无配偶　□老家　□您所在的城市　□别的城市

Q8 您有_____个孩子，其中有_____个和您一起在这个城市。

Q9 您现在从事的职业类型是（只能选 1 个）

□劳务型（如：邮政快递送货员、家政人员、企业生产工人、建筑装修工人、餐饮
行业服务人员等）

□商务型（如：售货员、推销员、商务接待人员、公关人员等）

□事务型（如：个体户或私营企业主、机关事业单位后勤人员或临时工等）

□管理型（如：企业、事业单位或社会公益机构的行政职员、管理人员等）

□其他_____

Q10 您的每月收入为（只能选 1 个）

□2 000 元以下　□2 000～3 000 元　□3 000～4 000 元　□4 000～5 000 元

□5 000 元以上

Q11 您在这座城市工作的时间已经有（只能选 1 个）

□不满 1 年　□1～3 年　□3～5 年　□5 年以上

Q12 进城之前，您的家庭年收入大致是（只能选 1 个）

□2 万元以下　□2～5 万元　□5～7 万元　□7～10 万元　□10 万元以上

第二部分　教育培训

Q13 您是否感觉社会竞争压力很大？（只能选 1 个）

□不大　□一般　□很大

Q14 您对自己的知识水平是否满意？（只能选1个）

□非常不满意　□不满意　□一般　□满意　□非常满意

Q15 您进城工作之前,是否接受过相关培训？（只能选1个）

□接受过　□没有接受过

Q16 您是否愿意参加培训？（只能选1个）

□非常不愿意　□不愿意　□一般　□愿意　□非常愿意

Q17 如果参加培训,您的目的是？（可多选）

□没考虑过　□获取文凭　□提升自己的知识水平　□增加就业机会和工作收入

□培养个人兴趣爱好　□结识更多的人　□提升自己,更好地适应城市生活

□其他_____

Q18 您希望参加下列哪种培训？（可多选）

□不主动参加任何培训　□职业技能培训　□心理常识　□思想道德

□创业知识　□生活常识　□劳动就业等法律常识　□交际与口才

□安全生产与自我救助

□其他_____

Q19 您最希望选择哪种类型的教育培训？（只能选1个）

□脱产学习(全日制学习)　□利用工作之余参加教育培训

□边工作边跟着师傅学习

□其他_____

Q20 您最希望选择以下哪种形式参加学习？（只能选1个）

□课堂授课　□广播电视学习　□网络远程教学　□工作现场教学

□在家自学

□其他_____

Q21 您是否了解政府关于外来务工人员培训的政策和内容？（只能选1个）

□从来没听说过　□偶尔听说过　□一般了解　□比较了解　□非常了解

Q22 您工作的城市,政府、社区是否组织过职业技能培训？（只能选1个）

□没组织过　□组织了但我没参加　□组织了我偶尔参加　□组织了我经常参加

Q23 您工作的城市,政府、社区是否组织过除职业技能培训之外的(例如心理、法律、创业、生活、口才等方面的)农民工教育培训？（只能选1个）

□没组织过　□组织了但我没参加　□组织了我偶尔参加　□组织了我经常参加　□我不清楚

Q24 您的工作单位是否开展很多的针对外来务工人员的教育培训？（只能选1个）

□没开展过　□很少开展　□不清楚　□偶尔开展　□经常开展

Q25 您的工作所在地是否有免费图书馆之类的学习场所？（只能选1个）

□有　□没有　□不清楚

Q26 您通过以下哪些方式得到过教育培训信息？（可多选）

□从没听说过任何教育培训信息　□熟人介绍　□互联网　□电视、电台

□报纸、杂志　□社会宣讲会　□其他＿＿＿＿＿＿＿

Q27 从参加工作以来，您一共接受过几次教育培训？（只能选1个）

□0次　□1~2次　□3~5次　□5次以上

Q28 您参与的教育培训一般周期是多长？（只能选1个）

□从没接受过　□1周以内　□1周~1个月　□1个月~半年　□半年以上

Q29 您参加的是哪种培训？（可多选）

□从没参加过培训　□职业技术及技能培训　□心理常识　□思想道德

□创业知识　□生活常识　□劳动就业等法律常识　□学历证书　□安全生产

□其他＿＿＿＿＿＿＿

Q30 您所在培训班的培训方式（只能选1个）

□从没接受过培训　□课堂授课　□现场指导实习　□电视、广播

□网络远程教学　□其他＿＿＿＿＿＿＿

Q31 您参加的教育培训机构是（只能选1个）

□从没参加过教育培训　□政府、社区　□职业学校　□所在单位组织

□专门的培训机构　□网络培训

Q32 培训您的老师是（只能选1个）

□从没接受过教育培训　□大学老师　□行业专家　□工厂人员

□政府机关干部　□其他＿＿＿＿＿＿＿

Q33 您当前一年接受教育培训的累计花费＿＿＿＿＿＿＿元。

Q34 您参加培训的费用主要来源于（只能选1个）

□从没接受过　□全部免费　□自己承担少部分费用

□自己承担一半费用　□自己承担大部分费用　□自己承担全部费用

Q35 培训后颁发什么样的证书？（只能选1个）

□从没接受过培训　□职业资格证书　□技术等级证书　□学历文凭证书

□没有证书

Q36 您认为参加完教育培训对您的影响是(只能选1个)

□从没接受过教育培训　□没用,且经常为我带来不便

□没用,且偶尔给我带来不便　□说不上来有用没用

□有用,但不明显　□非常有用

Q37 您觉得外来务工人员参加教育培训的最大的困难是(可多选)

□教育培训费用太大　□自己没时间　□没有合适的学习课程　□没必要学习

□教育培训效果不明显　□自己文化基础差　□交通不方便

□不知道相关信息　□其他_____

Q38 您觉得现在教育培训中存在的问题(可多选)

□教育培训费用高　□内容学员跟不上　□内容单调,大多停留在职业技能上

□内容不能满足需要,或脱离实际　□政府和社会投入资助不足,重视不够

□形式过于单一,提不起兴趣　□缺乏专门针对农民工的教育培训机构

□缺乏培训后的服务　□其他_____

第三部分　市民化

请您判断下列每句话与您的实际情况或感受是否相符,并在题目所在行的"非常不符合""有点儿不符合""有点儿符合""比较符合"和"非常符合"的相应列内的"□"内打"√"。共18题。

序号	题　目	非常不符合	有点儿不符合	有点儿符合	比较符合	非常符合
Q39	我希望参与城市公共事务管理,表达和维护自身权益。	□	□	□	□	□
Q40	我现在有固定住所,且住宿条件不错。	□	□	□	□	□
Q41	我参与过工作单位的工会组织。	□	□	□	□	□
Q42	我参与过工作单位或社区的党团组织。	□	□	□	□	□
Q43	我正在努力奋斗,希望可以在这座城市生活得更好。	□	□	□	□	□
Q44	我认识很多对我很好的本地人。	□	□	□	□	□
Q45	我经常参加朋友、单位或社区组织的集体活动。	□	□	□	□	□

续表

序号	题　目	非常 不符合	有点儿 不符合	有点儿 符合	比较 符合	非常 符合
Q46	我有很多亲朋好友与我在同一座城市。	□	□	□	□	□
Q47	遇到困难时,我知道该找谁帮助我。	□	□	□	□	□
Q48	我来到这里工作之后,没有受到本地人的歧视。	□	□	□	□	□
Q49	与在老家相比,我在这座城市的生活条件更好。	□	□	□	□	□
Q50	我的工资收入能够让我在城市过上还不错的生活。	□	□	□	□	□
Q51	我觉得这个社会制度总体来说还是公平的。	□	□	□	□	□
Q52	我希望取得城市户口,成为城里人。	□	□	□	□	□
Q53	我喜欢我工作所在的这座城市。	□	□	□	□	□
Q54	我为在这座城市工作而感到骄傲和自豪。	□	□	□	□	□
Q55	我希望自己能留在这座城市工作和生活。	□	□	□	□	□
Q56	我觉得自己也是这座城市的"市民"。	□	□	□	□	□

子课题二:《教育培训对农民工犯罪倾向性的影响》

——城市农民工调查问卷(原始问卷)

亲爱的朋友:

　　城市外来务工人员是一个特殊而伟大的群体,为社会发展做出巨大贡献。为了真实、客观地了解其进城后的教育培训和市民化状况我们开展了此项调查。

　　本次调查采用不记名填写的方式,请您根据自己的真实情况填写,答案没有对错之分。本问卷如无特殊标注均只能在一个选项前的"□"内打"√"。

　　非常感谢您的参与和帮助!

教育部社科研究基地课题组

第一部分

Q1 您的性别:□男　□女

Q2 您的年龄:_____岁

Q3 您来自:_____省_____市

Q4 您的户口是: □农业户口　□非农业户口

Q5 您的受教育程度是:

□小学及以下　□初中　□普通高中　□中专或职业高中　□大专　□本科
□研究生

Q6 您现在的婚姻状况是

□未婚　□已婚　□离异　□丧偶

Q7 您的丈夫(或妻子)目前在

□无配偶　□老家　□您所在的城市　□别的城市

Q8 您有_____个孩子,其中有_____个和您一起在这个城市。

Q9 您现在从事的职业类型是(只能选1个)

□劳务型(例如:快递送货员、家政人员、企业生产一线工人、建筑装修工人、餐饮行业服务人员等)

□商务型(例如:售货员、推销员、商务接待人员、公关人员等)

□事务型(例如:个体户或私营企业主、机关事业单位后勤人员或临时工等)

□管理型(例如:企业或事业单位或社会公益机构的行政职员、管理人员等)

□其他_____

Q10 您的每月收入为(只能选1个)

□2 000 元以下　□2 000 ~ 3 000 元　□3 000 ~ 4 000 元　□4 000 ~ 5 000 元
□5 000 元以上

Q11 您在这座城市工作的时间已经有(只能选1个)

□不到1 年　□1 ~ 2 年　□2 ~ 3 年　□3 ~ 5 年　□5 年以上

Q12 进城之前,您的家庭年收入大致是(只能选1个)

□2 万元以下　□2 万元 ~ 5 万元　□5 万元 ~ 7 万元　□7 万元 ~ 10 万元
□10 万元以上

Q13 您进城工作之前,是否接受过相关培训?

□接受过　□没有接受过

第二部分

Q14 您对自己的知识水平是否满意？（只能选 1 个）

□非常不满意　□不满意　□一般　□满意　□非常满意

Q15 您是否愿意参加培训？（只能选 1 个）

□非常不愿意　□不愿意　□一般　□愿意　□非常愿意

Q16 目前你最想参加下列哪种培训？（可多选）

□不愿意参加任何培训　□职业技能培训　□心理常识　□思想道德

□创业知识　□生活常识　□劳动就业等法律常识　□交际与口才

□安全生产与自我救助

□其他_____

Q17 你希望选择哪种类型的职业技能培训？（只能选 1 个）

□脱产学习(全日制学习)　□利用工作之余参加培训

□边工作边跟着师傅学习

□其他_____

Q18 你更希望参加以下哪种形式学习？（只能选 1 个）

□课堂授课　□广播电视学习　□网络远程教学　□工作现场教学

□在家自学

□其他_____

Q19 从参加工作以来,您一共参加了几次培训？（只能选 1 个）

□0 次　□1 ~ 2 次　□3 ~ 5 次　□5 ~ 7 次　□7 次以上

Q20 您通过以下哪些方式获得到过培训信息？（可多选）

□从没听说过任何培训信息　□电视、电台　□报纸、杂志　□社会宣讲会

□熟人介绍　□互联网　□其他_____

Q21 您参加的是哪种培训？（可多选）

□从没参加过培训　□职业技术以及技能培训　□法律权益培训

□安全生产培训　□学历证书培训　□企业安排　□政府部门组织

□其他_____

Q22 您参与的培训一般周期是多长？（只能选 1 个）

□从没参加过培训　□1 周之内　□1 周 ~ 1 个月　□1 个月 ~ 6 个月

□6 个月 ~ 1 年　□1 年以上

Q23 您所在培训班的培训方式(只能选 1 个)

□从没参加过培训 □面对面授课 □ 现场指导实习 □电视、广播

□多方式结合

Q24 您参加的培训机构是(只能选 1 个)

□从没参加过培训 □政府机构 □职业学校 □所在单位组织 □企业

□网络培训

Q25 培训您的老师是(只能选 1 个)

□从没参加过培训 □大学老师 □行业专家 □工厂 □政府机关干部

□其他_____

Q26 您每年接受教育培训的累计花费_____元。

Q27 您参加培训的费用主要来源于(只能选 1 个)

□全部免费 □自己承担少部分费用 □自己承担一半费用 □自己承担大

部分费用 □自己承担全部费用

Q28 培训后颁发什么样的证书?(只能选 1 个)

□从没参加过培训 □职业资格证书 □技术等级证书 □学历文凭证书

□不会颁发

Q29 您觉得外来务工人员参加教育培训的最大的困难是(可多选)

□教育培训费用太大 □时间不充足 □没有合适的学习课程

□没必要学习 □培训效果不明显 □自己文化基础不够 □交通不方便

□不知道相关信息 □其他_____

Q30 你觉得参加培训最大的好处是(可多选)

□我觉得参加教育培训没有任何好处 □获取文凭 □更新自己的知识

□增加就业机会和工作收入 □培养兴趣爱好 □认识更多的人

□提升自己,更好地适应城市环境 □其他_____

Q31 您认为参加完培训对您的影响是(只能选 1 个)

□从没参加过培训 □没用,且经常为我带来不便 □没用,且偶尔给我带来不便

□说不上来有用没用 □有用但不明显 □非常有用

Q32 您觉得现在教育培训中存在的问题(可多选)

□培训费用高 □培训内容学员跟不上 □培训内容单调,大多停留在技能培训上

□培训内容不能满足需要,脱离实际 □政府和社会投入资助不足,重视不够

□培训形式过于单一,提不起兴趣 □缺乏专门针对农民工的培训机构

□缺乏培训后的服务 □其他_____

Q33 您的工作单位是否开展很多的针对外来务工人员的教育培训？（只能选 1 个）

□没开展过　□很少开展　□不清楚　□偶尔开展　□经常开展

Q34 您的工作所在地是否有免费图书馆之类的学习场所？（只能选 1 个）

□有　□没有　□不清楚

Q35 您是否了解政府关于外来务工人员培训的政策和内容？（只能选 1 个）

□从来没听说过　□偶尔听说过　□一般了解　□比较了解　□非常了解

Q36 您工作的城市，政府、社区是否组织过职业技能培训？（只能选 1 个）

□没组织过　□组织了但我没参加　□组织了我偶尔参加　□组织了我经常参加

Q37 您工作的城市，政府、社区是否组织过除职业技能培训之外的（例如心理、法律、创业、生活、口才等方面的）类型培训？（只能选 1 个）

□没组织过　□组织了但我没参加　□组织了我偶尔参加　□组织了我经常参加

Q38 您工作的政府、社区多久组织一次农民工培训？（只能选 1 个）

□没组织过　□半年以上一次　□4 ~ 6 个月一次　□2 ~ 3 个月一次
□每个月一次

第三部分

说明:请您依次阅读以下 30 句话，判断您对每个句子的同意程度，在题目所在行的"非常不同意""有点儿不同意""比较同意""同意"和"非常同意"的相应列内的"□"内打"√"。

序号	题　目	非常不符合	有点儿不符合	有点儿符合	比较符合	非常符合
Q39	我不喜欢与别人合作。	□	□	□	□	□
Q40	我与家人相处得不好。	□	□	□	□	□
Q41	我有几个可以交心的朋友。	□	□	□	□	□
Q42	周围的人都不理解我。	□	□	□	□	□
Q43	我觉得别人的热情都是虚伪的。	□	□	□	□	□
Q44	我有想要报复的人。	□	□	□	□	□
Q45	对触犯我的人，我总想报复他。	□	□	□	□	□
Q46	别人做了对不起我的事，我不会原谅他。	□	□	□	□	□

续表

序号	题　　目	非常不符合	有点儿不符合	有点儿符合	比较符合	非常符合
Q47	我有过欺侮他人或被他人欺侮的经历。	□	□	□	□	□
Q48	如果我犯了错,周围会有朋友提醒我改正。	□	□	□	□	□
Q49	我知道基本的法律常识。	□	□	□	□	□
Q50	我觉得犯了罪被关起来很不值得。	□	□	□	□	□
Q51	我宁愿被别人痛恨也不想被别人看不起。	□	□	□	□	□
Q52	如果能获得巨款,多少冒点险也无妨。	□	□	□	□	□
Q53	只要小心点,偶尔违法一次不会有人发现。	□	□	□	□	□
Q54	我佩服那些想尽办法、不择手段获得成功的人。	□	□	□	□	□
Q55	人就应该尽情吃喝玩乐,说不定哪天就死了。	□	□	□	□	□
Q56	我希望和我竞争的人能从这个世界消失。	□	□	□	□	□
Q57	当我看到城里的小孩受欺负时,我会感到很开心。	□	□	□	□	□
Q58	看犯罪或杀人的小说电影,我会很兴奋。	□	□	□	□	□
Q59	我欣赏新闻上报道的犯罪分子,要是自己做,我会干得更巧妙。	□	□	□	□	□
Q60	我是有仇必报的人。	□	□	□	□	□
Q61	我做事常常心不在焉。	□	□	□	□	□
Q62	我做事常常三思而后行。	□	□	□	□	□
Q63	我难以控制冲动,忍耐性差。	□	□	□	□	□
Q64	我常常为一点小事发火。	□	□	□	□	□
Q65	我有时候会莫名其妙地焦躁不安。	□	□	□	□	□
Q66	我有吸烟喝酒的爱好。	□	□	□	□	□
Q67	我喜欢赌博之类的活动来寻求刺激。	□	□	□	□	□
Q68	我没有什么精神寄托或信念。	□	□	□	□	□

子课题三:《农民工教育培训、市民化与犯罪倾向性的关系》

——城市农民工调查问卷(正式问卷)

亲爱的朋友:

您好!

这是一份城市外来务工人员的调查问卷,本问卷采用不记名填写的方式,请您根据自己的真实情况填写,答案没有对错之分。本问卷如无特殊标注均只能在一个选项前的"□"内打"✓"。

您的参与对本研究的完成有莫大帮助,所有资料仅供研究之用,不对外公开,请放心填写。恳请您协助我们完成问卷的填写,非常感谢您的参与和帮助!

教育部社科研究基地课题组

第一部分

Q1 您的性别:□男 □女

Q2 您的年龄:_____岁

Q3 您来自:_____省_____市

Q4 您的户口是:□农业户口 □非农业户口

Q5 您的受教育程度是:

□小学及以下 □初中 □普通高中 □中专或职业高中 □大专 □本科
□研究生

Q6 您现在的婚姻状况是

□未婚 □已婚 □离异 □丧偶

Q7 您的丈夫(或妻子)目前在

□无配偶　□老家　□您所在的城市　□别的城市

Q8 您有_____个孩子,其中有_____个和您一起在这个城市。

Q9 您现在从事的职业类型是(只能选1个)

□劳务型(例如:快递送货员、家政人员、企业生产一线工人、建筑装修工人、餐饮行业服务人员等)

□商务型(例如:售货员、推销员、商务接待人员、公关人员等)

□事务型(例如:个体户或私营企业主、机关事业单位后勤人员或临时工等)

□管理型(例如:企业、事业单位或社会公益机构的行政职员、管理人员等)

□其他_____

Q10 您的每月收入为(只能选1个)

□2 000 元以下　□2 000 ~ 3 000 元　□3 000 ~ 4 000 元　□4 000 ~ 5 000 元

□5 000 元以上

Q11 您在这座城市工作的时间已经有(只能选1个)

□不到 1 年　□1 ~ 2 年　□2 ~ 3 年　□3 ~ 5 年　□5 年以上

Q12 进城之前,您的家庭年收入大致是(只能选1个)

□2 万元以下　□2 万元 ~ 5 万元　□5 万元 ~ 7 万元　□7 万元 ~ 10 万元

□10 万元以上

Q13 您进城工作之前,是否接受过相关培训?

□接受过　□没有接受过

Q14 您进城工作以来,一共参加了几次职业技能培训? (只能选1个)

□0 次　□1 ~ 2 次　□3 ~ 4 次　□5 ~ 6 次　□6 次以上

Q15 您参与的职业培训,一般周期是多长? (只能选1个)

□从没参加过培训　□1 周以内　□1 周 ~ 1 个月　□1 个月 ~ 半年

□半年以上

Q16 您认为参加完职业培训对您的影响,是什么? (只能选1个)

□从没参加过培训　□没用,且给我带来不便　□说不上来有用还是没用

□有用,但不明显　□非常有用

第二部分

请您判断下列每句话与您的实际情况或感受是否相符,并在题目所在行的"非常不符合""有点儿不符合""有点儿符合""比较符合"和"非常符合"的相应列内的"□"内打"✓"。共16题。

序号	题　目	非常不符合	有点儿不符合	有点儿符合	比较符合	非常符合
Q17	我希望参与城市公共事务管理,表达和维护自身权益。	□	□	□	□	□
Q18	我现在有固定住所,且住宿条件不错。	□	□	□	□	□
Q19	我参与过工作单位的工会组织。	□	□	□	□	□
Q20	我参与过工作单位或社区的党团组织。	□	□	□	□	□
Q21	我正在努力奋斗,希望可以在这座城市生活得更好。	□	□	□	□	□
Q22	我认识很多对我很好的本地人。	□	□	□	□	□
Q23	我有很多亲朋好友与我在同一座城市。	□	□	□	□	□
Q24	遇到困难时,我知道该找谁帮助我。	□	□	□	□	□
Q25	我来到这里工作之后,没有受到本地人的歧视。	□	□	□	□	□
Q26	与在老家相比,我在这座城市的生活条件更好。	□	□	□	□	□
Q27	我的工资收入能够让我在城市过上还不错的生活。	□	□	□	□	□
Q28	我希望取得城市户口,成为城里人。	□	□	□	□	□
Q29	我喜欢我工作所在的这座城市。	□	□	□	□	□
Q30	我为在这座城市工作而感到骄傲和自豪。	□	□	□	□	□
Q31	我希望自己能留在这座城市工作和生活。	□	□	□	□	□
Q32	我觉得自己也是这座城市的"市民"。	□	□	□	□	□

第三部分

请您依次阅读以下每句话,判断您对每个句子的同意程度,在题目所在行的"非常不同意""有点儿不同意""比较同意""同意"和"非常同意"的相应列内的"□"内打"√"。共18题。

序号	题　目	非常 不同意	有点儿 不同意	比较 同意	同意	非常 不同意
Q33	我与家人相处得不好。	□	□	□	□	□
Q34	我有几个可以交心的朋友。	□	□	□	□	□
Q35	周围的人都不理解我。	□	□	□	□	□
Q36	我觉得别人的热情都是虚伪的。	□	□	□	□	□
Q37	如果能获得巨款,多少冒点险也无妨。	□	□	□	□	□
Q38	只要小心点,偶尔违法一次不会有人发现。	□	□	□	□	□
Q39	我佩服那些想尽办法、不择手段获得成功的人。	□	□	□	□	□
Q40	人就应该尽情吃喝玩乐,说不定哪天就死了。	□	□	□	□	□
Q41	我希望和我竞争的人能从这个世界消失。	□	□	□	□	□
Q42	当我看到城里的小孩受欺负时,我会感到很开心。	□	□	□	□	□
Q43	看犯罪或杀人的小说、电影,我会很兴奋。	□	□	□	□	□
Q44	我欣赏新闻上报道的犯罪分子,要是自己做,我会干得更巧妙。	□	□	□	□	□
Q45	我难以控制冲动,忍耐性差。	□	□	□	□	□
Q46	我常常为一点小事发火。	□	□	□	□	□
Q47	对触犯我的人,我总想报复他。	□	□	□	□	□

续表

序号	题　目	非常 不同意	有点儿 不同意	比较 同意	同意	非常 不同意
Q48	我有吸烟喝酒的爱好。	☐	☐	☐	☐	☐
Q49	我喜欢赌博之类的活动来寻求刺激。	☐	☐	☐	☐	☐
Q50	我喜欢在夜晚去做有刺激性的事情。	☐	☐	☐	☐	☐

子课题四:《教育培训对监所服刑农民工犯罪倾向性的影响》

——监狱调查问卷(正式问卷)

各位学员:

你好! 为了更好地了解您的教育培训状况,我们展开了此项问卷调查。本次调查对您的服刑情况不会有任何负面影响,所以请您不必有任何顾虑。

本次调查采用不记名填写的方式,只要您根据自己的真实情况如实填写,答案没有对错之分,不会给您带来任何不利影响。本问卷如无特殊标注均只能在一个选项前的"☐"上打"√"。

非常感谢您的支持与帮助!

教育部社科研究基地课题组

第一部分

Q1 您的性别:☐男　☐女

Q2 您的年龄:_____岁

Q3 您来自:_____省_____市

Q4 您的户口是:　☐农业户口　☐非农业户口

Q5 您的受教育程度是:

☐小学及以下　☐初中　☐普通高中　☐中专或职业高中　☐大专　☐本科
☐研究生

Q6 您现在的婚姻状况是

□未婚　□已婚　□离异　□丧偶

Q7 您的丈夫(或妻子)目前在

□无配偶　□老家　□您所在的城市　□别的城市

Q8 您进入监所前从事的职业类型是(只能选1个)

□失业或无业

□农业型

□劳务型(例如:快递送货员、家政人员、企业生产一线工人、建筑装修工人、餐饮行业服务人员等)

□商务型(例如:售货员、推销员、商务接待人员、公关人员等)

□事务型(例如:个体户或私营企业主、机关事业单位后勤人员或临时工等)

□管理型(例如:企业、事业单位或社会公益机构的行政职员、管理人员等)

□其他_____

Q9 您以前每月收入为(只能选1个)

□2 000 元以下　□2 000~3 000 元　□3 000~4 000 元　□4 000~5 000 元

□5 000 元以上

Q10 您这次犯罪的类型是

□危害国家安全或公共安全罪　□破坏社会主义市场经济秩序罪

□侵犯公民人身权利、民主权利罪　□妨害社会管理秩序罪　□贪污贿赂罪

□侵犯财产罪　□其他

Q11 您这次犯罪受到的处罚是

□三年以下(不含三年)有期徒刑

□三年以上(含三年),五年以下(不含五年)

□五年以上(含五年),十年以下(不含十年)　□十年及以上有期徒刑

□无期徒刑或死刑缓期执行

Q12 您在犯罪前是否想过会受到法律的处罚?现在受到的刑罚与您的预期相比怎么样?(只能选1个)

□没想过　□想过,但没想到处理这么严重　□想过,与处理结果差不多

□想过,此次处罚没想象中的严重

Q13 服刑之前,您的家庭年总收入大致是(只能选1个)

□1 万元以下　□1 万元~2 万元　□2 万元~5 万元　□5 万元~7 万元

□7 万元~10 万元　□10 万元以上

Q14 你认为下列哪一项对你的犯罪行为影响最大？（只能选 1 个）？

□实际生活困难解决不了　□家庭不和睦　□社会贪腐和不公平

□没有受到良好教育　□别人挣钱比我多比我容易,心里不平衡

□交友不慎　□错误的思想观念和习惯　□难以融入城市主流社会

□其他_____

Q15 您犯罪前,进城工作前,是否接受过相关培训?

□接受过　□没有接受过

第二部分

Q16 您对自己目前的知识水平是否满意?（只能选 1 个）

□非常不满意　□不满意　□一般　□满意　□非常满意

Q17 犯罪前,您是否愿意参加培训?（只能选 1 个）

□非常不愿意　□不愿意　□一般　□愿意　□非常愿意

Q18 犯罪前,您工作的城市,政府、社区是否组织过职业技能培训?（只能选 1 个）

□没组织过　□组织了但我没参加　□组织了我偶尔参加　□组织了我经常参加

Q19 犯罪前, 您工作的城市,政府、社区是否组织过除职业技能培训之外的(例如心理、法律、创业、生活、艺术等方面的)其他类型培训?（只能选 1 个）

□没组织过　□组织了但我没参加　□组织了我偶尔参加　□组织了我经常参加

Q20 犯罪前,您工作地方的政府、社区多久组织一次农民工培训?（只能选 1 个）

□没组织过　□半年以上一次　□4～6 个月一次　□2～3 个月一次

□每个月一次

Q21 您进入监所前是否了解政府关于外来务工人员培训的政策和内容?（只能选 1 个）

□从来没听说过　□偶尔听说过　□一般了解　□比较了解　□非常了解

Q22 您入监所之前曾经参加过哪种培训?（可多选）

□从没参加过培训　□职业技术及技能培训　□法律权益培训

□安全生产知识培训　□学历证书培训　□企业安排的上岗前培训

□其他_____

Q23 入监所前,您参加教育培训的最大的困难是(可多选)

□教育培训花费太大 □没有充足时间 □没有合适的学习课程

□感觉没必要学习 □培训效果不明显 □听不懂课程内容 □交通不方便

□不知道相关信息 □其他_____

Q24 小时候多接受教育、工作中多接受培训对减少违法犯罪行为有作用吗?(只能选 1 个)

□根本没有 □偶尔有一点儿 □有但不明显 □有比较大的作用

□非常有用

Q25 您现在愿意参加监狱内组织的教育培训吗?(只能选 1 个)

□非常不愿意 □不愿意 □一般 □愿意 □非常愿意

Q26 目前你最想参加下列哪种教育?(可多选)

□不愿意参加任何培训 □职业技能培训 □心理辅导 □思想道德

□创业知识 □生活常识 □劳动就业等法律常识 □读写等文化知识

□安全生产与自我救助 □计算机与上网知识 □其他_____

Q27 您希望通过下列哪种形式参加学习?(只能选 1 个)

□课堂授课 □广播电视学习 □网络远程教学 □自学

□其他_____

Q28 您所在的监所是否开展针对服刑人员的教育培训?(只能选 1 个)

□没开展过 □很少开展 □不清楚 □偶尔开展 □经常开展

Q29 您所在的监所是否有免费图书馆之类的学习场所?(只能选 1 个)

□有 □没有 □不清楚

Q30 服刑期间,您每年能参加几次教育培训?(只能选 1 个)

□0 次 □1~2 次 □3~5 次 □6~7 次 □8~9 次 □10 次及以上

Q31 你觉得在监所里参加教育培训最大的好处是(可多选)

□没有任何好处 □获取学历文凭 □满足自己的求知欲望 □培养兴趣爱好

□增加出狱后的就业机会和工作收入 □可以加分减刑 □可以减少体力劳动

□可以提高自己的地位和身份 □其他_____

第三部分

说明:请您依次阅读以下 18 句话,判断您对每个句子的同意程度,在题目所在行的"非常不同意""有点儿不同意""比较同意""同意"和"非常同意"的相应列内的"□"内打"✓"。

序号	题　　目	非常 不符合	有点儿 不符合	有点儿 符合	比较 符合	非常 符合
Q32	我与家人相处得不好。	□	□	□	□	□
Q33	我有几个可以交心的朋友。	□	□	□	□	□
Q34	周围的人都不理解我。	□	□	□	□	□
Q35	我觉得别人的热情都是虚伪的。	□	□	□	□	□
Q36	如果能获得巨款,多少冒点险也无妨。	□	□	□	□	□
Q37	只要小心点,偶尔违法一次不会有人发现。	□	□	□	□	□
Q38	我佩服那些想尽办法,不择手段获得成功的人。	□	□	□	□	□
Q39	人就应该尽情吃喝玩乐,说不定哪天就死了。	□	□	□	□	□
Q40	我希望和我竞争的人能从这个世界消失。	□	□	□	□	□
Q41	当我看到城里的小孩受欺负时,我会感到很开心。	□	□	□	□	□
Q42	看犯罪或杀人的小说电影,我会很兴奋。	□	□	□	□	□
Q43	我欣赏新闻上报道的犯罪分子,要是自己做,我会干得更巧妙。	□	□	□	□	□
Q44	我难以控制冲动,忍耐性差。	□	□	□	□	□
Q45	我常常为一点小事发火。	□	□	□	□	□
Q46	对触犯我的人,我总想报复他。	□	□	□	□	□
Q47	我有吸烟喝酒的爱好。	□	□	□	□	□
Q48	我喜欢赌博之类的活动来寻求刺激。	□	□	□	□	□
Q49	我喜欢在夜晚去做有刺激性的事情。	□	□	□	□	□

附录三 监狱辅助提供的犯罪人信息

本次调查监狱可提供服刑罪犯的基本信息有两条。根据基本信息输入自动生成。

基本信息(一)捕前简历,主要包括:姓名,编码,出生日期,档案号,性别,籍贯,民族,户籍住址,家庭住址,捕前单位,联系电话,捕前住址,特长,身体情况,捕前文化,捕前身份,捕前职务,捕前面貌,捕前职称,捕前技能,捕前职业,婚姻状况,刑种,判决书号,宗教信仰,罪名,犯罪日期,犯罪时是否未成年,服刑单位,判处刑期,执行刑期。

基本信息(二)服刑人员信息,主要包括:自报姓名,编码,真实姓名,是否入境犯,国籍,是否外籍犯,拘留机关,拘留日期,羁押日期,逮捕机关,逮捕机关类型,逮捕日期,移送单位,假释收押日期,分管等级,入监日期,分押类别,收押类别,户籍类别,收押日期,身份证号,有效期,罚金及没收财产,现文化程度,减刑尺度,团伙人数,户籍公安机关,户口类型,父亲出生地,本人出生地,限制减刑查询。

参 考 文 献

一、中文文献

［1］新华网. 习近平首次系统阐述"新常态"［EB/OL］.［2014 - 11 - 09］. http://news. xinhuanet. com/world/2014 - 11/ 09/c_1113175964. htm.

［2］任远, 陈春林. 农民工收入的人力资本回报与加强对农民工的教育培训研究［J］. 复旦学报:社会科学版, 2010(6)：114 - 121.

［3］毕先进, 刘林平. 农民工的教育收益率上升了吗? ——基于 2006、2008、2010 年珠三角农民工问卷调查的分析［J］. 人口与发展, 2014,20(5)：52 - 60.

［4］王静, 武舜臣. 教育回报率的职业差异与新生代农民工职业流动——基于 2010 年流动人口动态监测数据分析［J］. 教育与经济, 2015(6)：61 - 68.

［5］李培林, 张翼. 走出生活逆境的阴影——失业下岗职工再就业中的"人力资本失灵"研究［J］. 中国社会科学, 2003(5)：86 - 101, 207.

［6］王志强, 王岩. 犯罪与"城市梦":农民工犯罪问题实证研究［J］. 法学杂志, 2011(s1)：266 - 272.

［7］张荆. 影响中国犯罪率攀升的六大关系研究［J］. 中国人民公安大学学报:社会科学版, 2011,27(5)：1 - 10.

［8］薛啸. 苏州市城市化过程中外来人口犯罪现状及治理对策研究［D］. 中国农业大学硕士学位论文, 2005.

［9］吴一平, 芮萌. 收入分配不平等与犯罪率［J］. 经济学:季刊, 2010, 10(1)：291 - 310.

［10］王春光. 农民工:一个正在崛起的新工人阶层［J］. 学习与探索, 2005

（1）：38 – 43.

［11］王小和，张艳. 农民工进城就业状况分析与对策探讨［J］. 农村经济，2006（2）：37 – 38.

［12］李培林，李炜. 农民工在中国转型中的经济地位和社会态度［J］. 社会学研究，2007（6）：1 – 17.

［13］詹玲. 农民工概念的理性思考［J］. 北方经济，2008（17）：70 – 71.

［14］张卫. 教育与培训概念的梳理［J］. 国际关系学院学报，2004（5）：77 – 80.

［15］李锋亮，雷虹. 论教育的非货币化收益和溢出效益［J］. 清华大学教育研究，2007，28（6）：65 – 69，94.

［16］张秋山，付鸿彦. 教育的非货币化收益研究评述［J］. 前沿，2011（24）：223 – 226.

［17］许长青. 教育投资的外溢效应及其内在化［J］. 教育学术月刊，2015（3）：40 – 47.

［18］费文会. 教育非货币化收益研究的起源及发展［J］. 教育学术月刊，2016（3）：17 – 21，70.

［19］崔玉平. 教育投资的非货币化收益——基于教育对犯罪程度的效应分析［J］. 教育与经济，2010（2）：24 – 30.

［20］李锋亮，李拉. 高等教育非货币化收益与溢出效益的实证分析［J］. 清华大学教育研究，2011，32（1）：89 – 93.

［21］郑杭生. 农民市民化：当代中国社会学的重要研究主题［J］. 甘肃社会科学，2005（4）：4 – 8.

［22］王桂新，沈建法，刘建波. 中国城市农民工市民化研究——以上海市为例［J］. 人口与发展，2008，14（1）：3 – 23.

［23］魏后凯，苏红键. 中国农业转移人口市民化进程研究［J］. 中国人口科学，2013（5）：21 – 29，126.

［24］赵立新. 城市农民工市民化问题研究［J］. 人口学刊，2006（4）：32 – 34.

［25］程建林. 第二代农民工市民化研究［D］. 武汉大学博士学位论文，2009.

［26］胡杰成. 农民工市民化问题研究［J］. 兰州学刊，2010（8）：91 – 95.

[27] 刘传江. 中国农民工市民化研究[J]. 理论月刊, 2006(10): 5 – 12.

[28] 徐建玲. 农民工市民化进程度量:理论探讨与实证分析[J]. 农业经济问题, 2008(9): 65 – 70.

[29] 梁波, 王海英. 国外移民社会融入研究综述[J]. 甘肃行政学院学报, 2010(2): 18 – 27.

[30] 张保平. 犯罪心理学[M]. 北京:中共中央党校出版社, 2004.

[31] 员智凯, 孙祥麟. 城市化进程中农民工犯罪率趋高的社会学透视[J]. 西北大学学报:哲学社会科学版, 2010, 40 (6): 148 – 153.

[32] 王平荣, 赵永乐. 外来务工人员犯罪动机结构的实证研究——以苏州为例[J]. 社会科学家, 2010(12): 89 – 91.

[33] 周新静. 犯罪人员人格特征问卷的编制及研究[D]. 南京师范大学硕士学位论文, 2007.

[34] 戴烽. 农民工人力资本培训评估[J]. 北京:社会科学文献出版社, 2010.

[35] 李少元. 国外农村劳动力转移教育培训的经验借鉴[J]. 比较教育研究, 2005, 26(7): 63 – 67.

[36] 谢建设. 风险社会视野下的农民工融入性教育[M]. 北京:社会科学文献出版社, 2012.

[37] 徐本仁. 民工潮向农村成人教育提出了新课题[J]. 中国成人教育, 1994(12):14 – 15.

[38] 刘立宏. 从强化农民工教育培训入手加速农村人力资源开发[J]. 辽宁行政学院学报, 2004, 6(4):118 – 120.

[39] 崔玉平, 崔达美. 进城务工人员教育培训的经济意义[J]. 集美大学学报:教育科学版, 2014, 15(2):54 – 59.

[40] 蔡昉. 劳动力市场变化趋势与农民工培训的迫切性[J]. 中国职业技术教育, 2005(32):17 – 20.

[41] 刘长海, 杜时忠. 转型期低学历农民工教育需求与供给调查报告[J]. 教育与经济, 2009(1):15 – 18.

[42] 潘素芳, 吴文华, 石瑾. 农民工教育的现状及对策[J]. 中国劳动关系学院学报, 2010, 24(1):49 – 51.

[43] 刘珺. 包容视角下的新生代农民工信息权益保护[J]. 情报资料工作, 2011(4):41 - 44.

[44] 韩云鹏. 新生代农民工教育培训状况及对策思考[J]. 职教论坛, 2010 (31): 27 - 29.

[45] 陈浩, 杨晓军. 农民工就业培训调查分析[J]. 人口学刊, 2009(2): 27 - 32.

[46] 和震, 李晨. 破解新生代农民工高培训意愿与低培训率的困局——从人力资本特征和企业培训角度分析[J]. 教育研究, 2013(2): 105 - 110.

[47] 马桂萍. 农民工培训的制约因素及突破思路[J]. 高等农业教育, 2004 (11):88 - 91.

[48] 唐踔. 新生代农民工教育培训问题探析[J]. 成人教育, 2011(1):59 - 62.

[49] 张晔林, 应瑞瑶. 农民工培训机制探讨[J]. 经济纵横, 2008(7):48 - 50.

[50] 高存艳. 农民工培训模式应"短、平、快"[J]. 职教论坛, 2004(16):32 - 34.

[51] 杨晓军, 陈浩. 农民工就业培训的投资决策模型及其实证分析[J]. 中国人口科学, 2008(6): 63 - 68.

[52] 岳青, 赖珆林. 农民工教育培训的相关目标函数分析[J]. 农村经济, 2011(10):107 - 110.

[53] 袁庆林, 陈毅辉. 试论我国新生代农民工多元培训模式的构建与完善 [J]. 农业经济, 2012(3): 104 - 106.

[54] 朱冬梅, 黎赞. 发达地区农民工教育培训模式的经验借鉴[J]. 开发研究, 2014(4):104 - 106.

[55] 寿玉婷. 美国人力发展培训计划及其对我国农民工教育培训的启示 [J]. 外国教育研究, 2007, 34(8): 76 - 80.

[56] 卢巧玲. 国外农民教育培训的经验及启示[J]. 成人教育, 2007(7): 94 - 96.

[57] 张利萍, 邸敏学, 燕晓飞. 国外劳动力流动与教育互动及其启示——以英国、美国和德国为例[J]. 理论探索, 2008(1): 91 - 94.

[58] 王春林. 发达国家农民工教育培训政策的探析[J]. 湖北社会科学, 2011(3): 44 - 47.

[59] 张运红, 冯增俊. 美国移民社会融合的教育实践模式探讨[J]. 比较教育研究, 2014(3): 50 - 54.

[60] 龚向哲. 国际经验借鉴视域下我国失地农民就业培训政策探究[J]. 农业经济, 2016(7): 72 - 73.

[61] 贾建锋, 闫佳祺, 孙新波. 发达国家城镇化进程中农民工职业教育培训对中国的经验借鉴与政策启示[J]. 现代教育管理, 2016(5): 27 - 33.

[62] 江游, 孙友然, 张新岭. 试论"90后"农民工职业培训的创新之路——基于江苏省的实证研究[J]. 湖南社会科学, 2014(1): 31 - 32.

[63] 杨菊华. 从隔离、选择融入到融合: 流动人口社会融入问题的理论思考[J]. 人口研究, 2009, 33(1): 17 - 29.

[64] 王春光. 农村流动人口的"半城市化"问题研究[J]. 社会学研究, 2006(5): 107 - 122.

[65] 陈丰. 从"虚城市化"到市民化: 农民工市民化的现实路径[J]. 社会科学, 2007(2): 110 - 120.

[66] 刘传江, 程建林. 第二代农民工市民化: 现状分析与进程测度[J]. 人口研究, 2008, 32(5): 48 - 57.

[67] 刘传江. 迁徙条件、生存状态与农民工市民化的现实进路[J]. 改革, 2013(4): 83 - 90.

[68] 魏后凯, 苏红键, 李凤桃. 农民工市民化现状报告[J]. 中国经济周刊, 2014(5): 30 - 31.

[69] 李培林. 流动民工的社会网络和社会地位[J]. 社会学研究, 1996(4): 42 - 52.

[70] 李强. 影响中国城乡流动人口的推力与拉力因素分析[J]. 中国社会科学, 2003(1): 125 - 136.

[71] 黄锟. 深化户籍制度改革与农民工市民化[J]. 城市发展研究, 2009, 16(2): 97 - 104.

[72] 刘传江, 程建林. 双重"户籍墙"对农民工市民化的影响[J]. 经济学家, 2009(10): 66 - 72.

[73] 刘传江, 董延芳. 农民工市民化障碍解析[J]. 人民论坛, 2011(26): 42 -43.

[74] 张国胜. 农民工市民化的城市融入机制研究[J]. 江西财经大学学报, 2007(2): 42 -46.

[75] 郁建兴, 阳盛益. 城市政府在农民工市民化进程中的作用[J]. 学习与探索, 2008(1): 87 -91.

[76] 张国胜. 基于社会成本考虑的农民工市民化: 一个转轨中发展大国的视角与政策选择[J]. 中国软科学, 2009(4): 56 -69.

[77] 张国胜, 陈瑛. 社会成本、分摊机制与我国农民工市民化——基于政治经济学的分析框架[J]. 经济学家, 2013(1): 77 -84.

[78] 单菁菁. 农民工市民化的成本及其分担机制研究[J]. 学海, 2015(1): 177 -184.

[79] 冯虹, 赵一凡, 艾小青. 首都农民工市民化的成本测算研究[J]. 国家行政学院学报, 2017(3): 82 -86.

[80] 吕莉敏, 马建富. 基于人力资本理论的新生代农民工培训[J]. 中国职业技术教育, 2012(24): 54 -57, 62.

[81] 林娣. 新生代农民工市民化的人力资本困境[J]. 东北师范大学学报: 哲学社会科学版, 2014(2): 215 -217.

[82] 郑爱翔, 吴兆明, 刘轩. 农村转移劳动力市民化进程中职业能力提升策略研究[J]. 教育发展研究, 2016(7): 45 -51.

[83] 刘传江, 周玲. 社会资本与农民工的城市融合[J]. 人口研究, 2004(5): 12 -18.

[84] 刘辉武. 文化资本与农民工的城市融入[J]. 农村经济, 2007(1): 122 -125.

[85] 胡洪彬. 文化资本与社会资本: 农民工融入城市的双重变量[J]. 浙江树人大学学报: 人文社会科学版, 2012(4): 99 -104.

[86] 马桂萍, 王芳. 促进农民工市民化制度安排探析[J]. 辽宁师范大学学报: 社会科学版, 2008(6): 14 -16.

[87] 国务院发展研究中心课题组. 农民工市民化进程的总体态势与战略取向[J]. 改革, 2011(5): 5 -29.

[88] 杨云善. 建立农业转移人口市民化促进机制研究[J]. 河南社会科学, 2014(2)：109 - 113.

[89] 齐红倩, 席旭文. 分类市民化：破解农业转移人口市民化困境的关键[J]. 经济学家, 2016(6)：66 - 75.

[90] 王竹林. 农民工市民化的资本困境及其缓解出路[J]. 农业经济问题, 2010, 31(2)：28 - 32.

[91] 周密, 张广胜, 黄利. 人力资本、社会资本与市民化抑制[J]. 中国人口·资源与环境, 2012, 22(7)：136 - 139.

[92] 林娣. 新生代农民工市民化的社会资本困境与出路[J]. 社会科学战线, 2014(6)：179 - 182.

[93] 王竹林, 范维. 人力资本视角下农民工市民化能力形成机理及提升路径[J]. 西北农林科技大学学报：社会科学版, 2015(2)：51 - 55.

[94] 李练军. 新生代农民工融入中小城镇的市民化能力研究——基于人力资本、社会资本与制度因素的考察[J]. 农业经济问题, 2015(9)：46 - 53.

[95] 欧阳力胜. 新型城镇化进程中农民工市民化研究[D]. 财政部财政科学研究所博士学位论文, 2013.

[96] 李国平, 孙铁山, 刘浩. 新型城镇化发展中的农业转移人口市民化相关研究及其展望[J]. 人口与发展, 2016, 22(3)：71 - 78.

[97] 单菁菁. 农民工市民化研究综述：回顾、评析与展望[J]. 城市发展研究, 2014, 21(1)：18 - 21.

[98] 麻国安. 中国的流动人口与犯罪[M]. 北京：中国方正出版社, 2000：131 - 165.

[99] 吴鹏森. "第二代农民工犯罪"：概念辨析与解释模型[J]. 山东警察学院学报, 2009, 20(4)：98 - 102.

[100] 林彭, 余飞, 张东霞. "新生代外来务工人员"犯罪问题研究[J]. 中国青年研究, 2008 (2)：29 - 34.

[101] 俞德鹏, 陈智慧, 王海军. 城乡二元社会结构与城市外来民工犯罪[J]. 浙江社会科学, 1999(2)：47 - 51.

[102] 唐欢庆. 论新生代外来务工人员犯罪的文化善治[J]. 中国青年研究, 2007 (5)：42 - 45.

[103] 王立志. 塞林文化冲突理论的分析与使用——以广州城中村农民工犯罪为视角[J]. 法学论坛, 2009, 24(2): 82 – 87.

[104] 孙璐. 当前新生代农民工犯罪原因及防控[J]. 法治与社会, 2008(5): 93, 111.

[105] 陆时莉. 新生代农民工犯罪心理分析及预防对策[J]. 社会科学战线, 2011(7): 277 – 278.

[106] 陈雄鹰, 汪晞宇, 冯虹. 农民工的就业不平等感知对其冲突行为意愿的影响研究——基于全国 7 个城市的调研数据[J]. 人口与经济, 2015(6): 22 – 31.

[107] 金诚. 新生代农民工犯罪群体与代际差异研究[J]. 社会科学战线, 2017(7): 216 – 228.

[108] 陈和华. "犯罪心理"的心理学解读[J]. 青少年犯罪问题, 2015(5): 35 – 44.

[109] 邓峰, 丁小浩. 中国教育收益率的长期变动趋势分析[J]. 统计研究, 2013, 30(7): 39 – 47.

[110] 李实, 丁赛. 中国城镇教育收益率的长期变动趋势[J]. 中国社会科学, 2003(6): 58 – 72.

[111] 陈晓宇, 陈良焜, 夏晨. 20 世纪 90 年代中国城镇教育收益率的变化与启示[J]. 北京大学教育评论, 2003, 1(2): 65 – 72.

[112] 丁小浩, 于洪霞, 余秋梅. 中国城镇居民各级教育收益率及其变化研究: 2002—2009 年[J]. 北京大学教育评论, 2012, 10(3): 73 – 84.

[113] 孙志军. 中国教育个人收益率研究: 一个文献综述及其政策含义[J]. 中国人口科学, 2004(5): 65 – 72.

[114] 国务院发展研究中心农村经济研究部《公共财政支持义务教育问题研究》课题组. 中国农村教育收益率的实证研究[J]. 农业技术经济, 2007(4): 4 – 10.

[115] 诸建芳, 王伯庆. 中国人力资本投资的个人收益率研究[J]. 经济研究, 1995(12): 55 – 63.

[116] 姚先国, 张海峰. 中国教育回报率估计及其城乡差异分析——以浙江、广东、湖南、安徽等省的调查数据为基础[J]. 财经论丛, 2004(06): 1 – 7.

[117]杨金凤,史江涛.外出劳动力工资及收入决定的实证分析——基于山西省的调查[J].中国农业大学学报:社会科学版,2005(04):20-25.

[118]李春伶.文化水平如何影响人们的经济收入——对目前教育的经济收益率的考察[J].社会学研究,2003(03):64-76.

[119]侯风云.中国农村人力资本收益率研究[J].经济研究,2004(12):75-84.

[120]刘万霞.我国农民工教育收益率的实证研究——职业教育对农民收入的影响分析[J].农业技术经济,2011(5):25-32.

[121]王德文,蔡昉,张国庆.农村迁移劳动力就业与工资决定:教育与培训的重要性[J].经济学:季刊,2008,7(4):1131-1148.

[122]罗忠勇.农民工教育投资的个人收益率研究——基于珠三角农民工的实证调查[J].教育与经济,2010(1):27-33.

[123]张杨珩.进城农民工人力资本对其非农收入的影响——基于江苏省南京市外来农民工的调查[J].农村经济,2007(8):57-60.

[124]郭冬梅,胡毅,林建浩.我国正规就业者的教育收益率[J].统计研究,2014,31(8):19-23.

[125]李湘萍,郝克明.企业在职培训对员工收入增长、职业发展的影响[J].北京大学教育评论,2007,5(1):150-160.

[126]张世伟,王广慧.培训对农民工收入的影响[J].人口与经济,2010(1):34-38.

[127]李实,杨修娜.我国农民工培训效果分析[J].北京师范大学学报:社会科学版,2015(6):35-47.

[128]王海港,黄少安,李琴,等.职业技能培训对农村居民非农收入的影响[J].经济研究,2009(9):128-139.

[129]周世军,刘丽萍,卞家涛.职业培训增加农民工收入了吗?——来自皖籍农民工访谈调查证据[J].教育与经济,2016(1):20-26.

[130]杨梦颖,关凤利.职业培训在美国移民融入中的作用及启示[J].职业技术教育,2016,37(28):68-74.

[131]关利平,孟宪生.加拿大移民职业教育政策对促进我国农业转移人口市民化的启示[J].职业技术教育,2016,37(28):75-79.

[132] 梅建明. 进城农民工的"农民市民化"意愿考察——对武汉市 782 名进城务工农民的调查分析[J]. 华中师范大学学报:人文社会科学版, 2006(6): 10 - 17.

[133] 王桂新,陈冠春,魏星. 城市农民工市民化意愿影响因素考察——以上海市为例[J]. 人口与发展, 2010, 16(2): 2 - 11.

[134] 张洪霞. 新生代农民工市民化的影响因素研究——基于全国 797 位农民工的实证调查[J]. 调研世界, 2014(1): 26 - 30.

[135] 崔宁. 新生代农民工市民化进程及影响因素研究[J]. 调研世界, 2014, 41(9): 26 - 30.

[136] 陈延,金晓彤. 新生代农民工市民化意愿影响因素的实证研究——基于人力资本、社会资本和心理资本的考察[J]. 西北人口, 2014(4): 105 - 111.

[137] 卢建中,谢沅芹. 教育培训促进农民工市民化研究[J]. 现代农业, 2009(11): 65 - 66.

[138] 赵洪波,王虹,黄晓利. 成人教育与当代中国社会阶层流动——兼议成人教育在促进农民工市民化转化中的作用[J]. 中国成人教育, 2008(13): 7 - 8.

[139] 赵洪波,吴岚,黄晓利. 社会流动视角下继续教育的特殊价值——兼议继续教育在促进农民工市民化转化中的作用[J]. 继续教育, 2008(8): 54 - 56.

[140] 吴岚,赵洪波,黄晓利. 职业教育在农民工市民化转化中的作用[J]. 职业教育研究, 2008(11): 16 - 17.

[141] 曹艳春,王建云,戴建兵. 社会排斥视角下的农民工教育培训分析[J]. 江苏大学学报:社会科学版, 2013, 15(5): 78 - 83.

[142] 陈旭峰,田志峰,钱民辉. 教育培训对农民工市民化影响的实证研究[J]. 职教论坛, 2011(30): 34 - 39.

[143] 卢小君,张宁. 农民工培训现状及对城市定居意愿的影响研究——以大连市调查为例[J]. 调研世界, 2017(4): 35 - 40.

[144] 佟相阳,陈旭峰. 市民化水平对农民工教育培训意愿影响的实证研究[J]. 职教论坛, 2014(3): 50 - 53.

[145] 切萨雷·贝卡里亚. 论犯罪与刑罚[M]. 黄风,译. 北京:中国法制出版社, 2010.

[146] 魏建,王晓文. 中国农民工财产犯罪的影响因素分析:1987—2008[J].

山东经济,2010(6):48-53.

[147] 陈屹立. 中国犯罪率的实证研究:基于1978—2005年的计量分析[D]. 山东大学博士学位论文,2008.

[148] 陈刚,李树. 教育对犯罪率的影响研究[J]. 中国人口科学,2011(3): 102-110.

[149] 王玉梁. 教育、收入差距对犯罪率的影响:以中国为例[J]. 经营管理者,2014(6):128-129.

[150] 张丽,吕康银,王文静. 实证检验教育扩展对犯罪参与的影响[J]. 教育科学,2014,30(4):17-21.

[151] 武向朋. 新生代农民工市民化进程中的犯罪治理对策[J]. 中共郑州市委党校学报,2013(5):71-73.

[152] 崔玉平,董筱文. 市民化对新生代农民工犯罪的抑制效应分析[J]. 阅江学刊,2014(2):38-44.

[153] 吴宗宪. 西方犯罪学史:第3卷[M]. 北京:中国人民公安大学出版社,2010.

[154] 曹立群,周愫娴. 犯罪学理论与实证[M]. 北京:群众出版社,2007.

[155] 石长慧. 文化适应与社会排斥——流动少年的城市融入研究[J]. 青年研究,2012(4):57-68,95.

[156] 鞠丽华,刘琪. 社会认同理论视角下的新生代进城务工人员犯罪问题研究[J]. 中国人民公安大学学报:社会科学版,2013,29(4):105-109.

[157] 杨玲丽,吴鹏森. 新生代农民工城市融入与犯罪的实证研究——基于某市三所监狱的调查数据分析[J]. 社会科学战线,2014(11):198-206.

[158] 舒尔茨. 论人力资本投资[M]. 吴珠华,译. 北京:商务印书馆,1990.

[159] 加里·S. 贝克尔. 人力资本[M]. 梁小民,译. 北京大学出版社,1987.

[160] 阿密·刘易斯(W. Arthur Lewis). 经济增长理论[M]. 北京:商务印书馆,1983.

[161] 盛来运. 国外劳动力迁移理论的发展[J]. 统计研究,2005(8):72-73.

[162] 王桂新,等. 迁移与发展——中国改革开放以来的实证[M]. 北京:科

学出版社，2005.

［163］悦中山，李树茁，费尔德曼. 农民工的社会融合研究：现状、影响因素与后果［M］. 北京：社会科学文献出版社，2012.

［164］贝卡里亚. 论犯罪与刑罚［M］. 黄风，译. 北京：中国法制出版社，2005.

［165］加里·贝克尔. 人类行为的经济分析［M］. 王业宇，陈琪，译. 上海三联书店、上海人民出版社，1995.

［166］魏建，宋艳锴. 刑罚威慑理论：过去，现在和未来——刑罚的经济学分析［J］. 学习与探索，2008（4）：193－197.

［167］单勇，侯银萍. 犯罪的文化冲突理论——基于中国转型社会的分析［J］. 法制与社会发展，2008（2）：44－51.

［168］单勇. 农民工犯罪的文化冲突论［J］. 国家检察官学院学报，2009，17（4）：115－122.

［169］中国社会科学院文献情报中心. 社会科学新辞典［M］. 重庆出版社，1988.

［170］张清郎. 中国转型期流动人口犯罪研究［D］. 西南财经大学博士学位论文，2010.

［171］吴明隆. 问卷统计分析实务——SPSS 操作与应用［M］. 重庆大学出版社，2010.

［172］崔玉平，吴颖. 教育培训对苏州市农民工收入的影响——教育培训经济收益率的再检验［J］. 教育与经济，2017（2）：42－50.

［173］杨国涛，段君，刘子詠. 明瑟收入方程的若干改进和思考［J］. 统计研究，2014，31（7）：81－84.

［174］Alan de Brauw，Scott Rozelle. 中国农村非农就业教育回报率的一致性［J］. 中国劳动经济学，2009（1）：9－24.

［175］赖作莲，王建康，罗丞，等. 农民工市民化程度的区域差异与影响因素——基于陕西 5 市的调查［J］. 农业现代化研究，2015，36（5）：773－777.

［176］郑磊，朱志勇. 教育是否促进了中国公民的政治选举投票参与——来自 CGSS2006 调查数据的证据［J］. 北京大学教育评论，2013，11（2）：165－185，192.

［177］孙慧. 关于新生代农民工教育培训问题的研究［D］. 上海师范大学硕

士学位论文,2012.

[178] 刘艳磊. 新生代农民工教育培训问题研究——以山东省滨州市为例 [D]. 西南大学硕士学位论文,2011.

[179] 金小红,陈明香. 新生代农民工犯罪的现状与原因分析——以武汉市的调查为例[J]. 学习与实践. 2011(12):113–119.

[180] 王欣,王雷,等. 农民工犯罪倾向的影响因素分析[J]. 西北农林科技大学学报:社会科学版,2017,17(1:) 74–82.

[181] 赵宝成. 罪犯"监狱化"初探[J]. 政法论坛:中国政法大学学报,1992 (04):34–38.

[182] 程令国,张晔,沈可. 教育如何影响了人们的健康?——来自中国老年人的证据[J]. 经济学:季刊,2014,14(1):306–330.

[183] 董筱文. 教育培训对农民工犯罪倾向性影响的实证研究[D]. 苏州大学硕士学位论文,2015.

[184] 吴颖. 教育培训对农民工收入和市民化水平影响的实证研究[D]. 苏州大学硕士学位论文,2017.

[185] 李军锋,龙勇,杨秀苔. 质量管理在制造技术与企业绩效中的中介效应检验——基于 Bootstrap 法的结构方程分析[J]. 科研管理,2010,31(2):74–85,104.

[186] 陈和华. 冲动犯罪:偶然性背后的必然性[J]. 政法论丛,2014(2):87–95.

[187] 温忠麟,叶宝娟. 中介效应分析:方法和模型发展[J]. 心理科学进展,2014,22(5):731–745.

[188] 方杰,张敏强,邱皓政. 中介效应的检验方法和效果量测量:回顾与展望[J]. 心理发展与教育,2012(1):105–111.

二、外文文献

[1] Lleras – Muney, A.. the Relationship between Education and Adult Mortality in the United States[J]. Review of Economic Studies, 2005,72(1):189–221.

[2] Lochner, L.. Education, Work, and Crime:a Human capital approach[J]. International Economic Review, 2004, 45(3):811–843.

［3］Witte, A. D. , Tauchen, H. . Work and Crime：an Exploration Using Panel Data［G］. NBER Working Paper No. 4794, 1994.

［4］McGehee W. , Thanyer P. . Training in Business and Industry［M］. NewYork：Wiley, 1961：77 - 78.

［5］Alain Mingat, Jee - Peng Tan. The Full Social Returns to Education：Estimates Based on Countries' Economic Growth Performance［A］. Human Capital Development HCD Working Paper, 1996.

［6］Luis E. Vila. The Non - monetary Benefits of Education［J］. European Journal of Education, 2000, 35(1)：21 - 32.

［7］Haveman R. H. , Wolfe B. L. . Schooling and Economic Well - Being：the Role of Non - market Effects［J］. Journal of Human Resources, 1984, 19(3)：377 - 407.

［8］Mcmahon W. W. . Why Families Invest in Education［A］. The Collection and Analysis of Economic and Consumer Behavior Data：Essays in Memory of Robert Ferber［C］. Illinois：University of Illinois Press, 1984：75 - 91.

［9］Meer P. V. D. , Wielers R. . Educational Credential and Trust in the Labor Market［J］. Kyklos, 1996, 49(1)：29 - 46.

［10］Mcmahon, W. W. . Education and Development：Measuring the Social Benefits［M］. New York：Oxford University Press, 2002.

［11］Mcmahon, W. W. . Education Finance Policy：Financing the Non - market and Social Benefits［J］. Journal of Education Finance, 2006, 32(2)：264 - 284.

［12］Mcmahon, W. W. . The External Benefits of Education［J］. International Encyclopedia of Education, 2010：260 - 271.

［13］Helliwell, J. . Well Being, Social Capital, and Public Policy：What's New［G］. NBER Working Paper No. W11807, New York：National Bureau of Economic Research, 2005.

［14］Dziechciarz - Duda, M. , Król , A. . On Non - monetary Benefits of Teriary Education［J］. Econometrics no, 2013, 3(41)：78 - 94.

［15］Herbert, Hill. Employment, Manpower Training and the Black Worker［J］. the Journal of Negro Education, 1969, 38(3)：204 - 217.

[16] Eggert, W., Krieger, T., Meier, V.. Education, Unemployment and migration[J]. Journal of Public Economics, 2010(94):354 - 362.

[17] Lange, Thomas. Wakeing up reality : The labor market in Eastern Germany [J]. Journal of European Industrial Training, 1993.

[18] Anonymous. Coping with Labor Shortages: How to Bring Outsiders Back to the Labor Market [M]. Pairs: OECD Economic Survey , 2008:13 - 14.

[19] Daly, John . Cross - training [J]. Toronto :Maclean's, 1994(107): 24.

[20] Andy Smith, BRIEF, R. I. Gets Federal Grant to Help Unemployed Washington: McClatchy - Tribune Business News, 2009: 63 - 65.

[21] Portes A., Parker R. N., Cobas J. A. Assimilation or Consciousness: Perceptions of U. S. Society among Recent Latin American Immigrants to the United States [J]. Social Forces, 1980,59(1):200 - 224.

[22]Feuer LS. From Pluralism to Multiculturalism[J]. Society,1991,29(1):19 - 22.

[23] Portes A., Zhou M.. The New Second Generation: Segmented Assimilation and its Variants[J]. Annals of the American Academy of Political and Social Science, 1993,530(1):74 - 96.

[24] Portes A.. Segmented Assimilation on the Ground: the New Second Generation in Early Adulthood[J]. Ethnic and Racial Studies, 2005,28(6):1000 - 1040.

[25] Roberts K.. China's 'Tidal Wave' of Migrant Labor: What Can We Learn from Mexican Undocumented Migration to the United States[J]. International Migration Review, 1997,31(2): 249 -293.

[26] Shaw C. R., McKay H. D.. Juvenile Delinquency in Urban Areas[M]. Chicago: University of Chicago Press, 1942.

[27] Bankston C. L. Younth Gangs and the New Second Generation: A Review Essay[J]. Aggression and Violent Behavior, 1998(3): 35 -45.

[28] Lee M. T., Martinez Jr. R., Rosenfeld R.. Does Immigration Increase Homicide Negative Evidence from Three Border Cities[J]. The Sociological Qurately, 2001(42): 559 -580.

[29] Portes A., Mooney M.. Social Capital and Community Development[J].

Russel Sage, New York, 2002: 303 – 329.

[30] Wadsworth T.. Is Immigration Responsible for the Crime Drop An Assessment of the Influence of Immigration on Changes in Violent Crime Between 1990 and 2000[J]. Social Science Quarterly, 2010,91(2): 531 – 553.

[31] Reid L. W., Weiss H. E., Adelman R. M., etc. The Immigration – Crime Relation: Evidence across US Metropolitan Areas[J]. Social Science Research, 2005,34(4): 757 – 780.

[32] Macdonald J., Saunders J.. Are Immigrant Youth Less Violent Specifying the Reasons and Mechanisms[J]. The Annals of the American Academy of Political and Social Science, 2012,641(1): 125 – 147.

[33] Kubrin C. E., Ishizawa H.. Why Some Immigrant Neighborhoods Are Safer than Others: Divergent Finding from Los Angeles and Chicago[J]. The Annals of the American of Political and Social Science, 2012,641(1): 148 – 173.

[34] Adelman R., Reid L. W., Markle G. & Jaret C.. Urban Crime Rates and the Changing Face of Immigration: Evidence across Four Decades[J]. Journal of Ethnicity in Criminal Justice, 2017,15(1): 52 – 77.

[35] Ousey G. C., Kubrin C. E.. Exploring the Connection between Immigration and Violent Crime Rates in U. S. Cities, 1980—2000[J]. Social Problems, 2009,56(3): 447 – 473.

[36] Macdonald J., Saunders J.. Are Immigrant Youth Less Violent Specifying the Reasons and Mechanisms[J]. The Annals of the American Academy of Political and Social Science, 2012,641(1): 125 – 147.

[37] Portes A.. Tensions that Make a Difference: Institutions Interests, and the Immigrant Drivel[J]. Sociological Forum, 2012,27(3): 563 – 578.

[38] Kubrin C. E., Ishizawa H.. Why Some Immigrant Neighborhoods Are Safer than Others: Divergent Finding from Los Angeles and Chicago[J]. The Annals of the American of Political and Social Science, 2012,641(1): 148 – 173.

[39] Blundell, R., Dearden, L., Meghir, C., Sianesi, B. Human Capital Investment: the Returns from Education and Training to the Individual, the Firm and the Economy[J]. Fiscal Studies, 1999,20(1):1 – 23.

[40] Psacharopoulos, G. Time Trends of the Returns to Education: Cross – National Evidence[J]. Economics of Education Review, 1989,8(3):225 –231.

[41] Friedberg, R. M.. You Can't Take It With You Immigrant Assimilation and the Portability of Human Capital[J]. Journal of Labor Economics, 2000(18):221 –251.

[42] Bratsberg, B., Ragan, J. F. J.. the Impact of Host – country Schooling on Earnings: a Study of Male Immigrants in the United States[J]. Journal of Human Resources, 2002(37):63 –105.

[43] Parasnis, J., Fausten, D., Cheo, R.. Do Australian Qualifications Help the Effect of Host Country Qualification on Migrant Participation and Unemployment[J]. Economic Record,2008(84):131 –140.

[44] Kanas, A., van Tubergen. F.. the Impact of Origin and Host Country Schooling on the Economic Performance of Immigrants[J]. Social Forces, 2009(88): 893 –915.

[45] Tong, Y.. Place of Education, Gender Disparity, and Assimilation of immigrant Scientists and Engineers Earnings[J]. Social Science Research, 2010(39):610 –626.

[46] Gao, W., Smyth, R. Education Expansion and Returns to Schooling in Urban China, 2001 –2010: Evidence from Three Waves of the China Urban Labor Survey [J]. Journal of the Asia Paciffic Economy, 2015,20(2):178 –201.

[47] Akresh,I. R.. U. S. Immigrants' Labor Market Adjustment: Additional Human Capital Investment and Earnings Growth[J]. Demography, 2007(44):865 –881.

[48] Sarit Cohen – Goldner, Zvi Eckstein. Estimating the Return to Training and Occupational Experience: the Case of Female Immigrants[J]. Journal of Econometrics, 2010(156):86 –105.

[49] Banerjee,R., Verma. A.. Post – migration Education among New Immigrants in Canada[J]. Journal of International Migration and Integration, 2012(13):59 –82.

[50] Lisa Kaida. Do Host Country Education and Language Training Help Recent Immigrants Exit Poverty[J]. Social Science Research, 2013(42):726 –741.

［51］ J. Zhang, Y. Zhao. et al. Economic Returns to Schooling in Urban China, 1988 to 2001［J］. Journal of Comparative Economics,2005,33(4):730 - 752.

［52］ MC Tsang. Education and Earnings in Rural China［J］. Education Economics,1999,7(2):167 - 187.

［53］ D. W. Wang, F. Cai, G. Q. Zhang. Employment and Wage Determination of Rural Migrant Workers: The Role of Education and Training［J］. Social Sciences in China, 2010(3): 123 - 145.

［54］ Christian Dustmann. the Social Assimilation of Immigrants［J］. Journal of Population Economics,1996(9):37 - 54.

［55］ Slobodan Djajic. Assimilation of Immigrants: Implications for Human Capital Accumulation of the Second Generation［J］. Journal of Population Economics, 2003 (16):831 - 845.

［56］ Freddy Siahaan, Daniel Y. Lee,David E. Kalist. Educational Attainment of Children of Immigrants:Evidence from the National Longitudinal Survey of Youth［J］. Economics of Education Review, 2014(38):1 - 8.

［57］ Sauvy, Alfred. General Theory of Population［M］. New York: Basic Book, Inc, 1966.

［58］ Alan Barrett, Séamus Mc Guinness, Martin O' Brien, Philip O' Connell. Immigrants and Employer - provided Training［J］. J Labor Res, 2013(34):52 - 78.

［59］ Nu ria Rodr guez - Planas, Miguel Angel Alcobendas,Raquel Vegas. Wage and Occupational Assimilation by Skill Level: Recent Evidence for Spain［J］. N. Rodr guez - Planas et al. , 2014(8):161 - 181.

［60］ Freeman, R. B.. Why Do So Many Young American Men Commit Crimes and What Might We Do about It［J］. Journal of Economic Perspectives, 1996,10(1): 25 - 42.

［61］ Becker, G. S.. Human Capital ［M］. Chicago: University of Chicago Press, 1964.

［62］ Mincer,J.. On the Job Training: Costs, Returns, and Some Implications ［J］. Journal of Political Economy, 1962(70): 50 - 79.

［63］ Gustav Ranis, John C. H. Fei. A theory of Economic Development［J］. the

American Economic Review，1961，51（4）：533 – 565.

[64] M. P. Todaro. A Model of Labor Migrant and Urban Unemployment in Less Development Countries[J]. American Economic Review，1969，59（1）：138 – 148.

[65] Wright S. C.，Taylor D. M.，Moghaddam F. M.. The Relationship of Perceptions and Emotions to Behaviour in the Face of Collective Inequality[J]. Social Justice Research，1990，4（3）：229 – 250.

[66] Baron S. W.. General Strain，Street Youth and Crime：A Test of Agnew's Revised Theory[J]. Criminology，2004，42（2）：457 – 483.

[67] Ostby G.，Nordas R.，Rod J. K.. Regional Inequalities and Civil Conflict in Sub – Saharan Africa[J]. International Studies Quarterly，2009，53（2）：301 – 324.

[68] Sun I. Y.，Chu D. C.，Sung H. E.. A Cross – National Analysis of the Mediating Effect of Economic Deprivation on Crime[J]. Asian Journal of Criminology，2011，6（1）：15 – 32.

[69] Goldin，C. Understanding the Gender Gap：an Economic History of American Women[J]. Industrial & Labor Relations Review，1990，25（2）：430 – 432.

[70] Bentler，P. M.，On the fit of models to covariances and methodology to the Bulletin[J]. Psychological Bulletin，1992，112（3）：400 – 404.

[71] Hayduk，L. A.. Structural Equation Modeling with LISREL：Essential and Advance[M]. Baltimore：John Hopkins University Press，1987.

[72] Buonanno，P.，L. Leonida. Non Market Effects of Education on Crime：Evidence from Italian Regions[J]. Economics of Education Review，2009，28（1）：11 – 17.

[73] Fajnzylber，P.，Lederman，D.，Loayza，N.. What Causes Violent Crime[J]. European Economic Review，2002（46）：1323 – 1357.

[74] Adams，S.. Educational Attainment and Health：Evidence from a Sample of Older Adults[J]. Education Economics，2002（10）：97 – 109.

[75] Arendt，J.. Does Education Cause Better Health a Panel Data Analysis Using Schooling Reforms for Identification[J]. Economics of Education Review，2005（22）：149 – 160.

[76] Baron，R. M.，Kenny，D. A.. The Moderator – mediator Variable Distinc-

tion in Social Psychological Research: Conceptual, Strategic, and Statistical Consideration[J]. Journal of Personality and Social Psychology, 1986,51(6):1173-1182.

[77] MacKinnon, D. P., Lockwood, C. M., Williams, J.. Confidence Limits for the Indirect Effect: Distribution of the Product and Resampling Methods[J]. Multivariate Behavioral Research, 2004(39): 99-128.

[78] Pituch, K. A., Stapleton, L. M., Kang, J. Y.. A Comparison of Single Sample and Bootstrap Methods to Assess Mediation in Cluster Randomized Trials[J]. Multivariate Behavioral Research, 2006,41(3): 367-400.

[79] Pituch, K. A., Stapleton, L. M.. The Performance of Methods to Test Upper-level Mediation in the Presence of Nonnormal Data[J]. Multivariate Behavioral Research, 2008,43(2): 237-267.

[80] Taylor, A. B., MacKinnon, D. P., Tein, J. Y.. Tests of the Three-path Mediated Effect. Organizational Research Methods[J]. 2008(11): 241-269.

[81] Biesanz, J. C., Falk, C. F., Savalei, V.. Assessing Mediational Models: Testing and Interval Estimation for Indirect Effects[J]. Multivariate Behavioral Research, 2010,45(4): 661-701.

[82] Fritz, M. S., Taylor, A. B., MacKinnon, D. P.. Explanation of Two Anomalous Results in Statistical Mediation Analysis[J]. Multivariate Behavioral Research, 2012(47): 61-87.

[83] Hayes, A. F., Scharkow, M.. The Relative Trustworthiness of Inferential Tests of the Indirect Effect in Statistical Mediation Analysis: Does Method Really Matter [J]. Psychological Science, 2013(24): 1918-1927.

后　　记

本书是教育部人文社会科学重点研究基地重大项目《教育培训和市民化对城市外来务工人员犯罪行为影响的实证研究》(编号:13JJD19003)的最终研究成果。

本书基于教育培训全收益的视角,通过估算农民工教育和培训的经济收益率、证明教育培训对市民化和犯罪倾向性的效应,论证农民工教育培训能够带来货币受益和非货币收益,试图以此研究成果丰富教育经济学研究内容和研究方法。

本书由我负责组织撰写,我指导的研究生吴颖、董筱文参与部分章节的写作工作。具体分工如下:第一、三、四、五、六、十章由崔玉平、吴颖合作撰写;第二、七、八章由崔玉平、吴颖、董筱文共同撰写;第九章由崔玉平、吴颖合作撰写。最后,由我负责全书的统稿、校对和修正。

农民工教育培训全收益的研究还没有完成,其中,农民工教育培训对其家庭成员的影响、对自身就业创业能力及职业迁移能力提升的积极作用,是有待进一步研究的课题,本书验证的收益仅是全收益的一部分,希望有更多专家、同人共同深化该领域研究。

在研究和写作过程中,笔者参考了多位学者、专家的论著,并且得到了苏州大学多位领导、教授的支持和帮助,在此一并表示诚挚感谢! 这里要特别感谢苏州大学中国特色城镇化研究中心的领导和专家的指导以及黑龙江人民出版社李珊编审为本书出版付出的辛勤劳动!

崔玉平
2019 年 1 月 16 日于苏州大学独墅湖校区